新世紀法學叢書

CRIMINAL LAW—
SPECIFIC PROVISIONS

修訂五版

刑法各論

甘添貴 著

下

三民書局

修訂五版序

　　本書刑法各論（下）的內容，旨在探討侵害社會法益及國家法益犯罪的構成要件及其適用問題。因社會環境不停地變異，為適應此種變異的需要，刑法不少犯罪規定亦隨之發生更易。綜觀近時刑法所作的修正，其值得關注者，約有以下數項：

　　一為罰金刑的修正。往昔最為人詬病者，為各個犯罪的罰金刑，未隨著幣值的改變而提高其科處的幅度。歷來祇有少部分犯罪因構成要件修正，始相應提高其幅度。倘犯罪構成要件未作修正，其罰金刑則不動如山，導致有不少犯罪類型，縱係相鄰法條，且其罪質相近，其罰金刑的幅度卻有如天壤之別。此次修正，凡構成要件設有罰金刑規定者，均隨幣值的改變，全盤翻修而提高其科處的幅度。

　　二為通姦罪的除罪化。刑法規定通姦罪的主要目的，旨在維護社會的善良風俗。惟所謂善良風俗，語甚抽象與曖昧，內涵亦甚不明確，以之為一種法益而藉刑罰的手段予以保護，實深滋疑義。因此，通姦罪既無具體的保護法益存在，縱認通姦行為與社會的倫理秩序有違，亦無再認其成立犯罪的必要，乃予以除罪化。

　　三為網路賭博罪的犯罪化。因電信網路科技的發展及使用的普遍化，藉電信網路等科技賭博財物者，日漸猖獗，且其賭博行為的手段，係以電信設備、電子通訊、網際網路或其他相類的方法從事賭博行為，因與傳統的賭博手段不同，得否納入現行賭博罪的適用範疇，時常引起重大爭議，故而增設網路賭博罪，將藉電信網路等科技賭博財物行為予以犯罪化。

　　四為聚眾妨害公務罪及聚眾不解散罪，其所謂眾，究竟聚集多少人始成眾，因概念抽象且不明確，實務上認定迭有爭議，乃修法認聚集三人以上即成眾，以解決適用上的困境。

　　惟侵害社會法益及國家法益犯罪，尚有亟待修正而未修正，或修正未

臻理想者，信手舉例而言：

1.妨害公用事業罪，本罪構成要件的行為為妨害，其行為態樣，至為廣泛，並無行為手段及程度的限制，祇須有妨礙損害之行為，在解釋上，均足以成立本罪；且本罪的行為客體，為鐵路、郵務、電報、電話或供公眾之用水、電氣、煤氣事業。事業的內涵，寬泛無邊，不僅成罪範圍過廣，且極易使人動輒得咎，實已違反罪刑明確性的原則，實亟待修正或予以刪除。

2.駕車肇事逃逸罪，本罪的保護法益極具爭議，且修法時僅將肇事修改為發生交通事故，其他構成要件幾無改變，對適用上的爭議，實無何助益可言。

3.攝錄影音強制性交罪，本罪增訂攝錄影音作為強制性交罪的加重處罰事由，法條上僅規定影像、聲音、電磁紀錄，並無範圍之限制，立法上頗為粗糙，不僅法條文字尚須斟酌，且揆諸實際，並非任何影像、聲音、電磁紀錄，均足以重創被害人的身心，而構成加重的理由。故而本罪在適用上亟需限縮解釋，而僅限於與性有關的影像、聲音、電磁紀錄，始得以本罪律之。

甘添貴　謹序

2022.4.20 於挹翠山莊

刑法各論（下）

contents

第三篇

侵害社會法益之犯罪

一、社會法益之內涵

　　二次大戰後，由於時代之遞嬗與環境之變遷，法益觀念之內涵，亦日漸隨之轉變。所謂社會，並非超越個人而存在之一個實體，乃係屬於多數個人之集合，亦即屬於多數個人之利益與行動等過程或作用之總和。因此，所謂社會法益，已非以社會為主體所享受之法益，而係指以社會上不特定人或多數人之生命、身體、自由或財產等生活利益為內容之法益。例如，公共危險罪之所謂公共危險，並非對於超越個人之社會所發生之危險，而係對於社會上不特定之人或多數人之生命、身體或財產等所造成之危險。

　　社會法益，既為以社會上不特定之人或多數人之生命、身體、自由或財產等生活利益為內容之法益，故性質上屬於公共法益或超個人法益，為有關人類社會共同生活之一般利益。此等利益，涉及人類社會不特定之人或多數人之安全與福祉，自須妥加維護，不許任何人恣意予以妨害。苟有對之為侵害或威脅者，即臨之以刑罰制裁。

二、社會法益之抽象性

　　社會法益，係以社會上不特定之人或多數人之生命、身體、自由或財產等生活利益為內容，其中自亦包含個人之生命、身體、自由或財產等個人法益在內。因此，侵害社會法益之犯罪，除侵害社會之公共安全或公共信用等有關公共之利益外，亦每侵害及於個人之生活利益。例如，放火罪，當火勢蔓延成災時，不但社會上不特定人或多數人之生命、身體或財產發生危險，即個人之生命、身體或財產，亦同時遭受侵害。惟對於個人之生命、身體或財產之侵害，乃刑法其他各章所規範之對象，如殺人罪、傷害罪或毀損罪等是。侵害社會法益之犯罪，所著重者乃人類經營社會生活之共同條件，如公共安全或公共信用等是。惟所謂公共安全或公共信用等社會生活之共同條件，內容甚為抽象，頗難加以具體表述。因此，近代學者提倡「無被害人之犯罪」概念，力主除罪化，其所以多屬於侵害社會法益之犯罪，即因此故。例如，重婚罪、通姦罪、賭博罪或販賣猥褻文書物

品罪等是。

三、侵害社會法益犯罪之分類

　　侵害社會法益之犯罪，係以社會上不特定之人或多數人之生命、身體、自由或財產等生活利益為內容之犯罪。就我刑法規定而言，此等性質之犯罪，得概分為以下五類，其中，侵害性自由法益之犯罪，所侵害者乃個人之性自由，性質上屬於個人法益之範疇。我刑法係基於便宜之理由，而將其規定於社會法益之範圍內。

㈠侵害公共安全法益之犯罪

　　屬於此類犯罪者，為第十一章公共危險罪。

㈡侵害公共信用法益之犯罪

　　屬於此類犯罪者，為第十二章偽造貨幣罪、第十三章偽造有價證券罪、第十四章偽造度量衡罪及第十五章偽造文書印文罪。

㈢侵害性自由法益之犯罪

　　屬於此類犯罪者，為第十六章妨害性自主罪。

㈣侵害善良風俗法益之犯罪

　　屬於此類犯罪者，為第十六章之一妨害風化罪、第十七章妨害婚姻及家庭罪、第十八章褻瀆祀典及侵害墳墓屍體罪以及第二十一章賭博罪。

㈤侵害國民經濟及健康法益之犯罪

　　屬於此類犯罪者，為第十九章妨害農工商罪及第二十章鴉片罪。

第一章　公共危險罪

一、公共危險之概念

公共危險罪，係以侵害社會上一般人之生命、身體或財產之安全為內容之犯罪。例如，放火、決水、妨害交通或妨害公共衛生等罪是。

所謂公共危險，乃對於社會上不特定之人或多數人之生命、身體或財產法益所發生之危險。公共危險之「公共」的概念，與「公然」概念之解釋情形相同，不以不特定之少數或不特定之多數人為限，即特定之多數人，亦含括在內。至公共危險之「危險」的概念，則指對於公眾之生命、身體、自由或財產造成侵害之可能性。在科學法則上雖未必有可能性，但已足以引起公眾之不安感或危懼感者，即屬之。因此，所謂公共危險，乃指社會上不特定之人或多數人之生命、身體或財產處於不安感或危懼感狀態之謂。

二、公共危險之類型

公共危險罪，性質上為危險犯，因其危險程度之不同，得分為抽象危險犯與具體危險犯二種犯罪類型。

㈠抽象危險犯與具體危險犯之內涵

抽象危險犯，係指一定犯罪構成要件之成立，僅須犯罪行為事實該當於該抽象構成要件行為，即為已足，不以法益已經發生實害或危險之結果為必要。依一般社會通念，某抽象構成要件行為本身，對於該特定犯罪之保護法益，往往具有一般的危險性存在。因此，抽象危險犯之「抽象危險」，即指抽象構成要件行為本身所具有之一般危險。

具體危險犯，則指一定犯罪構成要件之成立，除犯罪行為事實須該當於該抽象構成要件行為外，尚須該犯罪行為對於保護法益，經具體判斷，已經發生危險之結果為必要。因此，具體危險犯之「具體危險」，係指具體

行為事實，對於該特定犯罪之保護法益所生之特別危險。

㈡抽象危險犯與具體危險犯之區別

抽象危險與具體危險，二者在結構上並無差異；兩者之區別，乃在於判斷標準及程度上之差異。所謂抽象危險，係依日常經驗法則，歸納某一類行為事實，對於某種法律上應予保護之利益，經判斷結果，如認有造成實害結果之高度可能性，則此類行為，即具有抽象危險。就其程度而言，抽象危險，僅係可能對於法益造成侵害之危險，實際上則尚未有危險發生。因此，抽象危險，係行為本身之類型性危險，屬事前之判斷，通常歸於立法論或解釋論之探討範疇。

所謂具體危險，則須針對具體行為事實，考量具體時空等條件，判斷其對特定或可得特定之保護法益，是否有造成實害結果之高度可能性，如已有造成實害結果之高度可能性，則此類行為，即具有具體危險。就其程度而言，具體危險，係實際上已對於法益造成侵害之危險。因此，具體危險係獨立於行為以外之一種狀態，屬事後之判斷，而為適用論之探討領域。

依我刑法第十一章規定，公共危險罪，因其危險之程度不同，得分為具體危險犯與抽象危險犯二種。前者，例如，第 174 條第 2 項、第 3 項，第 175 條及第 177 條等是。後者，例如，第 173 條、第 178 條及第 183 條等是。

三、公共危險之判斷

㈠事前或事後判斷

抽象危險犯之抽象危險，既係行為本身之類型性危險，而屬事前之判斷，故行為人一實施構成要件之行為，因其行為本身已含有抽象危險存在，故只須認定其構成要件行為存在，即為已足，實際有無危險發生，並無判斷之必要。

至具體危險犯之具體危險，則係獨立於行為以外之一種狀態，而屬事

後之判斷，故於適用上，僅認定其構成要件行為之存在，尚有未足，該行為是否已發生侵害法益之具體危險，仍須進而予以判斷。倘未發生具體之危險，則犯罪仍不成立。

㈡具體危險犯之判斷標準

具體危險犯，其行為是否已發生侵害法益之具體危險，應依何標準以為判斷？學說見解頗為不一。

1.有以公眾之不安感或危懼感為準者，例如，火勢有延燒及於其他建築物之物理可能性，且足以引起一般大眾之不安或危懼感者，即認為有公共危險者。

2.有以一般人之蓋然性判斷為準者，例如，依當時之具體條件觀之，雖無物理之危險，惟依一般人之印象，已感受有危險之狀態者，即認為有公共危險者。

3.有以客觀之判斷為準者，例如，具有專門知識與認識能力者，基於判明之因果要因，自客觀判斷其有否實害發生之可能性者。

惟公共危險罪之所謂危險，係指構成要件行為，對於保護法益造成實害結果發生之可能性。在性質上，實屬於行為之危險性，而非行為人之危險性。該構成要件行為，何時及有否發生具體危險，應就行為之客觀面，自社會上一般人之立場客觀予以認定。

一定之事態，自物理或自然之觀點視之，雖無危險存在，惟自社會上一般人之感覺而言，在具體上已有法益侵害之危險性者，即可認為已有公共危險。易言之，公共危險，乃危及社會上不特定之人或多數人生命、身體或財產之狀態，應以具有理性及判斷力之通常人為標準而為判斷。例如，在放火罪中，倘該火苗已有延燒及於附近之建築物或其他財產，或對於人之生命、身體已構成威脅與不安感覺者，亦即如已使周圍之人無法袖手旁觀，倘任其燃燒，勢須採取避難手段之危懼狀態時，即屬公共危險。因此，比較言之，應以第一說之見解，較為妥適。

我實例亦認為：「（舊）水利法第 92 條之 1 第 1 項所謂『致生公共危

險」，固以實際上須有具體危險之發生為要件，而屬具體的危險犯；然其具體危險之存否，仍應依社會一般之觀念，客觀的予以判定。即依其妨礙水流之具體情況，視其一般上是否有使流水改道，浸蝕護岸，而影響安全之虞，以決定其危險之有無，非必已使堤岸潰決，人、畜、房屋淹沒，始得謂其危險已發生」❶。

四、公共危險之認識

公共危險罪，其故意之內容，是否須具有公共危險之認識為必要？學說頗為紛歧。1.有認為不問其係具體危險犯或抽象危險犯，均不以有發生公共危險之認識為必要者；2.有認為均以具有公共危險之認識為必要者；3.亦有認為抽象危險犯，雖無認識之必要；惟具體危險犯，則須具有發生公共危險之認識，始能成罪者。

1.說係以發生公共危險為行為所生之結果責任，故不以有認識為必要。通說則採3.說，認為抽象危險犯，並不以發生公共危險為構成要件要素，倘有一定行為，其本身已具有抽象之公共危險，自無認識之必要。

惟細繹我刑法有關放火罪之各個犯罪類型，無論放火罪抑或失火罪，均有「致生公共危險」之規定。因此，公共危險，不僅係牽涉故意之成立要否認識問題；且亦涉及過失之成立要否預見可能性之問題。

㈠故意之成立要否認識公共危險

首就刑法第 173 條第 1 項及第 174 條第 1 項之規定觀之，行為人只須放火燒燬現供人使用或所在之處所或交通工具，或放火燒燬現非供人使用或所在之他人處所或交通工具，即足成罪。因此，行為人在主觀上，倘對於目的物以及放火燒燬之行為，具有認識，即得成立故意，性質上屬於抽象危險犯。至公共危險，乃係行為人一實施構成要件之行為，其行為本身已含有抽象之公共危險存在，故實際有無危險發生，行為人在主觀上並無認識之必要。

---

❶ 最高法院 74 臺上 3958。

次就刑法第 174 條第 2 項及第 175 條第 1 項與第 2 項之規定觀之，行為人放火燒燬該法條所規定之目的物時，尚須致生公共危險，始能成罪，性質上屬於具體危險犯。此等犯罪之行為結果為燒燬，並非致生公共危險。因此，法條上所謂「致生公共危險」，其性質究屬如何，即頗堪推敲。因此等犯罪之目的物，或為現非供人使用或所在之自己所有物，或為前二條以外之他人或自己所有物，行為人縱放火燒燬，未必當然發生公共危險，故須以「致生公共危險」為成立要件。在解釋上，所謂「致生公共危險」，並非客觀處罰條件，而係對於法益客觀上所惹起之現實危險事態，性質上為想像上或評價上所存在之概念，非一般人感官上所得察覺。因此，有否公共危險發生，行為人在主觀上亦無認識之必要。

(二)過失之成立對於公共危險之發生要否預見可能性

首就刑法第 173 條第 2 項及第 174 條第 3 項前段之規定觀之，行為人只須失火燒燬現供人使用或所在之處所或交通工具，或失火燒燬現非供人使用或所在之他人處所或交通工具，即足成罪。失火罪，為過失犯，性質上屬於結果犯。故只須對於此等目的物，有失火行為，並有燒燬之結果，因已含有抽象之公共危險存在，故行為人在主觀上，對於公共危險之發生，並無須具有預見可能性之必要。

次就刑法第 174 條第 3 項後段及第 175 條第 3 項之規定觀之，行為人失火燒燬該法條所規定之目的物時，尚須致生公共危險，始能成罪，性質上屬於具體危險犯。此等犯罪之行為結果，亦為燒燬，並非致生公共危險。因此，法條上所謂「致生公共危險」，既非此等犯罪之行為結果，亦非客觀處罰條件，而係對於法益客觀上所惹起之現實危險事態，性質上亦為想像上或評價上所存在之概念。因此，有否公共危險發生，行為人在主觀上亦無須具有預見可能性之必要。

第一節　放火及失火罪

一、犯罪類型

　　放火及失火罪之犯罪類型，有第 173 條「放火失火燒燬現供人使用或所在之處所或交通工具罪」；第 174 條「放火失火燒燬現非供人使用或所在之處所或交通工具罪」；第 175 條「放火失火燒燬前二條以外之物罪」；第 176 條「準放火失火罪」及第 177 條「漏逸間隔氣體罪」。

二、罪　質

　　放火及失火罪，係因故意或過失以火力將住宅、建築物或其他財物燒燬為內容之犯罪。放火及失火行為，往往因火力之燃燒蔓延而造成重大災害，在性質上不僅毀損個人之財產，且常使公眾之生命、身體或財產瀕臨不測損害之危險，同時更引起公眾之不安感與危懼感。因此，放火及失火罪，除具有公共危險之性質外，亦同時具有侵害個人財產法益之性質。

三、保護法益

　　放火及失火罪之保護法益，因立法例而有不同，有側重於財產安全之保護，而認其屬於個人法益者；有著重於公共安全之維護，而認其屬於社會法益者；亦有以社會法益為主要保護法益，而以個人法益為次要保護法益者。

　　本法有關放火及失火罪之規定，乃仿德、日立法例，側重於一般公眾生命、身體或財產安全之保護，在犯罪體系上，乃屬於侵害社會法益之犯罪。惟就放火、失火各罪之行為客體觀之，其是否為現供人使用或現有人所在以及是否為自己或他人所有物，分別規定有不同之法定刑，且有輕重之差別，足見特定個人生命、身體或財產之安全，亦同時在保護之列。職是，本法有關放火及失火罪之保護法益，仍側重於公共安全之維護；亦即其保護法益，仍以社會法益為主，個人法益則在其次。性質上，其所保護

之法益，實屬於競合性或重疊性法益。

　　我實例亦認為，刑法上之放火罪，其直接被害法益為一般社會之公共安全，雖私人之財產法益亦同時受其侵害，但本罪係列人公共危險章內，自以社會公安之法益為重，此觀於燒燬自己所有物致生公共危險時並應論罪之點，亦可得肯定之見解。故以一個放火行為燒燬多家房屋，仍只成立一罪，不得以所焚家數，定其罪數❷。

四、放火失火燒燬現供人使用或所在之處所或交通工具罪

> 第 173 條　放火燒燬現供人使用之住宅或現有人所在之建築物、礦坑、火車、電車或其他供水、陸、空公眾運輸之舟、車、航空機者，處無期徒刑或七年以上有期徒刑。
> 　　失火燒燬前項之物者，處一年以下有期徒刑、拘役或一萬五千元以下罰金。
> 　　第一項之未遂犯，罰之。
> 　　預備犯第一項之罪者，處一年以下有期徒刑、拘役或九千元以下罰金。

㈠行為客體

　　本罪之行為客體，為現供人使用之住宅或現有人所在之建築物、礦坑、火車、電車或其他供水、陸、空公眾運輸之舟、車或航空機。茲分述如次：

1.現供人使用或現有人所在之「人」的涵義

⑴行為人以外之自然人

　　本罪現供人使用或現有人所在之「人」，須作限縮解釋，乃指行為人以外之自然人而言❸，包括父母、兄弟姊妹、妻子兒女及其他之人在內。因

---

❷　最高法院 21 上 391。

❸　最高法院 28 上 3218：「刑法第 173 條第 1 項之放火罪，係以放火燒燬之住宅

此，住宅等如係行為人所單獨使用或僅其一人在內者，即為第 174 條放火罪之客體，不成立本罪。

至所謂行為人，包含共同正犯與共犯之情形在內。因此，二人以上之居住者，共同對於彼等所居住之房屋放火時，該屋固不得為本罪之客體；即共犯中之一人，對於其他共犯所居住之房屋放火時，該屋亦不得為本罪之客體。

⑵被害人之承諾

放火罪，係屬公共危險罪，縱獲有被害人之承諾，仍不阻卻其行為之違法性。惟因本罪同時亦具有侵害個人法益之性質，故被害人之承諾，對於本罪之成否，即具有特殊之意義；亦即其承諾，如係屬於個人具有處分權之法益者，則在此限度內，即得阻卻其行為之違法性。

因此，行為人實施本罪時，苟得有被害人之承諾者，其該當法條即發生變更。易言之，對於現供使用之住宅等放火者，如獲有使用之人或現在之人承諾時，即視為與對現非供使用之住宅等放火罪同（刑 174），而依該罪處斷，不得論以本罪。同理，對他人所有物放火者，如獲有所有人之承諾時，亦視為與對自己所有物放火罪同。

2.現供人使用或現有人所在之涵義

⑴住宅之住居性

所謂現供人使用，乃指放火行為當時，該住宅現處於供給行為人以外之人日常使用之狀態。此種狀態，或可以住居性稱之。只須該住宅現處於

或建築物等現既供人使用或有人所在，依通常情形往往因放火結果遭受意外之危害，為保護公共安全起見，特為加重處刑之規定。故該條項所稱之人，當然係指放火人犯以外之人而言，如果前項住宅或建築物，即為放火人犯自行使用或只有該犯在內，則其使用或所在之人，已明知放火行為並不致遭受何種意外危害，自不能適用該條項處斷。上訴人教唆某甲、某乙放火燒燬某處店房，該屋之住戶某丙，即為上訴人事前串商之共犯，此外並無不知情之他人在內，顯與刑法第 173 條第 1 項所載之客體不符。」同旨，最高法院 93 臺上 6243（決）；88 臺上 6550（決）；81 臺上 2734（決）等。

供人使用之狀態為已足，不以正在使用為必要。至行為時，是否有行為人以外之人在內，則非所問。

至將使用人殺死後，放火焚屋者，該屋是否仍為現供人使用之住宅？則不無疑問。有謂該屋已非現供人使用之住宅，自不得為本罪客體，僅能依第 174 條放火罪處斷者；亦有謂該住宅內之家具或客人來訪之可能性等供人使用之狀態，並不因人之死亡，即發生變更，亦即其住居性並非因人之死亡，而同時消失，仍宜認其為現供人使用之住宅者。

我實例以為被害人在家被槍擊身死，其房屋仍為現供人使用之住宅❹。惟所謂現供人使用，只須該住宅現處於供人使用之狀態，亦即具有住居性為已足。因此，不論被害人係在家被槍擊身死，或係在外被殺，或係因他故死亡，其住宅仍處於現供人使用之狀態，其住居性並未因人之死亡而同時消失，自均應以本罪律之。

⑵住宅之整體性

住宅之一部現供人使用者，則全部住宅，均得為本罪客體❺。公寓或大廈，無論其為獨棟或雙拼，亦不問其樓層數若干，只須一部有人居住，整體公寓或大廈均視為現供人使用之住宅。因此，縱僅有燒燬未使用部分之意思而放火者，仍得構成本罪。

我實例認為，當今房屋，無論為大廈或公寓式，俱屬整體建築，自己與他人擁有之住宅，就公共安全言，具有不可分性，與昔日房屋之獨棟式建築，不能相提並論。故在自己使用之住宅內放火，實與對整棟公寓或大廈放火無異，其行為既與刑法第 174 條第 2 項之罪，以放火燒燬現非供人使用之自己所有住宅或現未有人所在之自己所有建築物等為其構成要件者不符，而第 173 條第 1 項，又未如第 174 條第 1 項就住宅建築物標明以「他人所有」為其構成要件內容，自仍應依第 173 條第 1 項論處❻。

---

❹ 最高法院 28 上 3568。

❺ 最高法院 27 上 2739：「上訴人於夜間至某姓住宅竊取衣物，因所帶香火遺落豬樓屋內，致將該豬樓燒燬。此項豬樓，仍係現供被害人使用之住宅一部，不能適用刑法第 174 條第 3 項，與竊盜罪從一重處斷。」

(3)建築物等之現在性

所謂現有人所在，乃指放火行為當時，行為人以外之人正在其內。只須現有人在內為已足，其有否留滯之權利，是否現供人使用，以及該建築物等原來係供何用途，則非所問。因此，如倉庫、地窖之類，行為時偶有人在內，或他人之空屋，行為時有流浪漢在內，均得為本罪之客體。又縱係無人所在之建築物，倘與現有人所在之建築物成為一體者，則將其視為現有人所在之建築物❼。

3.住宅、建築物等之涵義

(1)住　宅

所謂住宅，乃供給人日常生活所使用之房宅。不問其為住所或居所，均屬之。我實務認為，所謂住宅，係指供人居住房屋之整體，包括牆垣及該住宅內所有設備、家具與日常生活上之一切用品❽。

建築物之原來用途，縱非作為住宅之用或尚有其他目的存在，只須現供人日常生活所使用，即得視為住宅。例如，本來係作為倉庫之用者，如有人居住在內，即無妨其為本罪客體是。全家人長期旅行而人不在之房屋或僅於一定季節始居住之別墅，倘其家具處於隨時可得使用之狀態者，仍為現供人使用之住宅。惟本無人居住或業已搬遷之空屋，則不屬之。

(2)建築物

所謂建築物，乃上有屋頂，周有門壁，得以遮蔽風雨，供人出入而定著於土地之工作物。例如，倉庫、店舖、辦公大廈或學校教室等是。如係以草料支搭之棚舍，並無牆垣門窗，或其大小不能供人自由出入之小屋，如犬屋等者，則非建築物。

(3)礦　坑

---

❻　最高法院 81 臺上 2734 （決）。

❼　最高法院 24 上 1085：「被燒之圖書室、教室，為學校之一部，縱使放火時無人在各該室內，但該學校夜間既有人值宿，即不能以起火之時圖書室、教室偶然無人之故，遂謂該校全部，非現有人所在之建築物。」

❽　最高法院 79 臺上 1471 （決）。

所謂礦坑，乃為開採礦物而挖掘之坑道及其設備，炭坑亦包含在內。

⑷火車、電車或其他供水陸空公眾運輸之舟車航空機

所謂火車、電車或其他供水陸空公眾運輸之舟車航空機，乃供給公眾運輸之交通工具，至其形式或大小以及是否為國有或公有，均非所問。火車、電車，乃其例示規定；他如公共汽車、民航飛機或渡船、遊輪等，亦均屬之。

4.所有權誰屬

本罪行為客體之住宅、建築物或交通工具等，其所有權誰屬，並非所問。故行為人放火燒燬自己單獨所住之房屋者，縱該屋係屬他人所有，仍構成第 174 條第 1 項之放火罪。反之，行為人放火燒燬其與家人同住之房屋者，縱該屋係屬自己所有，亦應依本罪論科。

㈡實行行為

1.放火罪之實行行為

放火罪之實行行為，為放火。所謂放火，乃以火力燃燒特定物之行為。其係直接點火，抑係間接，即以媒介物點火，均所不問。放火，通常固係指積極使目的物燃燒之行為，惟助長現有之火力者，亦不失為放火。例如，火上加油是。

又放火行為，不限於作為，即不作為，亦得成立本罪，惟以有防火之作為義務者為限。其防火義務，或依法令，或依契約，或依習慣或條理。此種違反防火義務之不作為，因須與作為放火具有等價性，故其義務本身，自須具有相當高度性始可。否則，或僅成立妨害救災罪（刑 182），或僅違犯社會秩序維護法（社會秩序維護法 73 ③），而不構成本罪。例如，殺人犯在與被害人格鬥時，見其所投燭火已引燃庭院之稻草，意圖藉以湮滅證據，於殺人後棄之不顧，未予撲滅，致將被害人之住宅全部燒燬者，即得成立本罪之不作為犯是。

2.失火罪之實行行為

失火罪之實行行為，為失火。所謂失火，乃違反客觀注意義務，致使

火力燃燒特定物之疏失行為。例如，燒開水時，忘記關廚房瓦斯，致引起火災之情形是。

㈢行為結果

本罪之行為結果，為燒燬。放火或失火行為，須發生燒燬之結果，本罪始為既遂。本罪就保護法益而言，一有放火或失火行為，已有可能造成公共危險，性質上屬於抽象危險犯；但就構成要件之行為結果而言，則須已發生燒燬之結果，犯罪始為既遂，性質上則為結果犯。因此，是否為燒燬，涉及本罪既遂與未遂之判斷。

1. 燒燬之學說

何謂燒燬？論者不一：⑴獨立燃燒說，認為以火力離開引燃媒介物，而目的物已能獨立繼續發生燃燒之作用者，因已發生公共危險，即應認為燒燬，不以其效用喪失為必要。⑵效用喪失說，認為因火力而使目的物之重要部分燒失，致其物喪失本來之效用時，即為燒燬。⑶折衷說，又可分為二說：甲、重要部分開始燃燒說，此說基本上採獨立燃燒說，惟認僅係獨立燃燒，尚有未足，須物之重要部分開始燃燒時，始為燒燬。乙、一部損壞說，此說基本上採效用喪失說，惟稍緩其概念，認為不必達於使物之效用喪失之程度，僅須物之一部損壞，即為已足。

2. 放火罪之罪質

放火罪之保護法益，為競合性之法益，以社會之公共安全為其主要保護法益，個人之財產安全則為其次要保護法益。倘側重於公共安全時，則火力離開引燃媒介物，而目的物已能獨立繼續發生燃燒之作用者，因已有可能發生公共危險，即應認為燒燬，至其效用是否全部或一部喪失，自非所問。惟如著重於財產安全時，自須因火力而使目的物之重要部分燒失，致其物喪失原本之效用時，始能認為燒燬。

就本法所規定放火罪之罪質觀之，既以社會之公共安全為重，私人之財產安全為次，故在理論上，為調合公共危險罪與財產罪之兩種法益，上述諸說，自以折衷說中之重要部分開始燃燒說為妥適。因此，所謂燃燒，

乃以火力而使目的物之重要部分開始燃燒者，為燒燬，此時犯罪亦達於既遂。至其物之效用是否為全部或一部喪失，則非所問。

3.司法實務見解

　　現代建築，其以鋼骨結構或鋼筋水泥建造者，已蔚為趨勢，且室內裝潢，採不燃或防火建材者，亦已日益增多。因此，放火時，雖尚未達於獨立燃燒之程度或雖已可獨立燃燒，但其重要部分尚未開始燃燒者，倘依上述各種學說見解，不論係獨立燃燒說、效用喪失說抑或重要部分開始燃燒說，均僅能成立未遂罪，而無法以既遂罪論科，似有未妥。

　　揆諸實際，放火之火力，雖未能獨立燃燒或其重要部分尚未開始燃燒，但其所產生之濃煙及二氧化碳，不僅嗆鼻，足以令人窒息；且吸入肺部，亦每常妨礙健康或奪人生命，已足使社會上不特定之人或多數人之生命或身體處於危險狀態。此外，濃煙更常將目的物燻黑，甚而使牆壁剝落，而足以影響其財物之全部或一部效用。職是，在解釋上，燒燬之概念，似宜採我早期實務見解，而以所放之火，其獨立燃燒力，足以變更物體或喪失其效用者，即為既遂❾，較為妥適。惟近期實務見解，則似採效用喪失說之主張❿，頗值商榷。

㈣故意與過失

1.故　意

---

❾　最高法院 17.10.6 刑議。

❿　最高法院 79 臺上 2747（決）：「刑法第 173 條第 1 項放火罪所稱之『燒燬』，係指燃燒結果，致標的之效用喪失而言。」最高法院 87 臺上 1719（決）認為：「刑法第 173 條第 1 項放火罪所稱之燒燬，係指燃燒毀損之義，亦即標的物已因燃燒結果喪失其效用而言。原判決雖論被告以刑法第 173 條第 1 項之放火罪，然其事實欄僅記載該『故鄉茶藝館』遭放火燃燒，致 1 樓內部物品、裝潢木板均嚴重被火燒燬，牆壁、屋頂、水泥受熱變色剝落，並由 1 樓內部通往 2、3 樓之樓梯延燒至 2、3 樓，致 2、3 樓內部之物品及裝潢亦均遭火燒燬，地下室則因延燒較為輕微，僅部分物品及裝潢遭火燒燬。並未認定該茶藝館建築物已喪失其效用，遽論被告以該罪，顯失其依據，難謂於法無違。」

放火罪，行為人須認識其為現供人使用之住宅或現有人所在之建築物等，且對於放火燒燬之行為具有認識者，始能成立本罪。其故意，不以直接故意為限，即未必故意，亦包含在內。

住宅之一部現供人使用，或建築物之一部現有人所在，行為人雖僅有燒燬現非供人使用或現無人所在部分之意思，倘認識其住宅或建築物具有一體性者，仍得認其具有放火燒燬現供人使用或所在之處所或交通工具罪之故意。至對於現未供人使用之住宅或現未有人所在之建築物等放火，而預見其火勢將延燒及於現供人使用之住宅等者，亦同。

又放火燒燬現供人使用或所在之處所或交通工具罪，為抽象危險犯，行為人不以有發生公共危險之認識為必要。至行為人對於現供人使用或現有人所在之事實，欠缺認識者，則阻卻放火燒燬現供人使用或所在之處所或交通工具罪之故意，僅能依第 174 條之放火罪處斷。例如，行為人對於他人住宅，誤以為久無人住之空屋，而對之放火之情形是。

2.過　失

失火罪，行為人因過失而引起特定物燃燒之行為，不論係作為或不作為，出於普通過失或業務過失，均非所問。例如，因於廚房炒菜不慎，煙筒濺出火花，致引起火災；或菸蒂未熄滅，隨手丟棄，致引燃茅草，波及住宅等是。

至因故意放火行為，而延燒放火目的物以外之物者，究成立放火罪抑或失火罪，應視行為人主觀之犯意內容以為斷。倘行為人主觀上有意使其發生，或預見其發生而其發生並不違背其本意者，自應依放火罪處斷；倘應預見、能預見而未預見，或雖預見其能發生，而確信其不發生，致有延燒事實者，則僅成立失火燒燬現供人使用或所在之處所或交通工具罪。

㈤預備、未遂與既遂

1.預備犯

預備放火燒燬現供人使用或所在之處所或交通工具者，亦予處罰（刑173 IV）。預備，乃實施放火行為以前之準備行為。其與放火行為之區別，

須視其已否著手以為斷。

放火行為之著手時期，乃行為人以點火媒介開始點燃目的物或已密切接近點火行為，而足以認識其放火意思之時。例如，以草束之火種開始點燃房屋，或雖未開始點燃，但已於房屋周圍潑灑汽油、堆積稻草或漏逸瓦斯之時是。倘尚未達於著手之程度者，即屬放火之預備行為。例如，正擬將汽油潑灑或將稻草堆積於房屋周圍之情形是。

2. 未遂犯

放火燒燬現供人使用或所在之處所或交通工具罪之未遂犯，罰之（刑173 III）。行為人已著手放火，尚未發生燒燬之結果；或雖已發生燒燬結果，惟與放火行為無因果關係者，即屬本罪之未遂犯。

3. 既遂犯

本罪既遂、未遂之區別，以住宅等處所或交通工具已否發生燒燬之結果為準。住宅等處所或交通工具已發生燒燬之結果者，即為本罪之既遂犯。

㈥罪數及與他罪之關係

1. 罪數之認定標準

本罪為公共危險罪，其主要保護法益，為一般社會之公共安全，雖私人之財產法益，亦同時受其侵害，但本罪係列入公共危險罪章內，自以社會之公安法益為重。因此，放火或失火罪罪數之認定標準，應以侵害公共安全之個數為準。侵害一個公共安全，亦即發生一次火災時，為一罪；侵害數個公共安全，亦即發生數次火災時，為數罪。

⑴對於同一目的物之數次放火行為

對於同一目的物，為數次之放火行為，倘行為人在主觀上係基於一個犯罪決意；客觀上其所實施之數次放火行為，乃利用同一機會所為者，仍僅成立放火罪之包括一罪。例如，擬放火將現有人所在之建築物燒燬，而在該建築物之周圍，分別就數個處所點火之情形是。

⑵對於複數目的物之一次放火行為

對於複數之目的物，為一次之放火行為，因僅侵害一個社會之公共安

全，仍屬於放火罪之單純一罪。例如，擬將附近屬於數人所有之房屋燒燬，而丟一次燃燒彈之情形是。我實務亦同此見解，認為以一個放火行為，燒燬多家房屋，仍只成立一罪，不得以其所焚家數，定其罪數**⑪**。

⑶對於複數目的物之數次放火行為

對於複數之目的物，為數次之放火行為，倘行為人在主觀上係基於一個犯罪決意；客觀上其所實施之數次放火行為，乃利用同一機會所為者，仍僅成立放火罪之包括一罪。例如，擬放火將現供數人使用之數個相鄰接之住宅燒燬，而在時間極為密接之情況下，分別就數個住宅點火之情形是。

惟其所實施之數次放火行為，倘非利用同一機會所實施者，則應成立數個放火罪。例如，雖基於一個犯罪決意，擬放火將現供數人使用之數個相鄰接之住宅燒燬，惟數次放火行為，則分別相隔數日或數週者，即應依數罪併罰處斷。

⑷對於處罰輕重不同目的物之一次放火行為

對於處罰輕重不同之目的物，為一次放火行為，致燒燬現供人使用之住宅、現無人所在之他人建築物以及書籍、被服或汽車者，在犯罪認識上，固得該當放火燒燬現供人使用或所在之處所或交通工具罪（刑 173 I）、放火燒燬現非供人使用或所在之處所或交通工具罪（刑 174 I）及放火燒燬住宅等以外之他人所有物罪（刑 175 I）等三個放火罪。

惟在犯罪評價上，因僅侵害一個社會之公共安全，亦即僅發生一次火災，仍僅成立處罰最重之放火燒燬現供人使用或所在之處所或交通工具罪（刑 173 I）之包括一罪。

同理，以燒燬他人住宅之目的，而就其鄰近之倉庫放火；或以延燒現供人使用住宅之目的，而對其緊鄰之現非供人使用之住宅放火者，因此際對於現供人使用之住宅，已可認為有放火之著手行為，縱未發生延燒之結果，仍成立現供人使用住宅放火罪之未遂犯，對於現非供人使用住宅放火之既遂行為，則為其所吸收，無獨立論罪之必要。

2.本罪與毀損罪

---

⑪　最高法院 21 上 391。

　　放火罪之保護法益，除社會之公共安全外，亦兼含個人之財產安全在內。毀損罪之保護法益，則為個人之財產安全。因此，放火罪與毀損罪，具有保護法益之同一性，二罪間具有吸收關係，放火罪為吸收規定，毀損罪則為被吸收規定。成立法條競合時，應優先適用吸收規定之本罪，而排除被吸收規定之毀損罪之適用。

　　我實例亦認為，放火罪，原含有毀損性質在內，放火燒燬他人住宅，損及牆垣，自無兼論毀損罪之餘地❷。

3.本罪與殺人罪、傷害罪

　　放火罪之保護法益，主要為社會之公共安全，亦即社會上不特定人或多數人之生命、身體或財產之安全；殺人罪之保護法益，主要為特定個人之生命安全；傷害罪之保護法益，則為特定個人之身體安全。因此，三罪間不具保護法益之同一性，應分別成罪。以殺人或傷害之故意而放火，在主觀上雖以殺人或傷害為目的，而以放火為手段，惟在客觀上則僅有一行為，亦即其殺人或傷害與放火，係屬同一行為，並無二個故意行為存在，故應依想像競合之例，從其一重處斷。至殺人後，為湮滅罪證，始放火焚屍滅跡者，則成立殺人罪與放火罪，數罪併罰。

4.本罪與詐欺取財罪

　　放火罪之保護法益，以社會之公共安全為主，而以個人之財產安全為次。詐欺取財罪之保護法益，則為個人之財產安全。行為人以騙取保險金之目的，燒燬現供人使用之住宅，並偽裝起火原因不明，而向保險公司騙得保險金者，放火罪所侵害之財產法益與詐欺取財罪所侵害之財產法益，其法益主體不同，為二個不同之財產法益，故不具法益之同一性，自應分別成罪。因行為人係以放火為手段，而以騙取保險金為目的，具有方法、目的之牽連關係，本應成立牽連犯，但因牽連犯已廢除，應予數罪併罰。

　　至行為人以騙取保險金之目的，燒燬現供人使用之住宅，尚未及向保險公司申請保險給付，即為警逮獲者，因詐欺取財之行為猶未著手，應僅成立放火罪一罪。

---

❷　最高法院 29 上 2388。

5. 本罪與過失致死罪、過失傷害罪

放火罪之保護法益，主要為社會之公共安全；過失致死罪之保護法益，主要為特定個人之生命安全；過失傷害罪之保護法益，則為特定個人之身體安全。因此，三罪間不具保護法益之同一性，應分別成罪。放火行為與過失致死或傷害行為，係出於同一行為，應依想像競合犯，從其一重處斷。

6. 失火罪與過失致死罪、過失傷害罪

失火罪之保護法益，主要為社會之公共安全；過失致死罪之保護法益，主要為特定個人之生命安全；過失傷害罪之保護法益，則為特定個人之身體安全。因此，三罪間不具保護法益之同一性，應分別成罪。失火行為與過失致人於死之行為，係出於同一行為，應依想像競合犯，從其一重處斷。

我實例亦認為，刑法第 173 條第 2 項之失火罪，雖含有侵害人之生命、身體、財產等之危險性，然因失火而致焚斃人命之實害，並非當然包括於失火罪責之內。刑法上關於失火燒燬有人所在之房屋因而致人於死，並無特別規定，行為人對於房屋被燒燬，既應負過失責任，則房屋內所住之人有焚斃可能，本屬可以預知之事實，自亦不能解免過失致人於死之罪責。此項情形，係一過失行為而觸犯刑法第 173 條第 2 項及第 276 條第 1 項之兩個罪名，應依刑法第 55 條從一重處斷[13]。

五、放火失火燒燬現非供人使用或所在之處所或交通工具罪

第 174 條 放火燒燬現非供人使用之他人所有住宅或現未有人所在之他人所有建築物、礦坑、火車、電車或其他供水、陸、空公眾運輸之舟、車、航空機者，處三年以上十年以下有期徒刑。

放火燒燬前項之自己所有物，致生公共危險者，處六月以上五年以下有期徒刑。

失火燒燬第一項之物者，處六月以下有期徒刑、拘役或九千元

---

[13] 最高法院 30 上 2744。

以下罰金，失火燒燬前項之物，致生公共危險者，亦同。

第一項之未遂犯罰之。

(一)行為客體

本罪之行為客體，為現非供人使用之住宅或現未有人所在之建築物、礦坑、火車、電車或其他供水、陸、空公眾運輸之舟、車或航空機。

所謂現非供人使用或現未有人所在，係指放火行為當時，除行為人外，並無任何人使用或所在之空屋、倉庫等而言。行為人單獨或共犯所使用或所在之房宅，亦得為本罪之客體。得居住者或現在者之放火承諾時，亦同。

1.他人所有

本條第 1 項及第 3 項前段之行為客體，以屬於他人所有者為限。所謂他人，兼括自然人及法人在內❹。行為人與他人共有者，仍視為他人所有，得為本罪客體。行為人單獨居住之他人所有住宅或得居住者之承諾而放火者，均得成立本罪。

2.自己所有

本條第 2 項及第 3 項後段之行為客體，以屬於犯人自己或共犯所有者為限。又得所有人之承諾而放火者，亦依放火燒燬自己所有物同論。至自己所有物已受查封、負擔債權、租賃於人或保險者，本法並無以他人所有物論之規定。故燒燬之住宅或建築物等，如屬於犯人或共犯所有，縱令已受查封或已經保險，仍應論以燒燬自己所有物之罪❺。

3.無主物

無主物，原非自己之所有物，本得與他人之物同視；惟因放火罪，除係公共危險罪外，並兼具有財產罪之性質，故應依關於自己所有物之規定處斷。

---

❹　司法院院解 2977。

❺　最高法院 28 上 3218。

㈡實行行為

本罪之實行行為，亦為放火或失火。

㈢具體危險

放火或失火燒燬自己所有物時，須致生公共危險，始能成罪，屬於具體危險犯。放火或失火燒燬自己所有物，本質上為處分私人財物之行為，原不成立犯罪；惟倘其放火或失火行為，已致生公共危險，對於社會之公共安全，業已造成威脅，自不能無罰。因此，在解釋上，所謂「致生公共危險」，係對於法益客觀上所惹起之現實危險事態，屬於放火或失火燒燬自己所有物之成罪條件。不論放火或失火行為係既遂或未遂，倘未致生公共危險，均不成立犯罪。論其性質，實屬於客觀成罪之條件，而與一般行為之結果有殊，亦與客觀處罰條件不同。

㈣故意與過失

1. 故　意

行為人須認識其為現非供人使用之他人或自己所有住宅或現未有人所在之他人或自己所有建築物等，且對於放火燒燬之行為，具有認識者，始能成立本罪。其故意，不以直接故意為限，即未必故意，亦包含在內。

本條第 1 項放火燒燬現非供人使用或所在之他人處所或交通工具罪，為抽象危險犯，行為人對於公共危險之發生，自無認識之必要。行為人誤信為現非供人使用之住宅或現未有人所在之建築物等而實施放火，結果將人燒死者，應成立本罪與過失致死罪之想像競合犯。

本條第 2 項放火燒燬現非供人使用或所在之自己所有物罪，為具體危險犯。因此，放火行為，除燒燬外，尚須致生公共危險，始能成罪。所謂「致生公共危險」，既為對於法益客觀上所惹起之現實危險事態，性質上屬於客觀成罪之條件。因此，有否公共危險發生，行為人在主觀上亦無須具有認識。

2.過　失

行為人因過失而引起特定物燃燒之行為，即為失火。其為作為或不作為，出於普通過失或業務過失，均非所問。

本條第 3 項前段失火燒燬現非供人使用或所在之他人處所或交通工具罪，為抽象危險犯，行為人對於公共危險之發生，不必具有預見可能性之必要。

本條第 3 項後段失火燒燬現非供人使用或所在之自己所有物罪，為具體危險犯。因此，失火行為，除燒燬外，尚須致生公共危險，始能成罪。惟有否公共危險發生，行為人在主觀上亦無須具有預見可能性。

㈤未遂、既遂

放火燒燬現非供人使用或所在之他人處所或交通工具罪之未遂犯，罰之（刑 174 IV）。行為人已著手放火，尚未發生燒燬之結果；或雖已發生燒燬結果，惟與放火行為無因果關係者，即屬本罪之未遂犯。

放火燒燬現非供人使用或所在之他人處所或交通工具罪既遂、未遂之區別，以住宅等處所或交通工具已否發生燒燬之結果為準。住宅等處所或交通工具已發生燒燬之結果者，即為本罪之既遂犯。

㈥本罪與他罪之關係

1.本罪與侵入建築物罪

本罪之保護法益，主要為社會之公共安全；侵入建築物罪之保護法益，則為住居平穩生活之自由，二罪不具保護法益之同一性，應分別成罪。其所成立本罪與侵入建築物罪，應予數罪併罰。

2.本罪與恐嚇個人安全罪

本罪之保護法益，主要為社會之公共安全；恐嚇個人安全罪之保護法益，則為個人免於恐懼之自由，二罪間不具保護法益之同一性，應分別成罪。行為人威脅予以放火燒燬之恐嚇個人安全行為，與放火行為所成立之罪，應予數罪併罰。

六、放火失火燒燬前二條以外之物罪

第 175 條　放火燒燬前二條以外之他人所有物，致生公共危險者，處一年以上七年以下有期徒刑。

放火燒燬前二條以外之自己所有物，致生公共危險者，處三年以下有期徒刑。

失火燒燬前二條以外之物，致生公共危險者，處拘役或九千元以下罰金。

㈠行為客體

本條所定各罪之行為客體，為前二條以外之物。所謂前二條以外之物，即指除住宅、建築物、礦坑、火車、電車及其他供水、陸、空公眾運輸之舟、車或航空機以外其他之物，均包含及之。例如，自用汽車、家具、電視機、冰箱、書籍、衣服以及柴草等是。至廢棄物得否為本罪客體？論者不一。有認廢棄物不包含在本罪客體內，如因放火燃燒廢棄物致生公共危險時，應成立失火罪者。惟是否為廢棄物，全屬於主觀之評價，與有無公共危險，並不相涉。縱屬廢棄物，倘對之放火，致生公共危險，自仍成立本罪，而非失火罪。

本條第 1 項之行為客體，以屬於他人所有者為限。所謂他人，兼括自然人及法人在內。行為人與他人共有者，仍視為他人所有，得為本罪客體。

本條第 2 項之客體，以屬於犯人自己或共犯所有者為限。無主物或雖屬他人之物，獲其承諾而放火者，均與自己所有物同視。

本條第 3 項之行為客體，不問其係他人所有抑或自己所有，均包括在內。

㈡實行行為

本罪之實行行為，亦為放火或失火。

㈢行為結果

本條所定各罪之行為結果，亦為燒燬。放火或失火行為，須發生燒燬之結果，始為既遂。

㈣具體危險

放火或失火燒燬他人或自己所有物時，須致生公共危險，始能成罪，屬於具體危險犯。放火或失火燒燬自己所有物，本質上為處分私人財物之行為，原不成立犯罪；惟倘其放火或失火行為，已致生公共危險，對於社會之公共安全，業已造成威脅，自不能無罰。因此，在解釋上，所謂「致生公共危險」，係對於法益客觀上所惹起之現實危險事態，屬於放火或失火燒燬他人或自己所有物之成罪條件，並非客觀處罰條件。不論既遂或未遂，倘未致生公共危險，均不成立犯罪。

㈤故意與過失

1.故　意

行為人須認識其為他人或自己所有物，且對於放火燒燬之行為，具有認識者，始能成立本罪。其故意，不以直接故意為限，即未必故意，亦包含在內。

2.過　失

行為人因過失而引起特定物燃燒之行為，即為失火。其為作為或不作為，係出於普通過失或業務過失，均非所問。

㈥既　遂

本條所定各罪，僅處罰既遂犯，且除燒燬外，尚須致生公共危險，始能成罪。其有燒燬結果，而未致生公共危險者，並不成立犯罪。如係燒燬他人之所有物，僅能依毀損罪處罰。

七、準放火失火罪

> 第 176 條　故意或因過失，以火藥、蒸氣、電氣、煤氣或其他爆裂物，炸燬前三條之物者，準用各該條放火、失火之規定。

㈠罪　質

　　本罪以爆裂物炸燬目的物之行為，原與放火或失火之行為有別，惟其因而所生之公共危險性，則與放火或失火罪並無差異，故稱為準放火失火罪。論其性質，實屬放火罪或失火罪之補充規定。因此，行為人倘以火藥等爆裂物作為放火之方法，或因過失致生燒燬之結果者，應逕依放火罪或失火罪之規定論科，不成立本罪。

　　我實務亦認為，刑法第 176 條之準放火罪，係故意以火藥、蒸氣、電氣、煤氣或其他爆裂物炸燬前三條之物為構成要件，必其燒燬之原因，係由於爆炸所致，即藉其爆風、高熱等急烈膨脹力，致其物毀壞或焚燬之義，如單純以爆裂物為放火之方法，並非利用其膨脹力使之炸燬者，應逕依放火罪論處，不成立本罪❶❻。

㈡行為客體

　　本罪之行為客體，為第 173 條至第 175 條之物，其範圍甚廣，不問為他人所有抑或自己所有，亦不問是否現供人使用或現有人所在，均包括在內。

㈢實行行為

　　本罪之實行行為，為炸燬。所謂炸燬，乃炸裂損毀之意，亦即藉爆裂物之爆炸，以破壞物體之行為。

　　本罪行為，須以爆裂物炸燬，始足當之。所謂爆裂物，乃因熱力之急

---

❻　最高法院 89 臺上 4378（決）。

速膨脹，而具有破壞力之物，亦即其物具有爆發性及破壞力，可於瞬間將人及物燒傷或毀損者而言❶。火藥、蒸氣、電氣或煤氣，乃其例示規定。

㈣行為結果

本罪之行為結果，為炸燬。所謂炸燬，與放火失火罪之燒燬有別，係以爆裂物炸毀，而非以火力燒燬。故其行為結果，須因爆裂，而發生毀損，致其效用全部或一部喪失者，始足當之。

㈤故意與過失

1. 故　意

準放火罪，須行為人認識其為爆裂物，且知其客體為第 173 條至第 175 條之物，而有意以炸燬之方式而為行為時，方能成罪。

2. 過　失

準失火罪，則須因不注意，致對於結果之發生欠缺預見或容認，致發生炸燬之結果者，始能成立。

㈥預備、未遂與既遂

本罪無單獨刑罰規定，而係準用放火、失火之有關規定處罰。不以刑罰之種類及範圍為限，舉凡犯罪構成要件以及有關預備、未遂與既遂之規定，均在適用之列。因而，本罪之處罰，自應依具體情節，分別其為故意或過失，目的物係自己所有抑或他人所有，現供人使用抑或現非供人使用，現有人所在抑或現未有人所在等，而準用放火罪或失火罪之規定處斷。

1. 預備犯

行為人如係以爆裂物炸毀第 173 條第 1 項之現供人使用或現有人所在之處所或交通工具者，其預備犯，亦予處罰。例如，製造土製炸彈或汽油彈，或攜帶土製炸彈或汽油彈至該處所或交通工具近旁等情形是。

2. 未遂犯

---

❶　最高法院 22 上 4131。

　　行為人如係以爆裂物炸毀第 173 條第 1 項之現供人使用或現有人所在之處所或交通工具或第 174 條第 1 項現非供人使用或現無人所在之他人處所或交通工具罪者，其未遂犯，亦予處罰。例如，丟擲土製炸彈，尚未爆炸；或雖已爆炸，猶未使該物之重要效用喪失者，即為未遂。

　　3. 既遂犯

　　本罪既遂、未遂之區別，以目的物已否發生炸燬之結果為準。已發生炸燬之結果者，即為本罪之既遂犯。

㈦本罪與他罪之關係

1. 本罪與放火罪、失火罪

　　本罪為放火罪或失火罪之補充規定，成立法條競合時，應依法條競合補充關係之法理，逕依基本規定之放火罪或失火罪處斷。

2. 本罪與毀損罪

　　本罪與毀損罪，亦具有保護法益之同一性，本罪為吸收規定，毀損罪則為被吸收規定。成立法條競合時，應優先適用吸收規定之本罪，而排除被吸收規定之毀損罪之適用。

3. 本罪與殺人罪、傷害罪

　　本罪與殺人罪、傷害罪，不具保護法益之同一性，應分別成罪。因行為人之殺人或傷害行為與炸燬行為，係出於同一行為，故應依想像競合之例，從其一重處斷。

4. 本罪與危險物罪

　　本罪與危險物罪（刑 186）之保護法益，均為社會之公共安全，二罪具有保護法益之同一性。因持爆裂物炸燬他人之物，當然含有持有危險物之性質在內。因此，二罪間應具有吸收關係，本罪為吸收規定，危險物罪為被吸收規定，應依法條競合之吸收關係，適用吸收規定之本罪，而排除被吸收規定之危險物罪。

八、漏逸間隔氣體罪

第 177 條　漏逸或間隔蒸氣、電氣、煤氣或其他氣體，致生公共危險者，處三年以下有期徒刑、拘役或九千元以下罰金。

因而致人於死者，處無期徒刑或七年以上有期徒刑。致重傷者，處三年以上十年以下有期徒刑。

㈠罪　質

本罪在性質上，屬放火罪或準放火罪之補充規定。行為人如以漏逸或間隔氣體為放火或炸燬之方法，而燬及第 173 條至第 175 條之物者，則應逕依放火罪或準放火罪之基本規定處斷，排除本罪補充規定之適用。

㈡行為客體

本罪之行為客體，為蒸氣、電氣、煤氣或其他氣體。此等氣體，或易於爆炸，或易生火災，或易使人觸電、中毒等，倘未依正常方法使用，而有漏逸或間隔者，對於人之生命、身體或財產，極易招致危險或實害，故特臨之以刑罰，藉以防患未然，保障公共安全。

蒸氣、電氣及煤氣，為本罪行為客體之例示規定。所謂其他氣體，乃指除蒸氣等外，其他一切具有爆裂性、燃燒性或有毒性之氣體。例如，氧氣、氯氣等是。

㈢實行行為

本罪實行行為之態樣有二：1.漏逸，乃洩漏逸出之意，亦即使氣體洩漏逸出於管線或容器外之行為。2.間隔，乃遮斷氣體使其無法流通之行為。

㈣行為結果

本罪為具體危險犯，須致生公共危險，罪始成立。惟以發生公共危險

為已足，不以造成實害為必要。

㈤加重結果

漏逸或間隔氣體，因而致人於死或重傷者，為本罪之加重結果犯。其漏逸或間隔氣體之行為，須與致死或致重傷之結果，具有因果關係之聯絡為必要。

㈥故　意

行為人對於蒸氣、煤氣等氣體須具有認識，而有意實施漏逸或間隔之行為，始能成罪。倘因過失而致漏逸或間隔者，縱致生公共危險，亦不成立犯罪。此項故意，不問為直接故意或未必故意，均足當之。

㈦既　遂

本罪無處罰未遂犯之規定。行為人只須漏逸或間隔氣體，致生公共危險者，即為本罪之既遂犯。

㈧本罪與他罪之關係

1.本罪與放火罪

本罪為放火罪之補充規定，成立法條競合時，應依法條競合補充關係之法理，逕依基本規定之放火罪處斷，而排除本罪之適用。

2.本罪與殺人罪、傷害罪

本罪與殺人罪、傷害罪，三罪間不具保護法益之同一性，應分別成罪。其漏逸或間隔氣體之行為與殺人或傷害行為，係出於同一行為，應依想像競合犯，從其一重處斷。

第二節　決水罪

一、犯罪類型

決水罪之犯罪類型，有第 178 條「決水浸害現供人使用或所在之處所或交通工具罪」；第 179 條「決水浸害現非供人使用或所在之處所或交通工具罪」；第 180 條「決水浸害前二條以外之物罪」及第 181 條「破壞防水蓄水設備罪」。

二、罪　質

決水罪，乃解放水力，而將住宅、建築物或其他財物浸害為內容之犯罪。決水或過失決水行為，亦與放火及失火行為同，往往因水力之解放而造成重大災害，在性質上不僅毀損個人之財產，且常使公眾之生命、身體或財產瀕臨不測損害之危險，同時更引起公眾之不安感與危懼感。因此，決水罪，除具有公共危險之性質外，亦同時具有侵害個人財產法益之性質。

三、保護法益

決水罪之保護法益，主要在保護社會上不特定人或多數人之公共安全。惟就故意決水、過失決水各罪之行為客體觀之，其是否為現供人使用或現有人所在以及是否為自己或他人所有物，其法定刑，亦有輕重之差別。因此，特定個人生命、身體或財產之安全，亦為本罪次要之保護法益。

四、決水浸害現供人使用或所在之處所或交通工具罪

第 *178* 條　決水浸害現供人使用之住宅或現有人所在之建築物、礦坑或火車、電車者，處無期徒刑或五年以上有期徒刑。
　　　　　因過失決水浸害前項之物者，處一年以下有期徒刑、拘役或一萬五千元以下罰金。

第一項之未遂犯罰之。

━━━━◆━━━━

㈠行為客體

本罪之行為客體，為現供人使用之住宅或現有人所在之建築物、礦坑或火車、電車。其範圍，較放火燒燬現供人使用或所在之處所或交通工具罪所定者為狹。立法意旨，或以為舟船可航行於水上，航空機得飛行於空中，不生浸害之問題，故將其排除在外。其實，繫纜之船舶、停駐之航空機或其他供公眾運輸之交通工具，如公共汽車等，亦有可能發生浸害之問題，似無將其排除在外之必要。此外，本罪之行為客體，亦不問其係自己所有抑或他人所有，均包含在內。

㈡實行行為

本罪之實行行為，為決水。所謂決水，乃解放控制之水力，而使其泛濫成災之行為。至其所決者，為流水或貯水，並非所問。

決水之方法，亦無限制，其為積極行為，例如，決潰堤防、破壞水閘等情形是；或為消極行為，例如，故不開放水庫水閘，致其潰決或消極的阻止水流，使其泛濫等情形是，均無不可。對於河川已經泛濫之際，更行決潰堤防，使其水量增大之行為，亦足成立本罪。

㈢行為結果

本罪之行為結果，為浸害。決水行為，須發生浸害之結果，始為既遂。何謂浸害，論者亦頗不一，一般均傾向於物質或效用喪失說。

惟本罪之保護法益，與放火罪同，兼括社會之公共安全與個人生命、身體或財產之安全，但以社會法益為主。因此，為調和公共危險罪與財產罪之性質，應以目的物之重要部分浸沒於水中時為浸害，似較妥適。因此，目的物因水力而沖毀、淹沒或漂失等者，固為浸害；若其物之重要部分已浸沒於水中者，其效用亦必有所減損，亦屬於浸害。

㈣故意與過失

1.故　意

　　行為人須對於現供人使用或所在之處所或交通工具及決水浸害之行為，具有認識，並決意為之，始能成立故意決水罪。又本罪為抽象危險犯，是否發生公共危險，行為人則無認識之必要。

　　我實務認為，刑法第 180 條第 1 項決水罪，固指使水超越人之支配，泛濫溢出之行為，其方法並不以積極的使水潰流為必要。消極的阻止水流，使其泛濫者亦包括在內。然其主觀上必須有決水之意思，亦即有「決水」、「浸害」之認識，始有本條項適用之可言。本件被告之所以建造水池，無論依上訴人所言，抑依被告所稱，既均在承接水溝之流水以為一定之使用，初非以之解放水力，使之泛濫浸害特定物為目的；且上訴人農作物之遭受浸害，復係颱風過境，山洪暴發之後所發生，縱水池有阻擋部分之山洪，被告亦非藉此以使水流泛濫，其主觀上顯無決水之意思，不得遽繩以決水之罪責❶⑧。

2.過　失

　　行為人須因過失，致對於決水浸害目的物欠缺認識，或雖有認識，而確信其不發生者，始能成立過失決水罪。

㈤未遂、既遂

1.未遂犯

　　故意決水浸害現供人使用或所在之處所或交通工具罪之未遂犯，罰之（刑 178 Ⅲ）。行為人已著手於決水行為，而目的物之重要部分尚未浸沒於水中時，即成立本罪之未遂犯。

2.既遂犯

　　本罪既遂、未遂之區別，以目的物之重要部分已否發生浸害為準。倘已使目的物之重要部分浸沒於水中時，即為本罪之既遂。

---

❶⑧　最高法院 72 臺上 6250（決）。

㈥罪數及與他罪之關係

1.罪數之認定標準

本罪罪數之認定標準，亦以侵害公共安全法益之個數為準。侵害一個公共安全，亦即發生一次水災時，為一罪；侵害數個公共安全，亦即發生數次水災時，為數罪。

2.本罪與毀損罪

決水罪與毀損罪，具有保護法益之同一性，二罪具有吸收關係，決水罪為吸收規定，毀損罪則為被吸收規定。成立法條競合時，應優先適用特別規定之本罪，而排除被吸收規定之毀損罪之適用。

3.本罪與殺人罪、傷害罪

本罪與殺人罪、傷害罪，三罪間不具保護法益之同一性，應分別成罪。行為人以殺人或傷害之故意而決水，在主觀上雖以殺人或傷害為目的，而以決水為手段，惟在客觀上則僅有一行為，亦即其殺人或傷害與決水，係屬同一行為，並無二個故意行為存在，應依想像競合之例，從其一重處斷。

4.過失決水罪與過失致死罪、過失傷害罪

過失決水罪與過失致死罪、過失傷害罪，三罪間不具保護法益之同一性，應分別成罪。過失決水行為與過失致人於死或傷害之行為，係出於同一行為，應依想像競合犯，從其一重處斷。

五、決水浸害現非供人使用或所在之處所或交通工具罪

◆◆◆

第 179 條　決水浸害現非供人使用之他人所有住宅或現未有人所在之他人所有建築物或礦坑者，處一年以上七年以下有期徒刑。

決水浸害前項之自己所有物，致生公共危險者，處六月以上五年以下有期徒刑。

因過失決水浸害第一項之物者，處六月以下有期徒刑、拘役或

九千元以下罰金。

因過失決水浸害前項之物，致生公共危險者，亦同。

第一項之未遂犯罰之。

㈠行為客體

本罪之行為客體，為現非供人使用之住宅或現未有人所在之建築物或礦坑。其範圍僅有住宅、建築物或礦坑三者，較前罪及放火罪為狹。

所謂現非供人使用或現未有人所在，係指決水行為當時，除行為人外，並無任何人使用或所在之空屋、倉庫等而言。行為人單獨或共犯所使用或所在之房宅，亦得為本罪之客體。得居住者或現在者之決水承諾時，亦同。

1.他人所有

本條第 1 項及第 3 項前段之行為客體，以屬於他人所有者為限。所謂他人，兼括自然人及法人在內。行為人與他人共有者，仍視為他人所有，得為本罪客體。行為人單獨居住之他人所有住宅或得居住者之承諾而決水者，均得成立本罪。

2.自己所有

本條第 2 項及第 3 項後段之行為客體，以屬於犯人自己或共犯所有者為限。又得所有人之承諾而決水者，亦依決水浸害自己所有物同論。至自己所有物已受查封、負擔債權、租賃於人或保險者，本法並無以他人所有物論之規定。故決水浸害之住宅或建築物等，如屬於犯人或共犯所有，縱令已受查封或已經保險，仍應論以浸害自己所有物之罪。

3.無主物

無主物，原非自己之所有物，本得與他人之物同視；惟因決水罪，除係公共危險罪外，並兼具有財產罪之性質，故應依關於自己所有物之規定處斷。

㈡實行行為

本罪之實行行為，亦為決水。

㈢行為結果

本罪之行為結果，亦為浸害。決水或過失決水行為，須發生浸害之結果，本罪始為既遂。

㈣具體危險

決水或過失決水浸害自己所有物時，須致生公共危險，始能成罪，屬於具體危險犯。倘未致生公共危險，並非未遂，而係不成立犯罪。

㈤故意與過失

1. 故　意

行為人須認識其為現非供人使用之他人或自己所有住宅或現未有人所在之他人或自己所有建築物或礦坑，且對於決水浸害之行為，具有認識者，始能成立本罪。其故意，不以直接故意為限，即未必故意，亦包含在內。

本條第 1 項決水浸害現非供人使用或所在之他人處所罪，為抽象危險犯，行為人對於公共危險之發生，自無認識之必要。行為人誤信為現非供人使用之住宅或現未有人所在之建築物等而實施決水，結果將人溺斃者，應成立本罪與過失致死罪之想像競合犯。

本條第 2 項決水浸害現非供人使用或所在之自己所有物罪，為具體危險犯。因此，除決水外，尚須致生公共危險，始能成罪。

2. 過　失

行為人須因過失，致對於決水浸害目的物欠缺認識，或雖有認識，而確信其不發生者，始能成立過失決水罪。

㈥未遂、既遂

1.未遂犯

故意決水浸害現非供人使用或所在之處所罪之未遂犯，罰之（刑179 V）。行為人已著手於決水行為，而目的物之重要部分尚未浸沒於水中時，即成立本罪之未遂犯。

2.既遂犯

本罪既遂、未遂之區別，以目的物之重要部分已否發生浸害為準。倘已使目的物之重要部分浸沒於水中時，即為本罪之既遂。

六、決水浸害前二條以外之物罪

❖

第 180 條　決水浸害前二條以外之他人所有物，致生公共危險者，處五年以下有期徒刑。

決水浸害前二條以外之自己所有物，致生公共危險者，處二年以下有期徒刑。

因過失決水浸害前二條以外之物，致生公共危險者，處拘役或九千元以下罰金。

❖

㈠行為客體

本條所定各罪之行為客體，為前二條以外之物。所謂前二條以外之物，即指除住宅、建築物、礦坑、火車、電車以外，其他之物，均包含及之。例如，自用汽車、家具、電視機、冰箱、書籍、衣服以及柴草等是。

本條第 1 項之行為客體，以屬於他人所有者為限。所謂他人，兼括自然人及法人在內。行為人與他人共有者，仍視為他人所有，得為本罪客體。

本條第 2 項之行為客體，以屬於犯人自己或共犯所有者為限。無主物或雖屬他人之物，獲其承諾而放火者，均與自己所有物同視。

本條第 3 項之行為客體，不問其係他人所有抑或自己所有，均包括在內。

㈡實行行為

本罪之實行行為，亦為決水。

㈢行為結果

本罪之行為結果，亦為浸害。決水行為，須發生浸害之結果，始為既遂。

㈣具體危險

故意或過失決水浸害他人或自己所有物時，須致生公共危險，始能成罪，屬於具體危險犯。倘未致生公共危險，並非未遂，而係不成立犯罪。

㈤故意與過失

1.故　意

行為人須認識其為他人或自己所有物，且對於決水浸害之行為，具有認識者，始能成立本罪。其故意，不以直接故意為限，即未必故意，亦包含在內。

2.過　失

行為人因過失決水而引起特定物浸害之行為，即為過失決水。其為作為或不作為，出於普通過失或業務過失，均非所問。

㈥既　遂

本罪僅處罰既遂犯，且除浸害外，尚須致生公共危險，始能成罪。其有浸害結果，而未致生公共危險者，並不成立犯罪。如係浸害他人之所有物，僅能依毀損罪處罰。

七、破壞防水蓄水設備罪

第181條　決潰隄防、破壞水閘或損壞自來水池，致生公共危險者，處五

年以下有期徒刑。

因過失犯前項之罪者，處拘役或九千元以下罰金。

第一項之未遂犯罰之。

◆◆◆

㈠罪　質

隄防、水閘或自來水池，均為貯存大量水力之處所，因決水行為而使水力氾濫成災，自須實施決潰隄防，破壞水閘或損壞自來水池，始能達其目的。因而，本罪與決水罪之區別，即應視其主觀上有無決水之故意以為斷。申言之，行為人基於決水之故意，而為決潰隄防等行為者，應視其行為之結果，依決水罪之既遂或未遂犯處斷。反之，如行為人僅有決潰隄防等之故意，並無決水之意思者，則僅成立本罪。倘因而發生浸害特定物之結果者，則應依過失決水罪處罰。

至過失決水罪與過失破壞防水蓄水設備罪之區別，因過失決水行為，亦必然有過失決潰隄防，破壞水閘或損壞自來水池之行為，故兩罪之區別，即應視其有無浸害特定物之結果以為定。倘已發生浸害特定物之結果者，即應論以過失決水罪。職是，本罪在性質上，實屬於決水罪及過失決水罪之補充規定。

㈡行為客體

本罪之行為客體有三：1.隄防，乃防止水患之隄岸，不問其為河隄、海隄或湖隄，均屬之。 2.水閘，乃控制水流之閘水器，亦即水門。 3.自來水池，則為自來水之蓄水池，其為天然或人工之蓄水池，均非所問，惟水塔則不屬之。

㈢實行行為

本罪實行行為之態樣有三：1.決潰，乃使隄防崩潰，致其防水或貯水效用全部或一部喪失之行為。 2.破壞，乃使水閘毀損，致其防水或貯水效

用全部或一部喪失之行為。3.損壞，乃使自來水池毀損破壞，致其防水或貯水效用全部或一部喪失之行為。

本罪之三種行為態樣，其用語不同，純係行文上之方便，實則其涵義，殆無差異。行為人只須實施其中一種行為，即得成立本罪。

㈣行為結果

本罪行為之結果，須使隄防、水閘或自來水池喪失其全部或一部防水或貯水之效用。

㈤具體危險

決潰隄防、破壞水閘或損壞自來水池，須致生公共危險，始能成罪，屬於具體危險犯。倘未致生公共危險，並非未遂，而係不成立本罪。

㈥故意與過失

1.故　意

行為人須對於隄防、水閘或自來水池及決潰、破壞與損壞之行為，具有認識，並決意為之，始能成立本罪。

2.過　失

行為人因不注意致為決潰隄防等行為者，即成立本罪之過失犯。例如，貨車司機駕車疏忽，致將隄防撞毀之情形是。

㈦未遂、既遂

1.未遂犯

本罪之未遂犯，罰之（刑181 III）。行為人已著手實行決潰、破壞或損壞之行為而不遂者，固屬未遂；縱已完成決潰、破壞或損壞之行為，尚未使隄防、水閘或自來水池喪失其全部或一部防水或貯水之效用者，亦屬本罪之未遂犯。

2.既遂犯

　　本罪既、未遂之區別標準，以隄防、水閘或自來水池是否喪失其全部或一部防水或貯水之效用為準。倘已使其喪失全部或一部之效用者，即為本罪之既遂犯。

(八)本罪與他罪之關係

1. 本罪與決水罪

　　本罪與決水罪之主要保護法益，均為社會之公共安全，具有侵害法益之同一性，屬於法條競合之補充關係，決水罪為基本規定，本罪則為補充規定，應優先適用基本規定之決水罪，排除本罪補充規定之適用。至行為人擬決水浸害現供人使用或所在之住宅或建築物，故意決潰隄防，但未發生浸害之結果者，仍應依決水浸害現供人使用或所在之處所罪之未遂犯處斷，排除本罪之適用。

2. 本罪與過失決水罪

　　過失破壞防水蓄水設備罪與過失決水罪之主要保護法益，亦均為社會之公共安全法益。因此，二罪具有侵害法益之同一性。過失決水罪為基本規定；過失破壞防水蓄水設備罪，則為補充規定。依法條競合之補充關係，優先適用過失決水浸害現供人使用或所在之處所罪處斷，排除過失破壞防水蓄水設備罪補充規定之適用。惟如過失決潰隄防，尚未發生浸害之結果者，因未該當過失決水罪之構成要件，不成立過失決水罪，僅能依過失破壞防水蓄水設備罪處斷。

3. 本罪與竊盜罪

　　本罪與竊盜罪之保護法益，不具保護法益之同一性，應分別成罪。行為人以連續盜取砂石之竊盜行為為方法，達成決潰隄防之結果。倘其決潰隄防，尚未釀成公共危險者，則應成立本罪未遂犯與竊盜罪[19]。因本法已廢除連續犯及牽連犯之規定，其先後無數次盜採砂石之犯行，如具有密接之關連性，似得認其成立竊盜罪接續犯之包括一罪，而與本罪之未遂犯數罪併罰。

---

[19]　最高法院 59 臺上 3756。

第三節　妨害交通罪

一、犯罪類型

妨害交通罪之犯罪類型，有第 183 條「傾覆破壞交通工具罪」；第 184 條「妨害交通工具往來安全罪」；第 185 條「妨害公眾往來安全罪」；第 185 條之 1「劫持交通工具罪」；第 185 條之 2「危害飛航安全罪」；第 185 條之 3「不能安全駕駛罪」以及第 185 條之 4「肇事逃逸罪」。

二、罪質與保護法益

妨害交通罪，乃以妨害公眾交通安全為內容之犯罪。妨害交通，而危害一般公眾之生命、身體或財產，與放火罪、決水罪同屬於公共危險罪之型態。

因時代之進步與科技之發展，海陸空交通工具與設施，種類漸形增多，已為公眾往來交通之所繫，動輒影響社會一般人生命、身體或財產之安全。且隨著國際情勢之劇變，許多新型之交通犯罪，例如，劫持交通工具、危害飛航安全或設施、酒後駕車、駕車肇事逃逸等，已有漸趨增多之勢。因此，妨害交通罪之保護法益，主要在保護社會公眾交通之安全，屬於公共安全法益，並兼及個人之生命、身體或財產之安全。

三、傾覆破壞交通工具罪

第 183 條　傾覆或破壞現有人所在之火車、電車或其他供水、陸、空公眾運輸之舟、車、航空機者，處無期徒刑或五年以上有期徒刑。

　　　　　因過失犯前項之罪者，處三年以下有期徒刑、拘役或三十萬元以下罰金。

　　　　　第一項之未遂犯罰之。

㈠行為客體

本罪之行為客體，為現有人所在之火車、電車或其他供水、陸、空公眾運輸之舟、車或航空機。

1.現有人所在

所謂現有人所在之「人」，與放火罪同，係指行為人以外之自然人而言，其人數多少，並無限制。不以乘客為限，即駕駛或修繕人員，亦包含在內。

⑴現在性

現有人所在之時期，論者不一。有認為只須於犯罪行為著手時現有人所在，即為已足，不以發生結果時現有人在內為必要者；亦有認為發生結果時須現有人所在為必要，且以此為已足者。惟本罪為抽象危險犯，自著手實行至發生結果間，無論何時，苟有人在內，即有危害其生命或身體安全之虞。故在此時段內，苟有人在內，即得謂為現有人所在，實無拘泥於著手實行時或發生結果時有人在內為必要。

交通工具，只須為現有人所在，即得為本罪客體，且在多節車廂之火車或電車中，只須其中一節車廂有人所在，即得屬之。故所傾覆或破壞之車廂，縱現無人所在，倘其他未傾覆或破壞之車廂中有人所在者，亦得成立本罪。

⑵機能性

本罪行為客體之交通工具，須其供公眾運輸之機能尚持續中，始足當之。至其係在行駛或航行中，抑或在停車或停泊中，均非所問。惟已停泊於車庫、船塢或航空站之舟車或航空機，因其供公眾運輸之機能已停止，於公眾之交通安全不生妨礙，則不得為本罪客體。行為人所傾覆或破壞者，如係現無人所在之他人所有交通工具，即無由構成本罪，僅能依毀損罪處斷。

2.供公眾運輸

⑴供不特定之人或多數人運輸

所謂供公眾運輸，係指舟車航空機等，在性質上係供給社會一般公眾，即不特定之人或多數人運載輸送之用者而言。至其為公有或私有，為自己

或他人所有，以及其形式大小如何，均非所問。只須在性質上，係供給不特定之人或多數人運輸之用，即屬供公眾運輸之交通工具。縱運輸之際，僅限於為僱用之特定人運輸，亦屬無妨。例如，火車、電車如本罪所例示者，固屬之；公共汽車、計程車、三輪車或機關交通車等，亦均屬之。

(2)供僱用之特定人運輸

我司法實務似誤解「供公眾運輸」一詞之涵義，認為所傾覆或破壞者，如僅供僱用之特定人運輸之用，即與公共危險罪之罪質不符。因此，實例認為計程車係只限於僱用之特定人之運輸，而非多數不特定人安全之所繫，不能構成本罪[20]。惟計程車於運輸之際，其所運輸者，雖僅僱用之特定人，但實際上，在計程車營業運輸期間，所搭載之乘客，不計其數，其係供給不特定之人運輸之性質，殊屬無可否認。如有為傾覆或破壞者，例如，於車上放置定時炸彈，或暗中破壞其剎車系統等，則可能受害者，仍屬社會上不特定之人。因此，計程車雖係僅供僱用之特定人運輸之用，惟因運輸次數頻繁，乘客具有不特定性，性質上仍屬於供公眾運輸之交通工具，故應解為得為本罪客體，始與社會一般通念較為符合。

(3)供貨物運輸

本罪之保護法益，為公眾交通之安全，自須供公眾運輸之用者，始有公共危險可言。因此，倘係供貨物運輸之用者，例如，貨運行之卡車，即不得為本罪客體。至僅供私人使用之舟車航空機，因非供公眾運輸之用，自亦不得為本罪客體。

我實例認為所運輸者，不限於人，亦包括物在內[21]。又實例認為貨運行之卡車，固係供人僱用運輸，但只限於僱用之特定人運輸，而非不特定多數人安全之所繫，即與公共危險之罪質不符[22]。其判決理由所謂「只限於僱用之特定人運輸」，似有欠妥。蓋貨運行卡車，本係供運輸貨物之用，而非供運輸僱用之特定人之用，其不得為本罪客體，自無可疑。

---

[20] 最高法院 53 臺上 2618（決）；55 臺非 58；56 臺上 1915（決）；59 臺上 2220（決）。

[21] 最高法院 53 臺上 2618 （決）。

[22] 最高法院 52 臺上 1935。

㈡實行行為

本罪實行行為之態樣有二：

1.傾　覆

所謂傾覆，即傾倒顛覆之行為，其僅使貨車或電車等脫軌者，尚難謂為傾覆。在解釋上，其使舟船覆沒或航空器墜落之行為，亦屬於傾覆。惟不以完全傾覆為必要，只須達於接近傾覆之狀態者，即屬之。例如，舟船即將沒頂之時是。又多節車廂之火車或電車，只須使其中一節車廂傾覆者，即得成立本罪。

2.破　壞

所謂破壞，即破毀損壞物質或效用之行為。因本罪係公共危險罪，故須達於交通工具之機能或效用全部或一部喪失之程度時，始得謂為破壞；否則，僅能依毀損罪論科。例如，以石塊擊破側面車窗玻璃❷❸或以刀片割毀車上座椅者，即不能以本罪相繩。

❷❸　惟某甲持石塊擲向行駛中之大客車，擊破前方擋風玻璃，司機因而受驚，致大客車撞上安全島者，是否構成本罪？按刑法第 183 條所規定之「傾覆破壞交通工具罪」，係採抽象危險制，其所保護之法益在於公眾往來交通之安全。本問題所示某甲行為究應成立該條第 4 項「傾覆或破壞交通工具未遂罪」抑或僅能論以毀損罪，厥在於：⑴題示之大客車是否供為公眾運輸之用？⑵某甲係基於何種犯意向大客車投擲石塊？倘若該輛大客車係供公眾運輸之用，某甲係基於「傾覆破壞現有人所在之公眾交通工具」之犯意而投擲石塊，則其雖僅擊破大客車之擋風玻璃，然其於下手之初，即已預見司機可能因此受驚肇禍而導致大客車傾覆或破壞，且該大客車果因被擊破擋風玻璃撞上安全島而致傾覆或破壞，亦並不違背其本意，其行為顯足以妨害公眾往來交通之安全。縱使向大客車投擲石塊之結果並未使該車傾覆，亦未損害該車之固有效能，某甲所為仍應論以刑法第 183 條第 4 項之傾覆破壞現有人所在之公眾交通工具未遂。惟前述大客車如非供公眾運輸之用，或某甲於投擲石塊時，僅意在毀損玻璃，並無傾覆或破壞大客車，以肇致公共危險之犯意，即與刑法第 183 條第 4 項之犯罪構成要件不合。其擊破擋風玻璃，如經被害人合法告訴，僅能論以刑法第 354 條之毀損罪（司法院編印，《刑事法律問題研究彙編》第 6 輯，76.6，頁 147）。

　　至傾覆或破壞之方法，並無限制，其以損壞軌道、燈塔或標識之方法為之者，亦無不可。行為人一有實施傾覆或破壞之行為，即可成立本罪，性質上為抽象危險犯。

(三)故意與過失

1.故　意

　　行為人須認識其為現有人所在之舟、車、航空機，而有意實施本罪之行為者，始能成罪。不以直接故意為必要，縱僅具未必故意，亦得成立本罪。若其犯意僅在使生舟、車等往來之危險者，則應成立第 184 條第 1 項之犯罪；如並無此項犯意，而其行為足以使舟、車等往來發生危險係出於過失者，則更只能依第 184 條第 2 項之罪處斷，均不能成立本罪❷❹。又本罪為抽象危險犯，行為人對於發生公共危險之發生，並無認識之必要。

2.過　失

　　因過失犯本罪者，亦予處罰（刑 183 II）。

(四)未遂、既遂

1.未遂犯

　　本罪之未遂犯，罰之（刑 183 III）。行為人以傾覆或破壞之意思，開始實施傾覆或破壞行為，而尚未發生傾覆或其破壞行為尚未達於妨害運輸之機能或效用時，即為本罪之未遂犯。

2.既遂犯

　　本罪既遂、未遂之區別，以已否達於傾覆或接近傾覆狀態，或破壞行為已否妨害運輸之機能或效用為準。倘已達於傾覆或接近傾覆狀態，或破壞行為已達於妨害運輸之機能或效用者，即成立本罪之既遂犯。

(五)罪數及與他罪之關係

1.罪數之認定標準

❷❹　最高法院 48 臺上 709（決）。

本罪之保護法益，為公眾之交通安全，並兼及個人之財產安全，惟以公眾之交通安全為重。因此，本罪罪數之認定標準，應以妨害公眾交通安全之次數為準。一次妨害公眾交通之安全者，為一罪；數次妨害公眾交通之安全者，為數罪。至其傾覆或破壞之交通工具，縱為複數，則與罪數之認定無關。

2. 本罪與毀損罪

本罪之保護法益，主要為公眾之交通安全，兼及個人之財產安全；毀損罪之保護法益，則為個人之財產安全。因此，二罪間具有保護法益之同一性，得成立法條競合。傾覆破壞交通工具罪為吸收規定，毀損罪則為被吸收規定，應優先適用吸收規定之傾覆破壞交通工具罪，而排除被吸收規定之毀損罪之適用。

3. 本罪與殺人罪、傷害罪

本罪與殺人罪、傷害罪，三罪間不具保護法益之同一性，應分別成罪。其傾覆破壞與殺人或傷害行為，如係出於同一行為，得依想像競合犯，從其一重處斷。

4. 本罪與過失致死罪、過失傷害罪

本罪與過失致死罪、過失傷害罪，三罪間不具保護法益之同一性，應分別成罪。過失傾覆破壞與過失致死或過失傷害行為，如係出於同一行為，得依想像競合犯，從其一重處斷。

四、妨害交通工具往來安全罪

❖❖❖

第 184 條　損壞軌道、燈塔、標識或以他法致生火車、電車或其他供水、陸、空公眾運輸之舟、車、航空機往來之危險者，處三年以上十年以下有期徒刑。

因而致前項之舟、車、航空機傾覆或破壞者，依前條第一項之規定處斷。

因過失犯第一項之罪者，處二年以下有期徒刑、拘役或二十萬

元以下罰金。

第一項之未遂犯罰之。

━━━━━━━━━━❖━━━━━━━━━━

㈠行為客體

本罪之行為客體，為軌道、燈塔或標識。

1.軌　道

所謂軌道，乃指供火車、電車等路上交通工具行駛用之鐵軌通道而言。不以鐵軌為限，其供火車、電車行駛用之一切直接必要設施，均屬之。例如，枕木、道釘、火車專用之橋樑及隧道等，均包含在內。其架設於地面、地下或空中，則非所問。

2.燈　塔

所謂燈塔，乃指夜間為船艦或航空機航行之便利，置有照明系統之陸上標識。例如，位於臺灣最南端之鵝鑾鼻燈塔或航空站內指示航空機降落之燈塔是。

3.標　識

所謂標識，乃指指引舟車航空機往來之安全，在路線上所設置之標記識別符號。例如，禁止標誌、警告標誌或指示標誌等是。他如，海上浮標、橋樑高度限制牌等，亦屬之。

㈡實行行為

本罪實行行為之態樣有二：

1.損　壞

所謂損壞，乃對物質為全部或一部之毀損破壞，致喪失其效用之行為。例如，拆除軌道或破壞標誌等是。

2.他　法

所謂他法，乃指除損壞軌道、燈塔、標識外，其他足以致生交通工具往來危險之一切方法，均包括在內。例如，在軌道上堆置石塊、以鋼刀割

斷鐵道旁紅線號誌線、熄滅塔臺燈光、在航路上敷設水雷、設置虛偽浮標或擅自扳動轉轍器等，均屬之。不以積極行為為限，即消極行為，亦得構成。例如，有義務者故不排除軌道上之障礙物、或故不扳動轉轍器、或故不打開塔臺燈光等是。他如，鐵路局或捷運局職員，違反營運計畫，擅自發車或停車，足以致生往來之危險者，亦屬之。

㈢行為結果

本罪之行為結果，為致生火車、電車或其他供水、陸、空公眾運輸之舟、車或航空機往來之危險。易言之，本罪行為，須有使舟、車、航空機等發生衝撞、傾覆、脫軌、沉沒等往來危險之虞，始足當之，性質上為具體危險犯。至實際上是否發生實害，則屬無妨。

㈣加重結果

損壞軌道、燈塔、標識或以他法，因而致舟、車、航空機傾覆或破壞者，為本罪之加重結果犯，應依刑法第 183 條第 1 項傾覆破壞交通工具罪之規定處斷（刑 184 II）。

㈤故意與過失

1. 故　意

行為人對於本罪之行為客體，須具有認識，而有意實施損壞等行為，始能成罪。惟本罪之故意，僅止於損壞軌道、燈塔或標識；倘其故意內容係在傾覆或破壞現有人所在之交通工具者，則應逕依傾覆破壞交通工具罪（刑 183 I）處斷。

2. 過　失

因過失犯本罪者，亦予處罰（刑 184 III）。

㈥未遂、既遂

1. 未遂犯

本罪之未遂犯，罰之（刑 184 IV）。行為人已著手於損壞軌道、燈塔或標識之行為，或開始實施其他方法，尚未致生往來之危險者，即為本罪之未遂犯。我實例亦認為，如損壞未遂，或損壞既遂而未生往來之危險者，應依未遂犯論 ❷❺。

2. 既遂犯

本罪既遂、未遂之區別，以已否致生往來之危險為準。倘已致生往來之危險者，即為本罪之既遂犯。例如，於鐵軌上放置數支手臂粗圓形鋼筋，雖在火車駛經前，即被查獲移開，惟該行為已達火車往來之危險，應依本罪之既遂犯論科是 ❷❻。

㈦本罪與他罪之關係

1. 本罪與毀損罪

本罪與毀損罪具有吸收關係，本罪為吸收規定，毀損罪則為被吸收規定。成立法條競合時，應優先適用吸收規定之本罪，而排除被吸收規定之毀損罪之適用。

2. 本罪與過失致死罪、過失傷害罪

本罪與過失致死罪、過失傷害罪，三罪間不具保護法益之同一性，應分別成罪。過失妨害交通工具往來安全行為與過失致死或過失傷害行為，係出於同一行為，應依想像競合犯，從其一重處斷。

五、妨害公眾往來安全罪

◆◆◆

第 185 條　損壞或壅塞陸路、水路、橋樑或其他公眾往來之設備或以他法
　　　　　致生往來之危險者，處五年以下有期徒刑，拘役或一萬五千元
　　　　　以下罰金。
　　　　　因而致人於死者，處無期徒刑或七年以上有期徒刑。致重傷者，

---

❷❺　司法院院字 1233；最高法院 63 臺上 687。

❷❻　司法院 74 年 2 月 27 日 (74) 廳刑一字第 146 號。

處三年以上十年以下有期徒刑。

第一項之未遂犯罰之。

(一)行為客體

本罪之行為客體，為陸路、水路、橋樑或其他公眾往來之設備。

1.陸　路

所謂陸路，乃供公眾人車通行之路上通道。不以公路法所定之國道、省道、縣道及鄉道等公路（公路法2）為限，只要事實上供人車通行者，均屬之。惟鐵路，則屬前罪（刑184 I）之客體，非此所謂陸路。

2.水　路

所謂水路，則為供船舶、竹筏等航行用之河川、運河或港口等水上通道。海路及湖沼之水路，如有特別設施，或水淺、狹隘等，得為損壞或壅塞者，亦包含在內。

3.橋　樑

所謂橋樑，除於河川等水路上架設之橋樑外，陸橋、棧橋等，亦屬之。惟專供火車、電車行駛用而架設者，則為軌道，非此所謂橋樑。

4.其他公眾往來之設備

所謂其他公眾往來之設備，指除陸路、水路、橋樑外，其他供給公眾往來之一切設備，皆屬之。例如，商場之電扶梯、登山之石級、過河之擺渡以及空中之纜車等是。此等設備，須為供一般公眾往來之用；倘僅係供私人往來之用者，即不屬之。至其為公有或私有，則非所問。

我實務認為，上訴人等設圍之處，雖在其所有之土地上，但該處在多年前因地形變更，實際上已成為道路，其私人土地所有權之行使，自應受到限制。上訴人挖開路面，埋設木柱，圍以籬笆，致使道路壅塞，往來公眾人車發生危險，自應構成公共危險罪[27]。

---

[27]　最高法院62臺上1847。

㈡實行行為

本罪實行行為之態樣有三：

1.損　壞

所謂損壞，乃對物質為全部或一部之毀損破壞，且其程度須足以致生往來危險之行為。例如，在馬路上挖掘坑洞，或破壞橋樑，使無法通行者是。

2.甕　塞

所謂甕塞，乃以有形障礙物堵塞，使公眾人車無法或難以往來之行為。例如，以石頭擋道，或以雜物封鎖港口等是。甕塞，須達於與損壞同視之程度，而遮斷陸路等，始足當之。否則，倘僅放置招牌等物，通過其附近之車輛，稍加注意仍可通行者，則尚難謂為甕塞。惟不以全部甕塞為必要，在通路上，以水泥柱打樁，僅允人通行，而汽車則無法通過者，亦為甕塞。

3.他　法

所謂他法，乃指除損壞、甕塞外，其他足以致生公眾往來危險之一切方法，均屬之。例如，在馬路上超速飆車、雙手懸空站立於疾駛之機車上、駕車作 S 形飛馳或以油料潑撒於路面等情形是。

㈢行為結果

本罪之行為結果，須致生往來之危險，性質上為具體危險犯。因此，本罪須因損壞等行為，致人車或舟船等有陷於不能或難以往來之狀態。至實際上是否已無法往來，則非所問。因此，縱於夜闌人靜，無人通行時，損壞道路者，亦得成立本罪。

㈣加重結果

妨害公眾往來安全致死或致重傷者，成立本罪之加重結果犯（刑 185 II）。妨害公眾往來安全之行為，性質上，本即伴隨有往來之危險，因其危險而致發生死亡或重傷之結果者，即成立本罪之加重結果犯。例如，黑夜以巨石擋道，他人不知，而駕車誤撞致死或重傷之情形是。至因損壞或甕

塞行為本身，致造成死傷者，則非本罪之加重結果犯。例如，破壞橋樑時，水泥塊掉落，擊中橋下之人致死或重傷之情形是。

㈤故　意

行為人在主觀上，須有損壞或壅塞之直接或未必故意，始能成罪。因此，在窄巷停車下客或卸貨，致使人車短暫無法通行者，尚難認其具有本罪之故意。惟飆車族成群結隊，於通衢大道上，蛇行飆車者，則難謂其無致生往來危險之認識，應認其具有本罪之直接或未必故意。至道路之管理或維修人員，因修繕或鋪築馬路，致一時妨害公眾人車之往來者，則阻卻行為之違法性，自不成立本罪。

又行為人對於被害人致死或致重傷之加重結果，無須具有認識，只須在客觀上具有認識之可能性為已足。倘行為人對於致死或致重傷之加重結果，具有認識時，則應成立妨害公眾往來安全罪與殺人罪或重傷罪之想像競合犯。

㈥未遂、既遂

1. 未遂犯

本罪之未遂犯，罰之（刑 185 III）。行為人已著手於損壞、壅塞或以其他方法妨害公眾往來安全之行為，而尚未生往來之危險者，即為本罪之未遂犯。

2. 既遂犯

本罪既遂、未遂之區別，以已否致生往來之危險為準。倘已發生往來之危險者，即為本罪之既遂犯。

㈦本罪與他罪之關係

1. 本罪與傷害罪、毀損罪

本罪與傷害罪及毀損罪，三罪間不具保護法益之同一性，應分別成罪，而依具體情形，論以想像競合犯或併合論罪。

　　我實務認為，被告於高速公路內側車道逼停他人車輛之目的，在進而毆打告訴人及撞損告訴人之自小客車前保險桿、引擎蓋，是被告所犯妨害公眾往來安全罪與傷害、毀損罪間，有方法結果之牽連關係，為牽連犯，應從較重之妨害公眾往來安全罪處斷❷。因本法已廢除牽連犯之規定，應予併合論罪。

2.本罪與過失致死罪、過失致重傷罪

　　本罪與過失致死罪及過失致重傷罪，三罪間不具保護法益之同一性，應分別成罪。因本罪為繼續犯，過失致死罪或過失致重傷罪，則為即成犯，如蛇行飆車致生往來危險之行為與不慎撞死行人或致重傷之行為，僅於撞人之時點，互為重合，並非屬於一個行為，無法依想像競合犯處斷，應予數罪併罰。

六、劫持交通工具罪

第 185 條之 1	以強暴、脅迫或其他非法方法劫持使用中之航空器或控制其飛航者，處死刑、無期徒刑或七年以上有期徒刑。其情節輕微者，處七年以下有期徒刑。
	因而致人於死者，處死刑或無期徒刑；致重傷者，處死刑、無期徒刑或十年以上有期徒刑。
	以第一項之方法劫持使用中供公眾運輸之舟、車或控制其行駛者，處五年以上有期徒刑。其情節輕微者，處三年以下有期徒刑。
	因而致人於死者，處無期徒刑或十年以上有期徒刑；致重傷者，處七年以上有期徒刑。
	第一項、第三項之未遂犯罰之。
	預備犯第一項之罪者，處三年以下有期徒刑。

---

❷　臺灣高等法院 87 上訴 5368。

㈠行為客體

本罪之行為客體有二：

1.使用中之航空器

所謂航空器，乃指飛機、飛艇、氣球及其他任何藉空氣之反作用力，而非藉空氣對地球表面之反作用力，得以飛航於大氣中之器物（民用航空法2①）。至所謂「使用中」，其涵義則較「飛航中」為廣。所謂「飛航中」，乃指航空器之起飛、航行、降落及起飛前降落後所需在航空站、飛行場滑行之期間（民用航空法2③）。所謂「使用中」，則指航空器自地勤或空勤人員為特定飛行，而開始飛行準備，以迄降落後乘客下機、貨物卸載及停駐於固定場所止之期間。

又航空器，不以供公眾運輸之用者為限，其屬私人或私用之航空器，亦得為本罪之行為客體。

2.使用中供公眾運輸之舟、車

所謂舟、車，乃指船艦或車輛而言，其為公有或私有，形式大小如何，並非所問，只須供公眾運輸之用者，即屬之。所謂「使用中」，乃指舟、車自準備行駛及發動、行駛，以迄停駐於固定場所止之期間。

㈡實行行為

本罪實行行為之態樣有二：

1.以強暴、脅迫或其他非法方法劫持

所謂強暴，乃指對人為一切有形力之不法行使而言。其對象，不問係人或物，只須其不法行使有形力，足以達其劫持之目的者，均得屬之。例如，毆打空勤人員，繩綁旅客之情形是。所謂脅迫，乃指通知他人惡害，足以使生畏怖心之行為。其惡害之內容、性質以及通知之方法如何，對方有否心生畏怖，均非所問。例如，以槍枝或炸彈威脅炸毀航空器之情形是。

所謂其他非法之方法，乃指除強暴、脅迫外，其他足以達其劫持目的之方法。例如，於航空器滑行道上，設置障礙物之情形是。

所謂劫持，乃指將航空器或舟、車本身，置於自己或他人實力支配下之行為。至因航空器飛行時間延遲或其他服務糾紛，致霸占機艙，不肯下機者，則尚不能以劫持律之。

2.以強暴、脅迫或其他非法方法控制飛航或行駛

所謂控制飛航或行駛，乃指將航空器或舟車之飛航或行駛，置於自己或他人實力支配下之行為。例如，聲言引爆炸彈，逼使航空器駕駛轉飛目的地以外之地區，或持刀威脅殺害乘客，強使公車駕駛變更行駛路線等情形是。

㈢加重結果

劫持航空器或舟、車，或控制其飛航或行駛，因而致人於死或重傷者，成立本罪之加重結果犯。此處所謂致人於死或重傷之「人」，乃指行為人及其共犯以外之人。不以航空器或舟、車中之駕駛、服務人員或乘客為限，即其他之人，亦包括在內。例如，飛航管制人員、地勤人員、引導人員或過路之行人等是。

㈣故　意

本罪為故意犯，行為人須認識其為使用中之航空器或舟、車，而有意以強脅等手段，予以劫持或控制者，始能成罪。至其為直接故意或間接故意，則非所問。

㈤預備、未遂與既遂

1.預備犯

本罪之預備犯，亦予處罰（刑 185-1 VI）。例如，擬劫持飛機，而將汽油裝入寶特瓶，躲過安檢，已攜帶上機之情形是。

2.未遂犯

本罪之未遂犯，罰之（刑 185-1 V）。行為人為劫持航空器或舟、車，而開始實施強暴、脅迫或其他非法之行為時，即為本罪之著手。倘航空器

或舟、車本身或其飛航或行駛，尚未置於行為人或他人實力支配之下時，即為本罪之未遂犯。

3.既遂犯

本罪之既、未遂之區別，以航空器或舟、車本身或其飛航或行駛，是否已置於行為人或他人實力支配之下為準。如航空器或舟、車本身或其飛航或行駛，已置於行為人或他人實力支配之下時，即為本罪之既遂犯。

㈥本罪與他罪之關係

1.本罪與殺人罪、傷害罪

本罪與殺人罪或傷害罪，不具保護法益之同一性，應分別論罪。行為人不論係基於一個概括犯意或分別起意，而將數人殺害或傷害者，應成立數個殺人罪或傷害罪。其殺人或傷害行為，係為達其劫持航空器或舟車之目的，雖具有牽連關係，仍應與本罪數罪併罰。

2.本罪與毀損罪

本罪與毀損罪，亦不具保護法益之同一性，應分別論罪。行為人係以毀損機艙、車廂或座椅作為強暴之手段，其與強暴劫持行為所評價之自然行為事實，屬於同一行為，應依想像競合犯，從其一重處斷。

七、危害飛航安全罪

第 185 條之 2　以強暴、脅迫或其他非法方法危害飛航安全或其設施者，處七年以下有期徒刑、拘役或九十萬元以下罰金。

因而致航空器或其他設施毀損者，處三年以上十年以下有期徒刑。

因而致人於死者，處死刑、無期徒刑或十年以上有期徒刑；致重傷者，處五年以上十二年以下有期徒刑。

第一項之未遂犯罰之。

(一)行為客體

本罪之行為客體，為航空器或其飛航設施。法文上，僅曰「危害飛航安全或其設施」，並未明文規定其行為客體。惟飛航安全，乃係觀念之對象，無法成為行為所攻擊之客體。因此，在解釋上，其行為客體，仍係指航空器或其飛航設施而言。

所謂飛航設施，乃指航空器之飛航所必要之相關設施。例如，航空站、飛行場或助航設備等是 ㉙。

(二)實行行為

本罪之實行行為，乃以強暴、脅迫或其他非法方法危害飛航安全或其設施之行為。所謂強暴、脅迫或其他非法之方法，同前罪解釋，茲不再贅。例如，將車輛停駐於跑道、在機上使用行動電話、破壞燈塔、航空器或其他助航設備，或妨礙塔臺工作人員之指揮調度等是。

所謂危害飛航安全，乃指使航空器之起飛、航行、降落及起飛前降落後所需在飛行場之滑行，有發生危險或實害之虞者而言。例如，妨礙塔臺工作人員之指揮調度，可能使兩機過於接近或擦撞之情形是。

本罪為抽象危險犯，只要行為人以強暴、脅迫或其他非法方法，足以危害飛航之安全者，即得成立本罪，而不必以發生危險或實害之結果為必要。

(三)加重結果

本罪之加重結果，其情形有二：
1.致航空器或其他設施毀損

㉙　所謂航空站，乃指具備航空器載卸客貨之設施與裝備及用於航空器起降活動之區域。所謂飛行場，乃指用於航空器起降活動之水路區域。所謂助航設備，乃指輔助飛航通信、氣象、無線電導航、目視助航及其他用以引導航空器安全飛航之設備（民用航空法 2）。

行為人以強脅等方法，危害飛航安全或其設施之行為，須與航空器或其他設施之毀損，具有因果關係之聯絡為必要。倘行為人雖實施危害飛航安全或其設施之行為，惟航空器或其他設施之毀損，係因其他原因所致者，則不得以本罪之加重結果犯律之。

2.致人於死或致重傷

行為人以強脅等方法，危害飛航安全或其設施之行為，亦須與致人死傷，具有因果關係。此處所謂致人於死或重傷之「人」，乃指行為人及其共犯以外之人。不以航空器或舟、車中之駕駛、服務人員或乘客為限，即其他之人，亦包括在內。例如，飛航管制人員、地勤人員、引導人員或過路之行人等是。

㈣故　意

本罪為故意犯，行為人只須認識其以強脅等方法，足以危害飛航安全或其設施之行為，而決意或容認為之，即得成立本罪。無論其為直接或未必故意，均足當之。至其目的或動機何在，則非所問。例如，空勤人員在機上廣播不得使用行動電話，而行為人仍執意為之，即得以本罪律之。

㈤未遂、既遂

1.未遂犯

本罪之未遂犯，罰之（刑 185-2 IV）。行為人已開始實施強暴、脅迫或其他非法之方法時，即為本罪之著手。倘其實施危害飛航安全或其設施之行為，尚未完成者，即為本罪之未遂犯。

2.既遂犯

本罪既、未遂之區別，以危害飛航安全或其設施之行為是否完成為準。因本罪為抽象危險犯，其危害飛航安全或其設施之行為已完成者，即有發生危險之虞，縱實際上尚未發生危險或實害，仍屬本罪之既遂。

㈥本罪與他罪之關係

1.本罪與殺人罪、傷害罪

本罪與殺人罪或傷害罪，不具保護法益之同一性，應分別論罪。行為人不論係基於一個概括犯意或分別起意，而將數人殺害或傷害者，應成立數個殺人罪或傷害罪。其殺人或傷害行為，係為達危害飛航安全或其設施之目的，雖具有牽連關係，仍應與本罪數罪併罰。

2.本罪與毀損罪

本罪與毀損罪，亦不具保護法益之同一性，應分別論罪。行為人係以毀損助航設備作為強暴之手段，其與危害飛航安全或其設施之行為所評價之自然行為事實，屬於同一行為，應依想像競合犯，從其一重處斷。

八、不能安全駕駛罪

◆◆◆

第 185 條之 3　駕駛動力交通工具而有下列情形之一者，處三年以下有期徒刑，得併科三十萬元以下罰金：

一、吐氣所含酒精濃度達每公升零點二五毫克或血液中酒精濃度達百分之零點零五以上。

二、有前款以外之其他情事足認服用酒類或其他相類之物，致不能安全駕駛。

三、服用毒品、麻醉藥品或其他相類之物，致不能安全駕駛。

因而致人於死者，處三年以上十年以下有期徒刑，得併科二百萬元以下罰金；致重傷者，處一年以上七年以下有期徒刑，得併科一百萬元以下罰金。

曾犯本條或陸海空軍刑法第五十四條之罪，經有罪判決確定或經緩起訴處分確定，於十年內再犯第一項之罪因而致人於死者，處無期徒刑或五年以上有期徒刑，得併科三百

萬元以下罰金；致重傷者，處三年以上十年以下有期徒刑，得併科二百萬元以下罰金。

㈠罪　質

　　本罪，行為人祇要服用酒類超過法定濃度標準，或服用毒品、麻醉藥品等，不能安全駕駛動力交通工具而駕駛者，即有可能發生公共危險。故性質上為舉動犯，且為抽象危險犯。再者，行為人自服用酒類、毒品、藥品等後開始駕車時起，原則上至停車時止，其犯罪行為一直在繼續中。故本罪在性質上亦為繼續犯。

㈡除罪化

　　本罪之保護法益，為社會之公共安全，亦即社會上一般人之生命、身體或財產之安全。揆諸現時社會實況，服用酒類、毒品、麻醉藥品等駕車，尤其服用酒類後駕車，肇事比率極高，往往造成社會上不特定人之生命、身體或財產之重大傷亡或破壞，影響公共安全，至深且鉅。立法者將此種行為入罪化，自有其正當性與合理性。惟因法文上以「不能安全駕駛」之不確定法律概念，作為成罪之認定標準，有違反「罪刑明確性原則」之虞，導致適用上之紛歧見解，致有本罪應予除罪化之呼籲。

　　依刑法謙抑性之理念，此種酒後駕車之行為，雖具有處罰之必要性，惟處罰此種不法行為時，倘無法公平或無差別地執行，或其執行顯將造成刑事手續在質或量上之過度負擔，或為遏止該不法行為，尚有其他之社會統制手段存在時，則仍無發動刑法以刑罰加以制裁之必要。因此，此種酒後駕車之行為，倘能於道路交通管理處罰條例中，以加重行政罰之手段，例如，提高罰鍰或沒入車輛等，可能較刑罰制裁更具有威嚇作用，亦更能達到遏止酒後駕車，保障公共安全之目的。因此，本罪予以除罪化之主張，並非全無道理。

(三)行為客體

本罪之行為客體，為動力交通工具。所謂動力交通工具，乃指藉電力或引擎動力作用所發動之交通工具而言。至其為蒸汽機、內燃機或使用柴油、汽油、核子或電動引擎等，則非所問。例如，機車、汽車、火車、電車、動力三輪車、動力航空器及動力船艦、竹筏、橡皮艇或舢板等是。至腳踏車、人力三輪車、手動竹筏、橡皮艇或舢板等，則不包括在內。

(四)實行行為

本罪之實行行為，為服用酒類、毒品、麻醉藥品或其他相類之物，而駕駛動力交通工具。

所謂毒品，係指具成癮性、濫用性及對社會危害性之麻醉藥品與其製品及影響精神物質與其製品。毒品，依其成癮性、濫用性及對社會危害性，分為四級：第一級為海洛因、嗎啡、鴉片、古柯鹼及其相類製品。第二級為罌粟、古柯、大麻、安非他命、配西汀、潘他唑新及其相類製品。第三級為西可巴比妥、異戊巴比妥、納洛芬及其相類製品。第四級為二丙烯基巴比妥、阿普唑他及其相類製品（毒品危害防制條例2）。

所謂麻醉藥品，係指鴉片類及其製劑、大麻類及其製劑、高根類及其製劑、化學合成麻醉藥品類及其製劑（原麻醉藥品管理條例2）。其實，依毒品危害防制條例之規定，麻醉藥品亦包含於毒品之概念內，並無重複規定之必要。

所謂酒類，係指含有酒精成分，以容量計算，超過百分之零點五之飲料、其他可供製造調製上項飲料之未變性酒精及其他製品（菸酒管理法4 I）。至所謂未變性酒精，則指含酒精成分以容量計算超過百分之九十，且未添加變性劑之酒精（菸酒管理法4 III）。

所謂其他相類之物，係指除酒類、毒品及麻醉藥品外，其他足以影響精神正常作用之藥物、食品或飲料。例如，迷幻藥、強力膠等是。

(五)加重結果

行為人服用酒類、毒品、麻醉藥品或其他相類之物後，不能安全駕駛而駕駛，因而致人於死或重傷者，即成立本罪之加重結果犯。祇須其服用酒類、毒品、麻醉藥品或其他相類之物不能安全駕駛而駕駛之行為與致死或致重傷之結果，具有因果關係，且對於該加重結果之發生，能預見而未預見者，即得成立。

(六)累　犯

曾犯本條或陸海空軍刑法第 54 條之罪，經有罪判決確定或經緩起訴處分確定，於十年內再犯第 1 項之罪，因而致人於死或重傷者，加重處罰。

(七)故　意

本罪為故意犯，行為人主觀上須具有故意，始能成罪。此項故意，固不限於直接故意，即未必故意，亦包括在內。行為人只須認識其行為之存在，即得成立故意，至其有否可能發生危險，則出於法律之擬制，行為人主觀上並無認識之必要。因此，本罪故意之內容，除須認識其為酒類、毒品、麻醉藥品或其他相類之物，而服用之意思外，尚須有意駕駛動力交通工具，始能成罪。

至駕駛人於服用毒品或酒類等後，不知其已服用過量而駕駛者，顯係因過失而駕駛，對於公共安全之侵害，實亦不亞於故意犯，為保障公共安全，應有加以處罰之必要。惟本罪並無處罰過失犯之規定，可能造成處罰上之漏洞。

(八)既遂犯

本罪為抽象危險犯，行為人只須服用酒類、毒品、麻醉藥品或其他相類之物，不能安全駕駛動力交通工具，而為駕駛之行為，即成立本罪之既遂犯。

(九)客觀處罰條件

本罪於 2013 年 6 月 11 日修正後，法條規定大幅變更。修正前，行為人須「服用毒品、麻醉藥品、酒類或其他相類之物，不能安全駕駛動力交通工具而駕駛」，始能成罪。惟修正後，本條第 1 項第 1 款規定，吐氣所含酒精濃度達每公升零點二五毫克或血液中酒精濃度達百分之零點零五以上，而駕駛動力交通工具，即足成罪，而無需具備不能安全駕駛之要件。因此，行為人服用酒類後，其體內之酒精濃度祇要達法定標準以上，即可予以處罰，勿庸再以其他證據證明其是否能安全駕駛。易言之，祇須行為人認識其服用酒類，而故意駕駛交通工具時，不問其能否安全駕駛，即已成罪，倘其酒精濃度達法定標準以上，即可予以處罰。故此酒精濃度之法定標準，實為本罪之客觀處罰條件❸。

本條第 1 項第 2 款規定，有前款以外之其他情事足認服用酒類或其他相類之物，致不能安全駕駛者，亦得構成本罪。所謂其他情事，例如，服用酒類，雖未達前款之法定濃度標準，但因睡眠不足或身體疲勞等因素；或食用含有酒類之食品或提神飲料等，致不能安全駕駛者，均得成立本罪。

至本條第 1 項第 3 款規定，服用毒品、麻醉藥或其他相類之物，致不能安全駕駛者，亦構成本罪。因服用毒品、麻醉藥品或其他相類之物，並無類似酒精濃度之法定標準，故須致不能安全駕駛者，始得成立本罪。

本條第 1 項第 2 款及第 3 款所規定之「不能安全駕駛」，其性質究屬如何？實有深究之必要。倘將「不能安全駕駛」認係本罪之行為情狀時，則性質上即屬本罪之客觀構成要件要素，行為人對此行為情狀，理應有所認識，始能成立本罪。行為人如不知其不能安全駕駛，自應阻卻本罪之故意，

---

❸ 2013 年 6 月 11 日修正前，司法實務通常認為酒測濃度之數值，僅作為取締酒駕時判斷能否安全駕駛之參考，並非唯一認定標準。倘酒測數值低於參考值（每公升 0.55 毫克），但依其他證據足以證明不能安全駕駛者，仍應成立該罪，反之則否。故應綜合全部卷證資料，以為判斷之依據，不可單憑酒測數值作為唯一認定標準。例如，臺灣高等法院 99 年度交上易字第 246 號判決。

而不構成犯罪。惟倘作如此解釋，不僅服用毒品、麻醉藥品、安非他命或其他興奮劑者，大皆不知其已不能安全駕駛；縱有所知，亦必諉為不知，而否認具有本罪之故意。若然，則本罪之規定，勢將成為具文。

因此，本條第 1 項第 2 款及第 3 款所規定之「不能安全駕駛」，在性質上，仍屬於客觀處罰條件。行為人祇須服用毒品、麻醉藥品等，而駕駛動力交通工具者，即足成立本罪；惟須達於不能安全駕駛之程度時，始得予以處罰。

㈩本罪與他罪之關係

1. 本罪與過失致死罪、過失致輕傷或重傷罪

本罪與過失致死罪或過失致輕傷或重傷罪，不具保護法益之同一性，自應分別成罪。其所觸犯之本罪與過失致死罪或過失致輕傷或重傷罪，前者，為繼續犯；後者，則為即成犯，二者僅於撞人之時點與場所相合致而已，自無從成立想像競合犯，應予數罪併罰。惟如甫一開始酒後駕車，即致人死傷時，因其時間與場所，完全重合，例外得視為一個行為，而具有想像競合之關係。

2. 本罪與妨害公務罪及侮辱公務員罪

本罪與妨害公務罪及侮辱公務員罪，不具保護法益之同一性，自應分別成罪。行為人對二名員警於依法執行職務時以穢語辱罵，係基於同一侮辱公務執行犯意下之接續行為，且刑法第 140 條第 1 項前段之侮辱公務員罪處罰者，係妨害國家公務之執行，其被害法益為國家，並非公務員個人，故雖有數名執行公務之公務員遭當場侮辱，惟被害之國家法益仍屬單一，並無侵害數個法益之情事，仍屬單純一罪，僅成立一侮辱公務員罪。而被告所犯三罪間，犯意各別，行為互殊，法益不同，所犯構成要件亦殊，應分論併罰 ❸ 。

---

❸　臺灣士林地方法院 94 易字 10。

九、肇事逃逸罪

第 185 條之 4　駕駛動力交通工具發生交通事故，致人傷害而逃逸者，處六月以上五年以下有期徒刑；致人於死或重傷而逃逸者，處一年以上七年以下有期徒刑。

犯前項之罪，駕駛人於發生交通事故致人死傷係無過失者，減輕或免除其刑。

㈠保護法益

1.立法理由

本罪增訂之立法理由，為「為維護交通安全，加強救護，減少被害人之死傷，促使駕駛人於發生交通事故後，能對被害人即時救護，特增設本條」。依此，立法者似認為駕車發生交通事故後，倘能將被害人即時救護，即可減輕或避免被害人之傷亡，亦攸關社會大眾生命、身體之安全，故將其訂為公共危險罪之一種。

惟發生交通事故致人死傷，如被害人僅係輕傷或重傷時，加以即時救護，固得符合立法意旨之要求；倘被害人已死亡時，已無即時救護之必要，駕駛人為逃避罪責，而逃逸之行為，並未發生任何公共危險。此際，本罪之保護法益何在？即難免引發爭議。

2.確保民事上之財產請求權？

有認為本條規定，係仿自德國刑法第 142 條，其目的在確保民事上之財產請求權，性質上，屬於抽象之財產危險罪。惟本罪之立法目的，果如德國刑法制訂該罪之規範目的，用意在確保民事上之財產請求權，則在立法體系上，理應置於財產罪章，始能名實相符。而本法將其置於公共危險罪章，顯無法依德國刑法之規範目的，作為本罪之詮釋依據。矧在立法過程中，不論在刑法研修過程、草案制訂過程或立法審議過程中，均未有將確保民事上之財產請求權，作為本罪之立法依據者。

3.保護個人生命身體之安全？

依刑法研究修正委員會多數委員之意見,認為本罪具有遺棄罪之性質,其目的在處罰棄置不顧之不道德行為。故本條之立法目的,主要在強調道德規範及維護善良風俗❸。倘依此意見,本罪既具有遺棄罪之性質,而屬於遺棄罪之特別規定,則其保護法益,乃為個人生命、身體之安全。因而,其立法體系,即應置於侵害個人法益之範疇,而非公共危險罪;且被害人如已死亡,亦無遺棄之可言。其認為本罪具有遺棄罪之性質,顯非確論。如認本罪之立法目的,係在強調道德規範及維護善良風俗,姑不論道德規範及善良風俗,宜否以立法加以保護,既認本罪之立法目的在維護善良風俗,亦與公共危險無關,將其置於公共危險罪章,在體例上,亦頗為扞格不合。

4.維護社會之公共安全？

本罪之保護法益,依增修條文置於公共危險罪章之體例以為解釋,固可將其解為社會之公共安全;惟如前所述,其因發生交通事故致人死亡,而逃逸者,其保護法益何在,則難免令人困惑。立法院委託學者所作〈刑法分則草案評估報告〉中,曾建議將行政院草案版之條文修正為「駕駛動力交通工具肇事,有致人死傷之虞,而無故逃逸者」;惟立法院仍依原行政院版文字通過,致造成解釋上之爭議。倘依評估報告所作建議文字通過,在解釋上,則駕車發生交通事故,有致人死傷之虞,而無故逃逸,因未即時救護,即有危害被害人生命、身體之危險。故其保護法益,仍係個人生命、身體之安全。

5.維護社會之善良風俗？

綜上所述,本罪之保護法益何在,實頗令人費解。揆之實際,駕車發生交通事故,致人死傷者,倘行為人主觀上具有殺人或傷害之故意時,可依殺人或傷害之既遂或未遂犯處罰;如係出於過失時,亦可依過失致死罪或過失致輕傷或重傷罪處罰;設主觀上並無任何故意或過失時,行為人對於發生交通事故致死傷之行為,自可不負責。雖然,其發生交通事故後逃

---

❸　法務部編印,《刑法分則研究修正資料彙編（四）》,87.3,頁 418–420。

逸之行為，已與公共危險無關；尤其，發生交通事故致人死亡之情形，亦與遺棄或個人生命、身體之安全無涉；且被害人既已死亡，縱認立法目的，在課予救護義務，亦屬無濟於事之舉。至認處罰其逃逸行為，係在確保民事上之損害賠償請求權，更顯突兀。蓋一般殺人或傷害行為，亦有民事上損害賠償請求權之問題，如認駕車發生交通事故後，要求其不得逃逸，係在確保民事上之損害賠償請求權；則於殺人或傷害後，為確保民事上之損害賠償請求權，是否亦可要求殺人犯或傷害犯於殺人或傷害後，亦不得逃逸，否則即應臨之以刑罰？

因此，揣摩立法之意旨，駕車發生交通事故逃逸之行為，立法者所以將其犯罪化，其目的係在處罰棄置不顧之不道德行為，而重在道德規範及善良風俗之維護。不問道德規範及善良風俗，是否值得以刑法予以維護以及其實效性如何，立法目的，既在於此，所謂惡法亦法，既已成為法律，無論如何置喙，已屬多餘。

㈡行為主體

本罪之行為主體，為駕駛交通工具發生交通事故致人死傷之人，故為真正身分犯。行為人只須駕駛交通工具發生交通事故致人死傷者，即得成為本罪主體。其所駕駛交通工具之助手、工作人員、乘客，甚或其他之人，如有教唆或幫助之行為時，亦有刑法第 31 條規定之適用。至致死傷之人，只須為行為人以外之人，即足當之。其為行人、乘客或其他之人，為一人或多數人，是否導致死亡、輕傷或重傷，均非所問。

至行為人駕駛交通工具發生交通事故時，須有致人死傷之結果，而逃逸時，始能構成本罪。倘無致人死傷之結果，僅致他人財物受損者，縱有逃逸之行為，尚不得以本罪律之。例如，駕車衝撞民房，僅致其樑柱斷裂，或車禍時，僅致他車保險桿凹陷等情形是。

㈢實行行為

本罪之實行行為，為逃逸。所謂逃逸，乃逃離發生交通事故現場而逸

走之行為。其逃逸之方法，或駕車、或搭車、或行走，並無限制，只須逃離現場而逸走之行為，即足當之。惟其離開現場，如非逸走，而係找尋電話電呼請救護車、或求人協助救護者，則不得以逃逸律之。

㈣故　意

本罪為故意犯，行為人對於駕駛交通工具發生交通事故，致人死傷之事實，須具有認識，而有意逃逸者，始能成罪。其出於直接故意或未必故意，則非所問。

行為人之逃逸行為，雖須出於故意，始能成罪。惟其駕駛交通工具發生交通事故之行為，則有出於故意者，有出於過失者，亦有無過失者。其故意逃逸行為，是否均得成立本罪？頗有探究之餘地。

1.駕車發生交通事故行為，出於故意者

行為人基於殺人故意，駕駛交通工具將他人撞成死傷時，其死傷之結果，本可包括評價於殺人罪內；且行為人既以殺意為之，縱僅致傷害之結果，在法規範上，亦無法期待其不為逃逸之行為。此際，行為人僅須就死傷結果，負殺人既遂或未遂之刑責。因此，其故意逃逸之行為，應認其不能成立本罪。

行為人基於輕傷或重傷之故意，駕車將他人撞成死傷時，其僅生輕傷或重傷之結果者，固可包括評價於輕傷罪或重傷罪內；如已生死亡之結果者，亦可包括評價於輕傷致死罪或重傷致死罪內，行為人固須就死傷結果，負輕傷罪、重傷罪或其加重結果犯之刑責。惟一般輕傷或重傷罪，既未要求行為人於實施傷害行為後，不得逃逸，則其以輕傷或重傷之故意，駕駛交通工具將他人撞成死傷時，倘要求其不得逃逸，亦為法規範之過分期待。因此，其故意逃逸之行為，亦應認其不能成立本罪。

2.駕車發生交通事故行為，出於過失者

行為人駕駛交通工具因過失將他人撞成死傷者，依立法意旨，為處罰其棄置不顧之不道德行為，藉以維護道德規範及善良風俗，行為人除成立過失致死罪或過失輕傷或重傷罪外，自得依本罪論科；且其不予救護之不

作為行為，依具體情形，仍有可能成立遺棄罪或殺人罪。

3.駕車發生交通事故行為，無任何故意或過失者

行為人駕駛交通工具無任何故意或過失將他人撞成死傷者，行為人對其發生交通事故致人死傷之行為，固不負任何刑責；惟依立法意旨，為處罰其棄置不顧之不道德行為，藉以維護道德規範及善良風俗，自仍得成立本罪；且其不予救護之不作為行為，依具體情形，亦有可能成立遺棄罪或殺人罪。

職是，駕駛交通工具肇事之行為，行為人在主觀上，無論有否過失，而故意逃逸時，均得成立本罪。如係無過失者，僅得減輕或免除其刑而已。至其主觀上，具有殺人或傷害之故意時，則應依殺人罪或傷害罪之相關法條論科，不能成立本罪。

我實例見解認為「刑法第 185 條之 4 之肇事逃逸罪，以處罰肇事後逃逸之駕駛人為目的，俾促使駕駛人於肇事後能對被害人即時救護，以減少死傷，是該罪之成立只以行為人有駕駛動力交通工具肇事，致人死傷而逃逸之事實為已足，至行為人對肇事有否過失，則非所問。本件車禍縱係由於告訴人之過失所致，亦不影響上訴人犯罪之成立。」❸

㈤既　遂

本罪為抽象危險犯，行為人只須因過失，或雖無故意或過失，駕車發生交通事故致人死傷，而逃逸時，即為本罪之既遂犯。

㈥本罪與他罪之關係

1.本罪與過失致死罪

本罪所侵害之法益，為社會之公共安全；過失致死罪，所侵害之法益，則為個人之生命安全，二罪間，不具保護法益之同一性，自應分別成罪。其觸犯之本罪與過失致死罪，所評價之事實自然行為，分屬二個不同行為，無從成立想像競合犯；且該二個行為，一為故意行為，一為過失行為，其

❸ 最高法院 88 臺上 7396 （決）；92 臺上 6541 （決）；93 臺上 298 （決）。

所觸犯之二罪，應予數罪併罰。

2.本罪與過失致輕傷或重傷罪

本罪與過失致輕傷或重傷罪，不具保護法益之同一性。行為人主觀上出於過失，單純駕車發生交通事故，致人傷害而逃逸者，除得同時成立本罪與過失致輕傷或重傷罪外，倘行為人預見被害人可能傷重致死，而具有殺人之直接或未必故意時，其不予救護之不作為，應另成立消極殺人罪之既遂犯或未遂犯。如無死亡之預見，而被害人傷重已無自救力時，應另成立不為保護之遺棄罪。

行為人所觸犯之本罪與消極殺人罪或遺棄罪，所評價之事實自然行為，因發生交通事故逃逸之行為，即為殺人或遺棄行為❸。因此，如成立殺人罪時，本罪與消極殺人罪，應依想像競合犯，從一重之殺人罪處斷。如無殺人之犯意，而僅成立不為保護遺棄罪時，仍應依想像競合犯，從本罪或不為保護遺棄罪中之一罪處斷。而後，從處斷之一罪，再與過失致輕傷或重傷罪，予以併合論罪。

3.本罪與不能安全駕駛罪

本罪與不能安全駕駛罪之保護法益，均為社會之公共安全，具有保護法益之同一性。在構成要件之關係上，二者間，雖不具特別關係，惟前者，只須駕駛交通工具發生交通事故，即有可能成立犯罪；後者，則須服用藥品或酒類後駕車，始能成立犯罪。因此，二者間，應具有補充關係，本罪為基本規定；不能安全駕駛罪，則為補充規定。成立法條競合時，應適用基本規定之本罪，而排除補充規定不能安全駕駛罪之適用。

---

❸　想像競合犯之一行為，可能為一個作為之行為，亦可能為一個不作為之行為。一個作為或不作為之自然行為，經法的評價後，亦可同時成立作為犯之構成要件行為與不作為犯之構成要件行為。因此，一個作為之自然行為，經法的評價後，得同時成立作為犯與不作為犯之想像競合犯。

第四節　危險物罪

一、犯罪類型

危險物罪之犯罪類型，有第 186 條「單純危險物罪」；第 186 條之 1「使用危險物罪」；第 187 條「加重危險物罪」；第 187 條之 1「製造販運持有核子物資罪」；第 187 條之 2「放逸核能放射線罪」以及第 187 條之 3「不當使用放射線罪」。

二、罪　質

危險物罪，乃製造、販運、持有或使用危險物品為內容之犯罪。所謂危險物品，例如，爆裂物、槍彈、核子原料或放射線等是。危險物罪，有者為舉動犯，有者為結果犯。前者，例如，單純爆裂物罪、製造販運或持有核子原料罪是。後者，例如，使用爆裂物罪、放逸核能放射線罪是。

再者，危險物罪，有屬於危險犯者，亦有屬於實害犯者。前者，例如，前舉各罪是。後者，例如，不當使用放射線罪，須致傷害人之身體或健康者，始能成罪。危險犯中，有屬於抽象危險犯者，亦有屬於具體危險犯者。前者，例如，單純爆裂物罪、製造販運或持有核子原料罪是。後者，例如，使用爆裂物罪、放逸核能放射線罪是。

三、保護法益

爆裂物、槍彈、核子原料或放射線等等危險物品，倘予不當使用或未妥善管制，不僅足以紊亂社會治安，並對於人之生命、身體或財產造成嚴重之侵害。其危險性，與放火、決水及妨害交通等，殆無異致。因此，危險物罪之保護法益，為社會之公共安全，並兼及個人之生命、身體之安全。

四、單純危險物罪

第 186 條　未受允准，而製造、販賣、運輸或持有炸藥、棉花藥、雷汞或其他相類之爆裂物或軍用槍砲、子彈，而無正當理由者，處二年以下有期徒刑、拘役或一萬五千元以下罰金。

㈠行為客體

　　本罪之行為客體，為炸藥、棉花藥、雷汞或其他相類之爆裂物或軍用槍砲、子彈。

　　所謂爆裂物，係指其物具有爆發性，且有破壞力，可於瞬間將人及物殺傷或毀損者而言。炸藥、棉花藥及雷汞，為其例示規定；他如，土槍藥、土製炸藥等，亦屬之。至單純鹽硝、毛硝、火硝、硫磺、水銀或白藥等，雖足供製造軍火之原料，但未經配合以前，或不能獨立燃燒，或無爆炸性及破壞力，均不能認為係爆裂物❸❺。

　　所謂軍用槍砲、子彈，係指就其品類能供軍事上使用者而言，不以具體之物現供軍用為限，亦不以名稱而決定其性能。至於是否違禁物，則與本罪無涉。而是否能供軍用，則應由軍事機關鑑定，非可抽象推斷。故獵槍及子彈，倘係專供狩獵之用，即與純屬軍事上使用之槍枝有別，不得為本罪客體。至單純槍砲零件，本無危險性，不屬於危險物，惟行為人如係為避免發覺或便於搬運，故將整個槍枝拆開以為運輸者，則仍得為本罪客體❸❻。又軍用槍砲、子彈，須其性能現仍堪供軍事上使用。如屬廢舊手槍或報廢手榴彈❸❼，縱曾供軍事上使用，亦不得為本罪客體。

---

❸❺　司法院院字 978；院字 1418；院字 1465；院字 1501；院字 2865；院解 3106。

❸❻　司法院院字 1183；院解 3807。

❸❼　最高法院 52 臺上 601（決）；59 臺上 400（決）。

㈡實行行為

本罪實行行為之態樣有四：

1. 製　造

所謂製造，乃加工於原料或材料而製作危險物之行為，其改造行為，亦包括在內。至修理槍砲零件之行為，實例亦視為製造❸，似有類推解釋之嫌。

2. 販　賣

所謂販賣，乃售賣危險物之行為。實務上認為，所謂販賣，兼指販入或賣出之行為，二者有一，即足成立。故不論先買後賣、先賣後買，或僅單純為買進或賣出之行為，均包括在內。

3. 運　輸

所謂運輸，乃轉運輸送危險物之行為。凡以運輸之意思，由甲地運到乙地之行為，即為運輸。至其僅在國內運送，或輸出國外或自國外輸入，均非所問❸。

4. 持　有

所謂持有，乃將危險物置於自己事實上支配狀態之行為。其持有時間之長短，或是否為其所有，則非所問。又持有與寄藏之行為有別，寄藏與持有，均係將物置於自己實力支配之下，惟寄藏必先有他人之持有行為，而後始為之受寄代藏而已。故寄藏之受人委託代為保管，其保管之本身，亦屬持有❹。

㈢故　意

本罪為故意犯，行為人須故意製造爆裂物或軍用槍砲、子彈，或對此項客體具有認識，而故意為販賣、運輸或持有者，始能成罪。

---

❸　司法院院字 2422。

❸　最高法院 24.7 刑議。

❹　最高法院 74 臺上 3400。

㈣特別阻卻違法事由

本罪之製造、販賣、運輸或持有之行為，須未受允准，且無正當理由者，始能構成犯罪。倘行為人為製造等行為時，已受允准或有正當理由者，自得阻卻違法。

所謂未受允准，乃未得主管機關之許可，而擅自為製造等行為之意。有自始未受允准者，亦有曾受允准而已逾越執照年限者。例如，機關團體因有設置警衛必要，得向當地警察機關請求派駐警衛，其有置槍必要者，應先檢同員工名冊報由當地警察機關核轉內政部核准。自衛槍枝執照限用二年，期滿應即撤銷，換領新照是（自衛槍枝管理條例 3、11 I）。

所謂無正當理由，乃在客觀上欠缺受容許之理由。倘有正當理由，即無可罰性。例如，因研究化學之用，而製造或持有炸藥、雷汞等物，或槍照期限雖已屆滿，因交通斷絕，致未及換領新照等情形是。

㈤既　遂

本罪無處罰未遂犯之規定，行為人只要未受允准，且無正當理由，而完成製造、販賣、運輸或持有等行為時，即為本罪之既遂犯。倘行為人甫製成部分零件，或剛開始著手販賣或運輸者，則為本罪不罰之未遂行為。

㈥罪數及與他罪之關係

1.罪數之認定標準

本罪之保護法益，為社會之公共安全。因此，本罪罪數之認定標準，應以妨害公共安全之次數為準。妨害一次公共安全者，為一罪；妨害數次公共安全者，為數罪。

至本罪之四個行為態樣，仍屬數個獨立行為，有其中一個行為，即足成立犯罪。倘或兼而有之，因數個行為具有選擇性，仍僅成立本罪之包括一罪。

2.本罪與侵占罪

本罪之保護法益，為社會之公共安全；侵占罪之保護法益，為個人之財產安全，二罪間不具保護法益之同一性，應分別成罪。其所觸犯之持有危險物罪與公務上侵占罪所評價之自然行為事實，為同一行為，應依想像競合犯，從其一重處斷。又行為人撿獲他人所遺失之槍彈，匿不報繳者，亦應成立本罪與侵占遺失物罪之想像競合犯。

3. 本罪與竊盜罪、搶奪罪或強盜罪

本罪與竊盜罪、搶奪罪或強盜罪之保護法益，不具保護法益之同一性，應分別成罪。其所觸犯之持有危險物罪與搶奪罪或強盜罪，前者，為繼續犯；後者，則為即成犯，二者僅於搶奪或強盜之時點與場所相合致而已，自無從成立想像競合犯，應予數罪併罰。

我實務認為，行為人於夜間因見派出所內值勤警員在打瞌睡，潛入竊取槍彈，則其一經將槍彈竊取到手，除犯加重竊盜罪外，同時又犯未受允准，且無正當理由，而持有軍用槍彈罪，成立想像競合犯❹。

4. 本罪與公務員圖利罪

本罪與公務員圖利罪之保護法益各異，應分別成罪。其觸犯之販賣危險物罪與公務員圖利罪所評價之自然行為事實，為同一行為，應依想像競合犯之規定，從其一重處斷。

五、使用危險物罪

第 186 條之 1　無正當理由使用炸藥、棉花藥、雷汞或其他相類之爆裂物爆炸，致生公共危險者，處一年以上七年以下有期徒刑。
　　　　　　　因而致人於死者，處無期徒刑或七年以上有期徒刑；致重傷者，處三年以上十年以下有期徒刑。
　　　　　　　因過失致炸藥、棉花藥、雷汞或其他相類之爆裂物爆炸而生公共危險者，處二年以下有期徒刑、拘役或一萬五千元以下罰金。

---

❹　最高法院 70 臺上 1697（決）。

第一項之未遂犯罰之。

㈠行為客體

本罪之行為客體，為炸藥、棉花藥、雷汞或其他相類之爆裂物。

㈡實行行為

本罪之實行行為，為使用。使用爆裂物之原因及方法，並無限制。例如，炸山開路、拆除建物等是。

㈢行為結果

本罪之行為結果，為爆炸，亦即使爆裂物爆發炸開。行為人無正當理由使用炸藥、棉花藥、雷汞或其他相類之爆裂物，致發生爆炸之結果，即為本罪之既遂犯。

㈣具體危險

本罪為具體危險犯，須致生公共危險，始能成罪。倘未致生公共危險，並非未遂，而係不成立犯罪。在解釋上，所謂「致生公共危險」，係對於法益客觀上所惹起之現實危險事態，性質上為想像上或評價上所存在之概念。不論爆裂物是否爆炸，亦即使用爆裂物之行為，不論既遂或未遂，均須致生公共危險，始能成罪。

㈤加重結果

行為人使用爆裂物爆炸，因而致人於死或重傷者，即成立本罪之加重結果犯。只須其使用爆裂物爆炸之行為與致死或致重傷之結果，具有因果關係，且對於該重結果之發生，能預見而未預見者，即得成立。

㈥故意與過失

1. 故　意

本罪之故意犯，須行為人認識其為爆裂物，而有意使用，始能成罪。至其為直接故意或未必故意，則非所問。

2. 過　失

本罪之過失犯，須行為人對於爆裂物未有認識，或雖有認識，惟對於爆裂物爆炸之事實，未有預見或雖有預見，惟確信其不發生時，始能成立。

㈦特別阻卻違法事由

本罪使用爆裂物之行為，須無正當理由者，始能構成犯罪。倘行為人使用爆裂物之行為，有正當理由者，自得阻卻違法。

所謂無正當理由，乃在客觀上欠缺受容許之理由。倘有正當理由，即無可罰性。例如，前述炸山開路之情形是。

㈧未遂、既遂

1. 未遂犯

使用爆裂物罪之未遂犯，罰之（刑 186-1 IV）。行為人無正當理由使用爆裂物，尚未發生爆炸者，即為本罪之未遂犯。例如，於速食店放置土製炸彈，尚未爆炸，即為人發現之情形是。

2. 既遂犯

行為人無正當理由使用爆裂物，發生爆炸者，即為本罪之既遂犯。本罪既、未遂之區別，以爆裂物已否爆炸為準。

㈨本罪與他罪之關係

1. 本罪與殺人罪、傷害罪

本罪與殺人罪或傷害罪，不具保護法益之同一性，應分別論罪。行為人基於殺人或傷害之目的，而以炸藥爆炸為手段者，其所評價之自然事實

行為，在客觀上仍屬一個行為，應依想像競合犯，從其一重處斷。

2.使用爆裂物罪與毀損罪

本罪與毀損罪，不具保護法益之同一性，應分別論罪。其觸犯之二罪，所評價之自然事實行為，在客觀上仍屬一個行為，應依想像競合犯，從其一重處斷。

3.過失爆炸爆裂物罪與過失致死或致傷罪

過失爆炸爆裂物罪與過失致死或致傷罪，不具保護法益之同一性，應分別論罪。其觸犯之二罪，所評價之自然事實行為，在客觀上仍屬一個行為，應依想像競合犯，從其一重處斷。

六、加重危險物罪

第187條　意圖供自己或他人犯罪之用，而製造、販賣、運輸或持有炸藥、棉花藥、雷汞或其他相類之爆裂物或軍用槍砲、子彈者，處五年以下有期徒刑。

㈠行為客體

本罪之行為客體，為炸藥、棉花藥、雷汞或其他相類之爆裂物或軍用槍砲、子彈。

㈡實行行為

本罪實行行為之態樣有四：即製造、販賣、運輸或持有。

㈢故意與意圖

1.故　意

本罪為故意犯，行為人須故意製造爆裂物或軍用槍砲、子彈，或對此項客體具有認識，而故意為製造、販賣、運輸或持有者，始能成罪。

2.意　圖

本罪行為人須具有供自己或他人犯罪用之意圖，始能成立。行為人只須於行為時具有此項意圖為已足，至實際上是否已供犯罪之用，以及意圖犯何罪，均與本罪之成立無涉。

(四)既　遂

本罪無處罰未遂犯之規定，行為人只要意圖供自己或他人犯罪之用，而完成製造、販賣、運輸或持有等行為時，即為本罪之既遂犯。倘行為人甫製成部分零件，或剛開始著手販賣或運輸者，則為本罪不罰之未遂行為。

(五)本罪與他罪之關係

1.本罪與單純危險物罪

本罪與單純危險物罪之保護法益，均為社會之公共安全，具有保護法益之同一性。二罪間具有特別關係，本罪為特別規定，單純危險物罪則為一般規定，應依法條競合之特別關係，優先適用本罪處斷，而排除單純危險物罪之適用。

2.本罪與殺人罪、傷害罪

本罪與殺人罪或傷害罪，不具保護法益之同一性，應分別論罪。行為人以殺害或傷害其仇人之目的，而持有本罪之危險物時，應予數罪併罰。惟行為人如係隨時供犯罪之用，而購入槍彈，嗣因與人結仇，乃臨時起意，持槍將人殺死或傷害者，則應成立本罪與殺人罪或傷害罪之數罪併罰。但其持槍擬往仇人處尋仇，在途中即為警查獲者，則應成立本罪與預備殺人罪之想像競合犯。

3.本罪與恐嚇取財罪

恐嚇取財罪之保護法益，為個人之財產安全，與本罪不具保護法益之同一性，應分別成罪。行為人以恐嚇取財為目的，而以持有槍彈為手段時，應予數罪併罰。

4.本罪與擄人勒贖罪

本罪與擄人勒贖罪，不具保護法益之同一性，應分別成罪。行為人以

擄人勒贖為目的，而以持有槍彈為手段時，應予數罪併罰。

七、製造販運持有核子物資罪

第 187 條之 1　不依法令製造、販賣、運輸或持有核子原料、燃料、反應
　　　　　　　器、放射性物質或其原料者，處五年以下有期徒刑。

㈠行為客體

　　本罪之行為客體，為核子原料、燃料、反應器、放射性物質或其原料。

　　所謂核子原料，係指鈾礦物、釷礦物及其他經行政院指定為核子原料
之物料（原子能法 2 ②）。

　　所謂核子燃料，係指能由原子核分裂之自續連鎖反應而產生能量之物
料，及其他經行政院指定為核子燃料之物料（原子能法 2 ③）。

　　所謂核子反應器，係指具有適當安排之核子燃料；而能發生原子核分
裂之自續連鎖反應之任何裝置（原子能法 2 ⑤）。

　　所謂放射性物質，係指產生自發性核變化，而放出一種或數種游離輻
射之物質（原子能法 2 ⑥）。

㈡實行行為

　　本罪之實行行為，為製造、販賣、運輸或持有。

㈢故　意

　　本罪為故意犯，行為人須故意製造核子物資，或對此項核子物資具有
認識，而故意為製造、販賣、運輸或持有者，始能成罪。

㈣特別阻卻違法事由

　　本罪之製造、販賣、運輸或持有之行為，須不依法令，始能構成犯罪。
倘行為人依法令規定而為製造、販賣、運輸或持有時，自得阻卻違法。

所謂不依法令，乃未依原子能法之規定，而擅自為製造、販賣、運輸或持有。原子能法第 21 條至第 23 條對於核子原料、燃料及反應器之管制，第 24 條至第 26 條對於游離輻射之防護，均設有詳細之規定。倘未依該等規定，而為製造、販賣、運輸或持有者，即為不依法令之行為。

㈤既　遂

本罪無處罰未遂犯之規定，行為人只要不依法令，而完成製造、販賣、運輸或持有等行為時，即為本罪之既遂犯。倘行為人甫著手製造、販賣、運輸或持有者，則為本罪不處罰之未遂行為。

八、放逸核能放射線罪

第 187 條之 2　放逸核能、放射線，致生公共危險者，處五年以下有期徒刑。

　　　　　　　因而致人於死者，處無期徒刑或十年以上有期徒刑；致重傷者，處五年以上有期徒刑。

　　　　　　　因過失犯第一項之罪者，處二年以下有期徒刑、拘役或一萬五千元以下罰金。

　　　　　　　第一項之未遂犯罰之。

㈠行為客體

本罪之行為客體，為核能及放射線。

所謂核能，亦稱原子能，乃指原子核發生變化所放出之一切能量（原子能法 2 ①）。原子能 (Atomic Energy)，係早期發現時所使用之名稱，嗣發現能發生能量者為核子 (Nuclear Energy)，故稱為核子能，簡稱核能。原子之內圍組織，有一原子核，亦即核子，得因自續連鎖反應，快速分裂，而引發爆炸，殺傷力極強。原子之外圍軌道，則為百千個粒子、中子及電子所充斥，得因相互激盪，而產生游離輻射，對於人、物均足以造成損害。

所謂放射線，乃指產生自發性核變化，而放出一種或數種游離輻射之放射性物質所輻射之能量（原子能法 2 ⑥）。依日本法務省刑事局 1975 年編《改正刑法草案之解說》之說明，所謂放射線，係指 α 射線 (Alpha Rays)、核射線 (Deuteron Rays)、質子射線 (Proton Rays)、β 射線 (Beta Rays)、中子射線 (Neutron Rays)、γ 射線 (Gamma Rays)、X 射線 (X Rays)、電磁波或粒子射線 (Praticle Rays) 中具有直接或間接電離空氣之能力者而言。

㈡實行行為

本罪之實行行為，為放逸。所謂放逸，乃洩放漏逸之意，亦即使核能或放射線洩放漏逸之行為。例如，使核子反應爐之游離輻射洩放或漏逸是。

㈢行為結果

本罪為結果犯，須行為人有使核能或放射線洩放漏逸之結果，始為本罪之既遂。

㈣具體危險

本罪為具體危險犯，須致生公共危險，始能成罪。倘未致生公共危險，並非未遂，而係不成立犯罪。在解釋上，所謂致生公共危險，係對於法益客觀上所惹起之現實危險事態，性質上為想像上或評價上所存在之概念。放逸核能放射線之行為，不論既遂或未遂，均須致生公共危險，始能成罪。

㈤加重結果

行為人放逸核能、放射線，因而致人於死或重傷者，即成立本罪之加重結果犯。只須其放逸核能、放射線之行為與致死或致重傷之結果，具有因果關係，且對於該重結果之發生，能預見而無預見者，即得成立。

㈥故意與過失

1. 故　意

本罪之故意犯，須行為人認識其為核能或放射線，而有意放逸者，始能成罪。至其為直接故意或未必故意，則非所問。

　　2.過　失

本罪之過失犯，須行為人對於核能或放射線未有認識，或雖有認識，惟對於核能或放射線放逸之事實，未有預見或雖有預見，惟確信其不發生時，始能成立。

(七)未遂、既遂

1.未遂犯

放逸核能放射線罪之未遂犯，罰之（刑 187-2 IV）。行為人有意放逸核能或放射線，尚未發生放逸之結果者，即為本罪之未遂犯。

2.既遂犯

行為人放逸核能或放射線，已發生放逸之結果者，即為本罪之既遂犯。本罪既、未遂之區別，以核能或放射線已否發生放逸之結果為準。

(八)本罪與他罪之關係

1.本罪與殺人罪、傷害罪

本罪與殺人罪或傷害罪，不具保護法益之同一性，應分別論罪。行為人基於將數人殺害或傷害之目的，而以放逸核能或放射線為手段時，其所評價之自然事實行為，在客觀上仍屬一個行為，應依想像競合犯，從其一重處斷。

2.本罪與毀損罪

本罪與毀損罪，不具保護法益之同一性，應分別論罪。其觸犯之二罪，所評價之自然事實行為，在客觀上仍屬一個行為，應依想像競合犯，從其一重處斷。

3.過失放逸核能放射線罪與過失致死或致傷罪

過失放逸核能或放射線罪與過失致死或致傷罪，不具保護法益之同一性，應分別論罪。其觸犯之二罪，所評價之自然事實行為，在客觀上仍屬

一個行為，應依想像競合犯，從其一重處斷。

九、不當使用放射線罪

第 187 條之 3　無正當理由使用放射線，致傷害人之身體或健康者，處三
　　　　　　　年以上十年以下有期徒刑。
　　　　　　　因而致人於死者，處無期徒刑或十年以上有期徒刑；致重
　　　　　　　傷者，處五年以上有期徒刑。
　　　　　　　第一項之未遂犯罰之。

㈠行為客體

本罪之行為客體，為放射線。

㈡實行行為

本罪之實行行為，為使用放射線。放射線之使用，分「醫用」與「非醫用」二種。

醫用之放射性物質及可發生游離輻射設備，係指供醫療用之放射性同位素及放射線醫療設備。所謂供醫療用放射性同位素，係指以口服、注射或其他方法直接進入人體內部之放射性物質。所謂供醫療用放射線醫療設備，例如，醫用透視設備、醫用輻射照相設備、螢光照相設備及牙科照相設備等是（原子能法施行細則 47）。

非醫用之放射性物質及可發生游離輻射設備，係指放射線在食品保鮮、醫療器材消毒、電線電纜品質改良及工藝品、農產品、蟲害消毒、育種等研究應用；或放射線在測漏儀、密度儀、液位儀、石油探測、煙霧警報等用途之應用等而言。

㈢行為結果

本罪為結果犯，使用放射線之行為，須發生致傷害人之身體或健康之

結果，始能成罪。

㈣加重結果

行為人使用放射線，因而致人於死或重傷者，即成立本罪之加重結果犯。只須其使用放射線之行為與致死或致重傷之結果，具有因果關係，且對於該重結果之發生，能預見而無預見者，即得成立。

㈤故　意

本罪之故意犯，須行為人認識其為放射線，而有意使用，始能成罪。至其為直接故意或未必故意，則非所問。行為人倘係基於過失而使用放射線，縱致傷害人之身體或健康，並不成立本罪。

㈥特別阻卻違法事由

本罪使用放射線之行為，須無正當理由者，始能構成犯罪。倘行為人使用放射線之行為，有正當理由者，自得阻卻違法。

所謂無正當理由，乃在客觀上欠缺受容許之理由。倘有正當理由，即無可罰性。例如，使用鈷六十治療癌症，屬於業務上之正當行為，即有正當理由是。

㈦未遂、既遂

1. 未遂犯

本罪之未遂犯，罰之（刑 187-3 III）。行為人無正當理由使用放射線，尚未致傷害人之身體或健康者，即為本罪之未遂犯。

2. 既遂犯

行為人無正當理由使用放射線，已發生致傷害人身體或健康之結果者，即為本罪之既遂犯。本罪既、未遂之區別，以放射線已否傷害人之身體或健康為準。

第五節　妨害公共衛生罪

一、犯罪類型

　　妨害公共衛生罪之犯罪類型，有第 190 條「妨害公眾飲水罪」；第 190 條之 1「投放毒物罪」；第 191 條「製造販賣陳列妨害衛生物品罪」；第 191 條之 1「下毒或混雜有毒物品罪」及第 192 條「違背預防傳染病法令及散布病菌罪」。

二、罪質與保護法益

　　公共衛生，影響國民之健康甚鉅。而國民之健康，則為維持與發展健全社會之重要基礎。妨害公共衛生罪，係以妨害國民之健康為內容之犯罪。近年來，因工商業發達，工廠活動及其他人為事實，往往投放排逸許多有害健康之物質，致污染空氣、土壤、河川或其他水體，嚴重影響國民之生活、生命及身體健康。苟不積極防治，長久積聚後，勢必造成嚴重之危害，甚至產生集體多眾死傷之公害，可謂為新型之公共危險。再者，邇來社會上迭次發生不法之徒，仿日本千面人於市面上流通食品內下毒，以勒索廠商支付鉅款案件，嚴重破壞社會安寧及危害消費大眾之生命安全，亟應加以遏止。本法爰將投放排逸毒物或有害健康之物以及對他人公開陳列、販賣之飲食物品滲入、添加或塗抹毒物或其他有害人體健康之物質者，嚴予處罰。因此，本罪之保護法益，亦為社會之公共安全，並兼及個人之生命、身體安全。

三、妨害公眾飲水罪

第 *190* 條　投放毒物或混入妨害衛生物品於供公眾所飲之水源、水道或自來水池者，處一年以上七年以下有期徒刑。

　　　　　　因而致人於死者，處無期徒刑或七年以上有期徒刑。致重傷者，

處三年以上十年以下有期徒刑。

因過失犯第一項之罪者，處六月以下有期徒刑、拘役或九千元以下罰金。

第一項之未遂犯罰之。

㈠行為客體

本罪之行為客體，為供公眾所飲之水源、水道或自來水池。

1.供公眾所飲

所謂供公眾所飲，乃指供給不特定之人或多數人飲用者而言。倘係供特定之個人或少數人飲用，或供家畜飲用者，則不得為本罪客體。

2.水源、水道或自來水池

所謂水源，乃飲水之泉源，如水井、水泉、水庫、池塘等是。所謂水道，乃給水之人工設備。其構造之大小與形式如何，均非所問。全部均由人工所作成者，例如自來水管，固屬之；即利用天然水流，而加上人工設備者，亦屬之。惟單純利用天然水流者，則尚難謂為水道。至水道為公設或私設，則與本罪之成立無涉。所謂自來水池，乃自來水之蓄水池、濾水場等是。

㈡實行行為

本罪實行行為之態樣有二：

1.投放毒物

所謂毒物，乃指具有毒性而有害於人體健康之化學物質。亦即人吸收微量於體內，經化學作用，即足以損害健康之無機物。例如，砒霜、氰酸鉀等是。

2.混入妨害衛生物品

所謂妨害衛生物品，乃除毒物外，凡足以影響人之健康狀態之物品，均屬之。其為有機物或無機物，在所不問。例如，塵土、糞便、垃圾或腐

物等是。

行為人一有投放或混入妨害衛生物品於水源、水道或自來水池之行為，犯罪即行成立。至該水源等之水，是否不堪飲用，抑或實際已否有害於人之健康，則非所問。

又本罪法文上，雖規定毒物為「投放」，妨害衛生物品為「混入」，惟此僅為行文上之方便，在實際適用上，此二行為，並無何差別。倘毒物以「混入」為之，妨害衛生物品以「投放」施之，自均得律以本罪。

㈢行為結果

本罪為結果犯，行為人之投放或混入行為，須以將毒物或妨害衛生之物品投入或混入水源、水道或自來水池之結果，始足當之。

㈣加重結果

行為人投放毒物或混入妨害衛生物品，因而致人於死或重傷者，即成立本罪之加重結果犯。只須其投放毒物或混入妨害衛生物品之行為與致死或致重傷之結果，具有因果關係，且對於該重結果之發生，能預見而無預見者，即得成立。

㈤故意與過失

1.故 意

本罪之故意犯，須行為人對於供公眾所飲之水源等以及毒物或妨害衛生物品，具有認識，而有意為投放或混入之行為，始能成罪。惟其故意之內容，須僅在於妨害公共衛生。若別具殺人或傷害之意思者，則非本罪所能包括，應另成立殺人罪或傷害罪。

2.過 失

本罪之過失犯，須行為人對於供公眾所飲之水源等以及毒物或妨害衛生物品，未有認識；或雖有認識，而因疏忽，致將毒物或妨害衛生物品投放或混入水源等者，始能成罪。

㈥未遂、既遂

1.未遂犯

本罪之未遂犯，罰之（刑 190 IV）。既遂、未遂之區別，以投放之毒物或混入之妨害衛生物品已否進入水源等為準。倘已著手於投放或混入之行為，而毒物或妨害衛生物品尚未進入水源等者，即為本罪之未遂犯。

2.既遂犯

行為人投放之毒物或混入之妨害衛生物品已進入水源等者，即為本罪之既遂犯。

㈦罪數及與他罪之關係

1.罪數之認定標準

本罪之保護法益，亦為社會之公共安全。因此，本罪罪數之認定標準，應以妨害公共安全之次數為準。妨害一次公共安全者，為一罪；妨害數次公共安全者，為數罪。

2.本罪與殺人罪、傷害罪

本罪與殺人罪或傷害罪，不具保護法益之同一性，應分別論罪。行為人基於將數人殺害或傷害之目的，而以投放毒物或混入妨害衛生物品於公眾所飲之水源等為手段時，其所評價之自然事實行為，在客觀上仍屬一個行為，應依想像競合犯，從其一重處斷。

3.過失妨害公眾飲水罪與過失致死或致傷罪

過失妨害公眾飲水罪與過失致死或致傷罪，不具保護法益之同一性，應分別論罪。其所觸犯之二罪，所評價之自然事實行為，在客觀上仍屬一個行為，應依想像競合犯，從其一重處斷。

四、投放毒物罪

❖❖❖

第 190 條之 1　投棄、放流、排出、放逸或以他法使毒物或其他有害健康

之物污染空氣、土壤、河川或其他水體者，處五年以下有期徒刑、拘役或科或併科一千萬元以下罰金。

廠商或事業場所之負責人、監督策劃人員、代理人、受僱人或其他從業人員，因事業活動而犯前項之罪者，處七年以下有期徒刑，得併科一千五百萬元以下罰金。

犯第一項之罪，因而致人於死者，處三年以上十年以下有期徒刑；致重傷者，處一年以上七年以下有期徒刑。

犯第二項之罪，因而致人於死者，處無期徒刑或七年以上有期徒刑；致重傷者，處三年以上十年以下有期徒刑。

因過失犯第一項之罪者，處一年以下有期徒刑、拘役或科或併科二百萬元以下罰金。

因過失犯第二項之罪者，處三年以下有期徒刑、拘役或科或併科六百萬元以下罰金。

第一項或第二項之未遂犯罰之。

犯第一項、第五項或第一項未遂犯之罪，其情節顯著輕微者，不罰。

㈠行為主體

本罪之行為主體，原則上無何限制，只須為自然人，且具有意思能力與行為能力之人，即足當之。

惟廠商或事業場所之負責人、監督策劃人員、代理人、受僱人或其他從業人員，須因事業活動而犯之者，始能成立，此為不真正不作為犯之一種。蓋投放排逸有害健康之物，造成公害者，以廠商或事業場所負責人等，因其事業活動之原因，影響通常較為重大。為防止公害之發生或擴大，有予以加重處罰必要。

㈡行為客體

本罪之行為客體，為空氣、土壤、河川或其他水體。

所謂水體，乃指地面水體及地下水體而言。所謂地面水體，係指存在於河川、海洋、湖潭、水庫、池塘、灌溉渠道、各級排水路或其他體系內全部或部分之水。所謂地下水體，係指存在於地下水層之水（水污染防治法 2 ②、③）。

㈢實行行為

本罪之實行行為，為投棄、放流、排出、放逸或以他法使毒物或其他有害健康之物污染空氣、土壤、河川或其他水體。

所謂毒物，乃指具有毒性而有害於人體健康之化學物質。例如，氰酸鉀是。所謂其他有害人體健康之物，乃指除毒物外，其他足以直接或間接妨害人體健康之物。例如，空氣污染物、水污染物或廢棄物等是。

所謂空氣污染物，乃指空氣中足以直接或間接妨害國民健康或生活環境之物質（空氣污染防制法 3 ①）。例如，氣狀污染物、粒狀污染物、惡臭物資等是。所謂水污染物，乃指水因物質、生物或能量之介入，而變更品質，致影響其正常用途或危害國民健康及生活環境之物（水污染防治法 2 ⑤）。所謂廢棄物，有一般廢棄物與事業廢棄物之分。前者，乃指由家戶或其他非事業所產生之垃圾、糞尿、動物屍體等，足以污染環境衛生之固體或液體廢棄物。後者，則指由事業機構所產生具有毒性、危險性，其濃度或數量足以影響人體健康或污染環境之廢棄物（廢棄物清理法 2）。

㈣行為結果

本罪為結果犯，須行為人投放排逸有害健康之物，致發生污染空氣、土壤、河川或其他水體之結果，始能成罪。

㈤加重結果

行為人投放排逸有害健康之物污染空氣等，因而致人於死或重傷者，即成立本罪之加重結果犯。只須其投放排逸有害健康之物而污染空氣等之行為與致死或致重傷之結果，具有因果關係，且對於該重結果之發生，能預見而無預見者，即得成立。

㈥故意與過失

1. 故　意

本罪之故意犯，須行為人對於毒物或有害健康之物，具有認識，而有意為投放排逸之行為，始能成罪。

2. 過　失

本罪之過失犯，須行為人對於毒物或有害健康之物，未有認識；或雖有認識，而因疏忽，致投放排逸而污染空氣等者，始能成罪。

㈦既　遂

本罪第一項或第二項之未遂犯，罰之（刑 190–1 VII）。犯第一項、第五項或第一項未遂犯之罪，其情節顯著輕微者，不罰（刑 190–1 VIII）。

㈧過失投放毒物罪與過失致死或致傷罪

過失投放毒物罪與過失致死或致傷罪，不具保護法益之同一性，自應分別論罪。其所觸犯之二罪，所評價之自然事實行為，在客觀上仍屬一個行為，應依想像競合犯，從其一重處斷。

五、製造販賣陳列妨害衛生物品罪

第 191 條　製造、販賣或意圖販賣而陳列妨害衛生之飲食物品或其他物品者，處六月以下有期徒刑、拘役或科或併科三萬元以下罰金。

㈠行為客體

本罪之行為客體，為妨害衛生之飲食物品或其他物品。

1.妨害衛生之飲食物品

所謂妨害衛生之飲食物品，乃指有害於身體健康之供人飲食或咀嚼之物品及其原料。例如，變質或腐敗之魚肉、蔬菜或水果；有毒、染有病原菌或殘留農藥超過標準之飲料或食物；經衛生檢查不合格之屠體等是。又食品添加物❷（食品安全衛生管理法 3 ③），亦包括在內。至此項飲食物品，其為冷飲或熱食，雖可不問，惟專供動物飲食之物品，則不屬之。

2.其他物品

所謂其他物品，乃指除飲食物品外，凡有害於人身體健康之一切物品，均屬之。例如，食品器具、容器或包裝（食品安全衛生管理法 3 ④、⑤）、玩具、藥品或化妝品等是。

㈡實行行為

本罪實行行為之態樣有三：

1.製　造

所謂製造，乃指加工於原料而製成成品之行為。其為創造、改造、化合或混合，均非所問。

2.販　賣

所謂販賣，乃指有償之出售行為，其所販賣者，係自己或他人製造之物品，亦所不問。

3.意圖販賣而陳列

所謂意圖販賣而陳列，乃基於販賣之意圖，而擺設供人觀覽選購之行為。只須有意圖販賣而陳列之行為，即可成罪。至其果否達販賣之目的，

---

❷ 所謂食品添加物，係指為食品著色、調味、防腐、漂白、乳化、增加香味、安定品質、促進發酵、增加稠度、強化營養、防止氧化或其他必要目的，加入或接觸於食品之單方或複方物質（食品安全衛生管理法 3 ③）。

則非所問。

㈢故　意

本罪為故意犯。行為人須認識該飲食物品或其他物品，有害於衛生，而有意為製造、販賣或陳列之行為，始能成立本罪。

行為人倘不知該物品有害於衛生，例如，不知食物業已腐敗，而仍販賣者，因本罪並無處罰過失犯之規定，自不成立犯罪。至陳列之行為，須有販賣之意圖，始能成罪。倘係意圖供人觀覽而陳列者，則不得以本罪律之。

㈣既　遂

本罪為抽象危險犯。行為人只須有製造、販賣或意圖販賣而陳列之行為，即有妨害公共衛生之危險，犯罪亦達於既遂。

㈤本罪與他罪之關係

1.本罪與過失致死或致傷罪

本罪與過失致死或致傷罪，不具保護法益之同一性，應分別論罪。其所觸犯之二罪，所評價之自然事實行為，在客觀上仍屬一個行為，應依想像競合犯，從其一重處斷。

2.本罪與詐欺取財罪

本罪與詐欺取財罪，不具保護法益之同一性，應分別論罪。其所觸犯之二罪，所評價之自然事實行為，在客觀上仍屬一個行為，應依想像競合犯，從其一重處斷。

六、下毒或混雜有毒物品罪

第 191 條之 1　對他人公開陳列、販賣之飲食物品或其他物品滲入、添加或塗抹毒物或其他有害人體健康之物質者，處七年以下有期徒刑。

將已滲入、添加或塗抹毒物或其他有害人體健康之飲食物
品或其他物品混雜於公開陳列、販賣之飲食物品或其他物
品者，亦同。

犯前二項之罪而致人於死者，處無期徒刑或七年以上有期
徒刑；致重傷者，處三年以上十年以下有期徒刑。

第一項及第二項之未遂犯罰之。

本條下毒或混雜有毒物品罪之規定，含有二個獨立之犯罪類型，即(1)下毒食品罪及(2)混雜有毒物品罪。茲分述如次：

甲、下毒食品罪

㈠行為客體

本罪之行為客體，為他人公開陳列、販賣之飲食物品或其他物品。

所謂飲食物品，乃指供人飲食之物品。例如，飲料、蛋糕、奶粉或魚肉等是。惟專供動物飲食之物品，則不包含在內。所謂其他物品，乃指除飲食物品外之其他一切物品。例如，食品器具、容器或包裝、玩具、藥品或化妝品等是。此等飲食物品或其他物品，以他人公開陳列或販賣者，始足當之。倘他人尚未公開陳列或販賣者，則不屬之。

㈡實行行為

本罪之實行行為，為滲入、添加或塗抹毒物或其他有害人體健康之物質。所謂毒物或其他有害人體健康之物質，詳見「投放毒物罪」之說明，茲不再贅。

所謂滲入，乃滲透進入之行為。所謂添加，乃添附加入之行為。所謂塗抹，乃塗飾擦抹之行為。此三種行為，均為下毒於飲食物品或其他物品之行為態樣。

㈢行為結果

本罪為結果犯，須發生將毒物或其他有害人體健康之物質，滲入、添加或塗抹於他人公開陳列、販賣之飲食物品或其他物品之結果。

㈣加重結果

本罪之滲入、添加或塗抹行為，倘因而致人於死或致重傷者，成立本罪之加重結果犯。惟其滲入、添加或塗抹行為，須與被害人之死亡或重傷結果，具有因果關係，始能成立。

㈤故　意

本罪為故意犯。行為人對於滲入、添加或塗抹毒物或其他有害人體健康物質於他人公開陳列、販賣之飲食物品或其他物品之事實須具有認識，且有意為之者，始能成立犯罪。

㈥未遂、既遂

1. 未遂犯

本罪之未遂犯，罰之（刑 191–1 IV）。本罪之著手時期，乃為行為人開始實施滲入、添加或塗抹行為之時。行為人雖已開始實施滲入、添加或塗抹行為，惟尚未滲入、添加或塗抹於他人公開陳列、販賣之飲食物品或其他物品，即為本罪之未遂犯。

2. 既遂犯

本罪之既、未遂，以行為人已否將毒物或其他有害人體健康之物質，滲入、添加於他人公開陳列、販賣之飲食物品或其他物品為區別之標準。倘行為人已將毒物或其他有害人體健康之物質，滲入、添加或塗抹於他人公開陳列、販賣之飲食物品或其他物品者，即為本罪之既遂犯。

㈦本罪與他罪之關係

1.本罪與殺人罪、傷害罪

本罪與殺人罪、傷害罪，不具保護法益之同一性，應分別成罪。因下毒食品罪與殺人罪或傷害罪，所評價之自然行為事實，其下毒行為，即為殺人或傷害行為，屬於同一行為，應依想像競合犯，從其一重處斷。

2.本罪與恐嚇取財罪

本罪與恐嚇取財罪，不具保護法益之同一性，應分別成罪。因下毒食品罪與恐嚇取財罪，所評價之自然行為事實，並非同一行為，不成立想像競合犯。惟其下毒行為與恐嚇取財行為，雖具有方法、目的之牽連關係，仍應予數罪併罰。

乙、混雜有毒物品罪

㈠行為客體

本罪之行為客體，為公開陳列、販賣之飲食物品或其他物品。此項飲食物品或其他物品，不以他人公開陳列或販賣者為限；即行為人自己所公開陳列或販賣者，亦足當之。

㈡實行行為

本罪之實行行為，為將已下毒之飲食物品或其他物品混雜於公開陳列、販賣之飲食物品或其他物品。

所謂混雜，乃混入加雜之行為。亦即將已下毒之飲食物品或其他物品混入加雜於公開陳列、販賣而尚未下毒之飲食物品或其他物品之行為。至滲入、添加或塗抹毒物或其他有害人體健康物質之行為，係他人之所為抑或自己之所為，則非所問。

㈢行為結果

本罪為結果犯，須發生將毒物或其他有害人體健康之物質，混雜於他人公開陳列、販賣之飲食物品或其他物品之結果。

㈣加重結果

本罪之混雜行為，倘因而致人於死或致重傷者，成立本罪之加重結果犯。惟其混雜行為，須與被害人之死亡或重傷結果，具有因果關係，始能成立。

㈤故　意

本罪為故意犯。行為人將已下毒之物品混雜於公開陳列、販賣物品之事實，須具有認識，且有意為之者，始能成立犯罪。

㈥未遂、既遂

1.未遂犯

本罪之未遂犯，罰之（刑 191–1 IV）。本罪之著手時期，乃為行為人開始實施混雜行為之時。行為人雖已開始實施混雜行為，惟尚未混雜於他人公開陳列、販賣之飲食物品或其他物品，即為本罪之未遂犯。

2.既遂犯

本罪之既、未遂，以行為人已否將毒物或其他有害人體健康之物質，混雜於他人公開陳列、販賣之飲食物品或其他物品為區別之標準。倘行為人已將毒物或其他有害人體健康之物質，混雜於他人公開陳列、販賣之飲食物品或其他物品者，即為本罪之既遂犯。

㈦本罪與他罪之關係

1.下毒食品罪與混雜有毒物品罪

下毒食品罪及混雜有毒物品罪之保護法益，均為社會之公共安全，二

罪間具有保護法益之同一性，應依法條競合之特別關係，優先適用特別規定之混雜有毒物品罪，而排除下毒食品罪之適用。

2.本罪與恐嚇取財罪

本罪與恐嚇取財罪，不具保護法益之同一性，應分別成罪。因本罪與恐嚇取財罪，所評價之自然行為事實，並非同一行為，不成立想像競合犯。惟其混雜有毒物品之行為與恐嚇取財行為，雖具有方法、目的之牽連關係，仍應予數罪併罰。

七、違背預防傳染病法令及散布病菌罪

第192條　違背關於預防傳染病所公布之檢查或進口之法令者，處二年以下有期徒刑、拘役或三萬元以下罰金。
　　　　　暴露有傳染病菌之屍體，或以他法散布病菌致生公共危險者，亦同。

本條違背預防傳染病法令及散布病菌罪之規定，含有二個獨立之犯罪類型，即⑴違背預防傳染病法令罪及⑵散布病菌罪。茲分述如次：

甲、違背預防傳染病法令罪

㈠行為客體

本罪之行為客體，為關於預防傳染病所公布之檢查或進口之法令。所謂傳染病，乃因病菌之蔓延，極易使他人受傳染之疾病。依傳染病防治法第3條規定，所謂傳染病，係指由中央主管機關依致死率、發生率及傳播速度等危害風險程度高低分類之五類疾病。例如，天花、鼠疫、嚴重急性呼吸道症候群、白喉、傷寒、登革熱等是。

預防傳染病所公布之檢查或進口之法令，多係順應情勢之緊急需要，而由立法機關臨時制定法律或由行政機關適時訂定命令，採取必要措施，

防止疾病蔓延，藉以維護公眾健康，故其性質屬於空白刑法之補充規範。

㈡實行行為

違背預防傳染病法令罪之實行行為，為違背，亦即凡其行為為預防傳染病之檢查進口法令所不容許者，均屬之。本罪為抽象危險犯，行為人一有違背行為，罪即成立。

㈢行為結果

本罪為舉動犯，只須有違背預防傳染病法令之行為，罪即成立，性質上為抽象危險犯。

㈣故　意

本罪為故意犯，行為人須對其所實施之違背行為以及預防傳染病所公布之檢查或進口法令內有關傳染病之種類、檢疫對象之動植物或物品等事實，具有認識，始能成罪。至主管機關所公布之預防傳染病之檢查或進口法令本身，行為人有否認識，乃屬違法性認識之問題，並不影響構成要件故意之成否。此項故意，其為直接故意抑或未必故意，則非所問。

㈤既　遂

本罪既為抽象危險犯，行為人只須有違背關於預防傳染病所公布之檢查或進口之法令之行為，即有侵害公共安全之危險，犯罪亦達於既遂。

乙、散布病菌罪

㈠行為客體

本罪之行為客體，為病菌。所謂病菌，乃足以使人致病之細菌。其種類及名稱如何，以及足以使人致生何種疾病，均非所問。

㈡實行行為

本罪之實行行為，為散布，亦即分散傳布之意。本罪散布之方法行為有二，即：

1. 暴露有傳染病菌之屍體

有傳染病菌之屍體，其為人或動物之屍體，以及是否因患傳染病而死亡，均非所問，惟該屍體須附有傳染病菌者，始足當之。倘尚未附有傳染病菌，或經消毒已無傳染病菌者，縱有暴露行為，亦不成立本罪。

2. 他　法

所謂他法，乃除暴露屍體外，凡足以使病菌散布之行為，均屬之。例如，將傳染病人之衣服用具，未予消毒或焚燬，任意棄置路旁是。

㈢行為結果

本罪為結果犯，須發生致生公共危險之結果，始能成罪，性質上為具體危險犯。惟以發生公共危險為已足，不以有實害為必要。

㈣故　意

本罪亦為故意犯，行為人須有散布病菌之故意，且對於有傳染病菌之屍體，具有認識，而有暴露之意思；或有以他法散布病菌之意思者，始能成罪。至其為直接故意抑或未必故意，亦非所問。

㈤既　遂

本罪為具體危險犯，行為人暴露有傳染病菌之屍體或以他法散布病菌，須發生致生公共危險之結果，犯罪始為既遂。

㈥散布病菌罪與過失致死或致傷罪

散布病菌罪與過失致死或致傷罪，不具保護法益之同一性，應分別論罪。其觸犯之散布病菌罪與數個過失傷害罪所評價之自然事實行為，在客

觀上仍屬一個行為，應依想像競合犯，從其一重處斷。

第六節　妨害保護安全設備罪

一、犯罪類型

妨害保護安全設備罪之犯罪類型，有第 189 條「損壞保護生命設備危及生命罪」；第 189 條之 1「損壞保護生命設備危及身體健康罪」及第 189 條之 2「阻塞逃生通道罪」。

二、罪質與保護法益

妨害保護安全設備罪，乃以侵害公共場所內關於保護人身安全之設備為內容之犯罪。妨害保護人身安全之設備，而危害一般公眾之生命、身體之安全，亦與放火罪、決水罪等，同屬於公共危險罪之型態。其保護法益，主要為社會公眾之生命、身體或財產之安全，屬於公共安全法益，並兼及個人生命、身體法益之安全。

三、損壞保護生命設備危及生命罪

第 189 條　　損壞礦坑、工廠或其他相類之場所內關於保護生命之設備，致生危險於他人生命者，處一年以上七年以下有期徒刑。

因而致人於死者，處無期徒刑或七年以上有期徒刑，致重傷者，處三年以上十年以下有期徒刑。

因過失犯第一項之罪者，處二年以下有期徒刑、拘役或二十萬元以下罰金。

第一項之未遂犯罰之。

㈠行為主體

本罪之行為主體，無何限制，只須為自然人，且具有意思能力與行為

能力之人，即足當之。

(二)行為客體

本罪之行為客體，為礦坑、工廠或其他相類之場所內關於保護生命之設備。

所謂礦坑，係指開採礦物而挖掘之坑道。礦坑與礦場之涵義有別，礦場，乃指探礦、採礦及其附屬選礦、煉礦之作業場所（礦場安全法 2）。礦坑之涵義，較礦場為狹。有認為本條所謂礦坑，非僅限於採掘礦產之坑道，應指礦場而言。就本罪之保護法益言之，為維護社會之公共安全，實有將礦場解為包括在內之必要；且依第 189 條之 1 增修條文，業將「礦坑」修改為「礦場」，本條自應配合修正，始臻妥適。

所謂工廠，係指僱用工人從事製造、加工、修理、解體等作業場所或事業場所（（舊）工廠法施行細則 2）。所謂工人，係指受僱從事工作獲致工資之人（（舊）工廠法施行細則 3）。

所謂其他相類之場所，係指與礦坑或工廠相類似而供多數人集合從事一定勞動之場所。例如，建造重大工程之場所、挖掘隧道之場所等是。

所謂保護生命之設備，係指為保護生命安全所設置之一切設備。例如，太平門、安全梯、通風口、防毒面具或高樓建築之鷹架、吊籃等是。不以法令有明文規定者為限，只須事實上為保護生命安全所需之設備，均屬之。

本罪之客體，以此等安全設備為限，且不問其屬於他人或自己所有者，均屬之。倘非損壞此等安全設備，而係損壞他人之礦坑或工廠等場所者，則應依毀損罪論處，不成立本罪。

(三)實行行為

本罪之實行行為，為損壞。所謂損壞，乃對於物質加以毀損破壞，使其喪失或減弱效用之行為。

㈣行為結果

本罪之行為結果，須致生危險於他人生命，始能成立，故為結果犯。所謂致生危險於他人生命，乃因其損壞行為，有使他人生命陷於危險之狀態為已足，不以業已發生危險為必要。所謂他人，乃指行為人以外之第三人，專以自然人為限。

㈤加重結果

損壞保護生命設備因而致死或致重傷罪者，成立本罪之加重結果犯。被害人之死亡或重傷結果之發生，須與行為人之損壞行為間，具有因果關係始可。

㈥故意與過失

1. 故　意

本罪之故意犯，須行為人認識其為保護生命之設備，而有意實施損壞之行為，始能成罪。不以直接故意為限，縱僅具未必故意，亦得成立。

2. 過　失

因過失犯本罪者，亦予處罰。本罪須行為人因其過失行為，已損壞保護生命之設備，致生危險於他人生命之結果者，始能成立。

㈦未遂、既遂

1. 未遂犯

本罪之未遂犯，罰之（刑 189 III）。行為人開始著手實行損壞保護生命設備之行為，尚未發生損壞或雖已損壞，尚未致生危險於他人生命者，即成立本罪之未遂。

2. 既遂犯

既遂、未遂之區別，以已否致生危險於他人生命之結果為準。有此結果者為既遂，倘無此結果，雖已有損害之事實，則仍屬未遂。

(八)罪數及與他罪之關係

1. 罪數之認定標準

本罪之保護法益，為社會之公共安全。因此，本罪罪數之認定標準，應以妨害社會公共安全之次數為準。一次妨害社會之公共安全者，為一罪；數次妨害社會之公共安全者，為數罪。至其所損壞保護生命之設備，縱為複數，則與罪數之認定無關。

2. 本罪與殺人罪、重傷罪

本罪與殺人罪或重傷罪，不具保護法益之同一性，應分別成罪。其所成立之兩罪所評價之自然行為事實，為同一行為，應依想像競合犯，從其一重處斷。

3. 本罪與毀損罪

本罪與毀損罪，具有保護法益之同一性，成立法條競合時，優先適用特別規定之本罪處斷，而排除毀損罪一般規定之適用。

惟行為人所損壞者，除保護生命設備本身外，尚損及礦坑、工廠或其他相類場所內之其他設備者，在犯罪認識上得同時該當本罪及二個毀損罪。在犯罪評價上，其損害保護生命設備本身所成立之毀損罪，因與本罪所侵害之法益，具有同一性，固得依法條競合，僅成立特別規定之本罪。惟其損及礦坑、工廠或其他相類場所內之其他設備，已另侵害同一被害人之另一財產法益，不具侵害法益之同一性，應各別成罪。在犯罪科刑上，本罪與另行成立之毀損罪，其所評價之自然行為事實，為同一毀損行為，應依想像競合犯，從其一重處斷。

4. 過失損壞保護生命設備危及生命罪與過失致死罪或過失致重傷罪

過失損壞保護生命設備危及生命罪與過失致死罪或過失致重傷罪，不具保護法益之同一性，應分別論罪。其觸犯過失損壞保護生命設備危及生命罪與過失致死罪所評價之自然行為事實，為同一行為，應成立想像競合犯。

四、損壞保護生命設備危及身體健康罪

第 189 條之 1　損壞礦場、工廠或其他相類之場所內關於保護生命之設備
　　　　　　　或致令不堪用，致生危險於他人之身體健康者，處一年以
　　　　　　　下有期徒刑、拘役或九千元以下罰金。
　　　　　　　損壞前項以外之公共場所內關於保護生命之設備或致令
　　　　　　　不堪用，致生危險於他人之身體健康者，亦同。

　　本條損壞保護生命設備危及身體健康罪之規定，含有二個獨立之犯罪類型，即⑴損壞礦場等場所保護生命設備危及身體健康罪及⑵損壞公共場所保護生命設備危及身體健康罪。茲分述如次：

甲、損壞礦場等場所保護生命設備危及身體健康罪

㈠行為客體

　　本罪之行為客體，為礦坑、工廠或其他相類之場所內關於保護生命之設備。所謂礦場、工廠或其他相類之場所以及保護生命設備之涵義，詳見前罪之說明。

㈡實行行為

　　本罪之實行行為，為損壞或致令不堪用。所謂損壞，乃對於物質加以毀損破壞，使其喪失或減弱效用之行為。

　　所謂致令不堪用，乃指除損壞以外，其他一切足以使保護生命之設備喪失作用之行為。例如，將礦坑之通風口，以障礙物擋遮，使空氣無法流通；將工廠預防火災之泡沫劑漏逸，使其喪失防火效用等是。

㈢行為結果

本罪之行為結果，須致生危險於他人身體健康，始能成立，故為結果犯。所謂致生危險於他人身體健康，乃因其損壞或致令不堪用行為，有使他人身體健康陷於危險之狀態為已足，不以業已發生危險為必要。所謂他人，乃指行為人以外之第三人，專以自然人為限。

㈣故　意

本罪為故意犯，須行為人認識其為保護生命之設備，而有意實施損壞或致令不堪用之行為，始能成罪。不以直接故意為限，縱僅具未必故意，亦得成立。

又本罪為具體危險犯，行為人對於因其損壞或致令不堪用行為，而有致生他人身體健康於危險之狀態，須具有認識始可。

㈤既　遂

既遂、未遂之區別，以已否致生危險於他人身體健康之結果為準。有此結果者為既遂，倘無此結果，雖已有損害之事實，則仍屬未遂。因本罪無處罰未遂犯之規定，應不予論罪。

㈥本罪與傷害罪

本罪與傷害罪，不具保護法益之同一性，應分別成罪。其所成立之兩罪所評價之自然行為事實，為同一行為，應依想像競合犯，從其一重處斷。

乙、損壞公共場所保護生命設備危及身體健康罪

本罪除行為客體外，其餘均與損壞礦場等場所保護生命設備危及身體健康罪同。本罪之行為客體，為公共場所內關於保護生命之設備。所謂公共場所，乃指除礦場、工廠或其他相類之場所外，其他供社會上之不特定人或多數人自由使用或活動之場所。此處所謂公共場所，在解釋上，應包

含公眾得出入之場所在內。例如，公園、百貨公司、電影院、國家音樂廳、公共停車場、捷運車站或火車站等是。

五、阻塞逃生通道罪

第 189 條之 2　阻塞戲院、商場、餐廳、旅店或其他公眾得出入之場所或公共場所之逃生通道，致生危險於他人生命、身體或健康者，處三年以下有期徒刑。阻塞集合住宅或共同使用大廈之逃生通道，致生危險於他人生命、身體或健康者，亦同。因而致人於死者，處七年以下有期徒刑；致重傷者，處五年以下有期徒刑。

本條阻塞逃生通道罪之規定，含有二個獨立之犯罪類型，即(1)阻塞公共場所逃生通道罪及(2)阻塞集合住宅逃生通道罪。茲分述如次：

甲、阻塞公共場所逃生通道罪

㈠行為客體

本罪之行為客體，為戲院、商場、餐廳、旅店或其他公眾得出入之場所或公共場所之逃生通道。

所謂公眾得出入之場所，乃指不特定人或多數人可得隨時出入之場所。法文所列舉之戲院、商場、餐廳、旅店等，即為公眾得出入之場所之例示規定。他如，在營業時間中之金融機構、郵局、捷運車站或上班時間中之公私機關等，亦屬之。

所謂公共場所，乃指不特定人或多數人得自由使用或活動之場所。例如，公園、廣場、道路、風景旅遊區等是。

所謂逃生通道，乃指使用人或居住人於災變時逃離現場之通路或設施。例如，太平門、安全梯或樓梯間等是。

㈡實行行為

本罪之實行行為，為阻塞。所謂阻塞，乃指阻斷堵塞之行為。例如，將安全門上鎖、於太平梯置放雜物或於樓梯間擺滿家具等是。

㈢行為結果

本罪之行為結果，須致生危險於他人生命、身體或健康，始能成立，故為結果犯。所謂致生危險於他人生命、身體或健康，乃因其阻塞行為，有使他人生命、身體或健康陷於危險之狀態為已足，不以業已發生實害為必要。所謂他人，乃指行為人以外之第三人，專以自然人為限。

㈣加重結果

阻塞逃生通道致死或致重傷罪之成立，另須被害人因行為人之阻塞行為，致生死亡或重傷之結果，亦即被害人之死亡或重傷結果之發生，須與行為人之阻塞行為間，具有因果關係始可。

㈤故　意

本罪為故意犯，須行為人認識其為逃生之通道，而有意實施阻塞行為，始能成罪。不以直接故意為限，縱僅具未必故意，亦得成立。

又本罪為具體危險犯，行為人對於因其阻塞行為，而有致生他人生命、身體或健康於危險之狀態，須具有認識始可。

㈥既　遂

既遂、未遂之區別，以已否致生危險於他人生命、身體或健康之結果為準。有此結果者為既遂，倘無此結果，雖已有阻塞之事實，則仍屬未遂。因本罪無處罰未遂犯之規定，應不予論罪。

㈦本罪與殺人罪、放火罪

本罪與放火罪之保護法益，均為社會之公共安全，具有保護法益之同一性；惟與殺人罪，則不具保護法益之同一性。

在構成要件之關係上，本罪與放火罪，乃立法者為社會之公共安全，自行為之不同程度所設之處罰規定，得成立法條競合，放火罪為基本規定，本罪則為補充規定。至該二罪與殺人罪，因不具保護法益之同一性，並無成立法條競合之可能。

行為人擬殺害某餐廳經營者，乃先暗將該餐廳之逃生門上鎖，嗣放火將該餐廳燒燬，並將該經營者燒死者，在犯罪認識上得同時該當本罪、放火罪與殺人罪。在犯罪評價上，因本罪與放火罪所侵害之法益，具有同一性，應依法條競合，優先適用基本規定之放火罪，排除本罪補充規定之適用。至放火罪與殺人罪所侵害之法益則不具同一性，自應分別論罪。在犯罪科刑上，放火罪與殺人罪所評價之自然行為事實，在主觀上，乃基於一個犯罪決意；在客觀上，其所實施之放火行為與殺人行為，屬於同一行為，應依想像競合犯，從其一重處斷。

乙、阻塞集合住宅逃生通道罪

本罪除行為客體外，其餘均與阻塞公共場所逃生通道罪同。本罪之行為客體，為集合住宅或共同使用大廈之逃生通道。

所謂集合住宅，乃指具有共同基地及共同空間或設備，並有三個住宅單位以上之建築物（建築技術規則建築設計施工編1）。無論連棟式集合住宅或非連棟式高層集合住宅，均包括在內。所稱共同空間，乃指居住人所共同使用之空間。例如，樓梯間、電梯間、門廳、通道等是。所稱共同設備，乃指居住人所共同使用之設備。例如，給水設備之水箱、供電設備之變電室及昇降設備、防空避難設備等是。所稱三個住宅單位，乃指同一建築物內住宅單位之合計❸。所稱住宅單位，乃指含有居室及非居室建築物，

---

❸　內政部67年臺內營字第785335號，《內政法令解釋彙編（營建類中冊）》，84.9，

有廚房、廁所專供家庭居住使用，並有單獨出入通路者（國民住宅社區規劃及住宅設計規則 2）。

所謂共同使用之大廈，乃指使用人共同使用，在構造上或使用上或在建築執造設計圖樣標有明確界線，得區分為數部分之建築物及其基地（公寓大廈管理條例 3）。

第七節　其他公共危險罪

一、犯罪類型

其他公共危險罪之犯罪類型，有第 182 條「妨害救災罪」；第 188 條「妨害公用事業罪」；第 193 條「違背建築術成規罪」及第 194 條「違背賑災契約罪」。

二、罪質與保護法益

公共危險罪之犯罪類型繁多，有數個犯罪類型，其行為態樣與客體等極為相近，得組成各個類群，可一併加以闡明者，如放火罪、決水罪或妨害交通罪等是。亦有部分犯罪類型，無法與他犯罪類型組成類群，而須單獨加以敘述者。此類犯罪類型，特以「其他公共危險罪」統稱之。

其他公共危險罪，亦因其行為而危害一般公眾之生命、身體或財產之安全，與放火罪、決水罪等，同屬於公共危險罪之型態。其保護法益，主要在社會公眾之生命、身體或健康，屬於公共安全法益，並兼及個人之生命、身體法益。

三、妨害救災罪

---◆◆◆◆◆◆◆---

第 182 條　於火災、水災、風災、震災、爆炸或其他相類災害發生之際，
　　　　　隱匿或損壞防禦之器械或以他法妨害救災者，處三年以下有期

頁 9805。

徒刑、拘役或三萬元以下罰金。

(一)實行行為

本罪之實行行為，為妨害救災。其妨害之方法行為有二，即：

1.隱匿或損壞防禦之器械

所謂隱匿，乃隱蔽藏匿，使救災者不能或難於發現之行為。所謂損壞，乃為物質之毀損破壞，而使喪失或減弱效用之行為。所謂防禦之器械，乃指供救火防水用之一切器具或機械。例如，消防車、雲梯、滅火器、消防栓或救生艇等是。至其為公有或私有，屬於自己或他人所有，則非所問。

2.他　法

所謂他法，乃指隱匿或損壞防禦器械外，凡足以妨害救災之一切方法，均屬之。例如，以障礙物遮斷通路，使消防車無法前往灌救；或對於救災人員施以強暴脅迫，妨礙其救災行動等是。

本罪之妨害救災行為，除作為外，不作為亦得成立。惟本罪之不作為犯，須於法律上負有救災之義務者懈怠其義務，且其違反義務之不作為，尚未達於放火或決水等之程度者，始足當之。

(二)行為情狀

本罪之行為，須於火災、水災、風災、震災、爆炸或其他相類災害發生之際實施為必要。所謂火災、水災、風災、震災、爆炸或其他相類災害，乃指物之燃燒、浸水、刮風、地震、爆炸等之狀態，已達發生公共危險之程度。所謂其他相類災害，例如，於高速公路發生連環車禍時引擎起火或有人夾困車內之情形是。至火災、水災等，不以水火等業已成災為限，即將成災者，亦包含在內。惟倘僅開始燃燒或浸水等，極易加以撲滅或控制，或僅係連環輕微追撞者，則尚難謂為火災或水災，此際仍不屬於本罪之行為情狀。至火災、水災等之成因，係因可歸責於自己之事由，或由於他人之故意過失，或出於天災地變，均非所問。

(三)故　意

本罪為故意犯，行為人須認識有火災或水災等發生，並出於妨害救災之意思，而故意實施本罪之行為者，始能成罪。不問直接故意或未必故意，均足當之。

(四)既　遂

本罪為抽象危險犯，行為人只要實施隱匿或損壞防禦之器械或以他法妨害救火、防水等之行為，犯罪即為既遂。至實際上救災行為是否受其妨害，則非所問。

(五)本罪與他罪之關係

1.本罪與放火罪、決水罪

本罪與放火罪或決水罪，具有保護法益之同一性。成立法條競合時，應依基本規定之放火、決水罪處斷，而排除適用補充規定之本罪。

2.本罪與失火罪或過失決水罪

本罪與失火罪或過失決水罪，雖具有保護法益之同一性，惟在適用上，本罪與失火罪或過失決水罪，乃立法者為保護社會之公共安全，自不同之面向所設之處罰規定，且其犯意各別，自應分別論罪，予以數罪併罰。

四、妨害公用事業罪

第 188 條　妨害鐵路、郵務、電報、電話或供公眾之用水、電氣、煤氣事業者，處五年以下有期徒刑、拘役或一萬五千元以下罰金。

(一)罪　質

本罪規定，甚為概括與簡略，性質上屬於相關犯罪之補充規定。因此，本罪之妨害公用事業行為，如另有特別規定者，自應適用各該特別規定處

斷，不成立本罪。例如，放火罪、決水罪、妨害交通罪、妨害公共衛生罪等各罪以及拆匿郵電罪（刑 133）等，均屬本罪之特別規定。本罪以鐵路、郵務等公用事業作為行為客體，究以事業之安全，或發展，或運營作為處罰之對象？曖昧不明，且範圍寬泛無邊，已違反罪刑明確性之原則，允宜加以修正或廢除。

㈡行為客體

本罪之行為客體，為鐵路、郵務、電報、電話或供公眾之用水、電氣、煤氣事業。此等公用事業，或關係公眾交通或訊息之往來，或關係日常生活之需要，均與公眾利益密切攸關，倘予妨害，亦足影響其生活之安全，故性質上亦為公共危險之犯罪。

㈢實行行為

本罪之實行行為，為妨害，即妨礙損害之意。凡以強暴、脅迫、詐術或其他不正方法，足使該事業陷於不正常之狀態者，均屬之。不問其為作為或不作為，均足當之。例如，破壞郵筒、搗毀公共電話、剪斷電線等是。

本罪之行為，僅規定為妨害，其行為態樣，至為廣泛，既無行為手段之規定，亦無行為程度之限制，只須有妨礙損害之行為，在解釋上，均足以成立本罪。例如，將汽車停駐於郵筒前，使民眾不便將信件投進郵筒；或在公共電話亭旁，大聲喧鬧，致影響他人使用電話等情形，不能謂對於郵務或電話事業無所妨害。倘將此等行為，均依本罪論科，不僅成罪範圍過廣，且極易使人動輒得咎，而無以措手足，亦已違反罪刑明確性之原則，亟待修正或予以廢除。

㈣故　意

本罪為故意犯，行為人對於本罪客體之公用事業，須具有認識，而有意實施妨害之行為，始能成罪。不問直接故意或未必故意，均足當之。

㈤既　遂

本罪為抽象危險犯，行為人只要一有實施妨害之行為，犯罪即為既遂。至實際上公用事業之正常運營是否受其影響，則非所問。

㈥本罪與他罪之關係

1.本罪與本章其他相關之犯罪

本罪與本章其他相關之犯罪，例如，放火罪、決水罪、妨害交通罪、妨害公共衛生罪等罪，均屬於公共危險罪，具有保護法益之同一性。本章其他相關之犯罪，為基本規定；本罪，則屬於補充規定。成立法條競合時，應優先適用基本規定之其他相關之犯罪，而排除本罪補充規定之適用。

2.本罪與拆匿郵電罪

本罪之保護法益，為社會之公共安全；拆匿郵電罪之保護法益，則為國家公務執行之公正性，二者間不具保護法益之同一性，應分別成罪。本罪與拆匿郵電罪，所評價之自然行為事實，屬於同一行為，應成立想像競合犯。

五、違背建築術成規罪

> 第 193 條　承攬工程人或監工人於營造或拆卸建築物時，違背建築術成規，致生公共危險者，處三年以下有期徒刑、拘役或九萬元以下罰金。

㈠行為主體

本罪之行為主體，為承攬工程人或監工人，故為真正身分犯。所謂承攬工程人，乃約定為定作人完成營造或拆卸建築工程之人。所謂監工人，乃監督營造或拆卸工程之人。

至設計人、定作人或實際從事營造或拆卸工程之工人，則非本罪之行

為主體。惟工程設計人或實際從事營造或拆卸工程之工人，於營造或拆卸建築物時，倘違背建築術成規，亦足以嚴重威脅社會之公共安全，實有增列處罰之必要。刑法修正草案曾將「工程設計人」列入，實有必要，惟尚有未足，宜將「實際從事營造或拆卸工程之工人」，併行列入，始臻妥適。

㈡實行行為

本罪之實行行為，為違背建築術成規。所謂建築術成規，乃營造或拆卸建築物時所應遵守之一定既成規則。不以法令有明文規定者為限，即在習慣上為建築界所公認之規則，亦屬之。

本罪之違背行為，不問其為作為或不作為，均得構成。前者，例如，偷工減料是。後者，例如，周圍未設籬笆或圍障是。

㈢行為情狀

本罪須於營造或拆卸建築物時，實施本罪之行為，始能成罪。倘非於營造或拆卸建築物時為之者，即無構成本罪之餘地。所謂營造，兼指新建、增建、改建或修建之行為。所謂拆卸，則為拆除卸下之意。

本罪所謂建築物，乃指定著於土地上或地面下，具有頂蓋、樑柱或牆壁，供個人或公眾使用之構造物或雜項工作物（建築法4）。所謂雜項工作物，乃指營業爐灶、水塔、瞭望臺、招牌廣告、樹立廣告、散裝倉、廣播塔、煙囪、圍牆、機械遊戲設施、游泳池、地下儲藏庫、建築所需駁崁、挖填土石方等工程及建築物興建完成後增設之中央系統空氣調節設備、昇降設備、機械停車設備、防空避難設備、污物處理設施（建築法7）。因此，本罪有關建築物之涵義，與放火罪及決水罪客體之建築物，微有不同。後者客體之建築物，因須現有人所在，故在解釋上，應不包含雜項工作物在內。

㈣行為結果

本罪之行為結果，須致生公共危險，罪始成立。至公共危險，係發生於營造或拆卸時，抑或發生於營造或拆卸後，則非所問。

㈤故　意

　　本罪為故意犯，行為人須故意違背建築術成規，始能成罪。又本罪為具體危險犯，行為人對於公共危險之發生，須具有認識始可。

㈥既　遂

　　既遂、未遂之區別，以已否致生公共危險之結果為準。有此結果者為既遂。倘未發生公共危險，因本罪無處罰未遂犯之規定，應不予論罪。

㈦本罪與過失致死或致傷罪

　　本罪之保護法益，為社會之公共安全；過失致死或致傷罪之保護法益，為個人之生命或身體之安全，二者間不具保護法益之同一性，自應分別成罪。本罪與過失致死或致傷罪，所評價之自然行為事實，為同一行為，應成立想像競合犯。

六、違背賑災契約罪

第 194 條　於災害之際，關於與公務員或慈善團體締結供給糧食或其他必
　　　　　需品之契約，而不履行或不照契約履行，致生公共危險者，處
　　　　　五年以下有期徒刑，得併科九萬元以下罰金。

㈠行為主體

　　本罪之行為主體，須為與公務員或慈善團體締結供給糧食或其他必需品契約之人，故為真正身分犯。

　　所謂慈善團體，乃以慈悲行善，扶貧濟弱為目的之團體。例如，慈濟功德會是。此項慈善團體，是否須經主管機關核准設立者為限？其說不一。有認為為避免假慈善事業之名，行意圖斂財之實，應以依法經主管機關許可設立者為限。亦有認為不以依據法令組織，且經主管機關許可者為限。

　　目前我國尚未制訂有規範慈善團體之相關法規，倘認為須以經主管機關許可者為限，則行為人除與公務員訂約者，可得成立本罪外，其與慈善團體訂約者，幾無成立本罪之餘地。職是，應以後說之見解為妥適。

　　至慈善團體，不限於在本國成立者，其在外國所成立者，亦應包括在內。又行為人與公務員或慈善團體以外之私人締結契約者，則不成立本罪，可勿待言。

(二)行為客體

　　本罪之行為客體，為供給糧食或其他必需品之契約。

　　所謂糧食，係指穀糧及食物而言。所謂穀糧，則指穀、米、小麥、麵粉及其他經政府公告管理之雜糧。所謂食物，乃指可供充飢維生之物品。例如，魚肉、菜蔬、飲料等是。

　　所謂其他必需品，係指除糧食外，凡於災害之際必需使用之物品，均屬之。例如，被服、藥品、帳棚、睡袋或救護器材等是。

(三)實行行為

　　本罪實行行為之態樣有二：

1.不履行

　　所謂不履行，乃完全不為履行，相當於民法所謂不為給付（民227），乃完全不給付，屬於真正之不作為犯。

2.不照契約履行

　　所謂不照契約履行，乃不照契約完全履行或履行遲延，相當於民法所謂不為完全之給付（民227），乃給付不完全。不以履行之數量或品質不完全為限，即履行之時間或方法不當者，亦屬之。性質上，亦屬於真正之不作為犯。

(四)行為情狀

　　行為人須於災害之際，實施本罪之行為，始能成罪。所謂災害，指天

災地變及其他一切之災害而言。其出於自然或人為所致，則非所問。例如，水災、火災、旱災、震災或瘟疫、饑荒等，均屬之。

(五)行為結果

本罪之行為結果，須致生公共危險，罪始成立。倘未致生公共危險者，因本罪無處罰未遂犯之規定，則不得以本罪律之。

(六)故　意

本罪為故意犯，行為人須認識其訂有賑災契約，而故意實施本罪之行為，始能成罪。倘因過失或其他不可歸責於行為人之事由，致不履行或不照契約履行者，則不成立本罪。

(七)既　遂

既遂、未遂之區別，以已否致生公共危險之結果為準。有此結果者為既遂。倘未發生公共危險，因本罪無處罰未遂犯之規定，應不予論罪。

(八)本罪與過失致死或致傷罪

本罪與過失致死或致傷罪，不具保護法益之同一性，應分別成罪。本罪與過失致死罪所評價之自然行為事實，為同一行為，應成立想像競合犯。

第二章　妨害公共信用之犯罪

一、公共信用之維護

隨著社會生活之日趨複雜，人與人之交往，亦愈益頻繁。貨幣、有價證券、度量衡以及文書印文等，在日常社會生活或經濟交易活動中，無論為意思之疏通、思想之交換、意見之表述抑或交易之進行，均屬不可或缺之憑信工具。為期交往或交易之安全與順遂，實有確保此等工具憑信性之必要。在社會之交往或流通過程上，此種憑信性，乃為社會上不特定之人或多數人所抱持信用之所繫，學界及實務界通常均將此等工具之憑信性，簡稱為公共信用，具有普遍存在之價值，為屬於社會之重要法益。

二、偽造罪之立法

我刑法為保護社會之公共信用，特就妨害社會交往或交易之憑信工具，而侵害公共信用之行為，於第十二章至第十五章，明定有偽造貨幣罪、偽造有價證券罪、偽造度量衡罪及偽造文書印文罪，以資制裁。此等犯罪，胥以對於交往或交易之憑信工具而為偽造行為為其主要特質，故亦總稱為偽造罪。

第一節　偽造貨幣罪

一、犯罪類型

偽造貨幣罪之犯罪類型，有第 195 條「偽變造幣券罪」；第 196 條「行使、收集或交付偽幣罪」；第 197 條「減損通用貨幣分量罪」；第 198 條「行使、收集或交付減損分量貨幣罪」及第 199 條「製造交付收受偽變造減損貨幣分量之器械原料罪」。

二、罪　質

　　偽造貨幣罪，係以意圖供行使之用，而偽變造貨幣或行使、收集、交付偽變造之貨幣為內容之犯罪。現代之經濟生活，以貨幣為基本之交易媒介，其真正性與社會之公共信用，密切攸關。倘有侵害其真正性者，不僅個人之財產利益恆受威脅，即交易安全之公共利益，亦輒受不可彌補之損害。若進而大規模及有組織地為之，更將使國家之貨幣體系，陷於崩潰與癱瘓。是以保護貨幣之真正性，即所以維持社會之公共信用。

三、保護法益

㈠保護法益之變革

　　偽造貨幣罪之保護法益，隨著時代之演變與環境之更易，早期以侵害國家之貨幣發行權，而認其為對於國家法益之犯罪。繼而除國家之貨幣發行權外，並認其係侵害貨幣真正性之公共信用，而屬對於國家及社會法益之犯罪。時至今日，則認其純屬於侵害貨幣之公共信用，為對於社會法益之犯罪者，已為日漸有力之見解。

㈡在解釋論上之影響

　　本罪之保護法益是否包含國家之貨幣發行權在內，在解釋論上頗有影響。如認本罪之保護法益，為社會之公共信用者，則除本國貨幣外，外國貨幣亦在保護之列。惟如認本罪之保護法益兼及國家之貨幣發行權者，則外國貨幣即非本章之所謂貨幣。此外，偽造貨幣之實質與外形，如與真幣相同；甚或其實質價值較真幣為優，在主以公共信用為本罪法益者，不成立偽造貨幣罪；惟主以本罪法益兼及國家之貨幣發行權者，則仍成立偽造貨幣罪。

㈢立法體例及實務見解

就我立法體例觀之，偽造貨幣罪，乃屬於侵害社會法益之犯罪。故偽造貨幣罪，乃為侵害貨幣真正性之犯罪，旨在保障社會之公共信用。惟偽造貨幣行為，同時侵及國家所專有之貨幣發行權，亦具有侵害國家法益之性質。司法實務上，每認外國貨幣為有價證券，而非貨幣❶，足徵我刑法有關本罪之保護法益，主在維護社會之公共信用，同時亦兼及國家之貨幣發行權。

㈣維護社會之公共信用

目前國際社會交往日益頻仍，地球村之觀念已日漸形成，無論商業交易或旅遊洽公等，持有外國貨幣已為事所必需，而無法或缺；且隨著國際經濟之日益發達，不問內外國貨幣，均有對其真正性予以同等保護之必要。倘仍將外國貨幣視為有價證券，不但昧於現實，且與一般國民之法意識，亦相去甚遠。同時，貨幣與有價證券，均屬於現代經濟生活之支付工具。而有價證券中由國家所發行者，亦非無有，例如，公債券是。而由私人所發行者，例如，信用卡、金融卡等，亦已廣泛成為貨幣之代用支付工具。因此，應將本罪之保護法益，認為純在維護社會之公共信用。無論係本國貨幣抑或外國貨幣，在解釋上均應將其認為係本章所保護之貨幣，始較妥適。

四、偽變造幣券罪

第 195 條　意圖供行使之用，而偽造、變造通用之貨幣、紙幣、銀行券者，處五年以上有期徒刑，得併科十五萬元以下罰金。
　　　　　前項之未遂犯，罰之。

---

❶　司法院院解 3291。

㈠行為客體

本罪之行為客體，為通用之貨幣、紙幣及銀行券。

1. 貨幣、紙幣及銀行券

所謂貨幣，本包括硬幣及紙幣在內。惟因法文上，將貨幣與紙幣，並列使用，則所謂貨幣，乃係專指硬幣，亦即金屬貨幣而言。有正幣與輔幣之分，前者乃貨幣之單位；後者則係輔助正幣而使用之貨幣。本法於民國24 年立法時，我國幣制，係採銀本位，其正幣為銀幣，輔幣為鎳幣及銅幣。銀幣通稱為銀圓，本法各罪所規定之罰金，即以銀圓為其計算之單位。

所謂紙幣，乃政府或其他有發行權者所發行之紙質貨幣。惟本罪將貨幣與紙幣，並列使用，頗為不妥。蓋貨幣，本即包括硬幣及紙幣在內，無強行將其分開併列規定之必要。

所謂銀行券，則係經政府許可，而由特定銀行所發行之貨幣兌換券。外國所發行之鈔票，如經我國政府許可，亦應以銀行券論；如未經我國政府許可，則以其為有價證券❷。目前，得為本罪之行為客體者，僅有臺灣銀行所發行之新臺幣一種而已。

2. 新臺幣之地位

民國 24 年政府改革幣制，將銀圓收歸國有，貯為紙幣之準備金，並指定中央、中國及交通三銀行發行之紙幣為法幣；所有銀圓一律掉換法幣，自是以後，銀圓即失其通用之效力。至新臺幣，原係經中央政府許可，由臺灣銀行所發行之銀行券，與政府發行具有強制通用力之國幣不同。惟中央銀行自民國 50 年 7 月 1 日起，復委託臺灣銀行代理發行業務。因此，臺灣銀行發行之新臺幣以及硬幣、硬輔幣，自中央銀行委託代理發行之日起，即與刑法上偽造貨幣罪之貨幣、紙幣相當。倘有偽造、變造等行為，均得依妨害國幣懲治條例論科❸。民國 62 年 9 月 4 日，妨害國幣懲治條例第 1條明定，該條例所稱之國幣，係指中華民國境內，由中央政府或其授權機

---

❷　最高法院 21 上 104；21.5.7 刑議。

❸　大法官會議釋字 99。

關所發行之紙幣或硬幣。故新臺幣在法律上，已取得國幣之地位。

3.通用之內涵

　　貨幣、紙幣及銀行券，均須為通用者，始得為本罪之行為客體。所謂通用，即流通使用之謂。因本罪之保護法益，在維護社會之公共信用。因此，所謂通用，不問在國內或國外，只要事實上具有流通使用之效力，即足當之。倘具有流通使用之效力，縱有時間或空間之限制，亦屬無妨。故停止繼續鑄造或發行者，或限制、禁止於特定地區流通者，亦不失其為通用。至通用期限後，兌換期間中之貨幣，因尚具有流通使用之效力，仍屬於刑法上之通用貨幣❹。古錢或廢幣，因無通用力，則非通用之貨幣。金類、銀類等，雖有財產價值，並為妨害國幣懲治條例所保護，非此所謂貨幣，不得為本罪之行為客體。再者，紀念金幣，例如，開國紀念金幣，因僅屬紀念之性質，非通用之貨幣，亦不得為本罪之行為客體。

4.外國貨幣

　　外國貨幣，如美鈔、日幣、歐元等，因本法認本罪之保護法益為公共信用及國家之貨幣發行權，且無強制通用力，僅屬於有價證券之一種❺。惟刑法之解釋，不應故步自封，外國貨幣，在金融體制上，均將其視為貨幣；尤其美鈔更為舉世各國所承認及使用之通用貨幣，倘在刑法之適用上，仍以有價證券視之，實屬不切實際之觀念。因此，外國貨幣，應認為屬於本章之所謂貨幣或紙幣。

---

❹　最高法院 25 上 7514；司法院院字 1582。

❺　司法院院解 3291。至大陸人民幣，我實務見解認為，人民幣雖非我國政府發行具有強制力之通用紙幣，然在大陸地區仍具有表彰一定價值之權利，並有流通性，不僅為目前大陸地區人民所使用，即我國人民在大陸為交易行為，亦使用之，性質上屬於有價證券之一種，上訴人等共同偽造，均應負刑法第 201 條第 1 項之偽造有價證券罪責（最高法院 84 臺上 852）。此種見解是否妥適，頗值商榷。

(二)實行行為

本罪實行行為之態樣有二，即偽造及變造。

1. 偽 造

所謂偽造，乃指無貨幣製造或發行權者，製作具有使一般人誤信為真幣外形之物之行為。

(1)偽造之方法

偽造之方法，無何限制，將古錢、廢幣予以加工、融鑄、照相或影印，均無不可。添寫號碼，亦為偽造行為之一部。對於真幣予以加工，原則上雖為變造，惟如與真幣已失其同一性時，則為偽造。

(2)偽造之程度

偽造之程度，須具有真幣之外形近似性，足使一般人誤信其為真幣。倘其外形欠缺近似性，任何人皆知其為偽幣者，仍不能成立本罪。例如，貨幣為圓形，偽造者為方形；紙幣為長方形，偽造者為圓形，就形狀上觀察，極易判別者是。

(3)偽造之價值

偽造貨幣罪，如認為同時侵害國家之貨幣發行權，則偽幣之實質與外形，縱與真幣相同，甚或其實質價值較真幣為優，亦為偽造。

(4)真幣之存在

本罪之行為客體須為通用之貨幣，且偽造之程度，須具有真幣之外形近似性，始足以使一般人誤信其為真幣。因此，偽造之貨幣須以有相當之真幣存在為前提。

2. 變 造

所謂變造，乃指無貨幣製造或發行權者，在無害於真幣同一性之限度內，對於真幣予以加工改造之行為。變造，不以變更貨幣表面所載之名價為限。例如，將十元紙幣改為百元紙幣，固為變造；即將特定地區通用之銀行券改為其他地區通用者，亦不失為變造。

(1)需有真幣存在

變造之貨幣，須達於使一般人誤信為真幣之程度，始能成罪，此與偽造同。變造既為加工於真幣之行為，自以有真幣之存在為前提，且變造後之實價，亦不以高於真幣之名價為必要。

⑵偽造與變造之區別

偽造與變造，均須以真幣之存在為前提，且均係利用真幣而製成偽幣，兩種行為態樣，有時頗難辨別。惟變造乃對真幣為加工之行為，自須於無害真幣同一性之限度內，始為變造。偽造與變造區別之基準，即視其是否有害於真幣之同一性，而為認定。

因此，破壞真幣之原形，而製成新幣，或以廢幣為材料，而製成新幣，係偽造，而非變造。又就偽幣予以變造，使其象真，仍屬於偽造；若就變造之貨幣，再予變造，則仍為變造。

㈢行為結果

本罪為結果犯，其偽造、變造行為，須達於已足使一般人誤信為真幣之結果，犯罪始為既遂。如行為人僅止於製造銅板等器械與原料之階段，即被查獲，尚未著手偽幣之印製者，則僅成立刑法第 199 條之製造器械原料罪。

㈣故意與意圖

1.故　意

本罪為故意犯，行為人須認識其為通用之貨幣、紙幣或銀行券，而有意為偽造、變造之行為，始能成罪。至其為直接故意抑或未必故意，則非所問。

2.意　圖

本罪為目的犯，行為人對於偽造或變造貨幣之行為，除須具有故意外，且須有供行使之意圖，始能成罪。

所謂意圖供行使之用，乃以偽造、變造之偽幣，充作真幣予以流通使用為目的。倘無此目的，僅係將其作為學校教材、競選傳單、陳列標本或

為證明自己之信用能力，而以顯示他人為目的者，縱有偽造變造之行為，亦不成立本罪。至偽造、變造之目的，究係供自己行使，抑或供他人行使，在所不問。他人，亦不問其為特定人或不特定人，均不影響本罪之成立。

㈤未遂、既遂

1.未遂犯

本罪之未遂犯，罰之（刑 195 II）。行為人已著手於偽幣之鑄造，僅止於印有貨幣票面模樣，尚未完成偽造貨幣之行為，即屬未遂。

2.既遂犯

既遂、未遂之區別，以偽造、變造之貨幣是否已達於足使一般人誤信為真幣之程度為準。如其形式之類似足使一般人誤信為真幣時，即為既遂，且不問其種類及枚數，如其中有一枚達於此程度即已足。

㈥罪數及與他罪之關係

1.罪數之認定標準

本罪之保護法益，主在維護社會之公共信用，同時亦兼及國家之貨幣發行權。因此，本罪罪數之認定標準，應以妨害社會公共信用之個數及次數為準。一次妨害一個社會之公共信用者，為一罪；數次妨害數個社會之公共信用者，為數罪。

我實務認為，同時偽造變造多數貨幣、銀行券者，因僅一次妨害一個社會之公共信用，仍為一罪。至其開始模擬與印造樣品以迄付印完成，雖經數個階段，然係繼續侵害一個法益，僅屬一個行為，與數個獨立行為之連續犯有別❻。

2.偽造貨幣罪與變造貨幣罪

偽造貨幣罪與變造貨幣罪，均在侵害社會之公共信用，具有保護法益之同一性。偽造貨幣行為，乃基本行為態樣；變造貨幣行為，則為補充行為態樣。成立法條競合時，應優先適用基本規定之偽造貨幣罪，而排除補

---

❻　最高法院 26 上 1783。

充規定之變造貨幣罪之適用。

五、行使、收集或交付偽幣罪

第 196 條　行使偽造、變造之通用貨幣、紙幣、銀行券，或意圖供行使之
　　　　　用而收集或交付於人者，處三年以上十年以下有期徒刑，得併
　　　　　科十五萬元以下罰金。
　　　　　收受後方知為偽造、變造之通用貨幣、紙幣、銀行券而仍行使，
　　　　　或意圖供行使之用而交付於人者，處一萬五千元以下罰金。
　　　　　第一項之未遂犯罰之。

㈠行為主體

　　本罪之行為主體，無何限制，其係偽造變造幣券之本人抑或他人，在
所不問。

㈡行為客體

　　本罪之行為客體，為偽造、變造之通用貨幣、紙幣或銀行券。初始是
否意圖供行使之用，而為偽造、變造，或其偽造、變造之主體為誰，均非
所問。他人偽造、變造之幣券，亦得為本罪之客體。惟此等幣券，須係通
用者始可。

㈢實行行為

　　本罪實行行為之態樣有四：即行使、收集、交付與收受。

1. 行　使

　　所謂行使，乃將偽造、變造之幣券，充作真幣，而予以流通使用之行為。

⑴置於流通狀態

　　本罪之保護法益為社會之公共信用，且貨幣具有流通性，除以偽幣充
真幣使用外，尚須將其置於流通狀態，對於社會之公共信用，始有發生損

害之虞。

(2)流通使用方法

流通使用之方法，在所不拘。例如，支付價金、返還債務、提供擔保、捐獻贈與等，均屬之。其為有償或適法與否，亦非所問。因此，以偽幣贈與他人或將其作為賭金或賄賂，亦不失為行使。

又行使，乃將偽幣充作真幣而置於流通狀態為已足，無對他人特別主張其為真幣之必要，故將偽幣投入公眾電話機或自動販賣機者，亦為行使。倘非將偽幣予以流通使用，例如，為證明自己之信用能力，而以偽幣示人者，則非行使。雖將偽幣充作真幣，而未依貨幣之用法使用者，例如，將偽幣製成胸針而販賣或贈與，或寄託他人保管等，亦不得謂為行使。

(3)對方不知情

行使，須對方不知其為偽幣，如對於知情者交付偽幣或以低價賤售，或偽造之共犯間分配偽幣之行為，均非行使。

(4)間接正犯

利用不知情之他人行使偽幣時，例如，將偽幣交予不知情之外傭持往商店購物，應成立本罪之間接正犯。我實例亦採相同見解❼。

2. 收　集

所謂收集，乃指移歸自己持有支配之一切行為。其為有償或無償，適法或違法，均非所問。因此，收藏、蒐集、收買、互贈、互換、竊取、騙取、強取等一切取得行為，均屬之。

(1)他人偽造或變造

行為人所收集之偽幣，須為他人所偽造或變造者，始能成立本罪❽。倘收集自己所偽造、變造者，仍僅成立偽造變造幣券罪，無另成立本罪之餘地。至其在國內或國外收集，在所不問。

(2)集合犯

收集，本含有反覆為同一行為之意，其先後多次之收集行為，仍僅成

---

❼　最高法院 19 上 1512。

❽　最高法院 22 上 1856。

立集合犯之單純一罪。惟收集後，如另行起意收集者，則為數行為，得成立數罪併罰。收集，並不以實際上反覆為同一之收取行為為必要，即一次收取，亦可成立。

3.交　付

所謂交付，乃明示為偽幣，而移交他人持有之行為。

(1)對方知情

交付，須對方知情，亦即他人本不知情，明示為偽幣而移交，或他人本已知情，而將偽幣移交其持有。對於不知情之他人，未告以偽幣而移交者，則為行使，而非交付。交付，亦不問其為有償或無償，例如，因贈與或售賣而交付者，均得成立。

(2)行使之教唆或幫助

交付罪，在構成要件上，係以使他人行使為目的而交付，實質上已將合於行使之教唆或幫助之行為，規定為獨立之犯罪。因此，被交付者縱未行使，交付者仍成立交付罪之既遂；縱已行使，交付者亦不成立行使罪之教唆犯或幫助犯。此外，偽造幣券共犯間之分配行為，僅依偽造幣券罪予以處罰已足，無認其成立交付罪之必要。

4.收　受

收受後方知為偽造、變造之通用貨幣、紙幣、銀行券而仍行使，或意圖供行使之用而交付於人，則成立第2項之犯罪。惟收集行為，不在處罰之列。

(1)收受與收集

收受，亦指一切移歸自己持有之行為，其涵義與收集同。惟收集須有供行使之意圖，事先已明知其為偽幣；收受則無此意圖，且以不知其係偽幣為必要。因此，倘知其為偽幣而收受，並進而行使或交付者，除成立第1項收集罪外，並成立行使罪或交付罪，而有吸收關係之適用。收受，不問其為有償或無償，均得成立。

(2)適法或違法收受

收受是否限於適法行為取得，抑或包含違法行為取得在內，則不無爭

議。有認為基於本條輕刑規定之立法旨趣，限於適法收受者，始得成立本罪。因此，凡因違法行為而收受者，例如，不知其為偽幣而竊取或騙取後，嗣後知其為偽幣，而持以行使或交付者，不成立本罪，仍應依通常之行使罪或交付罪處罰。惟本罪構成要件上，並無何限制，應不分其為適法或違法收受，均得認其成立本罪。至其知情與否，以未必故意為已足。

㈣行為結果

本罪為結果犯，在行使行為，須行為人已將偽變造之通用貨幣置於流通使用狀態之結果，罪始成立；在收集行為，須行為人已將偽變造之通用貨幣，移入自己持有支配之結果，罪始成立；在交付行為，則須行為人已將偽變造之通用貨幣，移交他人持有支配時，罪始成立。

㈤故意與意圖

1. 故　意

本罪為故意犯，不論其為行使、收集或交付，均須行為人在主觀上明知其為偽幣，而故意為之，始能成立。至其為直接故意抑或未必故意，則非所問。

2. 意　圖

本罪之收集或交付行為，尚須行為人具有供行使之意圖，始能成罪，屬於目的犯。至交付或收集之行為人，係意圖供自己行使抑或供他人行使，在內國行使抑或在外國行使，均非所問。倘無此意圖，僅係供收藏、研究、鑑別或陳列之用者，或收集後知其為偽幣，始生此意圖者，均不得遽以本罪相繩。

㈥未遂、既遂

1. 未遂犯

本罪之未遂犯，罰之（刑 196 III）。行為人著手實施行使、收集或交付行為，尚未完成者，即為本罪之未遂。

2.既遂犯

(1)通說及實務見解

本罪行為之既遂時期，學者通說向來主張應分別予以認定，即行使罪，以已未達其使用之目的為準；收集罪，以已未收集到手為準；交付罪，則以已未脫離自己持有為準。惟此種見解，頗值商榷。

(2)通說及實務見解之商榷

首就行使言，行為人一將偽幣充作真幣使用，而置諸流通之狀態，其行使行為業已完成，且對於公共信用已足以造成侵害。其行使目的有否達成，應非所問。例如，持偽幣以購物，一將偽幣交予對方，已置其於流通狀態，至對方有否誤認其為真幣，甚或即時識破而返還予行為人，行為仍為既遂。我實例認為持偽幣以購物，登時被發現為偽造者，仍屬未遂❾，與通說同，以已未達其行使之目的為認定之標準，似不無疑問。

次就收集言，移歸自己持有時，業已收集到手，收集行為即為完成，此時認定其為既遂，自甚妥當，實例亦然❿。

最後就交付言，交付乃脫離自己持有，而移交他人持有之行為，自須將偽幣移入他人持有時，交付行為始為完成，亦以此時為其既遂時期。通說以已未脫離自己持有為準，他人之從而持有與否，在所不問。認定時期似嫌過早，且頗不合理。蓋脫離自己持有時，或僅為著手時期而已；且未脫離自己持有時，即尚未為交付，交付罪猶未著手實施，而一脫離自己持有，即成既遂，則未遂犯幾無成立之餘地。

(3)應以行為已否完成為準

既遂、未遂之區別，應以其行使、收集或交付行為已否完成為準。申言之，就行使言，行為人將偽幣充作真幣使用，而使其置於流通之狀態時，行使行為即為完成，此時行使罪已為既遂。至其行使目的有否達成，應不生影響。次就收集言，行為人將偽幣移歸自己持有支配時，收集行為即為完成，此時收集罪亦為既遂。至交付，則行為人將偽幣移交他人持有時，

---

❾　最高法院 20 上 1911。

❿　最高法院 27 上 331。

交付行為即為完成，此時交付罪始為既遂。

㈦本罪與他罪之關係

1.行使偽幣罪與偽造貨幣罪

⑴法條競合

　　行使偽幣罪與偽造貨幣罪，均為侵害社會公共信用之犯罪，二者間具有保護法益之同一性，屬法條競合關係，歷年來，無論學說或實例，幾無異論。所不同者，僅為應依如何之競合關係予以處理而已。惟值得注意者，在法條競合之概念上，通說及實例輒認為僅限於一個行為，始能成立法條競合。就行使偽幣罪與偽造貨幣罪而言，行使行為與偽造行為，顯為二個不同之行為，足徵通說及實例見解之自我矛盾。

⑵補充關係

　　自法理言之，行使偽幣罪與偽造貨幣罪，在構成要件之關係上，行使行為與偽造行為，雖為二個不同之行為，且分別規定為二個不同之犯罪構成要件，二者間並無特別關係存在。惟在解釋上，該二罪，乃立法者為保護同一社會公共信用之法益，所作不同程度之處罰規定。就法益之侵害程度而言，行使行為顯較偽造行為重。因此，行使偽幣罪，應屬基本規定；偽造貨幣罪，則屬補充規定。

⑶實例見解

　　偽造變造幣券罪，須具有供自己或他人行使之意圖，始能成立。其係供他人行使，且他人果已行使者，則偽造、變造者與行使者，應分別成立偽造變造幣券罪與行使偽幣罪，固無疑義。惟倘係供自己行使，且已進而行使者，因現行刑法偽造罪，其處罰較行使罪為重，因此，實例採吸收犯之見解，認行使行為吸收於偽造行為中，應依偽造罪論處❶。此種見解，頗值商榷。

　　倘依實務見解解析，就行為階段言，行使行為係屬高度行為，偽造變造行為則為低度行為，故偽造變造行為應為行使行為所吸收。如為遷就其

---

❶　最高法院 24.7 刑議。

法定刑，應認偽造變造行為為重行為，行使行為為輕行為，而依重行為吸收輕行為之原則，認偽造變造行為吸收行使行為，似較符法理。其實，偽造罪須有行使之目的，始能成罪。倘更進而行使時，行使行為即為其目的行為，偽造變造行為則為其方法行為，兩者具有方法及目的之關係，惟因其僅侵害一個社會之公共信用法益，在犯罪評價上，僅為一罪。

職是，行為人先偽造貨幣，進而行使者，在犯罪認識上，固得同時成立行使罪與偽造罪；惟在犯罪評價上，因該二罪所侵害之法益，具有同一性，應成立法條競合，優先適用基本規定之行使罪，而排除補充規定之偽造罪之適用。惟因我刑法規定，偽造罪之法定刑，較行使罪為重，倘優先適用基本規定之行使罪，而排除補充規定之偽造罪之適用，捨重就輕，在司法實務上，顯難輕易接受，此為法理與實際之衝突，除對於刑罰作合理之修正外，在說理上似無解決之良策。

2.行使偽幣罪、收集偽幣罪與交付偽幣罪

(1)法條競合

行使偽幣罪、收集偽幣罪與交付偽幣罪，均為侵害社會公共信用之犯罪，三者間具有保護法益之同一性，屬法條競合關係。

(2)補充關係

行使、收集與交付行為所成立之犯罪，乃立法者為保護同一社會公共信用之法益，所作不同程度之處罰規定。就法益之侵害程度而言，行使行為，顯較收集與交付行為為重；而交付行為，復較收集行為為重。因此，行使偽幣罪，應屬基本規定；收集與交付偽幣罪，則屬補充規定。又就收集偽幣罪與交付偽幣罪而言，交付偽幣罪，為基本規定；收集偽幣罪，則為補充規定。

行為人先收集偽幣後，復進而行使者，得同時成立行使偽幣罪與收集偽幣罪。其所該當之上述二罪，具有侵害法益之同一性，成立法條競合，應優先適用基本規定之行使偽幣罪，而排除補充規定之收集偽幣罪之適用。

又行為人先收集偽幣後，復進而交付於人者，得同時成立交付偽幣罪與收集偽幣罪。其所該當之上述二罪，具有侵害法益之同一性，成立法條

競合，應優先適用基本規定之交付偽幣罪，而排除補充規定之收集偽幣罪之適用。

(3)**實例見解**

我實例認為，收集偽造銀行券與交付於人，雖係兩種行為，然在法律上既均以意圖行使為要件，則上訴人於意圖行使而收集後，復以行使之意思而交付於人，其收集行為，自應為交付行為所吸收，論以交付之罪 ❷ 。

3.行使偽幣罪與詐欺取財罪

(1)**非法條競合**

行使偽幣罪之保護法益，為社會之公共信用；詐欺取財罪之保護法益，則為個人之財產安全。因此，二者間不具保護法益之同一性，自應分別成罪，無成立法條競合之可能。

(2)**學說見解**

行使偽幣而自對方騙取財物或得財產上之不法利益者，除成立行使偽幣罪外，是否另成立詐欺罪？見解紛歧。

持消極說者，認為詐欺罪應為行使偽幣罪所吸收。蓋行使偽幣罪，以欺罔行為為其內容，兩者不宜分別評價，此有如殺人罪，對於衣服等之損壞，不另論其毀損罪者同。且如併論詐欺罪，則收受後知情行使偽幣罪之輕刑規定，將盡失其意義。

持積極說者，則認行使偽幣罪，乃為對公共信用之犯罪，詐欺罪則為對個人財產之犯罪，兩者被害法益不同，應分別予以評價，後者不應為前者所吸收。至收受後知情行使偽幣者，宜視為例外，不另成立詐欺罪。

(3)**實例見解**

我實例一向認為，行使偽造紙幣，本含有詐欺性質，苟其行使之偽幣，在形式上與真幣相同，足以使一般人誤認為真幣而矇混使用者，即屬行使偽造紙幣而不應以詐欺罪論擬。又行使偽造之紙幣購買物品，既曰行使，當然冒充真幣，則性質上含有詐欺之成分，已為行使偽造紙幣所吸收 ❸ 。

---

❷ 最高法院 24 上 1281。

❸ 最高法院 29 上 1648；42 臺上 410。

⑷屬想像競合關係

如前所述，行使偽幣罪之保護法益，為社會之公共信用；詐欺取財罪之保護法益，則為個人之財產安全。倘依通說及實務見解，僅以行使偽幣罪論擬，則僅就行使偽幣之刑罰法規加以評價；至於侵害財產法益部分，則完全置而不論，顯係評價不足，對財產之所有人或持有人，並未予以保護，亦極為不公平。

因此，行為人持偽幣向商店購得財物者，得同時該當行使偽幣罪與詐欺取財罪。其所該當之上述二罪，並不具侵害法益之同一性，自應分別成罪。因行使偽幣罪與詐欺取財罪所評價之自然行為事實，屬於同一行為，應成立想像競合犯。

4.收集偽幣罪與各種財產罪

收集偽幣罪之保護法益，為社會之公共信用；各種財產罪之保護法益，則為個人財產之安全。因此，二者間不具保護法益之同一性，自應分別成罪，無成立法條競合之可能。

行為人意圖供行使之用，以收集之意思，而竊取他人之偽幣者，因收集行為，含義甚廣，不論係以適法或違法方法取得，均包含及之。因此，行為人如以竊取、騙取、強取等違法方法取得時，除得成立收集偽幣罪外，因偽幣係違禁物，而違禁物亦得為財產罪之客體，亦另得成立竊盜罪、詐欺罪或強盜罪等。因行為人所該當之收集偽幣罪與竊盜罪等，不具侵害法益之同一性，自應分別成罪。其所成立之上述二罪評價之行為事實，屬於同一行為，應成立想像競合犯。

六、減損通用貨幣分量罪

第 197 條　意圖供行使之用，而減損通用貨幣之分量者，處五年以下有期徒刑，得併科九萬元以下罰金。

前項之未遂犯罰之。

(一)行為客體

本罪之行為客體，為通用之貨幣，亦即指硬幣而言。硬幣係由金屬鑄造，其由何種金屬鑄造，以及為正幣或輔幣，並非所問。

(二)實行行為

本罪之實行行為，為減損通用貨幣之分量，亦即不變更硬幣之外形，而削減其分量，尚得供行使者而言。其方法如何，雖所不拘，要須不變更其外形，且尚得供行使者，始足當之。

倘減損行為，已變更其外形，或已不堪使用者，則為銷燬或毀損，應依情形成立妨害國幣懲治條例第 2 條或第 5 條之罪，並不成立本罪。至利用通用貨幣為原料，變更其外形，而製成新幣者，則為偽造，應依偽造貨幣罪處斷。

(三)行為結果

本罪為結果犯，須行為人之行為已達減損通用貨幣分量之結果，始能成罪。

(四)故意與意圖

1.故　意

本罪為故意犯，行為人須認識其為通用貨幣，而有意減損其分量，始能成立。其為直接故意抑或未必故意，均非所問。倘因過失而減損者，則不能成罪。例如，於操作機器時，不慎使硬幣滑入其內，致遭削減者，不能以本罪律之。

2.意　圖

本罪亦為目的犯，行為人須意圖供行使之用，而實施本罪之行為，始能成罪。倘無此意圖，縱有減損分量之行為，如改為飾物或供其他用途等，仍不能以本罪相繩。

㈤未遂、既遂

1.未遂犯

本罪之未遂犯，罰之（刑 197 II）。行為人著手於減損貨幣分量之行為，而尚未發生減損之結果者，即為本罪之未遂。

2.既遂犯

既遂、未遂之區別，以減損分量之行為已否完成為準。倘其減損貨幣分量之行為，業已完成，此際已發生減損之結果，即為本罪之既遂。

㈥減損貨幣分量罪與變造貨幣罪

減損貨幣分量罪與變造貨幣罪之保護法益，均為社會之公共信用，二者間具有保護法益之同一性。因減損貨幣之分量，本質上亦係對於真幣予以加工之行為，本屬變造行為之一種態樣，原可依變造貨幣罪論處。惟因減損通用貨幣之分量，尚未變更硬幣之外形，且仍得供行使之用，犯罪情節較輕，本法乃將其定為獨立之犯罪，在解釋上，應認變造貨幣罪為基本規定，減損貨幣分量罪為補充規定。

行為人基於一個犯罪決意，將數枚硬幣加以減損者，得同時該當減損貨幣分量罪與變造貨幣罪。其所該當之上述二罪，具有侵害法益之同一性，應成立法條競合，而優先依基本規定之變造貨幣罪處斷。

七、行使、收集或交付減損分量貨幣罪

第 198 條　行使減損分量之通用貨幣，或意圖供行使之用而收集或交付於人者，處三年以下有期徒刑，得併科三萬元以下罰金。

收受後方知為減損分量之通用貨幣而仍行使，或意圖供行使之用而交付於人者，處三千元以下罰金。

第一項之未遂犯罰之。

㈠行為客體

本罪之行為客體，為減損分量之通用貨幣。其初是否意圖供行使之用，而為減損，或其減損行為係由何人所為，亦於本罪之成立無影響。

㈡實行行為

本罪實行行為之態樣有四：即行使、收集、交付與收受。

㈢行為結果

本罪為結果犯，在行使行為，須行為人已將減損分量之通用貨幣置於流通使用狀態之結果，罪始成立；在收集行為，須行為人已將減損分量之通用貨幣，移入自己持有支配之結果，罪始成立；在交付行為，則須行為人已將減損分量之通用貨幣，移交他人持有支配時，罪始成立。

㈣故意與意圖

1. 故　意

本罪為故意犯，不論其為行使、收集或交付，均須行為人在主觀上明知其為減損分量之通用貨幣，而故意為之，始能成立。至其為直接故意抑或未必故意，則非所問。

2. 意　圖

本罪之收集或交付行為，尚須行為人具有供行使之意圖，始能成罪，屬於目的犯。至交付或收集之行為人，係意圖供自己行使抑或供他人行使，在內國行使抑或在外國行使，均非所問。倘無此意圖，僅係供收藏、研究、鑑別或陳列之用者，或收集後知其為偽幣，始生此意圖者，均不得遽以本罪相繩。

㈤未遂、既遂

1. 未遂犯

本罪之未遂犯，罰之（刑 198 III）。行為人著手實施行使、收集或交付行為，尚未完成者，即為本罪之未遂。

2.既遂犯

既遂、未遂之區別，以其行使、收集或交付行為已否完成為準。申言之，就行使言，行為人將減損分量之通用貨幣充作真幣使用，而使其置於流通之狀態時，行使行為即為完成，此時行使罪已為既遂。至其行使目的有否達成，應不生影響。次就收集言，行為人將減損分量之通用貨幣移歸自己持有支配時，收集行為即為完成，此時收集罪亦為既遂。至交付，則行為人將減損分量之通用貨幣移交他人持有時，交付行為即為完成，此時交付罪，始為既遂。

㈥本罪與他罪之關係

1.行使減損分量貨幣罪與減損通用貨幣分量罪

行使減損分量貨幣罪與減損通用貨幣分量罪，均為侵害社會公共信用之犯罪，二者間具有保護法益之同一性。行使行為與減損行為，並無特別關係存在。惟在解釋上，該二罪，乃立法者為保護同一社會公共信用之法益，所作不同程度之處罰規定。就法益之侵害程度而言，行使行為顯較減損行為嚴重。因此，行使減損分量貨幣罪，應屬基本規定；減損通用貨幣分量罪，則屬補充規定。

行為人先減損貨幣之分量，進而行使者，固得同時成立行使罪與減損罪；惟因該二罪所侵害之法益，具有同一性，應成立法條競合，優先適用基本規定之行使罪，而排除補充規定之減損罪之適用。

2.行使減損分量貨幣罪、收集減損分量貨幣罪與交付減損分量貨幣罪

行使減損分量貨幣罪、收集減損分量貨幣罪與交付減損分量貨幣罪，均為侵害社會公共信用之犯罪，三者間具有保護法益之同一性。行使、收集與交付行為所成立之犯罪，乃立法者為保護同一社會公共信用之法益，所作不同程度之處罰規定。就法益之侵害程度而言，行使行為，顯較收集

與交付行為為重；而交付行為，復較收集行為為重。因此，行使減損分量貨幣罪，應屬基本規定；收集與交付減損分量貨幣罪，則屬補充規定。又就收集減損分量貨幣罪與交付減損分量貨幣罪而言，交付減損分量貨幣罪，為基本規定；收集減損分量貨幣罪，則為補充規定。

行為人先收集減損分量貨幣後，復進而行使者，得同時成立行使減損分量貨幣罪與收集減損分量貨幣罪。其所該當之上述二罪，具有侵害法益之同一性，成立法條競合，應優先適用基本規定之行使減損分量貨幣罪，而排除補充規定之收集減損分量貨幣罪之適用。

又行為人先收集減損分量貨幣後，復進而交付於人者，得同時成立交付減損分量貨幣罪與收集減損分量貨幣罪。其所該當之上述二罪，具有侵害法益之同一性，成立法條競合，應優先適用基本規定之交付減損分量貨幣罪，而排除補充規定之收集減損分量貨幣罪之適用。

八、製造交付收受偽變造減損貨幣分量之器械原料罪

第 199 條　意圖供偽造、變造通用之貨幣、紙幣、銀行券或意圖供減損通用貨幣分量之用，而製造、交付或收受各項器械原料者，處五年以下有期徒刑、得併科三萬元以下罰金。

㈠行為客體

本罪之行為客體，為各項器械原料。稱器械者，指在客觀上可供偽造、變造貨幣或減損貨幣分量用之一切器具與機械而言，不以專供偽造貨幣等使用者為限。例如，印刷機、鑄造機、影印機或銅版等是。惟非器械之單純工具，如毛筆等，則不包括在內。稱原料者，則指可供偽造貨幣等用之一切材料而言。例如，紙張、油墨、顏料、金屬等是。

㈡實行行為

本罪實行行為之態樣有三：即製造、交付及收受，三者有其一，即足

成立本罪。所謂製造，兼指創製與改造之行為。所謂交付，乃指移交他人持有之行為。至所謂收受，則指移歸自己持有之行為。

1.實質預備或幫助形態

本罪之行為，本質上係偽造、變造貨幣或減損貨幣分量之實質預備或事前幫助行為。預備或幫助行為，原不以製造、交付或收受各項器械原料為限，他如籌募資金、招請專家、僱用工人等，亦均屬之。惟本罪特就其製造、交付或收受各項器械原料之行為，定為獨立之犯罪，予以處罰。因此，本罪處罰之範圍，自以此等行為為限。

2.製造、交付及收受以外之行為

行為人如以實施本罪行為以外之方法，如籌募資金等，幫助他人為偽造貨幣等行為之準備者，因係事前幫助行為，於他人著手實施偽造貨幣等行為後，自仍得成立偽造幣券罪等之從犯。

㈢行為結果

本罪為結果犯，行為人須已完成其製造、交付或收受器械原料之結果者，始能成罪。

㈣故意與意圖

1.故　意

本罪為故意犯，行為人須認識其為偽變造幣券或減損貨幣分量之器械原料，而有意為製造、交付或收受之行為，罪始成立。至其為直接故意抑或未必故意，則非所問。

2.意　圖

⑴供自己或他人之用

本罪須有供偽造、變造通用貨幣、紙幣、銀行券或減損通用貨幣分量之意圖，始能成立，為目的犯。至其係供自己抑或供他人從事偽造貨幣等之用，則非所問。實質上，其供自己之用者，為偽造貨幣等之預備形態；其供他人之用者，則為偽造貨幣等之幫助形態。至他人有否偽造貨幣等之

意思，以及有無從事偽造貨幣等之具體計畫，均屬無妨。

(2)不必有行使之目的

本罪之成立，行為人是否須具有行使之目的？見解不一。持否定說者，認為本罪並不以意圖供行使之用為其特別構成要件，因之，其製造、交付或收受行為，是否出於行使偽造貨幣之目的，自非所計。持肯定說者，認為偽造貨幣罪既須有行使之目的，本罪為準備罪，自須具有此項目的始可。自以否定說為是。惟須予辨明者，本罪之成立，雖不必具有行使之目的，惟其所意圖之內容，亦即偽造、變造貨幣或減損貨幣分量等行為，仍須具有行使之目的。否則其所意圖之偽造貨幣等行為，既不成立犯罪，則本罪之製造、交付或收受等行為，自亦無犯罪可言。

(3)意圖之內容

意圖之內容，亦即偽造、變造幣券或減損貨幣分量，自係指刑法第 195 條及第 197 條之偽造貨幣等行為而言。因此，行為人為本罪行為時，不論係供自己或他人偽造貨幣等之用，其偽造貨幣等行為，均須出於供行使之意圖，始能成罪。無行使目的之偽造貨幣等行為，為法所不罰。行為人為本罪之行為，雖有供偽造貨幣等之意圖，如其偽造貨幣等並無行使之目的，僅作為教材或標本之用者，則仍不成罪。

㈤既　遂

本罪，無未遂犯之處罰規定。行為人為製造、交付或收受行為完成時，本罪即行成立。申言之，其器械或原料，行為人只須製造、交付或收受其一部，即為既遂，無須完成偽造貨幣等行為所需之全部器械或原料。

㈥共　犯

本罪之幫助犯得否成立？有認為本罪既為獨立犯罪，自可成立幫助犯；有認為本罪原係以預備行為為其內容，自無成立幫助從犯之餘地。

如前所述，本罪原為偽造貨幣等之預備形態或幫助形態；惟本法既將此等預備或幫助行為，予以構成要件化，而規定為獨立之犯罪。其為製造、

交付或收受者，即為實現本罪構成要件之實行行為，從而予以幫助者，例如，提供資金，供其製造器械者，自可成立本罪之幫助犯。其為教唆者，亦可成立本罪之教唆犯。

㈦本罪與他罪之關係

1.本罪與偽造幣券罪

本罪與偽造幣券罪之保護法益，均為社會之公共信用，二者間具有保護法益之同一性，二罪間雖不具特別關係，惟因行為人實施本罪之目的，如係意圖供自己偽造幣券之用者，則本罪實質上，乃屬於偽造幣券罪之預備行為。因此，偽造幣券罪為基本規定，本罪則為補充規定。

行為人先製造、交付或收受各項器械原料後，進而實施偽造幣券之行為者，固得同時該當本罪與偽造幣券罪。惟其所該當之上述二罪，具有侵害法益之同一性，成立法條競合時，應優先適用基本規定之偽造幣券罪，排除補充規定之本罪之適用。

2.本罪與幫助偽造幣券罪

本罪與幫助偽造幣券罪之保護法益，均為社會之公共信用，二者間具有保護法益之同一性，二罪間雖不具特別關係，惟因行為人實施本罪之目的，如係意圖供他人偽造幣券之用者，則本罪實質上，乃屬於偽造幣券罪之幫助行為。因此，幫助偽造幣券罪為基本規定，本罪則為補充規定。

行為人意圖供他人偽造幣券之用，而實施本罪行為，他人並果為偽造幣券等行為者，得同時該當本罪與幫助偽造幣券罪。在犯罪評價上，行為人之行為，究係專依本罪論科，抑或成立偽造幣券罪等之幫助犯？學者見解不一。有認為本法就此準備行為設其獨立處罰之規定，與他人果否因而偽造幣券等無關，即他人果資以為偽造等之用，亦不另成偽造幣券罪等之幫助犯。有認為凡意圖供他人偽造幣券等之用，而為本罪行為，如已與加功於該他人犯罪之情形相當時，仍應依加功之高度行為，而令負幫助犯之責。

惟本罪與幫助偽造幣券罪，既具有侵害法益之同一性，得成立法條競

合，應優先適用基本規定之幫助偽造幣券罪處斷，而排除補充規定之本罪之適用❹。惟我實例，則似採前說，認其不成立幫助犯❺。

第二節　偽造有價證券罪

一、犯罪類型

偽造有價證券罪之犯罪類型，有第 201 條「偽變造行使有價證券罪」；第 201 條之 1「偽變造行使支付工具罪」；第 202 條「偽變造行使郵票印花稅票罪」；第 203 條「偽變造行使往來客票罪」及第 204 條「製造交付收受偽變造有價證券之器械原料或電磁紀錄罪」。

二、罪質與保護法益

偽造有價證券罪，係以意圖供行使之用，而偽變造有價證券或行使、收集、交付偽變造之有價證券為內容之犯罪。

㈠初始為文書之一種

有價證券在刑法上之性質，隨時代環境之遞嬗與社會生活之需要，而有重大之變動。就各國刑法對於有價證券之立法沿革而言，初始認有價證券乃係證明財產上權利義務之一種文書，如法國刑法、日本及我國舊刑法，均將偽造有價證券列入偽造文書罪中。在此時期，有價證券在性質上，乃

❹　日本學者通說及判例，亦認應成立從犯。

❺　請參閱以下兩實例：⑴單純以空白支票售與他人，供其偽造之用，若無其他幫助之行為，縱他人果用以為偽造，仍成立刑法第 204 條之罪，而非偽造有價證券之從犯（最高法院 55 臺上 322（決））。⑵意圖供偽造有價證券之用，而交付各項器械原料，刑法第 204 條設有處罰專條，第一審以上訴人將空白支票供甲偽造，係幫助他人偽造有價證券，依刑法第 30 條、第 201 條第 1 項處斷，原審不加糾正，遽以維持，是否適當，亦非無疑（最高法院 55 臺上 1468）。以上兩實例，雖係就偽造有價證券罪所作之說明，惟第 204 條與第 199 條之立法旨趣，完全相同，似可藉以窺知實例之態度。

屬於文書之一種。

㈡漸次脫離文書之範疇

嗣以有價證券雖其目的在證明財產上之權利義務，惟多具有流通性，與文書同形異質，乃另立一章，置於偽造文書罪之次，視為偽造文書罪之特別罪，如日本現行刑法是。在此時期，有價證券在性質上，已漸次脫離文書之範疇，而屬於特別文書。

㈢朝向貨幣之方向發展

現今因有價證券已為經濟交易之重要工具，有時幾與貨幣具有相同之機能。因此，如德國刑法，乃將有價證券與貨幣同視，而將其置於有關貨幣之重罪、輕罪章下。日本近年之刑法修正草案，在犯罪體系上，亦將此種犯罪置於偽造貨幣罪與偽造文書罪之間。我國現行刑法於制定時，在犯罪體系上，已將偽造有價證券罪置於偽造貨幣罪與偽造文書罪之間。由各國對於有價證券之立法變動過程可知，有價證券在刑法上之性質，已逐漸脫離文書之範疇，而朝向貨幣之方向發展。

㈣文書本質性與貨幣近似性

就現今社會之交易實態觀察，有價證券雖仍具有文書之本質性，惟已日漸具有濃厚之貨幣近似性。因此，有價證券本係證明財產上權利義務之一種文書，嗣隨社會經濟生活之發展，交易日趨頻繁，故如票據等，已逐漸成為代替貨幣之支付或信用工具，其重要性幾不亞於貨幣，其兼營貨幣機能之特徵，亦愈益顯著。在此意義下，有價證券之性質，不僅介於文書與貨幣之間，且與後者已日趨緊密與接近。

㈤保護社會之公共信用

本罪之保護法益，與偽造貨幣罪同，旨在保護社會之公共信用，亦即在保障有價證券之真正性。

三、偽變造行使有價證券罪

第 201 條　意圖供行使之用，而偽造、變造公債票、公司股票或其他有價
　　　　　　證券者，處三年以上十年以下有期徒刑，得併科九萬元以下罰
　　　　　　金。
　　　　　　行使偽造、變造之公債票、公司股票或其他有價證券者，或意
　　　　　　圖供行使之用，而收集或交付於人處一年以上七年以下有期徒
　　　　　　刑，得併科九萬元以下罰金。

本條偽變造行使有價證券罪之規定，含有二個獨立之犯罪類型，即(1)偽變造有價證券罪及(2)行使收集交付偽變造有價證券罪。茲分述如次：

甲、偽變造有價證券罪

㈠行為客體

本罪之行為客體，為公債票、公司股票或其他有價證券。公債票、公司股票為有價證券之例示規定。所謂有價證券，乃指為表彰財產權，行使或處分證券上之權利時，以占有為必要之證券。

1.有價證券之特徵

⑴財產性

所謂財產性，乃證券上須表示有一定之財產權利；若證券上所表示者，僅係證明某種權利之存在，例如，土地所有權狀等，即非有價證券。

⑵占有性

所謂占有性，乃行使或處分權利與證券之占有，具有不可分離之關係。倘不占有證券，亦得行使、處分權利者，亦非有價證券。

⑶流通性

有價證券應否具有流通性？學說及實例見解不一。我實例初採肯定見

解；近例則因重視其權利化體性，為維持公信力，認為縱未具有流通性，亦無妨其為本罪之客體。例如，記帳加油票、實物配給票等是❻。

2.刑法上有價證券與民商法上有價證券

刑法、民商法及其他公法、私法中，均有有價證券之概念。惟刑法上之有價證券，因具有文書之本質性及貨幣之近似性，與民商法上之有價證券，其概念未必全屬一致。因此，應以民商法上之有價證券概念為基礎，對其證券之真正性，自刑法之觀點，斟酌其有無以刑罰加以保護之必要性，而為決定。

有價證券所表彰之財產權，其為債權，如票據等；其為物權，如倉單等；或為其他權利，如公司股票等，均非所問。表彰之方式，其為無記名式，如商品券等；其為指示式，如票據等；或為指名式，如記名債券等，亦所不拘。作成之方法，其為依法定程式，如匯票、本票、支票等；或為依意定程式，如火車票、公車票、機票等，亦無區別。其未依民商法規定之法定程式所作成之有價證券，在私法上縱係實質無效，倘足使一般人誤信其為真正者，亦得為刑法上之有價證券。

惟我實務則認為，刑法之偽造有價證券罪，須所偽造之票據已完成有價證券之形式，即其形式上之記載無缺，始足構成。發票人、金額、付款人及發票年月日為支票必要記載事項之一，如有欠缺，即非有效之支票，不得謂係有價證券。因而偽造他人名義為發票人之支票，如對於支票之絕對必要記載事項，尚未記載完全，即無成立偽造有價證券罪之餘地❼。

3.內外國發行或流通

本罪之有價證券，一般學者均認為限於在國內所發行或流通者，始足當之。惟以現今國內外經濟交易之頻仍，持有外國所發行及流通之有價證券，已為事所必需。倘仍執著於傳統觀念，而以在國內所發行或流通者，

---

❻　有價證券應否具有流通性？我實例，初採肯定見解：最高法院 28 滬上 53；31 上 409；31 上 1918；司法院院解 3291。近例則予否定：最高法院 45 臺上 1118。

❼　最高法院 89 臺上 3717（決）；90 臺上 2957（決）；92 臺上 2942（決）；93 臺上 5328（決）；94 臺上 554（決）。

始能稱為有價證券，則刑法之解釋顯與時代之脈動，相去甚遠。因此，應不問其為內外國所發行或流通者，均得為本罪之客體。此外，有價證券之發行權人，不問其為國家，如公債票等；其為團體，如公司股票等；或為個人，如支票等，均無不可。

4.有價證券之涵蓋範圍

本罪，以公債票、公司股票為有價證券之例示。公債票，乃政府為補助國庫或為特種需要，向人民募集公債時所發行之證券，不問其為國債或地方債，均屬之。公司股票，則係公司為表彰股東權利所發行之證券。

至其他有價證券，屬概括規定，包含甚廣，除本法已規定之郵票、印花稅票及各種往來客票外，舉凡證券上權利之發生、移轉或行使，有其一以證券之占有為要件時，均屬有價證券之範圍。例如，匯票、本票、支票、期票、倉單、提單、載貨證券、獎券、外國貨幣、實物配給票、提糧憑單、加油票、外國私人支票、外國公債票以及外國公司股票等是。

至如匯款報單、田單、戲票、當票、菸類專賣憑證、空白支票及活期存款取款憑條等，或因其證券上未表示一定之財產權利，或因其行使、處分權利與占有證券，未具有不可分離之關係，僅能認其為文書，均非本罪之行為客體。

(二)實行行為

本罪之行為態樣，有二：即偽造及變造。

1.偽　造

(1)無製作權之人

所謂偽造，乃無製作權之人，冒用他人名義，而作成有價證券之行為。是有價證券之偽造，乃以無製作權之人，冒用他人名義製作為要件。倘行為人基於本人之授權，或其他原因有權製作者，即與無權之偽造行為不同 **⑱**。

至有製作權之人，未冒用他人名義，僅就有價證券之內容為不實之記

---

⑱　最高法院 53 臺上 1810。

載者，本法並無處罰此等無形偽造之規定，自不得遽依本罪論處。

(2)基本與附屬證券行為

作成有價證券之行為，如票據等，原有基本證券行為與附屬證券行為之分。前者，即為發票行為；後者，例如，背書、承兌、保證等是。

偽造，究係專指基本證券行為，抑或包含附屬證券行為在內？不無疑問。我實務認為，刑法上之偽造有價證券罪，係指無製作權而擅以他人（包括法人與自然人）名義發行票據者而言。如於票據上冒用他人名義，但該他人並非發票人，而不負票據法上發票人之義務者，則行為人縱可成立其他罪名，究不能遽依偽造有價證券罪論擬❶。可見我司法實務以偽造發票之基本證券行為，始成立偽造有價證券罪。至偽造背書、承兌或保證等附屬證券行為，僅能以偽造文書罪論擬❷。

惟就理論言之，背書、承兌或保證等附屬證券行為，亦係獨立負擔債務之行為，而複合存在於一個證券之上，倘冒用他人名義而為時，實亦屬於有價證券之偽造行為。故有價證券之偽造，除冒用他人名義作成證券外，對於既存之證券而為署名之行為，似亦應包括在內較妥❸。

(3)偽造之方法

偽造之方法，法無限制，不問其係以何種方式或材料而為製作，均所不拘。惟其較為特殊者，則有以下情形：

①既存證券之利用

利用既存證券，而改變其內容者，通常屬於變造之範圍。例如，竄改

---

❶　最高法院 93 臺上 4808（決）；93 臺上 5739（決）；93 臺上 6255（決）。

❷　最高法院 52 臺上 451（決）；59 臺上 2588。

❸　日本刑法第 162 條第 1 項規定有價證券偽造罪，第 2 項規定有價證券虛偽記入罪。因此，該國判例認為冒用他人名義而為基本證券行為，始屬於偽造；至附屬證券行為，不問係以自己或他人名義，凡違反真實之一切記載行為，均屬於虛偽記入罪。惟該國通說，則一反判例見解，認有價證券上之各種署名，係屬於獨立之文書，有價證券乃此等複數文書之複合體，故附屬證券行為，亦得區分為有形偽造與無形偽造，視其有無冒用作成名義，而分別解為偽造或虛偽記入行為。該國改正刑法草案 (219 II)，亦從此通說見解。

支票之金額或擅改發票地等是。惟對於業已失效之證券，變更其記載，而作成有效證券之外形者，則為偽造。例如，改造未中獎之彩券，使其與中獎號碼相符；竄改已逾期之定期車票，使其終期未滿者等是。他如，偽填他人空白支票之內容，而資行使或竊得他人之空白匯票，依式填寫，並加蓋印章，使生有價證券之效力者，亦屬之。

②作成權限者錯誤之利用

利用作成權限者之錯誤，而使其署名者，亦得成立偽造。例如，欺罔他人，使其於支票上簽名為發票人，而後在該支票上任意記載其他要件者，因係違反簽名人之真意而完成簽發行為，自屬於偽造。惟如以欺罔之手段，而使他人於業已記載必要事項之支票簽名為發票人者，因無虛偽製作之行為，僅能認為騙取，而非偽造。

③作成名義人署名之不正利用

利用作成名義人真正署名之證券，而予以完成者，亦為偽造。例如，作成名義人將已署名有發票人及記載付款處所之票據託人保管，而受託人任意於其空白部分，如受款人、金額等，予以補充完成者是。此際，署名與作成名義，雖均屬真正，因就作成名義人未承認之事項予以記載，亦屬於冒用作成名義而為偽造。

④補充權之濫用

空白授權票據，係發票人預先簽名於票據，而將票據上其他應記載事項之全部或一部，授權他人予以補充完成。故被授權之他人予以補充完成時，自不成立偽造。惟如被授權人濫用其補充權，例如，約定其有十萬元以下之金額補充權，卻記載為五十萬元時，應與上述③之情形同視，亦屬於偽造。

(4)偽造之程度

偽造之程度，以具備足使一般人誤信其為真正有價證券之形式或外觀為已足，不必完全具備法律所定之要件❷；亦不以有相當之真正有價證券存在為必要。例如，冒用他人名義，而作成欠缺發票地之票據；或僅記載

---

❷　最高法院 28 上 2232；46 臺上 888；56 臺上 2310。

發票人之姓名，而未蓋章或捺指印者等是。至其記載內容與事實是否合致，亦非所問。

(5)作成名義人

偽造之有價證券，既須冒用他人名義而為製作，原則上自須有作成名義人。惟意定程式之有價證券，亦即法律上不必具有一定形式之有價證券，則只須外形上足使一般人誤信其為真正已足，縱無作成名義人之記載，亦無不可。至作成名義人，其為自然人、法人或非法人之團體，是否果有其人，均非所問。

(6)代理權限之冒用

代理權限之冒用，得分為無權代理、濫權代理及越權代理三種情形。茲分別述之如次：

①無權代理

無正當代理權限之人，冒用有正當代理權限者之名義，以代理方式而作成證券者，因其不僅冒用代理人之名義，且亦冒用作成名義人本人之作成名義，其屬於偽造，應無疑義。我實務亦認為，所謂偽造有價證券，係以無權製作之人冒用他人名義而製作為其構成要件之一。若基於本人之授權或其他原因有權製作有價證券者，固與無權製作之偽造行為不同，而不成立偽造有價證券罪。但若無代理權，竟假冒本人之代理人名義，而製作虛偽之有價證券者，因其所製作者為本人名義之有價證券，使該被偽冒之本人在形式上成為虛偽有價證券之發票人，對於該被偽冒之本人權益暨有價證券之公共信用造成危害，與直接冒用他人名義偽造有價證券無異，自應構成偽造有價證券罪❷。

②濫權代理

法人之代表人或本人之代理人，雖有作成證券之權限，惟卻濫用其權限時，是否可成立偽造？亦不無研究餘地。在此情形，濫權代理人與法人或本人間之關係，縱有背信行為存在，惟其與第三人之關係，其有價證券行為，仍屬有效，且亦無冒用他人名義情事，並無害於公共信用。故濫權

---

❷　最高法院 95.9.26 刑議。

行為，仍係屬於權限範圍內之行為，縱其目的在圖自己或第三人之利益，應認其不成立偽造罪責。

③越權代理

與前述濫權代理相反，代表人或代理人超越權限，而以法人代表人名義或本人代理人名義作成證券者，其越權部分，屬於無權代理，自係冒用他人名義；且法律行為本身，非經本人承認，對於本人，亦不生效力，自有害於公共信用，故應認其成立偽造罪。我實務亦認為，被害人公司授權上訴人於空白支票填寫金額，繳納所欠貨櫃場棧租，乃上訴人於獲悉並未欠繳棧租後，私擅填寫金額壹萬伍仟元後，自行使用，已逾越授權範圍，自應令負偽造有價證券罪責❷。

2.變 造

所謂變造，乃無變更權限之人，對於已真正成立之有價證券，擅自予以變更之行為。例如，竄改票據金額、發票日或付款日等是。其為基本證券行為或附屬證券行為之變更，其內容真實與否，所變更之記載在法律上是否有效，均非所問。就他人名義真正作成之證券，擅予變更，固為變造；其以自己名義作成之證券，經他人背書後，即屬關係他人權利之證券，如擅予變更者，亦屬於變造。

變造，須其變更行為，未使有價證券之本質發生變動❷。如其本質發生變動，已失有價證券之同一性時，則屬於偽造。例如，改造未中獎之彩券，使其成為中獎之彩券等是。如未變動其本質，僅將其內容加以變更者，例如，將已罹消滅時效之支票發票年月日改為未罹時效之期日者，因其本身尚有價值，發票人如不提出時效抗辯，執票人仍得完全行使其券面所載之權利，故屬於變造。

(三)行為結果

本罪為結果犯，其偽造、變造行為，須達於已足使一般人誤信為真正

---

❷ 最高法院 72 臺上 7112。

❷ 最高法院 31 上 2673；41 臺上 96。

有價證券之結果，罪始成立。

㈣故意與意圖

1.故　意

本罪為故意犯，行為人須有意為偽造、變造有價證券之行為，始能成立。至其為直接故意抑或未必故意，則非所問。

2.意　圖

本罪亦為目的犯，行為人除須具有故意外，尚須具有供行使之意圖，始能成罪。至其係供自己行使，抑或供他人行使，則非所問。行為人有無意圖為自己不法之利益及是否足生損害於他人，亦所不拘。

㈤既　遂

本罪，無處罰未遂犯之規定。至本罪既遂、未遂之區別，在偽造、變造行為，以偽造、變造之有價證券是否已達於足使一般人誤信為真正有價證券之程度為準。如其已足使一般人誤信為真正有價證券時，即為既遂，且不問其種類及張數，如其中有一張達於此程度即已足。

㈥罪數及與他罪之關係

1.罪數之認定標準

本罪之保護法益，在維護社會之公共信用。因此，本罪罪數之認定標準，應以妨害社會公共信用之個數及次數為準。一次妨害一個社會之公共信用者，為一罪；數次妨害數個社會之公共信用者，為數罪。

同時偽造變造同一被害人之多張支票者，因僅一次妨害一個社會之公共信用，其被害法益仍僅一個，不能以其偽造之支票張數，計算其法益，故仍僅成立一罪❷。

惟對此情形，日本學者通說及實例，則認為本罪之罪數，應依所偽造有價證券之個數，而為決定。易言之，偽造一張者為一罪，偽造數張者為

---

❷　最高法院 73 臺上 3629。

數罪。因此，雖係同一時間處所，利用同一機會順次作成多數之有價證券，亦依其作成之張數，成立本罪，而非包括一罪。至一次同時行使數張偽造、變造之有價證券者，則非單純一罪，應依想像競合之關係處斷。

2.偽造有價證券罪與變造有價證券罪

偽造有價證券罪與變造有價證券罪，均屬侵害社會之公共信用，具有保護法益之同一性。在構成要件之關係上，二者間雖不具特別關係，惟偽造有價證券行為，乃基本行為態樣；變造有價證券行為，則為補充行為態樣。因此，偽造有價證券罪為基本規定，變造有價證券罪為補充規定。成立法條競合時，應優先適用基本規定之偽造有價證券罪，而排除補充規定之變造有價證券罪之適用。

3.偽造有價證券罪與偽造文書罪

行為人先偽造他人印章、再偽造請領戶籍謄本之申請書、開戶申請書、約定書、印鑑卡，並偽造支票在外行使者，偽造印章及蓋用偽印文，均為偽造私文書與偽造有價證券之一部分；偽造私文書之低度行為，又為行使之高度行為所吸收；行使偽造私文書與偽造有價證券，應予數罪併罰。

4.偽造有價證券罪與偽造印章印文署押罪

偽造有價證券罪與偽造印章印文署押罪，均為侵害社會公共信用之犯罪，二者間具有保護法益之同一性。在犯罪性質上，偽造有價證券罪之內容，當然含有偽造印章印文署押之成分在內。因此，偽造有價證券罪為吸收規定，偽造印章印文署押罪則為被吸收規定。

行為人於偽造他人支票時，並盜用該他人之印章，成立法條競合時，應適用吸收規定之偽造有價證券罪處斷，排除被吸收規定之偽造印章印文署押罪。

5.偽造有價證券罪與竊盜罪或侵占罪

偽造有價證券罪之保護法益，為社會之公共信用；竊盜罪或侵占罪之保護法益，則為個人財產之安全。因此，二者間不具保護法益之同一性，自應分別成罪，其所成立之偽造有價證券罪與竊盜罪或侵占罪，應予數罪併罰。

6.偽造有價證券罪與背信罪

偽造有價證券罪之保護法益，為社會之公共信用；背信罪之保護法益，則為個人財產之安全。因此，二者間不具保護法益之同一性，自應分別成罪，因偽造有價證券罪與背信罪所評價之自然行為事實，屬於同一行為，應成立想像競合犯。

乙、行使收集交付偽變造有價證券罪

本罪除實行行為外，其餘均與偽變造有價證券同。

㈠實行行為

本罪之行為態樣，有三：即行使、收集或交付。

1.行　使

所謂行使，乃以偽變造之有價證券充作真正之有價證券，而依其用法予以使用之行為。有價證券雖具有貨幣之近似性，惟並不以具有流通性為必要。因此，本罪之行使行為，與行使偽幣行為，微有不同，即不必將有價證券置於流通之狀態。例如，為證明自己之資產信用，而以偽券誇示於人，或充作真正有價證券，而提出於法院作為證據資料等，均為行使。行使，行為人只須將其置於他人可得認識之狀態，即為既遂。

本罪，未設有如第 196 條第 2 項收受偽幣後知情行使罪之減輕規定。因此，行為人收受後方知為偽造、變造之有價證券而仍行使者，自仍應依本罪處斷。惟行為人收受後方知其為偽券，即為善意取得人，為取回票據金額，而對於票據上真正簽名之人，提示票據，請求履行債務者，則為權利行為，自不成立本罪。

2.收集或交付

所謂收集或交付，其義與收集或交付偽幣罪同，茲不再贅。

㈡行為結果

本罪之行使行為，須行為人已將偽變造之有價證券置於他人可得認識

狀態之結果；在收集行為，須行為人已將偽變造之有價證券，移入自己持有支配之結果；在交付行為，則須行為人已將偽變造之有價證券，移交他人持有支配時，罪始成立。

(三)既　遂

本罪之行使、收集或交付行為，以其行使、收集或交付行為已否完成為準。申言之，就行使言，行為人將偽、變造之有價證券充作真正有價證券使用，而使其置於他人可得認識之狀態時，行使行為即為完成，此時行使罪已為既遂。至其行使目的有否達成，應不生影響。次就收集言，行為人將偽、變造之有價證券移歸自己持有支配時，收集行為即為完成，此時收集罪亦為既遂。至交付，則行為人將偽、變造之有價證券移交他人持有時，交付行為即為完成，此時交付罪始為既遂。

(四)本罪與他罪之關係

1.行使偽造有價證券罪與偽造有價證券罪

行使偽造有價證券罪與偽造有價證券罪，均為侵害社會公共信用之犯罪，二者間具有保護法益之同一性。在構成要件之關係上，行使行為與偽造行為，雖為二個不同之行為，且分別規定為二個不同之犯罪構成要件，二者間並無特別關係存在。惟在解釋上，該二罪，乃立法者為保護同一社會公共信用之法益所作不同程度之處罰規定。就法益之侵害程度而言，行使行為顯較偽造行為嚴重❷。因此，行使偽造有價證券罪，應屬基本規定；偽造有價證券罪，則屬補充規定。

偽造變造有價證券罪，須具有供自己或他人行使之意圖，始能成立，

---

❷　行使偽造有價證券行為與偽造有價證券行為之所以成立犯罪，旨在保護社會之公共信用。惟就該二行為對於法益造成侵害之程度而言，行使行為顯較偽造行為為重，在法定刑之設計上，行使罪理應較偽造罪為重，始能與犯罪情節相符。但依我刑法規定，偽造罪之法定刑，則較行使罪為重，此為造成該二罪之法律適用關係，轉趨複雜，且無法加以合理說明之原因。

已如前述。其係供他人行使，且他人果已行使者，則偽造、變造者與行使者，應分別成立偽造變造有價證券罪與行使偽造有價證券罪，固無疑義。

惟倘係供自己行使，且已進而行使者，因現行刑法偽造罪，其處罰較行使罪為重，因此，實例採吸收犯之見解，認行使行為吸收於偽造行為中，應依偽造罪論處❷❽。此種見解，頗值商榷。

我實例忽視法條競合之法理，胥以法定刑之輕重，藉以決定其行為究為高度行為抑為低度行為，以致同事殊方❷❾，令人莫名其所以。例如，「偽造有價證券而復行使，在舊刑法有效期內，因偽造與行使之法定刑相等，雖應依行使論科，但刑法所定偽造之刑，已較行使為重，按照低度行為吸收於高度行為之原則，其行使行為當吸收於偽造行為之中，自應專依偽造法條處斷」❸❶。

職是，行為人先偽造有價證券，進而行使者，應成立法條競合，優先適用基本規定之行使罪，而排除補充規定之偽造罪之適用。

2.行使、收集與交付偽造有價證券罪

行使偽造有價證券罪、收集偽造有價證券罪與交付偽造有價證券罪，均為侵害社會公共信用之犯罪，三者間具有保護法益之同一性。

在構成要件之關係上，行使、收集與交付行為所成立之犯罪，乃立法者為保護同一社會公共信用之法益，所作不同程度之處罰規定。就法益之侵害程度而言，行使行為，顯較收集與交付行為為重；而交付行為，復較收集行為為重。因此，行使偽造有價證券罪，應屬基本規定；收集與交付偽造有價證券罪，則屬補充規定。又就收集偽造有價證券罪與交付偽造有價證券罪而言，交付偽造有價證券罪，為基本規定；收集偽造有價證券罪，

---

❷❽　最高法院 24 上 458；31 上 88；43 臺非 45；52 臺上 232。

❷❾　我實例於偽造文書罪與行使偽造文書罪之關係，則謂「偽造收據，原意在於行使，則行使此項偽據時，其低度之偽造行為，自應為高度之行使行為所吸收，只應成立行使偽造文書之罪，不能再論以偽造罪，而從一重處斷」（最高法院 22 上 564）。

❸❶　最高法院 24 上 458。

則為補充規定。

行為人先收集偽造有價證券後，復進而行使者，成立法條競合時，應優先適用基本規定之行使偽造有價證券罪，而排除補充規定之收集偽造有價證券罪之適用。

又行為人先收集偽造有價證券後，復進而交付於人者，成立法條競合時，應優先適用基本規定之交付偽造有價證券罪，而排除補充規定之收集偽造有價證券罪之適用。

3.行使偽造有價證券罪與詐欺取財罪

行使偽造有價證券罪之保護法益，為社會之公共信用；詐欺取財罪之保護法益，則為個人財產之安全。因此，二者間不具保護法益之同一性，自應分別成罪。因行使偽造有價證券罪與詐欺取財罪所評價之自然行為事實，屬於同一行為，應成立想像競合犯。

惟我實例一向認為，行使偽造有價證券以使人交付財物，如所交付者即係該證券本身之價值，則其詐欺取財仍屬行使偽造有價證券之行為，不另成立詐欺罪❸。此種見解，實有待商榷。

四、偽變造行使支付工具罪

| 第 201 條之 1 | 意圖供行使之用，而偽造、變造信用卡、金融卡、儲值卡或其他相類作為簽帳、提款、轉帳或支付工具之電磁紀錄物者，處一年以上七年以下有期徒刑，得併科九萬元以下罰金。
行使前項偽造、變造之信用卡、金融卡、儲值卡或其他相類作為簽帳、提款、轉帳或支付工具之電磁紀錄物，或意圖供行使之用而收集或交付於人者，處五年以下有期徒刑，得併科九萬元以下罰金。 |

---

❸ 最高法院 90 臺上 5416（決）；85 臺上 2216（決）；25 上 1814。

本條偽變造行使支付工具罪之規定，含有二個獨立之犯罪類型，即(1)偽變造支付工具罪及(2)行使收集交付偽變造支付工具罪。茲分述如次：

甲、偽變造支付工具罪

㈠信用卡等之法律性質

信用卡等之法律性質，學者不一其說。信用卡雖俗稱「塑膠貨幣」，惟其非臺灣銀行所發行之新臺幣，與國家貨幣發行權無涉，故不屬於刑法第195條至第200條所稱之通用貨幣。至其法律性質，究屬於文書抑或有價證券？則為學者所聚訟。

1. 準文書

文書，乃特定人以文字、符號表示一定意思、觀念或用意之有體物。信用卡，係發卡機構將持卡人之姓名、出生年月日等個人相關資料儲存於卡片背面之磁條中，藉以令特約第三人得以辨識持卡人之真實性，並表彰發卡機構授權持卡人得持卡向特約第三人消費，而不須當場支付現金，僅須嗣後依約向發卡機構請求付款為內容之卡片。卡片背面之磁條中，儲存以電子、磁性或其他無法以人之知覺直接認識之方式所製成之紀錄，而供電腦處理之用，性質上為電磁紀錄。依我刑法第220條第2項規定，錄音、錄影或電磁紀錄，藉機器或電腦之處理所顯示之聲音、影像或符號，足以為表示其用意之證明者，亦以文書論。因此，信用卡，在法律性質上，屬於準文書，為廣義文書之一種。

2. 特殊之有價證券

信用卡，在卡片上，並未表示一定之財產權利，其在卡片上所表示者，僅係證明某種權利之存在，亦即表示持卡人獲有發卡機構之信用授權，得以先消費後付款。信用卡本身，僅係一種信用憑證，並無財產性，實與有價證券之財產性特徵有別。再者，持卡人使用信用卡記帳或消費時，通常固需持有信用卡，惟如連結至網際網路，在網頁上以輸入信用卡號之方式報稅或購物，或以通訊方式，在郵購單上填入信用卡號郵購圖書等，亦有

不以占有信用卡為必要者，此點亦與有價證券之占有性特徵不符。因此，倘依通說及實務所承認之有價證券特徵而言，信用卡之法律性質，實難認其為有價證券。

惟立法者於民國 90 年 6 月 20 日增訂本罪時，則將信用卡認係有價證券之一種。其增訂理由，認為信用卡係表彰特定現金價值，用以代替現金作為簽帳、轉帳或支付工具之憑證，雖非貨幣，惟其實際運用之普遍性，不亞於票據之使用，已成為目前主要之交易型態。考量其在現實社會生活中有特殊之經濟價值，爰在第十三章之「偽造有價證券罪」章中增訂有關偽造、變造信用卡之處罰。

職是，信用卡等之法律性質，在我現行刑法上，除原有之一般有價證券、郵票、印花稅票及往來客票外，因立法上之特殊考量，亦即信用卡等雖本質上為文書，惟衡量現時交易生活之實態，已日益重視其貨幣近似性之功能，遂將其定位為另一種特殊之有價證券。

㈡行為客體

本罪之行為客體，為信用卡、金融卡、儲值卡或其他相類作為簽帳、提款、轉帳或支付工具之電磁紀錄物。

1. 信用卡

所謂信用卡，係持卡人憑發卡機構之信用，向特約之第三人取得商品、服務、金錢或其他利益，而得延後或依其他約定方式清償帳款所使用之交付工具[32]。易言之，信用卡，乃發卡機構憑申請人之信用所核發，授權持卡人向與發卡機構訂有特約之第三人，取得商品、服務、金錢或其他利益，不須於消費當時支付現金，而依持卡人與發卡機構約定之時點或方式，嗣後清償帳款之支付工具。

---

[32] 財政部 82 年 6 月 30 日公布、99 年 2 月 2 日修正之信用卡業務機構管理辦法第 2 條。依美國聯邦消費者保護法第 103 條 K 項，信用卡係指能以記帳方式獲得金錢、財產、勞務或服務為目的之任何卡片、金屬卡、優惠冊或其他信用設計。

目前，信用卡之種類繁多，流通於國內之信用卡品牌，可大別為威士卡 (VISA Card)、萬事達卡 (MASTER Card)、美國運通卡 (AE Card)、大來卡 (DINERS Card)、吉士美卡 (JCB Card)、聯合信用卡及智慧卡 (IC 卡) 等。

信用卡，依其法律關係區分，有二造卡、三造卡及四造卡之別。二造卡，乃發卡機構允許持卡人延後付款所發給之記帳式消費卡，其當事人僅有發卡機構與持卡人（消費者）兩造。三造卡，其當事人包括發卡機構（如銀行或公司）、持卡人及與發卡機構訂有特約之第三人（如特約商店）三者。四造卡，則除發卡機構、持卡人及與發卡機構訂有特約之第三人外，為加速信用卡業務之推展，減低發卡機構發卡與收單業務合併之負擔（亦即將發卡與收單分開），尚有一專門提供價金清算、資料彙總、傳遞等服務之清算機構❸。三造卡，因係信用卡消費實務最典型之信用卡，國人使用最為普遍。因此，本書所論述者，均以三造卡為主。

2.金融卡

所謂金融卡，或稱為提款卡，乃持卡人在金融機構中預有存款，而在其存款額度內，至自動提款機提款或刷卡消費之卡片。惟金融卡雖具有提款、轉帳之功能，在性質上，實係存摺之替代物，難以認其為有價證券。倘以偽造、變造之金融卡，擬取得他人之提款或轉帳等利益，須以不正方法，由自動付款設備取得他人之存款，或以不正方法將虛偽資料或不正指令輸入電腦或其相關設備，製作財產權之得喪變更紀錄，始足當之。惟此等行為，係屬於刑法第 339 條之 2 及第 339 條之 3 之規範範圍。因此，金融卡依刑法第 201 條之 1 增訂條文規定，雖屬有價證券之一種，惟性質上實與信用卡及儲值卡有別。在立法論上，偽變造金融卡之行為，實不應置於偽造有價證券罪章予以規定，依現行刑法規定，論以偽造文書罪即足以處理。

3.儲值卡

所謂儲值卡，或稱為現金卡，乃以晶片嵌入塑膠卡片以儲存金額，每次使用之金額，均自動從餘額中扣除，以便利搭乘交通工具、停車或一般

❸　刑法第 201 條之 1 新增理由。

小額消費，而無需隨身攜帶零錢之卡片。目前日常生活中使用極為頻繁之悠遊卡或電話卡等，即屬之。

4.其他相類作為簽帳、提款、轉帳或支付工具之電磁紀錄物

所謂其他相類作為簽帳、提款、轉帳或支付工具之電磁紀錄物，例如，簽帳卡、智慧卡等是。簽帳卡，與信用卡概念相似，同係代替現金支付之一種塑膠貨幣，持卡人需在金融機構預有存款，以證明其支付能力，始能簽帳之卡片。惟交易實務上，持卡人雖於金融機構並未預有存款，仍得持簽帳卡消費後再付款，實際上與信用卡之使用，並無何差異。因此，簽帳卡，在解釋上應包含於廣義信用卡之概念內。智慧卡，又稱 IC 卡，乃以積體電路之記憶裝置，儲存持卡人之基本資料與交易狀況之卡片。

5.認同卡

所謂認同卡，乃係由學校或公益團體等，藉群眾認同心理所發行，其消費利基歸屬該學校或公益團體之卡片。所謂聯名卡，又稱聯名信用卡，則係由營利事業與金融機構合作，以消費利基針對消費客戶而發行之信用卡，如百貨公司聯名卡、航空公司聯名卡等是。認同卡與聯名卡，在性質上亦為信用卡，並非屬於其他相類作為簽帳、提款、轉帳或支付工具之電磁紀錄物。

㈢實行行為

本罪之行為，為偽造或變造。偽造，乃係無製造權者，摹擬真物予以製造之行為。變造，則係對於真正之信用卡等，加以一部變更者而言。其義詳前，茲不再贅。

㈣行為結果

本罪為結果犯，在偽造、變造行為，須達於已足使一般人誤信為真正信用卡等支付工具之結果，罪始成立。

㈤故意與意圖

1. 故　意

本罪為故意犯，行為人須有意為偽造、變造信用卡等支付工具之行為，始能成立。至其為直接故意抑或未必故意，則非所問。

2. 意　圖

本罪亦為目的犯，行為人除須具有故意外，尚須具有供行使之意圖，始能成罪。至其係供自己行使，抑或供他人行使，則非所問。

㈥既　遂

本罪，無處罰未遂犯之規定。至本罪既遂、未遂之區別，在偽造、變造行為，以偽造、變造之信用卡等支付工具是否已達於足使一般人誤信為真正信用卡等支付工具之程度為準。如其已足使一般人誤信為真正信用卡等支付工具時，即為既遂，且不問其種類及張數，如其中有一張達於此程度即已足。

㈦本罪與他罪之關係

1. 偽造與變造信用卡等支付工具罪

偽造與變造信用卡等支付工具罪，均屬侵害社會公共信用，具有保護法益之同一性。偽造信用卡等支付工具行為，乃基本行為態樣；變造信用卡等支付工具行為，則為補充行為態樣。因此，偽造信用卡等支付工具罪為基本規定，變造信用卡等支付工具罪為補充規定。成立法條競合時，應優先適用基本規定之偽造信用卡等支付工具罪，而排除補充規定之變造信用卡等支付工具罪之適用。

2. 偽造信用卡與偽造準私文書及偽造署押罪

持有他人偽造之信用卡後，復於信用卡背面偽造他人之姓名者，究竟應成立偽造私文書罪、偽造準私文書罪抑或成立偽造署押罪？在司法實務上，每引起困擾，而莫衷一是。

信用卡內印有發卡銀行名稱、識別號碼、卡號及有效期限等，依發卡銀行與持卡人之特約，須持卡人在信用卡背面簽名，該持卡人始為該發卡銀行之信用卡會員，在有效期限內有權使用該信用卡。故該簽名已足以作為表示一定用意之證明，但因該項簽名，僅有文字，並無一定內容之意思表示，性質上為準私文書，而非純正之私文書。

因此，在信用卡背面偽造他人之簽名，應成立偽造準私文書罪。同時，該簽名實質上亦屬於署押之一種，其冒用他人姓名簽名，足以生損害於他人，亦得以成立偽造署押罪。因偽造準私文書罪與偽造署押罪，均在保護社會之公共信用法益，具有侵害法益之同一性，應成立法條競合。偽造準私文書行為之性質或結果，通常含有偽造署押之成分，故依吸收關係，偽造署押行為為偽造準私文書行為所吸收，僅論以偽造準私文書罪❸❹。

乙、行使收集交付偽變造支付工具罪

㈠行為客體

行使、收集或交付信用卡等支付工具罪之行為客體，為偽造、變造之信用卡、金融卡、儲值卡或其他相類作為簽帳、提款、轉帳或支付工具之電磁紀錄物。

行為人所行使、收集或交付者，須為偽造、變造之信用卡、金融卡、儲值卡或其他相類作為簽帳、提款、轉帳或支付工具之電磁紀錄物。其行使或交付者，不問係自己或他人所偽造或變造者，均足當之。至所收集者，則須為他人所偽造或變造者，始能成立。如係自己所偽造或變造者，自無收集之可言。

---

❸❹　最高法院 84 臺上 665（決）：「刑法第 220 條並非罪刑之規定，僅係闡述在紙上或物品上之文字、符號，如依習慣或特約，足以為表示其用意之證明者，關於觸犯刑法分則偽造文書、印文罪章之罪，應以文書論，即學理上所謂之準文書。惟偽造或變造準文書時，仍依其文書之性質適用各該有罪刑規定之法條論罪科刑。」

㈡實行行為

本罪之行為，為行使、收集或交付。行使、收集或交付，其義亦詳前，茲不再贅。

㈢行為結果

本罪之行使行為，須行為人已將偽變造之信用卡等支付工具置於他人可得認識狀態之結果；在收集行為，須行為人已將偽變造之信用卡等支付工具，移入自己持有支配之結果；在交付行為，則須行為人已將偽變造之信用卡等支付工具，移交他人持有支配時，罪始成立。

㈣既　遂

本罪之行使、收集或交付行為，以其行使、收集或交付行為已否完成為準。申言之，就行使言，行為人將偽、變造之信用卡等支付工具充作真正信用卡等支付工具使用，而使其置於他人可得認識之狀態時，行使行為即為完成，此時行使罪已為既遂。至其行使目的有否達成，應不生影響。次就收集言，行為人將偽、變造之信用卡等支付工具移歸自己持有支配時，收集行為即為完成，此時收集罪亦為既遂。至交付，則行為人將偽、變造之信用卡等支付工具移交他人持有時，交付行為即為完成，此時交付罪始為既遂。

㈤本罪與他罪之關係

1.行使與偽造信用卡等支付工具罪

行使與偽造信用卡等支付工具罪，均為侵害社會公共信用之犯罪，二者間具有保護法益之同一性。行使偽造信用卡等支付工具罪，屬基本規定；偽造信用卡等支付工具罪，則屬補充規定。

偽造變造信用卡等支付工具罪，須具有供自己或他人行使之意圖，始能成立，已如前述。其係供他人行使，且他人果已行使者，則偽造、變造

者與行使者，應分別成立偽造變造信用卡等支付工具罪與行使偽造信用卡等支付工具罪，固無疑義。惟倘係供自己行使，且已進而行使者，因現行刑法偽造罪，其處罰較行使罪為重，依實例歷來態度，認行使行為吸收於偽造行為中，應依偽造罪論處。惟此種見解，頗值商榷，已屢述如前，茲不再贅。

2.行使、收集與交付偽造信用卡等支付工具罪

行使偽造信用卡等支付工具罪、收集偽造信用卡等支付工具罪與交付偽造信用卡等支付工具罪，均為侵害社會公共信用之犯罪，三者間具有保護法益之同一性。就法益之侵害程度而言，行使行為，顯較收集與交付行為為重；而交付行為，復較收集行為為重。因此，行使偽造信用卡等支付工具罪，應屬基本規定；收集與交付偽造信用卡等支付工具罪，則屬補充規定。又就收集偽造信用卡等支付工具罪與交付偽造信用卡等支付工具罪而言，交付偽造信用卡等支付工具罪，為基本規定；收集偽造信用卡等支付工具罪，則為補充規定。成立法條競合時，應優先適用基本規定之行使偽造信用卡等支付工具罪，而排除補充規定之收集偽造信用卡等支付工具罪之適用。

又行為人先收集偽造信用卡等支付工具後，復進而交付於人者，成立法條競合時，應優先適用基本規定之交付偽造信用卡等支付工具罪，而排除補充規定之收集偽造信用卡等支付工具罪之適用。

五、偽變造行使郵票印花稅票罪

第 202 條　意圖供行使之用，而偽造、變造郵票或印花稅票者，處六月以上五年以下有期徒刑，得併科三萬元以下罰金。

行使偽造、變造之郵票或印花稅票，或意圖供行使之用而收集或交付於人者，處三年以下有期徒刑，得併科三萬元以下罰金。

意圖供行使之用，而塗抹郵票或印花稅票上之註銷符號者，處一年以下有期徒刑、拘役或九千元以下罰金。其行使之者，亦同。

本條偽變造行使郵票印花稅票罪之規定，含有四個獨立之犯罪類型，即(1)偽變造郵票印花稅票罪、(2)行使收集交付偽變造郵票印花稅票罪、(3)塗抹註銷符號罪及(4)行使塗抹註銷符號郵票印花稅票罪。茲分述如次：

甲、偽變造郵票印花稅票罪

㈠行為客體

本罪之行為客體，為郵票或印花稅票。

所謂郵票，乃由郵政機關發行，具有交付郵資證明之票證。至偽變造郵政認知證、國際回信郵票券或其他表示郵資已付之符誌則依郵政法第36條規定處斷。

所謂印花稅票，則指由政府發行，用以證明稅款已繳之印紙。不以印花稅法上所定者為限，凡政府正式出售之一切印花稅票，均包括在內❸，如司法印紙是。

㈡實行行為

本罪之行為，為偽造或變造。偽造，乃係無製造權者，摹擬真物予以製造之行為。變造，則係對於真正之郵票等，加以一部變更者而言。

㈢行為結果

本罪為結果犯，在偽造、變造行為，須達於已足使一般人誤信為真正郵票印花稅票之結果，罪始成立。

㈣故意與意圖

1.故　意

本罪為故意犯，行為人須有意為偽造、變造郵票印花稅票之行為，始能成立。至其為直接故意抑或未必故意，則非所問。

---

❸　最高法院 17.10.6 刑議。

2.意　圖

本罪亦為目的犯，行為人除須具有故意外，尚須具有供行使之意圖，始能成罪。至其係供自己行使，抑或供他人行使，則非所問。

㈤既　遂

本罪，無處罰未遂犯之規定。至本罪既遂、未遂之區別，以偽造、變造之郵票印花稅票是否已達於足使一般人誤信為真正郵票印花稅票之程度為準。如其已足使一般人誤信為真正郵票印花稅票時，即為既遂，且不問其種類及枚數，如其中有一枚達於此程度即已足。

㈥偽造與變造郵票印花稅票罪

偽造與變造郵票印花稅票罪，均屬侵害社會公共信用，具有保護法益之同一性，偽造郵票印花稅票行為，乃基本行為態樣；變造郵票印花稅票行為，則為補充行為態樣。因此，偽造郵票印花稅票罪為基本規定，變造郵票印花稅票罪為補充規定。成立法條競合時，應優先適用基本規定之偽造郵票印花稅票罪，而排除補充規定之變造郵票印花稅票罪之適用。

乙、行使收集交付偽變造郵票印花稅票罪

㈠行為客體

本罪之行為客體，為偽造、變造之郵票或印花稅票。

行為人所行使、收集或交付者，須為偽造、變造之郵票或印花稅票。其行使或交付者，不問係自己或他人所偽造或變造者，均足當之。至所收集者，則須為他人所偽造或變造者，始能成立。如係自己所偽造或變造者，自無收集之可言。明信片，亦得為本罪客體（郵政法 36 III）。

㈡實行行為

本罪之行為，為行使、收集或交付。行使、收集或交付，其義亦詳前。

㈢行為結果

本罪之行使行為，須行為人已將偽變造之郵票印花稅票置於他人可得認識狀態之結果；在收集行為，須行為人已將偽變造之郵票印花稅票，移入自己持有支配之結果；在交付行為，則須行為人已將偽變造之郵票印花稅票，移交他人持有支配時，罪始成立。

㈣故意與意圖

1.故　意

本罪為故意犯，行為人須知其為偽變造之郵票印花稅票，而有意為行使、收集或交付，始能成立。至其為直接故意抑或未必故意，則非所問。

2.意　圖

本罪亦為目的犯，行為人除須具有故意外，其收集或交付行為尚須具有供行使之意圖，始能成罪。至其係供自己行使，抑或供他人行使，則非所問。

㈤既　遂

本罪，無處罰未遂犯之規定。至本罪既遂、未遂之區別，以其行使、收集或交付行為已否完成為準。申言之，就行使言，行為人將偽、變造之郵票印花稅票充作真正郵票印花稅票使用，而使其置於他人可得認識之狀態時，行使行為即為完成，此時行使罪已為既遂。至其行使目的有否達成，應不生影響。次就收集言，行為人將偽、變造之郵票印花稅票移歸自己持有支配時，收集行為即為完成，此時收集罪亦為既遂。至交付，則行為人將偽、變造之郵票印花稅票移交他人持有時，交付行為即為完成，此時交付罪始為既遂。

㈥本罪與他罪之關係

1.行使與偽造郵票印花稅票罪

　　行使偽造郵票印花稅票罪與偽造郵票印花稅票罪，均為侵害社會公共信用之犯罪，二者間具有保護法益之同一性，行使偽造郵票印花稅票罪，應屬基本規定；偽造郵票印花稅票罪，則屬補充規定。

　　偽造變造郵票印花稅票罪，須具有供自己或他人行使之意圖，始能成立，已如前述。其係供他人行使，且他人果已行使者，則偽造、變造者與行使者，應分別成立偽造變造郵票印花稅票罪與行使偽造郵票印花稅票罪，固無疑義。

　　惟倘係供自己行使，且已進而行使者，因現行刑法偽造罪，其處罰較行使罪為重，因此，實例採吸收犯之見解，認行使行為吸收於偽造行為中，應依偽造罪論處 ❸❻ 。此種見解，頗值商榷。

　　行為人先偽造郵票印花稅票，進而行使者，在犯罪認識上，固得同時成立行使罪與偽造罪；惟在犯罪評價上，因該二罪所侵害之法益，具有同一性，應成立法條競合，優先適用基本規定之行使罪，而排除補充規定之偽造罪之適用。

2.行使、收集與交付偽造郵票印花稅票罪

　　行使偽造郵票印花稅票罪、收集偽造郵票印花稅票罪與交付偽造郵票印花稅票罪，均為侵害社會公共信用之犯罪，三者間具有保護法益之同一性。

　　在構成要件之關係上，行使、收集與交付行為所成立之犯罪，乃立法者為保護同一社會公共信用之法益，所作不同程度之處罰規定。就法益之侵害程度而言，行使行為，顯較收集與交付行為為重；而交付行為，復較收集行為為重。因此，行使偽造郵票印花稅票罪，應屬基本規定；收集與交付偽造郵票印花稅票罪，則屬補充規定。

　　又就收集偽造郵票印花稅票罪與交付偽造郵票印花稅票罪而言，交付偽造郵票印花稅票罪，為基本規定；收集偽造郵票印花稅票罪，則為補充規定。

　　行為人先收集偽造郵票印花稅票後，復進而行使者，在犯罪認識上，

❸❻　最高法院 24.7 刑議。

得同時成立行使偽造郵票印花稅票罪與收集偽造郵票印花稅票罪。在犯罪評價上，其所該當之上述二罪，具有侵害法益之同一性，成立法條競合，應優先適用基本規定之行使偽造郵票印花稅票罪，而排除補充規定之收集偽造郵票印花稅票罪之適用。

又行為人先收集偽造郵票印花稅票後，復進而交付於人者，在犯罪認識上，得同時成立交付偽造郵票印花稅票罪與收集偽造郵票印花稅票罪。在犯罪評價上，其所該當之上述二罪，具有侵害法益之同一性，成立法條競合，應優先適用基本規定之交付偽造郵票印花稅票罪，而排除補充規定之收集偽造郵票印花稅票罪之適用。

丙、塗抹註銷符號罪

㈠行為客體

本罪之行為客體，為郵票或印花稅票上之註銷符號。

所謂註銷符號，指在郵票或印花稅票上蓋用或使用一定之符號，表示該郵票或印花稅票已因使用而作廢。例如，於郵票上蓋用郵戳，或於印花稅票上加蓋圖章或簽名等是。其註銷方法，並無限制，凡用以表示業經使用而作廢者，其材料或方法如何，均所不拘。

㈡實行行為

本罪之行為，為塗抹。所謂塗抹，乃塗拭擦抹之行為。例如，以橡皮擦將郵戳擦拭，或以立可白藥水將印花稅票上之圖印塗消等是。

惟我實例認為塗抹者，乃指一切足以除去或消滅註銷符號之行為。不僅限於塗拭及擦抹，即撕去註銷符號之一部，使殘餘之部分與其他郵票之殘餘部分相結合，而與未蓋有註銷符號之郵票相同者，亦應視為塗抹❸❼。此種見解，似有類推解釋之嫌。

此外，意圖供重複行使之用，而於郵票、明信片及特製郵簡之印花或

---

❸❼　最高法院 25 非 329。

表示郵資已付之符誌上，塗用膠類、油類、漿類或其他化合物者，亦成立犯罪（郵政法 36 III）。此項塗用行為，原係本罪塗抹註銷符號之預備行為。行為人於塗用後，進而為塗抹行為者，應逕依本罪處斷。

㈢行為結果

本罪之塗抹行為，須行為人已將註銷符號除去或消滅之結果。

㈣故意與意圖

1.故　意

本罪為故意犯，行為人須知其為註銷符號，而有意為塗抹之行為，始能成立。至其為直接故意抑或未必故意，則非所問。

2.意　圖

本罪亦為目的犯，行為人除須具有故意外，尚須具有供行使之意圖，始能成罪。至其係供自己行使，抑或供他人行使，則非所問。設就郵票偽造文字或其他符號，冒充銷印原郵票做成世間稀有之物，賣與嗜古董之人者，因無供行使之意圖，不成立塗抹註銷符號罪 ❸。

㈤既　遂

本罪，無處罰未遂犯之規定。至本罪既遂、未遂之區別，以其塗抹行為已否完成為準，亦即如已將註銷符號除去或消滅者，犯罪即為既遂。

丁、行使塗抹註銷符號郵票印花稅票罪

㈠行為客體

本罪之行為客體，為塗抹註銷符號之郵票或印花稅票。惟郵票或印花稅票，雖事實上業已使用，如因郵政人員漏蓋或使用人未自行加蓋註銷符號者，縱重予使用，因無塗抹行為，自不得遽依本罪論科。

---

❸　最高法院 24.7 刑議。

㈡實行行為

本罪之行為，為行使。所謂行使，乃將郵票或印花稅票上已蓋用之註銷符號，予以塗抹後，將該郵票或印花稅票重行使用之行為。

㈢故　意

本罪為故意犯，行為人須知其為塗抹註銷符號之郵票印花稅票，而有意為行使之行為，始能成立。至其為直接故意抑或未必故意，則非所問。

㈣既　遂

本罪，無處罰未遂犯之規定。至本罪既遂、未遂之區別，則須已將該郵票或印花稅票重行使用者，始為既遂。

㈤本罪與塗抹註銷符號罪

本罪與塗抹註銷符號罪，均為侵害社會公共信用之犯罪，二者間具有保護法益之同一性，行使罪，應屬基本規定；塗抹罪，則屬補充規定。成立法條競合時，優先適用基本規定之行使罪，而排除補充規定之塗抹罪之適用。

六、偽變造行使往來客票罪

第 203 條　意圖供行使之用，而偽造、變造船票、火車、電車票或其他往來客票者，處一年以下有期徒刑、拘役或九千元以下罰金。其行使之者，亦同。

本條偽變造行使往來客票罪之規定，有二個獨立之犯罪類型，即⑴偽變造往來客票罪及⑵行使偽變造往來客票罪。茲分述如次：

甲、偽變造往來客票罪

㈠行為客體

本罪之行為客體，為船票、火車、電車票或其他往來客票。

船票、火車、電車票，乃為例示規定。稱往來客票者，乃指供旅客往來，用以證明運費已付之證券。除船票等外，他如，機票、汽車票、捷運車票、高鐵車票等，亦均屬之❸。

此等客票，亦須持有，始得行使運送契約上之權利。倘未持有或遺失時，縱係正當權利人，亦不得行使權利，故亦不失為有價證券之一種。惟所謂客票，乃指載人證券而言；如係載貨證券，則係屬於一般有價證券之範圍。

至免費乘車證，是否亦係客票之一種？則見解不一。惟免費乘車證，雖其票載權利之行使，亦須占有該票證，但因未具財產權利化之體性，亦即證面上未表示一定之財產價值，故非有價證券，不屬於本罪之往來客票，只能認係文書之一種。

㈡實行行為

本罪之實行行為，為偽造、變造。其義詳前。惟其偽造、變造之程度，亦須具有足以使人誤信為真正之程度始可。

㈢行為結果

本罪為結果犯，須達於已足使一般人誤信為真正之結果。

---

❸ 至高速公路回數票，因其係供旅客證明通行費已付之證券，而非供旅客證明搭乘交通工具運費已付之證券，解釋上，不得認其屬於本罪客體之往來客票。雖然，因其具有財產性與占有性，與一般有價證券之特徵相符，自得認其為一般有價證券。

㈣故意與意圖

1.故　意

本罪為故意犯，行為人須有意為偽造、變造車票等往來客票之行為，始能成罪。至其為直接故意抑或未必故意，則非所問。

2.意　圖

本罪亦為目的犯，行為人除須具有故意外，尚須具有供行使之意圖，始能成罪。至其係供自己行使，抑或供他人行使，則非所問。

㈤既　遂

本罪，無處罰未遂犯之規定。至本罪既遂、未遂之區別，在偽造、變造行為，以偽造、變造之往來客票是否已達於足使一般人誤信為真正之程度為準。如其已足使一般人誤信為真正之往來客票時，即為既遂，且不問其種類及張數，如其中有一張達於此程度即已足。

至行使行為，則以其行使行為已否完成為準，亦即行為人將偽、變造之往來客票充作真正使用，而使其置於他人可得認識之狀態時，行使行為即為完成，此時行使罪已為既遂。至其行使目的有否達成，則非所問。

㈥本罪與偽變造一般有價證券罪

偽變造往來客票罪與偽變造一般有價證券罪之保護法益，均係社會之公共信用，二者間具有保護法益之同一性，因往來客票係特種之有價證券，故偽變造往來客票罪為特別規定，偽變造一般有價證券罪為一般規定。成立法條競合時，應依特別規定之偽變造往來客票罪處斷，而排除一般規定之偽變造一般有價證券罪之適用。

乙、行使偽變造往來客票罪

㈠行為客體

本罪之行為客體，為偽造、變造之船票、火車、電車票或其他往來客票。

㈡實行行為

本罪之實行行為，為行使。

㈢行為結果

本罪為結果犯，須行為人已將偽變造之客票等置於他人可得認識狀態之結果。

㈣故　意

本罪為故意犯，行為人須有行使偽造、變造車票等往來客票之故意，始能成罪。至其為直接故意抑或未必故意，則非所問。

㈤既　遂

本罪，無處罰未遂犯之規定。至本罪既遂、未遂之區別，以其行使行為已否完成為準，亦即行為人將偽、變造之往來客票充作真正使用，而使其置於他人可得認識之狀態時，行使行為即為完成，此時行使罪已為既遂。至其行使目的有否達成，則非所問。

㈥本罪與他罪之關係

1.本罪與偽變造往來客票罪

本罪與偽變造往來客票罪，均為侵害社會公共信用之犯罪，二者間具有保護法益之同一性，行使罪，應屬基本規定；偽變造罪，則屬補充規定。成立法條競合時，優先適用基本規定之行使罪，而排除補充規定之偽變造

罪之適用。

2.本罪與詐欺取財罪

本罪與詐欺取財罪，不具保護法益之同一性，應分別成罪。因行使偽變造往來客票罪與詐欺取財罪所評價之自然行為事實，屬於同一行為，應成立想像競合犯。

惟我實例則認為，偽造刑法第 203 條之船票、車票或客票而行使之，本含有詐欺性質，其詐欺行為不應另行論罪。原判決以被告偽造公共汽車往來客票，低價出售，使人發生誤信，將本人之物交付，認其偽造與詐財有方法結果關係，從一重之詐欺罪處斷，其適用法律，顯有違誤。

七、製造交付收受偽變造有價證券之器械原料或電磁紀錄罪

第 204 條　意圖供偽造、變造有價證券、郵票、印花稅票、信用卡、金融卡、儲值卡或其他相類作為簽帳、提款、轉帳或支付工具之電磁紀錄物之用，而製造、交付或收受各項器械、原料或電磁紀錄者，處二年以下有期徒刑、得併科一萬五千元以下罰金。

從事業務之人利用職務上機會犯前項之罪者，加重其刑至二分之一。

(一)行為客體

本罪之行為客體，為各項器械原料或電磁紀錄。稱器械者，指在客觀上可供偽造、變造有價證券之一切器具與機械而言，不以專供偽造等使用者為限。例如，印刷機、鑄造機、影印機或銅版等是。惟非器械之單純工具，如毛筆等，則不包括在內。稱原料者，指可供偽造、變造有價證券等用之一切材料而言。例如，紙張、油墨、顏料、金屬等是。稱電磁紀錄者，指以電子、磁性、光學或其他相類之方式所製成，而供電腦處理之紀錄（刑 10 VI）。

(二)實行行為

本罪實行行為之態樣有三：即製造、交付及收受，三者有其一，即足成立本罪。所謂製造，兼指創製與改造之行為。所謂交付，乃指移交他人持有之行為。至所謂收受，則指移歸自己持有之行為。

本罪之行為，本質上亦係偽造、變造有價證券之實質預備或事前幫助行為。預備或幫助行為，原不以製造、交付或收受各項器械原料為限，他如籌募資金、招請專家、僱用工人等，亦均屬之。惟本罪特就其製造、交付或收受各項器械原料之行為，定為獨立之犯罪，予以處罰。因此，本罪處罰之範圍，自以此等行為為限。

行為人如以實施本罪行為以外之方法，如籌募資金等，幫助他人為偽變造等行為之準備者，因係事前幫助行為，於他人著手實施偽變造等行為後，自仍得成立偽變造有價證券罪等之從犯。

(三)行為結果

本罪為結果犯，行為人須已完成其製造、交付或收受器械原料之結果者，始能成罪。

(四)故意與意圖

1. 故　意

本罪為故意犯，行為人須認識其為偽變造有價證券之器械原料，而有意為製造、交付或收受之行為，罪始成立。至其為直接故意抑或未必故意，則非所問。

2. 意　圖

本罪為目的犯，須有供偽造、變造有價證券之意圖，始能成立。至其係供自己抑或供他人從事偽造等之用，則非所問。實質上，其供自己之用者，為偽造等之預備形態；其供他人之用者，則為偽造等之幫助形態。至他人有否偽造等之意思，以及有無從事偽造等之具體計畫，均屬無妨。

意圖之內容，乃偽造、變造有價證券、郵票或印花稅票。因此，行為人為本罪行為時，不論係供自己或他人偽造等之用，其偽造等行為，均須出於供行使之意圖，始能成罪。無行使目的之偽造等行為，為法所不罰。行為人為本罪之行為，雖有供偽造等之意圖，如其偽造等並無行使之目的，僅作為教材或標本之用者，則仍不成罪。

㈤既　遂

本罪，無未遂犯之處罰規定。行為人為製造、交付或收受行為完成時，本罪即行成立。申言之，其器械或原料，行為人只須製造、交付或收受其一部，即為既遂，無須完成偽造等行為所需之全部器械或原料。

㈥本罪與他罪之關係

1.本罪與偽造有價證券罪

本罪與偽造有價證券罪之保護法益，均為社會之公共信用，二者間具有保護法益之同一性。因行為人實施本罪之目的，如係意圖供自己偽造有價證券之用者，則本罪實質上，乃屬於偽造有價證券罪之預備行為。因此，偽造有價證券罪為基本規定，本罪則為補充規定。成立法條競合時，應優先適用基本規定之偽造有價證券罪，排除補充規定之本罪之適用。

2.本罪與幫助偽造有價證券罪

本罪與幫助偽造有價證券罪之保護法益，均為社會之公共信用，二者間具有保護法益之同一性。因行為人實施本罪之目的，如係意圖供他人偽造有價證券之用者，則本罪實質上，乃屬於偽造有價證券罪之幫助行為。因此，幫助偽造有價證券罪為基本規定，本罪則為補充規定。成立法條競合時，優先適用基本規定之幫助偽造有價證券罪處斷，而排除補充規定之本罪之適用。

惟我實例認為，單純以空白支票售與他人，供其偽造之用，若無其他幫助之行為，縱他人果用以為偽造，仍成立刑法第204條之罪，而非偽造有價證券之從犯。意圖供偽造有價證券之用，而交付各項器械原料，刑法

第 204 條設有處罰專條，第一審以上訴人將空白支票供甲偽造，係幫助他人偽造有價證券，依刑法第 30 條、第 201 條第 1 項處斷，原審不加糾正、遽以維持，是否適當，亦非無疑❹。

第三節　偽造度量衡罪

一、犯罪類型

偽造度量衡罪之犯罪類型，有第 206 條「製造違背定程或變更定程度量衡罪」；第 207 條「販賣違背定程度量衡罪」及第 208 條「行使違背定程度量衡罪」。

二、罪　質

偽造度量衡罪，係以意圖供行使之用，而製造、販賣或行使違背定程之度量衡或變更其定程為內容之犯罪。

偽造度量衡罪之成立，須侵害度量衡之定程，始能成罪，故在性質上，屬於結果犯。且犯罪如已達既遂，對於社會之公共信用已造成實害，故亦屬實害犯。又偽造度量衡罪所規定之行為，通常一經實施，其行為即行完成，故在性質上，屬於即成犯。

三、保護法益

度量衡器，係供交易、證明、公務檢測、環境保護之用，或與公共安全、醫療衛生有關之器具或裝置，自須有一定之定值依據，始能避免紛爭，獲得公眾之信賴。度量衡標準器所規定之定值，即為本法所謂之定程。度量衡器，如有違定程，自足影響公眾之信賴。因此，偽造度量衡罪，亦以社會之公共信用為其保護法益。

---

❹　最高法院 55 臺上 322（決）；55 臺上 1486。

四、製造違背定程或變更定程度量衡罪

第 206 條　意圖供行使之用，而製造違背定程之度量衡，或變更度量衡之
　　　　　　定程者，處一年以下有期徒刑、拘役或九千元以下罰金。

㈠行為客體

本罪之行為客體，為度量衡。隨著時代與環境之變異，度量衡之內容與範圍，今昔不同。

依舊度量衡法（民國 43 年 3 月 22 日）規定，度，為計算長短之標準；量，為計算容積之標準；衡，則為計算輕重之標準。且度量衡係以萬國權度公會所制定鉑衣公尺公斤原器為標準。長度，以公尺為單位；重量，以公斤為單位；容量，以公升為單位。

惟度量衡法於民國 73 年 4 月 18 日修正時，度量衡之範圍，則不再以長短、容積及輕重為限，即時間、溫度、電流及光強度等，亦包含在內。且度量衡標準之單位，係以國際權度公會所制定者為準，分為基本單位、補助單位、導出單位及併用單位。其基本單位為，長度以公尺為單位；重（質）量以公斤為單位；時間以秒為單位；溫度以克耳文為單位；電流以安培為單位；光強度以燭光為單位；物質量以莫耳為單位。

嗣度量衡法於民國 92 年 1 月 2 日修正時，度量衡之範圍更形擴大，凡量測物理量之各種器具或裝置，而以數值及度量衡單位表示者，均屬於度量衡器。如具有高穩定之物理、化學或計量學特性之標準物質，亦視為度量衡器。附屬於度量衡器之設備，足以影響度量衡器之量測功能者，亦為該度量衡器之一部分。至所謂度量衡單位，乃量測物理量之基準。法定度量衡單位，以國際單位制之單位為準。但主管機關得就國際單位制以外之通用單位，指定為法定度量衡單位。國際單位制之單位，分為基本單位及導出單位。基本單位、導出單位與通用單位之名稱、定義及代號，由主管機關公告之。度量衡標準器，係經主管機關認定，在量測領域內作為定值

依據之器具或裝置。法定度量衡器，則為經主管機關指定，供交易、證明、公務檢測、環境保護之用，或與公共安全、醫療衛生有關之度量衡器，應標示法定度量衡單位。為確保交易公平、維護大眾安全健康及環境保護，主管機關得就供交易、證明、公務檢測、環境保護、公共安全、醫療衛生有關之度量衡器，指定為法定度量衡器。

㈡實行行為

本罪實行行為之態樣有二：即製造違背定程之度量衡及變更度量衡之定程。

1.製造違背定程之度量衡

所謂製造違背定程之度量衡，乃指製造違背度量衡法所規定法定度量衡單位之度量衡。所謂定程，乃指度量衡法所規定度量衡標準器所規定之定值而言。

2.變更度量衡之定程

所謂變更度量衡之定程，乃指就合於度量衡標準器所規定之定值，加以改變，使其不合標準。

依度量衡法第 34 條第 1 項規定，經營法定度量衡器之製造、修理或輸入業務者，應經度量衡專責機關許可；經度量衡專責機關審查及發給度量衡業許可執照後，始得營業。依此規定，經營度量衡器之製造、修理或輸入業務，須事先獲得許可，始得為之；至一般私人，既不以經營度量衡器為業，其為製造、修理等行為，即非所禁。因此，本章之章名，雖名為偽造，其涵義實與前兩章之偽造有別。易言之，偽造貨幣罪及偽造有價證券罪之偽造，係指無製造權之人，冒用他人名義，而擅自製造足以使一般人誤信為真物之行為。本章之偽造，則與製造權無關，不問其是否擅自製造，而重在實質上之違背定程，倘未違背定程，縱未得許可，亦不得以本章之罪相繩。

㈢行為結果

本罪為結果犯，無論製造或變更，均須使度量衡發生不合定程之結果，始能成罪。

㈣故意與意圖

1. 故　意

本罪為故意犯，行為人須知其違背定程，而有意製造；或知其為合於定程，而有意變更者，始能成罪。

2. 意　圖

本罪亦為目的犯，行為人在主觀上，除須具有故意外，尚須具有供行使之意圖，始能成罪。至其係供自己或他人之用，則非所問。

㈤既　遂

本罪，無未遂犯之處罰規定。行為人製造或變更度量衡定程之行為完成時，犯罪即為既遂。

㈥罪數之認定標準

本罪之保護法益，在維護社會之公共信用。因此，本罪罪數之認定標準，應以妨害社會公共信用之個數及次數為準。一次妨害一個社會之公共信用者，為一罪；數次妨害數個社會之公共信用者，為數罪。

行為人一次製造多數違背定程之度量衡者，在犯罪認識上，雖得同時該當數個製造違背定程度量衡罪；惟在犯罪評價上，其所製造多數違背定程之度量衡，對於社會之公共信用法益，僅係一次性之侵害，應僅成立本罪之單純一罪。

五、販賣違背定程度量衡罪

第 207 條 意圖供行使之用，而販賣違背定程之度量衡者，處六月以下有期徒刑、拘役或九千元以下罰金。

㈠行為客體

本罪之行為客體，為違背定程之度量衡。前罪之兩種情形，即製造違背定程之度量衡及變更定程之度量衡，均包括在內。其係自己抑或他人所製造或變更者，在所不拘。

㈡實行行為

本罪之行為，為販賣，乃指一切售賣行為。若無販賣之意，僅為贈與他人者，自非本罪。

㈢故意與意圖

1.故　意

本罪為故意犯，行為人須認識其為違背定程之度量衡，而有意為販賣行為，罪始成立。

2.意　圖

本罪為目的犯，行為人除有販賣之故意外，尚須具有供行使之意圖，始能成罪。

㈣既　遂

本罪，無處罰未遂犯之規定。行為人只要有販入或賣出之行為，雖於出售時，已議定價格尚未交付之際，即被當場查獲，仍屬犯罪既遂。

㈤本罪與製造違背定程或變更定程度量衡罪

本罪與製造違背定程或變更定程度量衡罪之保護法益，均為社會之公共信用，二者間具有保護法益之同一性，販賣罪應為基本規定，製造變更罪應為補充規定。成立法條競合時，應依基本規定之本罪處斷，而排除適用補充規定之製造違背定程或變更定程度量衡罪。至二罪法定刑度之輕重失衡，宜從立法上予以修訂解決。

就法定刑度而言，製造變更罪之法定刑度較高，販賣罪之法定刑度較低，倘依基本規定之販賣罪處斷，似有置重罪之製造變更罪於不顧之嫌。雖然，法條競合在本質上，乃係二個或二個以上構成要件間之相互競合適用問題，而與其法定刑度之高低無關。本罪與製造變更罪之適用關係，雖迄未見諸實例，一般學者或因遷就實例之一貫態度，乃認販賣之低度行為，應為製造或變更之高度行為所吸收，不另成本罪，實未能免於曲為解釋之譏。

六、行使違背定程度量衡罪

❖❖❖

第 208 條　行使違背定程之度量衡者，處九千元以下罰金。
　　　　　　從事業務之人，關於其業務犯前項之罪者，處六月以下有期徒刑、拘役或一萬五千元以下罰金。

❖❖❖

㈠行為主體

本罪之行為主體有二：一為普通一般之人，一為從事業務之人。後者係指就其營業事務，有使用度量衡之必要者而言，不以具有專門技術或合法者為限，且須關於其業務上之行為而為行使者，始成立本罪。

㈡行為客體

本罪之行為客體，為違背定程之度量衡。其義與前罪同，且不以自己所製造或變更者為限。

㈢實行行為

本罪之實行行為為行使，亦即以違背定程之度量衡充作合於定程者而予以使用之意。本罪一經行使，即行成立，其是否基於圖利之目的以及是否因而得利，均非所問。

㈣故　意

本罪為故意犯，行為人須認識其為違背定程之度量衡，而有意為行使行為，罪始成立。

㈤既　遂

本罪，無處罰未遂犯之規定。行為人只要有行使之行為，犯罪即為既遂。

㈥本罪與他罪之關係

1. 本罪與製造違背定程或變更定程度量衡罪

本罪與製造違背定程或變更定程度量衡罪之保護法益，均為社會之公共信用，兩者間具有保護法益之同一性，行使罪應為基本規定，製造變更罪應為補充規定。成立法條競合時，應依基本規定之本罪處斷，而排除適用補充規定之製造違背定程或變更定程度量衡罪。至二罪法定刑度之輕重失衡，宜從立法上予以修訂解決。

2. 本罪與詐欺取財罪

本罪之保護法益，為社會之公共信用；詐欺取財罪之保護法益，為個人之財產安全。因此，二罪間不具保護法益之同一性，自應分別成罪。因本罪與詐欺取財罪所評價之自然行為事實，屬於同一行為，應成立想像競合犯。

行使違背定程之度量衡，作為施詐之手段者，是否另成立詐欺取財罪？學者見解紛紜，莫衷一是。倘依前述行使偽幣罪或行使偽造變造有價證券罪之例觀之，本可依實例認其詐欺取財行為為本罪行使行為所吸收，而逕

論以本罪。惟因本罪與詐欺罪之法定刑，相差過於懸殊，以輕賅重，既法理之難通；避重就輕，亦保護之欠周。此為立法上所顯現之疏漏，勢難顧及周全。因此，行使違背定程之度量衡，作為施詐之手段者，因本罪之行為與詐欺之行為，屬於同一行為，應依想像競合之例處斷，似較妥適。

第四節　偽造文書印文罪

一、犯罪類型

偽造文書印文罪之犯罪類型，有第 210 條「偽變造私文書罪」；第 211 條「偽變造公文書罪」；第 212 條「偽變造證書介紹書罪」；第 213 條「公務員登載不實罪」；第 214 條「使公務員登載不實罪」；第 215 條「業務登載不實罪」；第 216 條「行使偽變造或登載不實文書罪」；第 217 條「偽造盜用印章印文署押罪」及第 218 條「偽造盜用公印公印文罪」。

二、罪質與保護法益

偽造文書印文罪，係以偽變造文書或行使偽變造之文書以及偽變造、盜用印章、印文或署押為內容之犯罪。

文書在現代社會生活上，不但為傳達意思之工具，且法律上之諸多權利義務關係、經濟交易或醫療病歷等社會生活上之重要事實關係等等，均有賴文書之記載而為表示或證明其存在。尤其法律上以使用文書為必要之要式行為，例如，不動產物權，依法律行為之取得、設定、喪失及變更之登記，應以書面為之（民 758）、醫事人員於執行業務時，應親自記載病歷或製作紀錄（醫療法 68）等是。凡此種種，均使社會大眾對於文書寄予廣泛之信賴性。因此，偽造文書罪之保護法益，乃為社會之公共信用，亦即社會一般人對於文書真正性之憑信或信賴。

文書之真正性，繫於其製作名義人之真正，而製作名義人之真正性，則以印章、印文或署押予以顯示。印章、印文或署押，其旨在證明人格之特定性或同一性。因此，製作文書時，均伴隨有印章、印文或署押之使用。

易言之，印章、印文或署押之使用，通常為構成文書之一部分。在理論上，偽造文書罪成立時，印章、印文或署押之偽造，屬於偽造文書之必要成分，應包括於偽造文書內，無單獨成立犯罪之必要。惟偽造文書行為未遂時，因本法無處罰偽造文書未遂罪之規定，始有處罰偽造印章、印文或署押罪之餘地。此外，印章、印文或署押，亦有與文書之作成無關，而單獨用以證明人格之特定性或同一性者。例如，書籍上所蓋用之藏書印或書畫之落款等僅以印章、印文或署押為證明一定事項者是。此際對於印章等之公共信用性，自亦有以刑法予以保護之必要。

三、偽造文書罪之立法原則

㈠形式主義與實質主義

偽造文書罪之規定，旨在保護文書之真正。至所謂真正，究係指文書形式之真正，抑或指文書實質之真正，在立法例上向有形式主義與實質主義之對立。

形式主義，認文書之真正，乃指文書作成名義之真正。苟無作成權限者，冒用他人之作成名義，而作成文書者，不問其內容與真實是否一致，均不影響本罪之成立。德國刑法採之。

實質主義，則認文書之真正，乃指文書內容之真實。苟其內容虛偽不實，其有無作成權限以及名義如何，則非所問，均得成立本罪。因此，無作成權限者，冒用作成名義而作成文書者，如其內容與真實符合時，因無發生實害之虞，自不成立犯罪。此主義，法國刑法採之。

㈡兩主義之對立焦點

上述兩主義運用於實際時，對於犯罪成否之判斷，影響甚鉅。例如，債務人清償債務後，冒用債權人名義製作收據者，依形式主義，應成立偽造文書罪；依實質主義，因其內容與事實符合，自不成立。反之，債權人雖尚未受債務之清償，而以自己名義作成收據者，依形式主義，因未冒用

名義，自不成立偽造罪；依實質主義，則其內容偽而不實，當可成立偽造罪。

　　兩主義之所以對立，乃對於偽造文書罪之存在根據理解有異，有以致之。形式主義，認文書之作成，倘係不真正者，其內容縱未虛偽，亦有害於一般人對文書所寄予之信賴，自應有罰。實質主義，則認內容不實之文書，因以偽作真之結果，實有害事實之真象。文書之成立，縱係不真正，苟其內容與真實一致，自無發生實害之虞，故勿庸予以處罰。兩主義雖各具理由，惟各執一端，顯有失偏頗。

　　蓋若極端採形式主義，則一切公私文書之製作，苟無冒用名義情事，縱其內容全屬虛偽，亦均不成立偽造文書罪。反之，倘過分側重實質主義，則雖未冒用名義，苟其內容有欠真實，亦均有成立偽造文書罪之可能，自非妥適。

㈢我刑法之立法原則

　　就上述兩主義之本質言，形式主義，重在處罰冒用作成名義之有形偽造行為。實質主義，則以有製作權者，製作內容虛偽文書之無形偽造行為，為其理論之核心。

　　惟文書之公共信用，固重其作成名義之真正，而其記載內容之真偽，亦屬不容忽視。職是，我刑法乃折衷於兩者之間，而以處罰有形偽造行為為原則，例外始處罰其無形偽造行為。同時對於有形偽造行為，並注入實質主義之精神，就行為之結果，增設足以生損害於公眾或他人之規定。苟其內容與真實一致，縱有冒用名義情事，因不足以生損害於公眾或他人，亦不予處罰。

　　我司法實務亦認為，偽造文書罪之成立，不僅作成名義人須出於虛捏或假冒；即文書之內容，亦必出於虛構，始足當之[41]。

四、文書之概念

---

[41]　最高法院 20 上 1050；30 上 465；49 臺非 18；93 臺上 2937（決）；93 臺上 4181（決）。

㈠文書之涵義

　　偽造文書罪，胥以文書為其行為客體。故於分析偽造文書罪之各種犯罪類型前，實有先究明文書概念之必要。

　　刑法上所稱之文書，其涵義廣狹不一。有狹義、廣義及最廣義之別。狹義之文書，乃指以文字或發音符號表示一定意思或觀念之有體物。例如，本法第 109 條至第 112 條妨害國防秘密等罪之文書是。廣義之文書，除前者外，尚包含以象形符號表示之圖畫在內。例如，本法第 352 條毀損文書罪之文書是。最廣義之文書，則除前二者外，凡在紙上或物品上之文字、符號、圖畫、照像，依習慣或特約，足以為表示其用意之證明，或錄音、錄影或電磁紀錄，藉機器或電腦之處理所顯示之聲音、影像或符號，足以為表示其用意之證明者，亦屬於文書（刑 220）。例如，本章各罪之文書是。

　　刑法除偽造文書罪外，其他各章之罪，以文書為行為客體者，為數不少，其涵義究何所指，本應依法條規定與立法精神以為斷。易言之，倘該法條係將文書與圖畫並列規定者，則該文書當指狹義者而言；如該法條僅以文書為客體者，當指廣義者而言。惟刑法既已將最廣義之文書，明定為「關於本章及本章以外各罪，以文書論」，則不論係偽造文書罪抑或其他各章之罪，凡法條上有文書之規定者，亦當持此最廣義文書之概念，以為解釋。

㈡文書之特徵

　　偽造文書罪客體之文書，應持最廣義之概念，以為理解，已如前述。故所謂文書，乃指以文字或符號表示一定意思、觀念或用意之有體物。為助於了解，爰將文書之概念，分為有體性、辨識性、持續性、意思性及名義性等數項特徵，分別析述如次：

1.有體性

　　所謂有體性，即文書須表示於特定之物體上。至其物質成分與表示方法如何，則非所問。例如，於紙絹上以筆墨寫之，或在布帛上以染織為之，或就金石竹木等以雕刻出之者，皆屬之。此外，將聲音、影像或符號，於

磁帶或磁片上，以錄音、錄影或數位數字製作者，亦屬之。

2.辨識性

所謂辨識性，即文書須以文字、符號、聲音或影像等足以使人辨識之方法表示。文字，不問其為本國或外國文字，亦不拘其為正楷或行草。符號，不分其為發音或象形符號，如有一定法則，以為多數人代表意思之用者，除單純之繪畫外，仍以文字論（見本章立法理由）。例如，盲人之點字、電信之符號或速記之符號等是。

3.持續性

所謂持續性，即文書須其表示於某種特定物體上之文字、符號、聲音或影像等，具有相當程度之持續性；惟不以永久存續為必要。倘係短瞬間即行消逝者，例如，於砂土上以手指寫字、或在木板上沾水書寫等，均非文書❷。至其在紙上或其他物品上，使用藥物，因化學作用，始變色顯出文字或符號者，在未顯出前，其文字或符號無可辨識，自非文書；惟顯出後苟具有某種程度之持續性，自亦屬於文書。

4.意思性

所謂意思性，即文書須表示一定之意思、觀念或用意。文書之本質，原係一定思想之表現，自須具有一定之意思表示。所謂意思表示，不以私法上之意思表示為限，即感情表示或觀念表示等一切意思之表示，亦屬之。

本法對於文書之內容，並無限制，僅就偽造行為之結果，設有足以生損害於公眾或他人之規定。惟文書之公共信用，本指其具有證明力，得用為一定事實之證明。倘其表示未有一定之內容，或其內容非關於法律上或社會生活上之重要事項，縱有偽造等行為，亦不足以生損害於公眾或他人。

(1)名片、門牌或論文、詩詞

---

❷　在黑板上以粉筆書寫文字，可否認為文書？學者所見不一。日本學者通說，認其可成立文書；惟我國學者則多以其不可視為文書。惟表示文字或符號之方法，法無限制，不論其為筆墨、染織或雕刻等，均所不拘。其以粉筆書寫，自非不可，且書寫於黑板後，若無人工予以消除，依其性質，仍具有相當時間之存續性，自以認其為文書較妥。

名片、門牌等因未具有一定之內容，僅用為表示其人或物之同一性者，固非文書；即如論文、著作、詩詞或書畫等非關於法律上或社會生活上之重要事項，僅係表示其藝術造詣或供學術研究之用者，亦難認為文書**❸**。

⑵準文書

在紙上或物品上之文字、符號、圖畫、照像，依習慣或特約，足以為表示其用意之證明，或錄音、錄影或電磁紀錄，藉機器或電腦之處理所顯示之聲音、影像或符號，足以為表示其用意之證明者，亦以文書論（刑 220）。

文字、符號、圖畫、照像、聲音或影像，本非文書，僅為文書之表示方法，惟若表現有意識，足以為某種用意之證明，則亦視其為文書，予以保護。例如，屠宰稅驗印戳、戶口查訖戳記、汽車引擎號碼、校對印章；電錶封印、林木放行烙印、豬瘟預防注射 "T" 型記號或光碟片等是**❹**。

①文書與準文書之區別

文書須具有意思性，亦即文書之內容，須有一定意思之表示；惟準文書，依習慣或特約，雖得作為某種用意之證明，但僅有文字或符號，並無一定意思之表示。因此，文書與準文書之區別，應以有否一定內容之意思表示為準。如有一定內容之意思表示，即屬於文書；如僅有文字或符號，並無一定內容之意思表示，但依習慣或特約，足以作為某種用意之證明時，則屬於準文書。例如，信用卡內印有發卡銀行名稱、識別號碼、卡號及有效期限等，依發卡銀行與持卡人之特約，須持卡人在信用卡背面簽名，該持卡人始為該發卡銀行之信用卡會員，在有效期限內有權使用該信用卡。

---

❸ 最高法院 52 臺上 2454（決）：「著作底頁或封面載有著作人、發行人或印刷人等，因具有一定內容之意思表示，則屬於文書。故同時偽造已註冊之著作內容及其底頁著作人、封面設計人、發行人等姓名文字，係一行為觸犯著作權法及偽造私文書罪名，復進而先後出售偽書，係基於一個概括之意思，應以連續行使偽造文書一罪論。」

❹ 大法官會議釋字 36；最高法院 49 臺上 678；51 臺上 1081（決）；52 臺上 1339（決）；40 臺非 17（決）；55 臺上 3190（決）；59 臺上 2510（決）；59 臺上 738（決）；59 臺上 100；95 臺上 1242（決）；95 臺上 1705（決）；96 臺上 1387（決）。

故該簽名已足以作為表示一定用意之證明，但因該項簽名，僅有文字，並無一定內容之意思表示，性質上即為準私文書，而非純正之私文書。

②**準文書與署押之區別**

署押，如以簽名為例，通常均以文字表示，旨在證明人格主體之特定性或同一性。在一定之文件上簽名，例如，在會議簽到簿上簽名，在外表上均係以單純之文字顯現，其究屬於署押或準文書，頗有探究之餘地。簽名本身，原屬於署押之一種，認其為署押，固無疑義；惟在通常情形，簽名均具有一定之意義，亦即均得作為某種用意之證明，如有習慣或特約，性質上亦屬於準文書。署押與準文書，如僅從形式上加以觀察，均僅有文字或符號，外表完全相同，實無從辨別。因此，在一定之文件上簽名，除屬於署押外，是否可以認其為準文書，應視其是否有習慣或特約，足以作為某種用意之證明，加以判斷。如依習慣或特約足以作為某種用意之證明者，始為準文書；如無習慣或特約，或者無法作為某種用意之證明者，則為單純的署押。例如，在警方逮捕通知書上偽造他人之簽名，應成立偽造準私文書罪。但其冒用他人姓名簽名，足以生損害於他人，亦得以成立偽造署押罪。

(3)**原本與影本**

文書之內容所表示者，須為確定之意思或觀念，且原則上須為原本，始足當之。故草案、草稿，非屬文書；即複印本、影印本或謄本等，亦難謂為文書。惟如已表明謄本之旨，且經官署或法院公證處公證其與原本無異，並蓋有公證戳記者，自可視為文書。

雖然隨著影、複印技術之進步及普及，不僅作成與原本無異之影、複印本，極為簡便；且在現實社會生活上，為證明資格、能力等，其僅提供影、複印本為已足者，亦復不少，惟此等影、複印本，是否具有文書性，實不無研究餘地。從前，文書之謄本或抄本，幾為手抄本，在抄寫途中，恐有製作者之意識介入其中，故其信用性不高，自難認其具有文書性。惟現今使用影、複印機或照相機，依機械方法就原本而為影、複印者，不僅製作者之意識難予介入，且其筆跡、形狀等均與原本雷同，具有與原本同

一之意識內容。故其信用與社會機能，已與原本一般無二。為適應社會生活之需要，自有承認其文書性之必要。

我司法實務亦已將影本與原本同視，認其得為偽造文書罪之客體。例如，影本與原本可有相同之效果，如將原本予以影印後，將影本之部分內容竄改，重加影印，其與無製作權人將其原本竄改，作另一表示其意思者無異，應成立變造文書罪。又如，行使影本，作用與原本相同，偽造私文書後，持以行使其影本，偽造之低度行為為高度之行使行為所吸收，應論以行使偽造私文書罪❹。

5.名義性

所謂名義性，即文書須有一定之製作名義人。名義人為表示意思或觀念之主體，不以自然人為限，即法人或非法人之團體等在社會關係上具有獨立主體地位者，均屬之。名義人雖不以署名為必要，惟須得予特定。名義人之姓名或名稱不以表明於文書為必要，苟由該具有思想而足以為意思表示證明之書面所載內容，或由該書面本身附隨之情況，如專用信箋、特殊標誌等情觀之，可推知係特定之名義人製作者，亦屬之❻。倘自文書之內容、形狀、文體、筆跡或文書之附屬物無從判斷名義人為何人者，不得謂為文書。

(1)名義人與製作人

文書之名義人與製作人有別，前者乃自文書之記載內容，得予理解其意識內容之主體；後者則為實際表示文書內容之人。文書之製作人與名義人一致者，稱為真正文書；不一致者，稱為不真正文書或偽造文書；真正文書之內容與真實不一致者，則稱為虛偽文書。

(2)虛無其人或死者

文書名義人不以實有其人或現尚生存者為限，即虛無其人、已死亡或尚未出生者，如足以使人誤信其為真正，亦無礙於偽造文書罪之成立❼。

---

❹　最高法院73臺上3885；70臺上1107；91臺上7543（決）。

❻　最高法院96臺上6370（決）。

❼　最高法院21上2668；27滬上113；31上1505；54臺上1404；92臺上5424

蓋著眼於文書公共信用之保護，不問其為公文書或私文書，自當如是解釋。惟為防止處罰範圍不當擴大，對於名義人之實在性，須有明顯誤信之虞。倘任何人一見即知其為虛無人名義之文書者，應認其不成立偽造文書罪，較為妥適。

五、偽變造私文書罪

第 210 條　偽造、變造私文書，足以生損害於公眾或他人者，處五年以下有期徒刑。

㈠行為客體

本罪之行為客體，為私文書。我刑法將文書分為公文書與私文書二種，凡非公務員基於其職務所製作之文書，均屬於私文書。因此，非公務員所製作，或公務員非基於其職務所製作，甚或公務員代表國家機關與私人間所訂立之私法上契約，均屬於私文書。外國人、外國政府或團體以及外國公務員所作成之文書，亦不失為私文書。

1. 他人名義

私文書，以他人名義者為限。所謂他人，除自己以外，父母、妻子、兄弟等，均包括在內。至其保管人為誰，則非所問。故縱在公署保管中，仍不礙其為私文書；反之，他人名義之文書，雖在自己保管中，亦為屬於他人之私文書。若係以自己名義或串令他人冒用自己名義作成文書者，縱屬所載不實，仍屬虛妄行為，不能以本罪相繩❹❽。

2. 內容不拘

文書之內容，法無限制，其係關於公法或私法之事項，或係證明權利義務之存否，或證明法律上之事實，或僅為記述單純之事實，均所不拘。

（決）。

❹❽　最高法院 19 非 113；20 非 76；29 上 1196；47 臺上 365。

⟪二⟫實行行為

本罪實行行為之態樣有二：即偽造及變造。

1.偽　造

所謂偽造，乃無製作權限之人，冒用他人名義，而製作內容不實文書之行為。倘係有製作權限之人，以自己名義，對文書為虛偽記載者，則為登載不實。通常，前者稱為有形偽造，後者稱為無形偽造。亦有將二者合併稱為偽造者，此為廣義之偽造。

我刑法以處罰有形偽造為原則；無形偽造之處罰，則以有保持真實義務之公務員或從事業務之人為限。普通一般人，縱有無形偽造之行為，亦在不罰之列❹。本罪之偽造行為，乃專指有形偽造而言。以下爰略為析述之：

⑴偽造之方法

偽造之方法，法無限制。利用既存文書或欺罔、脅迫名義人而作成文書者，亦得成立偽造。

①利用既存文書之偽造

例如，對於他人尚未完成之文書予以加工完成；對於他人已完成之真正文書予以改造，致失其同一性或變更其本質；對於他人已完成之不真正文書或偽造文書，予以改造；或對於已失效之文書予以加工等是。

②欺罔或脅迫名義人之偽造

例如，欺罔名義人或利用其文盲、愚昧，使其誤信為別種文書而簽名蓋章；或使不知情之報社於報紙上刊登他人名義之廣告等是。惟名義人倘認識文書記載之內容而為署名者，縱因他人之欺罔而不知其內容係屬虛偽，亦不成立偽造罪。此外，若欺罔行為僅影響製作人製作文書之動機，製作人本身認識文書之內容者，亦不成立偽造罪。

⑵偽造之程度

偽造之文書，須具備達於使一般人誤信其為真正文書程度之形式或外

---

❹　最高法院 19 非 113；20 上 1738；20 非 76；21 非 21；25 上 4862；29 上 1196；47 臺上 365。

觀，始足當之。若已達此程度，縱文書之形式或要件存有瑕疵，或未備合法或有效之要件，亦屬無妨。

(3)名義人之承諾

名義人為有效承諾者，得阻卻構成要件該當性。蓋基於名義人之承諾而作成文書者，已無冒用他人名義可言，仍不失為真正文書。故與名義人雙方通謀而製作虛偽之普通文書者，不成立偽造罪❺⓪。至其承諾，雖不問為明示或默示，惟須於文書製作當時存在。倘於製作時未得名義人之承諾，縱預見可得承諾或事後獲得默認或追認，亦不影響本罪之成立。

此外，名義人承諾之目的適法與否，對於承諾之效力，不生影響。縱係基於違法之目的而為承諾，仍屬真正文書，依其內容或成立無形偽造，惟不成立本罪。

(4)代理名義之冒用

偽造，乃無製作權人，冒用他人名義而製作內容不實文書之行為。苟獲他人授權委託，即不能謂無製作權，自不成立偽造。惟若無授權委託，而以他人之代理人或代表人名義作成文書者，是否成立偽造？則不無疑義。試略述如次：

①無權代理

無權代理人，冒用他人之代理資格而作成文書者，究為有形偽造抑或無形偽造？見解不一。因代理名義之文書，其法律效果仍歸屬於其所代理之本人，且社會一般人所資以信賴者，非代理人個人，而係以其為表示被代理之本人意思之文書，故以本人為文書之名義人。從而冒用代理資格作成文書者，應認係冒用本人名義之文書，屬於有形偽造。

惟行為人雖冒稱他人之代理名義而作成文書，若於文書中僅簽署自己之姓名，而未記載本人名義者，既無冒用本人名義，自不成立偽造罪。

②濫權代理

有代理權者，在其權限範圍內，濫用權限，而作成本人名義之文書者，其與本人之關係是否成立背信等罪，姑且不論；因該文書對外仍屬有效，

❺⓪　最高法院 28 上 3689；44 臺上 570。

無害於公共信用，且行為人對此文書本有製作權，縱令其不應製作而製作，或製作之內容為虛妄，亦不成立偽造罪**❺**。

③越權代理

有代理權者，逾越其權限範圍，而作成本人名義之文書者，其越權部分，屬於無權代理，亦為冒用代理權之一種態樣，故得成立偽造罪。我實例亦同此見解**❺**。餘詳偽造有價證券罪之說明。

⑸名銜、資格之冒用

文書之製作人於自己之姓名上，附記虛偽之名銜、資格者，是否成立偽造文書罪？例如，未取得律師資格，但與某知名律師同名同姓，乃假冒為律師，而代友人書寫存證信函寄予債務人要求限期清償債務之情形是。此種情形，應依該文書而判明之名義人與製作人是否具有同一性以為斷。

因此，判斷文書是否為偽造，應就文書之整體而為觀察，自實質之觀點，就文書之內容、性質、文體、筆跡或文書之附屬物等各種情狀，甚至名義人之住所、電話或收受人等，加以一併斟酌，判斷名義人與製作人是否具有人格之同一性。如製作人附加虛偽之名銜或資格，且就文書之各種附屬情狀加以判斷，一般人均可能誤認名義人乃屬於其附加虛偽名銜或資格之該他人時，即可認其為偽造。反之，縱使附加虛偽之名銜或資格，如一般人均不致誤認其為他人所作成者，則非偽造。

所謂人格之同一性，乃指文書之名義人與製作人屬於同一人。人格之同一性，並非指姓名或其他稱號之同一性，而係就文書之內容、文體及筆跡等各種情狀加以認定而屬於同一個人之主體同一性。

至參加某民意代表選舉，雖未獲博士學位，在學歷欄上，填上某國某大學法學博士之情形。因行為人為有製作權限之人，且係以自己名義製作，僅於文書之內容加以虛偽記載，則不成立偽造文書罪**❺**。

---

❺ 最高法院 24 上 5458；31 上 2124；89 臺上 1442（決）。

❺ 最高法院 26 上 1432；28 上 1780。

❺ 在此情形，行為人非公務員，即使為公務員，參加競選時所需填寫之相關表格，非其職務上所掌之公文書；行為人亦非從事一定業務之人，即使為從事一定業

2. 變　造

所謂變造，乃無權限之人，就他人所製作之真正文書，加以改造，而變更其內容之行為。

(1)已完成之真正文書

變造之客體，須為他人已製作完成之真正文書。對於未完成之文書予以加工完成者，或對於不真正文書予以改造者，得成立偽造，而非變造。

(2)文書之非本質部分

對於文書內容之變更，須無害於文書前後之同一性；倘已變更文書之本質者，為偽造，亦非變造。例如，變更作成名義是。因此，所謂變造，須對於文書之非本質部分予以改造，且須足以生損害於公眾或他人，始足當之。若就真正文書予以改造，對其內容全無影響，而僅止於文字變更之程度者，例如，將「之」改為「的」等，即無變造可言。

(3)變更之權限

對於自己名義之文書加以變更之行為，得否成立變造？則學者所見不一。就理論言之，變造，亦得有有形變造與無形變造之分，與偽造同其涵義。本罪既不處罰無形偽造行為，則無形變造自亦在不罰之列。故對於自己名義之文書加以變更其內容，應不成立變造罪。日本學者通說多主之。惟如斯解釋，顯有過度偏於形式主義之嫌。為兼顧實質主義之精神，我國學者多主視其有無變更之權限，以為決定。易言之，製作名義人於為變更行為當時，倘具有變更權者，即非變造；否則，自得成立變造，當以此說

務之人，亦非登載於其業務上作成之文書，故此種無形偽造行為，並不成立偽造文書罪。至於刑法第 214 條使公務員登載不實罪，須經他人聲明或申報後，公務員即有登載之義務，並依其聲明或申報予以登載，且登載之內容又屬不實之事項，始足構成。如公務員尚須作實質之審查以判斷其真實與否，始加以記載者，即不能成立該罪。依公職人員選舉罷免法第 47 條第 7 項規定：「候選人個人及政黨資料，由候選人及政黨自行負責。其為選舉委員會職務上所已知或經查明不實者，不予刊登選舉公報。……」因此，選委會對於候選人提供之個人資料，仍有實質審查權，行為人亦不成立使公務員登載不實罪。

為合理。

惟依此說時，其認定有無變更權之具體標準，則未必十分明確，運用於實際，困難仍在所難免，我實例原則上，亦以他人名義之真正文書，始得成立變造❺；惟以自己名義作成之文書，倘經利害關係人蓋章以為表示其承認無誤之證明者，應以他人名義作成之文書論，如加以變更，亦得成立變造❺。此例或可資為認定有無變更權之參考。

㈢行為結果

本罪為結果犯，偽造、變造私文書之行為，須發生足以生損害於公眾或他人之結果，始能成罪。所謂足生損害，係指公眾或他人有可受法律保護之利益，因文書之偽造或變造，而有遭受損害或有受損害之虞而言，並不以實際發生損害為必要。若僅具偽造之形式，或只圖增加訴訟上證據力量，而實質並不足以生損害之虞者，尚難構成本罪❺。

所謂損害，不以民事上損害為限，亦不以文書內容所載之經濟價值為準，如於物之所有人之使用收益處分權有所侵害，即足當之❺。至偽造、變造之文書，在法律上是否有效，是否足以證明犯罪人個人之權益，或是否已達於行使階段，則均在所不問。

㈣故　意

本罪為故意犯，行為人須認識其所偽造或變造者為私文書，而決意為偽造或變造之行為，始能成罪。至其為直接故意或未必故意，則非所問。行為人為偽造或變造行為之目的或動機何在，對本罪之成立，亦不生影響。

---

❺　最高法院 23 上 2724；28 上 2278；51 臺上 295。

❺　最高法院 25 上 4862。

❺　最高法院 49 臺非 18；50 臺上 1268；43 臺上 387；51 臺上 1111；93 臺上 4808（決）。

❺　最高法院 26.10.6 刑議；28 上 67。

㈤既　遂

本罪並無處罰未遂犯之規定，偽造或變造行為之結果，須足以生損害於公眾或他人者，始為既遂，故本罪為具體危險犯。所謂足生損害，固不以實已發生損害為必要，然亦必須有足以生損害之虞者，始足當之。若僅具偽造之形式，而實質上並不足以生損害之虞者，尚難構成本罪。

㈥罪數及與他罪之關係

1. 罪數之認定標準

偽造文書罪罪數之認定標準，學說甚為分歧。有以冒用製作名義之個數為準者；有以偽造文書之個數為準者；有以文書記載事項之個數為準者；亦有以製作文書意思之個數為準者。此等標準，均各具有決定罪數之意義，僅執其一端，每有所偏。蓋上述標準，倘均為單一時，自可認為一罪；有其一為複數者，原則上亦可認為數罪。惟因本罪為侵害社會法益之犯罪，縱冒用二個以上之製作名義，亦有應評價為一罪者，其餘亦同。因此，決定本罪之罪數，其標準頗難劃一。惟本罪之保護客體，為文書之公共信用，自應以侵害社會公共信用之個數為標準，較為妥適。

我司法實務對於偽造文書罪之罪數認定標準，似前後不一。有認為同時偽造同一被害人之多件同類文書，因其法益之享有人為一個，應認其侵害之法益為一個，不能以其偽造之件數，計算其法益之數目。此與同時偽造不同被害人之文書時，因其侵害數個法益，係一行為觸犯數罪名者迥異❺❽。亦有認為刑法上偽造文書罪為侵害社會法益之罪，其所保護之被害客體為社會公共信用之法益，而非個人之法益，故應以其被偽造之文書種類之個數為計算罪數之標準，而非以被害人之人數為標準；刑法第 210 條偽造私文書罪所謂「足以生損害於公眾或他人」，僅為該罪構成要件之一，非謂應以足生損害人數之多寡資為認定罪數之依據❺❾。

---

❺❽　最高法院 73 臺上 3629；86 臺上 3295。

❺❾　最高法院 84 臺上 669（決）。

2.偽造私文書罪與變造私文書罪

偽造與變造私文書罪，均為侵害社會公共信用之犯罪，具有保護法益之同一性，偽造私文書行為，乃基本行為態樣；變造私文書行為，則為補充行為態樣。因此，偽造私文書罪為基本規定，變造私文書罪為補充規定。成立法條競合時，應優先適用基本規定之偽造私文書罪，而排除補充規定之變造私文書罪之適用。

3.本罪與偽造印章印文署押罪

偽造私文書罪與偽造印章印文署押罪，均為侵害社會公共信用之犯罪，二者間具有保護法益之同一性。在犯罪性質上，偽造私文書罪之內容，當然含有偽造印章印文署押之成分在內。因此，偽造私文書罪為吸收規定，偽造印章印文署押罪則為被吸收規定。成立法條競合時，應適用吸收規定之偽造私文書罪處斷，排除被吸收規定之偽造印章印文署押罪。

對此，我實例對於偽造私文書，同時偽造印章者，依其所偽造者為公印或私印，而異其處遇。如係偽造公印或公印文者，認其為偽造私文書之方法，成立牽連犯（已刪除），應從一重處斷；如係偽造私印、私印文或署押者，則認其為偽造私文書行為之一部，不另成立罪名。同理，盜用印文偽造文書，其盜用印文吸收於偽造文書之內，亦不另論罪❻。

六、偽變造公文書罪

第211條 偽造、變造公文書，足以生損害於公眾或他人者，處一年以上七年以下有期徒刑。

㈠行為主體

本罪之行為主體，無何限制，不以非公務員為限；即公務員，倘無製作權限或與其執行職務無關，而以公務機關或公務員名義作成文書者，亦得成立本罪。又公務員雖有製作公文書之正當權限，惟濫用其職務權限而

---

❻ 最高法院44臺上864；52臺上2562（決）；28.7.4刑議。

作成內容虛偽之文書者，可能構成登載不實罪（刑 213），不能成立本罪。

(二)行為客體

本罪之行為客體，為公文書，亦即公務員職務上製作之文書。公文書之名義人為公務機關或公務員，其製作權限係依法令、內部規章或慣例；其內容係公法上關係或私法上關係；其歸屬係屬於公務機關或公務員所有或保管，均非所問。

文書上雖有公務員之名銜，如非職務上所作成者，亦非公文書。例如，辭職書或介紹函是。文書製作之程式，其為法定或意定程式，雖非所問，惟法令上明定須依一定方式，如其重要方式未備者，則難謂為公文書❻❶。如僅有輕微瑕疵時，則於公文書之性質無礙。此外，文書之形式，亦無限制，在同一書面上，有複數之公文書併存者，亦有公文書與私文書同時併存者❻❷。

(三)實行行為

本罪實行行為之態樣，亦為偽造及變造。詳見偽造變造私文書罪之說明。

(四)行為結果

本罪偽造、變造行為之結果，亦須足以生損害於公眾或他人，始能成罪。

(五)故　意

本罪為故意犯，行為人須認識其所偽造或變造者為公文書，而決意為

---

❻❶　大法官會議釋字 97。

❻❷　最高法院 27 上 2801 認為，公務員於稅契時所制作之契尾，固屬公文書，第公文書與私文書相黏連或制作於同一之用紙，仍不失為公、私兩文書。除公務員在契據用紙內以文字符號表示其意識之部分為公文書外，該契據之本身仍屬私文書，如僅係契據本身為他人所偽造，自不能以偽造公文書論。

偽造或變造之行為，始能成罪。至其為直接故意或未必故意，則非所問。行為人為偽造或變造行為之目的或動機何在，對本罪之成立，亦不生影響。

㈥既　遂

本罪無處罰未遂犯之規定，偽造或變造行為之結果，須足以生損害於公眾或他人者，始為既遂。所謂足生損害，固不以實已發生損害為必要，然亦必須有足以生損害之虞者，始足當之。若僅具偽造之形式，而實質上並不足以生損害之虞者，尚難構成本罪。

㈦本罪與他罪之關係

1.本罪與偽造私文書罪

本罪與偽造私文書罪，均為侵害社會公共信用之犯罪。因此，二罪間具有保護法益之同一性，成立法條競合時，應優先擇一適用法定刑較重之偽造公文書罪處斷。

2.本罪與偽造公印公印文罪

偽造公文書罪與偽造公印公印文罪，均為侵害社會公共信用之犯罪，二者間具有保護法益之同一性，成立法條競合時，應適用吸收規定之偽造公文書罪處斷，排除被吸收規定偽造公印公印文罪。

七、偽變造證書介紹書罪

> 第212條　偽造、變造護照、旅券、免許證、特許證及關於品行、能力、服務或其他相類之證書、介紹書，足以生損害於公眾或他人者，處一年以下有期徒刑、拘役或九千元以下罰金。

㈠立法瑕疵

本罪規定於立法上有三大瑕疵存在：

1.立法意旨不當

本罪客體之文書，性質上或屬於公文書，或屬於私文書，如有偽造情事，依偽造私文書罪或偽造公文書罪處斷，在其法定刑度內酌情量處即已足，實無待乎本罪之規定。惟立法意旨謂偽造此等文書，多屬於謀生及本人一時便利，其情節較輕，故特設專條，科以較輕之刑。揆諸實際，此等文書，其重要性並不亞於一般公私文書，苟有偽造或變造，不僅其情節未較輕，且侵害公共信用往往亦較一般公私文書為大，立法意旨與實際顯有出入。

2.用字遣詞不妥

本罪之行為客體，有部分仿自日本刑法，除旅券與護照似嫌重複，致認定範圍廣狹不一，如通行證，實例及部分學者認其屬於護照，部分學者則認其為旅券等外；他如免許證一詞，亦仿自日語，原意為許可證之意，惟因本罪以其與特許證並列，致其涵義轉趨混淆。有依其日文原意，解釋為允許某一私人享有特定資格或權利之證書者；有依字面解釋為免除一定手續許其取得特定資格或權利之證書；或解釋為許可免除一定義務之證書者。職是，何者為免許證，何者為特許證，以至何者為關於品行、能力、服務或其他相類之證書，學者認定每有參差，見解頗不統一。

3.與偽造印章印文罪之關係曖昧

偽造此等證書，往往有同時偽造印章印文等情事，本罪與偽造印章印文罪之關係究應如何處理？不但實例見解前後兩歧，且左支右絀，未見其可。總而言之，本罪實宜廢除，無別為一罪之必要。

(二)行為客體

本罪之行為客體，為護照、旅券、免許證、特許證及關於品行、能力、服務或其他相類之證書、介紹書。

所謂護照，乃指主管機關發給出國查驗放行之執照，如出國護照是。所謂旅券，乃指旅行之證照，如舟車免費旅行券是。旅券一詞，仿自日本刑法（日刑 157 II），原指護照而言，我刑法將其與護照並列，其義轉狹。所謂免許證，乃指對特定之人，許可其享有一定權利之證書，如駕駛執照、

醫師開業執照等是。所謂特許證，乃對特定之人，經政府特准，而許其從事特定業務或享有一定權利之證書，如專賣憑證、專利證書、自衛槍照等是。至關於品行、能力、服務或其他相類之證書、介紹書，其類甚夥，如畢業證書、學業成績單、國民身分證、考試及格證書、律師證書、退役證書等是。

㈢實行行為

本罪實行行為之態樣，亦為偽造及變造，其義詳前。

㈣行為結果

本罪行為之結果，亦須足以生損害於公眾或他人，始能成立。

㈤故　意

本罪為故意犯，行為人須認識其所偽造或變造者為證書、介紹書，而決意為偽造或變造之行為，始能成罪。至其為直接故意或未必故意，則非所問。行為人為偽造或變造行為之目的或動機何在，對本罪之成立，亦不生影響。

㈥既　遂

本罪無處罰未遂犯之規定，偽造或變造行為之結果，須足以生損害於公眾或他人者，始為既遂。

㈦本罪與他罪之關係

1.本罪與偽造公私文書罪

本罪與偽造公私文書罪之保護法益，均係社會之公共信用。因此，三罪間具有保護法益之同一性。本罪客體之文書，性質上或為公文書，或為私文書。故本罪，乃為偽造公文書罪或偽造私文書罪之特別規定，偽造公文書罪或偽造私文書罪則為一般規定。成立法條競合時，應優先適用特別

規定之變造證書罪處斷，排除一般規定之變造公文書罪❻。

2.本罪與偽造印章印文罪

本罪與偽造印章印文罪，均為侵害社會公共信用之犯罪，二者間具有保護法益之同一性，在犯罪性質上，偽造證書介紹書罪之內容，當然含有偽造印章印文之成分在內。因此，偽造證書介紹書罪為吸收規定，偽造公印公印文罪則為被吸收規定。成立法條競合時，應適用吸收規定之本罪處斷，排除被吸收規定之偽造印章印文罪。

犯本罪而同時有偽造或盜用公印、公印文情事時，應如何處斷？以前實例見解曾有兩歧現象。有認其為吸收關係，偽造公印或公印文，應為偽造證書等所吸收，不另論罪者❻；有認其為牽連犯（已刪除），兩者具有方法結果之關係，應從一重處斷者❻。倘依前一見解，則行為人實施偽造公印等行為時，自得成立偽造公印罪，如其進而實施本罪之行為，則僅依本罪處斷，而置處刑較重之罪於不問，固有未妥；倘依後一見解，則本罪之規定，形同虛設，幾無單獨適用之餘地，立法意旨，即無由貫徹，亦有不當。

八、公務員登載不實罪

第 213 條　公務員明知為不實之事項，而登載於職務上所掌之公文書，足以生損害於公眾或他人者，處一年以上七年以下有期徒刑。

㈠行為主體

本罪之行為主體，不僅須為公務員，且須於職務上有制作該文書權限之公務員，始能成立本罪，故為身分犯。雖係公務員，苟與其職務無關，而就權限外之事項作成虛偽文書者，則成立偽造公文書罪，而非本罪。惟

---

❻　最高法院 43 臺上 875。

❻　最高法院 30 上 2982；31 上 744。

❻　司法院院解 3020；大法官會議釋字 82。

雖係原無製作權限之公務員，倘依法令或有製作權者之委託，而賦予文書製作權者，自得為本罪之主體。

又本罪，係因身分而成立，與同法第 134 條但書所謂因公務有關之身分已特別規定其刑之情形相當，故犯公務員登載不實之罪時，因有上開但書規定，不得再依同條前段加重其刑。

㈡行為客體

本罪之行為客體，為公務員職務上所掌之公文書。所謂職務上所掌，係指公務員在其職務範圍內有權掌管或製作者而言，不以常在執管之中為限。若對於他人職務上所掌之公文書，擅為不實之登載，則屬偽造或變造公文書，而非本罪❻❻。

㈢實行行為

1.無形偽造

本罪之實行行為，為登載，亦即登錄記載之意。本罪，係公務員對其有權製作公文書之內容，為虛偽之登錄記載。故其文書名義為真正，惟其內容則屬虛偽。本罪之行為，即學說上所謂無形偽造之行為。

2.明知不實

依當事人之申報而為記載之文書，倘該公務員明知其申報事項係屬虛偽而為記載時，因本法以明知不實事項而登載為要件，自不問其有無實質審查權，縱係僅有形式審查權，亦足以構成本罪。惟搜查機關或法院書記官記錄他人之供述者，雖明知其為虛偽而予記載，因正確記載供述本身之內容乃為其職責，自不成立本罪。實例認為，警察人員製作訊問筆錄，其目的僅在記載訊問內容與受訊問人之供述內容而已，負責製作該筆錄之警員，縱令明知該受訊人供述之內容不實，仍有按其供述內容予以記錄之義務，自不得以明知受訊人供述內容與事實不符仍予記載，即令其負公務員登載不實罪責❻❼。

---

❻❻ 最高法院 31.7.9 刑議；47 臺上 481；54 臺上 2318（決）；57 臺上 2736。

3.作為或不作為

本罪登載不實之行為，不問其為作為或不作為，均可成立。例如，製發服務成績證明書時，將記過一節故予刪除，而不記載者是。惟不作為之成立本罪，須前提上有作為義務，如僅單純消極故意不予登載，並無積極為不實登載之行為，即難繩以該罪名❸。

又本罪係以登載不實之事項，為其製作公文書之手段。若公文書已依法製作完成，則縱為原製作人，倘屬無權更改，而其擅予更改，應構成變造公文書罪，而非本罪。

㈣行為結果

本罪行為之結果，亦須足以生損害於公眾或他人，始能成立。其登載時有無生損害於公眾或他人之犯意，以及實際上已否生損害，均非所問。

㈤故　意

本罪以公務員對於其所登載不實之事項，出於明知為前提要件。所謂明知，係指直接故意而言，若為間接故意或過失，均難繩以本罪。

故意之內容，須為不實之事項。稱不實者，乃內容失真，亦即在客觀上違反真實之意。其事實本存在而以之為不存在，或本不存在而以之為存在者，均屬之。且不問其失真為全部或一部，亦不問其所以失真，係出於虛增或故減，均得成立本罪。此外，其所登載之事項，只須不實為已足，無須以不法為必要。若僅係辦理不當，而非不實者，雖應負行政上之責任，亦難論以本罪。

㈥既　遂

本罪，無處罰未遂犯之規定，公務員登載不實行為之結果，須足以生損害於公眾或他人者，始為既遂。

---

❸　最高法院 86 臺上 6567（決）。

❸　最高法院 88 臺上 7061（決）；91 臺上 5031（決）。

㈦本罪與偽變造文書罪

本罪與偽變造文書罪之保護法益，均為社會之公共信用，二者間具有保護法益之同一性。惟本罪行為，係有權登載而故意登載不實；偽變造文書罪，係無權製作或更改而非法製作或更改。倘作成名義出於虛偽，且內容亦不真實者，其虛偽記載部分應已包攝於偽造文書罪內，不另論以登載不實之罪❻❾。

九、使公務員登載不實罪

第214條　明知為不實之事項，而使公務員登載於職務上所掌之公文書，足以生損害於公眾或他人者，處三年以下有期徒刑，拘役或一萬五千元以下罰金。

㈠罪　質

本罪係行為人明知為不實之事項，利用公務員實施間接之登載不實，在文書之形式上，仍為公務員所製作，性質上為間接之無形偽造行為。

我實例亦同此見解，例如，刑法第213條之公文書不實登載罪，乃有製作權人，故意自為記載內容虛偽不實之文書，學理上謂為「直接無形偽造」。而同法第214條之使公務員登載不實罪，係向有製作權人，為虛偽不實之報告或陳述，使該有製作權人據以製作內容不實之文書，學理上指為「間接無形偽造」，兩者情形有別❼❶。

㈡行為主體

本罪行為主體，並無限制，凡非公務員或雖係公務員，而無製作權限者，皆得成立本罪。實例認為，若行為人不具有公務員身分，或雖具有公

---

❻❾　最高法院87臺非351（決）。

❼❶　最高法院84臺上1996（決）。

務員身分，但並無掌理該公文書之職務，而係利用不知情之承辦公務員將不實事項登載於該公務員職務上所掌之公文書者，即應構成本罪，而非前罪之間接正犯❼。惟有製作權限之公務員，而使不知情之他公務員作成虛偽文書者，則成立前罪之間接正犯，並非本罪。

(三)行為客體

本罪之行為客體，亦為公務員職務上所掌之公文書。惟所謂公務員職務上所掌之公文書，係指我國公務員職務上所掌管之我國公文書而言，包括駐外使、領館人員在內。至於在我國境外使外國公務員在其職務上所掌之外國公文書為不實之登載，自不在我刑法保護範圍之內❼。

(四)實行行為

本罪之實行行為，為使登載，亦即利用公務員不知其為不實之事項，而使為不實登載之行為。舉凡以欺罔或其他方法，而使公務員將不實事項登載於職務上所掌之公文書者，皆屬之。

1.方法不拘

其方法為直接或間接，為書面或口頭，為申報或聲明，均非所問。例如，調查戶口時，浮報年齡，或提供虛偽資料，使戶籍員更改學歷等是。

2.實質審查

申報或聲明之內容，公務員於登載時有否審查，雖不影響本罪之成立；如採用與否，公務員具有完全之自由裁量權者，則不得成立本罪。例如，判決書係法官依訴訟關係人之陳述等資料為基礎，經其自由判斷後所記載之文書，縱採證人或鑑定人之虛偽供述為其內容，該證人或鑑定人，亦不成立本罪是。

我實例認為，刑法第 214 條所謂使公務員登載不實事項於公文書罪，須一經他人之聲明或申報，公務員即有登載之義務，並依其所為之聲明或

---

❼　最高法院 92 臺上 6739（決）；94 臺上 776（決）。

❼　最高法院 69 臺上 2685。

申報予以登載，而屬不實之事項者，始足構成，若其所為聲明或申報，公務員尚須為實質之審查，以判斷其真實與否，始得為一定之記載者，即非本罪所稱之使公務員登載不實 ❼❸。

3.共　犯

本罪以掌理該文書之公務員，不知其為不實事項而予登載為其要件。倘該公務員明知其為不實之事項，或與使登載者有意思聯絡者，則成立前條之登載不實罪，使登載者則成立該罪共同正犯或共犯。倘公務員教唆他人為虛偽之申報，而後據以登載於職務上所掌之公文書者，亦非本罪，應成立前條之登載不實罪，該他人則成立該罪之幫助犯。

㈤行為結果

本罪行為之結果，須使公務員登載於其職務上所掌之公文書，並足以生損害於公眾或他人時，始能成立。凡對公務員有所申請或所提供之資料，雖有不實之情形，但未為該公務員採納者，仍不足構成本罪。

㈥故　意

本罪行為人須明知其為不實事項，而使登載，始能成立。倘誤信真實之事項為虛偽，而使登載者，自不成立本罪。

㈦既　遂

本罪，無處罰未遂犯之規定，須使公務員登載不實之結果，足以生損害於公眾或他人者，始為既遂。

㈧本罪與他罪之關係

1.本罪與偽變造文書罪

本罪與偽變造文書罪之保護法益，均為社會之公共信用，二者間具有

---

❼❸　最高法院73臺上1710；92臺非198（決）；92臺上5581（決）；93臺上1212（決）；93臺上4185（決）。

保護法益之同一性，成立法條競合時，應依偽變造文書罪處斷。例如，以偽造私文書矇蔽公務員使其登載於職務上所掌公文書是。

2. 本罪與誣告罪

本罪之保護法益，為社會之公共信用；誣告罪之保護法益，主要為國家之司法作用。因此，二罪間不具保護法益之同一性，自應分別成罪，而予數罪併罰。至行為人謊報被搶之情形，雖得成立未指定犯人誣告罪，但其謊報被搶之不實事項，公務員尚須為實質之審查，以判斷其真實與否，始得為一定之記載，尚無從成立本罪。

十、業務登載不實罪

第 215 條　從事業務之人，明知為不實之事項，而登載於業務上作成之文書，足以生損害於公眾或他人者，處三年以下有期徒刑，拘役或一萬五千元以下罰金。

㈠行為主體

本罪之行為主體，以從事業務之人為限，故為身分犯。所謂業務，係以事實上執行業務為標準，即指基於社會生活上之地位，而為反覆同種類之行為為目的之社會活動而言。執行此項業務，縱令欠缺形式上之條件，仍無礙於業務之性質。故須其人實際上持續從事於特定之業務，若偶而從事，而無持續性者，即難謂為從事業務之人。

至明知為不實之事項，而使從事業務之人登載於其業務上作成之文書者，現行法尚無處罰之明文，自不構成犯罪❼❹。例如，通緝犯為掩飾身分，持他人身分證，投宿旅社，該旅社負責人不知情，而以他人姓名，登載於

---

❼❹　此種情形，可否認其成立業務登載不實罪之間接正犯？不無疑義。惟觀諸刑法第 213 條與第 214 條之關係，可知其使從事業務之人登載於其業務上作成之文書者，係立法者有意排除業務登載不實罪間接正犯之適用。因此，此種情形，應認其為「法律有意之沉默」，而屬於「法外空間」之範疇。

旅客登記簿之情形是。我實例亦認為，他人明知為不實之事項，而使從事業務者登載於其業務上作成之文書，因本條文無如同法第 214 條之相類規定，法律既無處罰明文，亦不能再擴張援引間接正犯之理論論處 ❼❺ 。

㈡行為客體

本罪之行為客體，為業務上作成之文書，亦即指從事業務之人本於其業務上之行為關係所製作之文書而言；倘非本於其業務上之行為關係所作成之文書，即非此所謂之「業務上作成之文書」❼❻ 。例如，農戶領肥清冊、律師所撰訴狀、營利事業填報之扣繳憑單或醫師出具之診斷書❼❼ 等是。

㈢實行行為

本罪之實行行為，為不實登載，義詳公務員登載不實罪。

㈣行為結果

本罪行為之結果，亦須足以生損害於公眾或他人，始能成立。

㈤故　意

本罪行為人須明知其為不實事項，而為登載之行為，始能成立。倘誤信真實之事項為虛偽，而為登載者，自不成立本罪。

㈥既　遂

本罪，無處罰未遂犯之規定，其登載不實之結果，須足以生損害於公眾或他人者，始為既遂。

---

❼❺　最高法院 86 臺上 5125（決）；97 臺上 4885（決）。

❼❻　最高法院 69 臺上 2413；90 臺上 5072（決）。

❼❼　最高法院 52 臺上 737；71 臺上 1143；司法院院字 2394。

(七)本罪與他罪之關係

1.本罪與侵占罪

　　本罪之保護法益，為社會之公共信用；侵占罪之保護法益，為個人之財產法益。因此，二罪間不具保護法益之同一性，自應分別成罪。行為人所犯業務上侵占罪與其事後彌縫之業務上登載不實罪，因意思各別，應予併合論罪。

2.本罪與稅捐稽徵法之逃漏稅捐罪

　　本罪之保護法益，為社會之公共信用；稅捐稽徵法之逃漏稅捐罪（稅捐稽徵法 41）之保護法益，主要為國家財政之健全，並兼及國家或地方自治團體等公法人之財產安全。因此，二罪間不具保護法益之同一性，應分別成罪。其觸犯上述二罪所評價之自然行為事實，並非同一行為，不成立想像競合犯。其雖係以業務上登載不實之行為，以達其逃漏稅捐之目的，兩行為具有方法與目的之關係，仍應予數罪併罰。

3.本罪與商業會計法之虛偽填製會計憑證罪

　　商業會計法第 71 條第 1 款之商業負責人，以明知為不實之事項而填製會計憑證罪，與刑法第 215 條之從事業務之人登載不實事項於業務上文書罪，皆規範處罰同一之登載不實行為，應屬法規競合，前者為後者之特別規定，依特別法優於普通法之原則，應優先適用商業會計法第 71 條第 1 款之罪論處 ❼⓼ 。

十一、行使偽變造或登載不實文書罪

❖

第 216 條　行使第二百十條至第二百十五條之文書者，依偽造、變造文書或登載不實事項或使登載不實事項之規定處斷。

❖

---

❼⓼　最高法院 94 臺上 5064（決）。

(一)行為客體

本罪之行為客體，為第 210 條至第 215 條各罪所偽造變造之私文書、公文書、證書、介紹書或登載不實之文書。不問係行使之人自己或他人所偽造變造或登載不實者，均屬之。

此等文書，須已具備偽造變造罪或登載不實罪之要件，始得為本罪之客體。若係串令他人冒用自己名義或係受他人委託，已取得製作權而作成文書者，既不能構成偽造文書罪，從而行使該文書，即不得以本罪相繩❼。

又行使此等文書時，以使用原本為必要。如僅以謄本示人，或僅以言詞或書面告知其形式或內容者，尚難謂為行使。但以謄本或影複印本作為原本使用，如出於偽造變造或登載不實者，則仍不失為行使。

(二)實行行為

本罪之實行行為，為行使，亦即將偽造變造之文書作為真正文書，或將登載不實之文書作為內容真實之文書予以使用之行為。

行使，不以依文書之本來用法予以使用或置於流通狀態為必要，僅將其作為真正或內容真實之文書予以使用，即足當之。若未將其作為真正文書使用，行為人仍以其為偽造文書或登載不實文書使用者，則非行使。例如，將偽造文書出示其他共犯，或明告為偽造文書而示人，均非行使。

1. 行使之相對人

行使之相對人，雖法無限制，惟須為行為人以外之不知情者，亦即須係不知該文書係偽造文書或登載不實文書之人，始足當之。至該相對人，是否為文書之製作名義人，是否為有搜查權之公務員或是否為有權請求提示文書之人等，均非所問。

相對人如係知情者，則為交付，本罪不處罰單純之交付行為，此與偽造貨幣罪等不同。此外，如利用不知情之人代為行使者，則為本罪之間接正犯。

---

❼　最高法院 26 上 2771；33 上 483；45 臺上 8（決）；47 臺上 759（決）。

2.行使之方法與程度

行使，既為將偽造文書充作真正文書使用，則其使用無論係提示、送交或備置閱覽等，均無不可，且須將其內容置於對方可得認識之狀態，始為既遂。至對方就文書之內容實際有無認識，則非所問。將文書付郵寄交者，因尚未置於對方可得認識其內容之狀態，僅能認為行使之著手，俟到達時，其行使行為，始為完成。

至僅將偽造文書託交他人保管者，因非物充其用之行為，固非行使；即僅攜帶偽造文書者，亦難謂為行使。例如，開車時，將偽造之駕照置放於衣袋或車內者是。

3.內容主張之要否

行使偽造文書，是否須就文書之內容有所主張為必要？論者不一。我實例認為行使偽造文書罪，必須提出偽造之文書，並對其內容有所主張，方得成立 ❽⓪。至所謂對其內容有所主張，並不以明示偽造之私文書內容為限，即將該文書置於可能發生文書功能之狀態下，亦即只要行為人主觀上認識到在其法律交往關係中，提出該偽造私文書之行為，他方足以認為其係對該文書權利義務等內容有所主張，即足當之 ❽①。

惟就行使之本質觀之，行使並不限於積極提示為證據方法或為其他證明，即消極置於一定場所而供人閱覽，亦屬行使。因此，行使僅須將偽造文書之內容置於對方可得認識之狀態，即為充作真正文書使用。例如，司法黃牛將偽造之律師證書，懸掛於其事務所，即為行使，而無需向當事人主張其證書為真正，且為合法律師之情形是。因此，只須行為人將虛偽文書充作真正文書使用為已足，不以就文書內容之權義關係或事實，更有所

---

❽⓪　最高法院26滬上23；47臺上1048。例如，最高法院91臺上7191（決）及92臺上1133（決）認為，販賣之盜版光碟片，如外觀包裝無被害公司名稱及授權生產文字，僅經由遊戲主機執行結果，電視螢幕會顯示被害公司授權生產文字之偽造私文書，如販賣者以遠低於真品價格販賣，未本於光碟內容之偽造私文書主張光碟片為經授權生產之真品，即無行使該偽造私文書之行為。

❽①　最高法院92臺上1594（決）。

主張為必要。如斯解釋，較能保護文書之公共信用。

㈢行為結果

本罪之行使行為，須將偽造變造之文書或登載不實之文書作為真正或內容真實之文書予以使用，且須將其內容置於對方可得認識狀態之結果，罪始成立。

至行使之文書，須已具備偽造變造罪或登載不實罪之要件，而偽造變造罪或登載不實罪客體之文書，既須足以生損害於公眾或他人，故本罪行使行為之結果，當然足以生損害於公眾或他人，自不待言❷。

㈣故　意

本罪行為人於行使時，須明知其所行使者為偽變造文書或登載不實之文書，而故意行使，始得成立。若不知該文書係屬偽造或變造，縱有行使，亦屬無故意之行為，應不為罪。倘於行使後，始知其為偽變造或虛偽者，亦不得以行使論罪。至行為人有否別具目的，如欺罔或陷害他人，或為自己圖利等等，則不影響本罪之成立。

㈤既　遂

本罪之行使行為，須將偽造變造之文書或將登載不實之文書作為真正或內容真實之文書予以使用，且須將其內容置於對方可得認識之狀態，始為既遂。至行使之目的已否達到，則與本罪之既遂與否無關。因本罪並無處罰未遂犯之規定，倘未將其內容置於對方可得認識之狀態，僅為未遂，

---

❷ 最高法院 85 臺上 4204 (決)：「刑法第 210 條及第 211 條之偽造私文書罪與偽造公文書罪，咸以足生損害於公眾或他人為成立要件，故同法第 216 條之行使偽造私文書或行使偽造公文書罪，必其所行使之私文書或公文書，具備偽造並足生損害於公眾或他人之構成要件，始得以成立，否則不能以該行使罪相繩，從而論處該行使罪時，主文欄內，就行使偽造之公文書或私文書，足以生損害於公眾或他人，自應予以明確完整之記載，理由欄內，更應敘明其認定之理由。」

應不予論罪。

㈥罪數及與他罪之關係

1. 罪數之認定標準

本罪之保護法益，在維護社會之公共信用。因此，本罪罪數之認定標準，應以妨害社會公共信用之次數為準。一次妨害社會之公共信用者，為一罪；數次妨害社會之公共信用者，為數罪。

至一人同時行使二種以上之偽造文書者，在犯罪認識上，得同時該當二個以上之行使偽造文書罪。在犯罪評價上，其行使二種以上之偽造文書，乃侵害二個以上之公共信用，應成立二個以上之行使偽造文書罪。在犯罪科刑上，該二個以上之行使偽造文書罪，所評價之自然行為事實，為同一行為，應依想像競合犯，從一重處斷。

惟將偽造文書，持交不知情之訴訟代理人，而提出於法院以為證據資料者，對於訴訟代理人行使之事實與對於法院行使之事實，在犯罪認識上，固得同時該當二個行使偽造文書罪。惟在犯罪評價上，其二次行使之事實，因僅侵害一個公共信用，且屬於一次性之侵害，應成立本罪之包括一罪。

2. 本罪與偽變造文書罪

行使偽變造文書罪與偽變造文書罪之保護法益，均為社會之公共信用，二者間具有保護法益之同一性。行使行為與偽造行為，雖為二個不同之行為，行使偽變造文書罪，應屬基本規定；偽變造文書罪，則屬補充規定。

偽造文書與行使本屬兩罪，如對於偽造行為並未參與實施，縱事後知其為偽造而行使，亦只負行使責任，不應兼論偽造。惟如偽變造文書後，復進而行使者，我實例一反於偽造貨幣等罪所持之態度，認偽造變造文書原意在於行使，其低度之偽造變造行為，應為高度之行使行為所吸收，只應成立行使偽造文書罪❸。

如前所述，行為人先偽變造文書，進而行使者，在犯罪認識上，固得

---

❸　最高法院20上1789；22上564；40臺非17(決)；49臺非24；52臺上451(決)；52臺上2189（決）；52臺上2375（決）；55臺上1320（決）。

同時成立行使罪與偽變造罪；惟在犯罪評價上，因該二罪所侵害之法益，具有同一性，應成立法條競合，優先適用基本規定之行使罪，而排除補充規定之偽造罪之適用。

3.本罪與使公務員登載不實罪

行使偽變造文書罪與使公務員登載不實罪之保護法益，均為社會之公共信用，二者間具有保護法益之同一性。行使偽變造文書罪，應屬基本規定；使公務員登載不實罪，則屬補充規定。成立法條競合時，優先適用基本規定之行使偽變造文書；排除補充規定之使公務員登載不實罪之適用。

4.本罪與誣告罪

本罪之保護法益，為社會之公共信用；誣告罪之保護法益，主要為國家之司法作用。因此，二罪間不具保護法益之同一性，自應分別論罪。其觸犯之行使偽變造文書罪與誣告罪，所評價之自然行為事實，為同一行為，亦即其行使行為即為誣告行為，故成立想像競合，應從其一重之誣告罪處斷。

對此情形，我實例認為「偽造私文書持以誣告，其偽造印章，係屬偽造私文書之預備行為，偽造印文署押，則屬偽造私文書行為之一部。此項偽造私文書之低度行為，雖均應吸收於行使之高度行為之內，不另構成罪名，但行使偽造私文書，既為犯誣告罪之方法，即非無刑法第 55 條之適用❽」。揆諸實際，此例行使偽造私文書，即係實施誣告之行為，並非犯誣告罪之方法，故應依想像競合之例處斷為妥。

5.本罪與詐欺罪

本罪之保護法益，為社會之公共信用；詐欺罪之保護法益，為個人之財產安全。因此，二罪間不具保護法益之同一性，自應分別論罪。其觸犯之行使偽變造文書罪與詐欺罪，所評價之自然行為事實，為同一行為，亦即其行使行為即為詐欺行為，故成立想像競合犯，應從其一重處斷。

---

❽ 最高法院 30 上 3232。

十二、偽造盜用印章印文署押罪

第 217 條　偽造印章、印文或署押，足以生損害於公眾或他人者，處三年以下有期徒刑。

盜用印章、印文或署押，足以生損害於公眾或他人者，亦同。

㈠行為客體

本罪之行為客體，為印章、印文或署押。

1. 印章、印文或署押之涵義

印章，指印顆言，乃刻有文字或符號，而能顯出印影之物體。其形式、大小或物質，均非所問。印文，則指印影言，乃為證明一定事項，將印顆之文字或符號顯出於物體上之影蹟。署押，乃指署名簽押言。署名，以足以證明其主體之同一性為已足，並不以簽署姓名為必要。僅簽姓或名，或以筆名、化名、略號、屋號或雅號等簽署者，亦可。簽押，則不以使用姓名為限，即寫一押字、十字或捺指紋，均無不可。

2. 人格主體之同一性

印章、印文或署押，乃為證明人格主體同一性之記號。因此，只須用以證明人格主體同一性者，在解釋上即得認其為本罪之行為客體。例如，書畫落款等雅號印、喜輓幛上之署名、書籍相片上之題贈等是。惟觀光設施之紀念戳記或影歌星之簽名等，則不認其為本罪之客體。

3. 限縮解釋

本法因別有偽造公印公印文罪之規定，本罪客體之印章印文，應作限縮解釋，專指私印或私印文而言。不論印章、印文或署押，均以他人者為限，如屬於自己者，即無偽造或盜用可言。所謂他人，乃指私人，亦即官署或公務員以外之人。至其為自然人、法人或非法人之團體，均非所問。外國官署或公務員，亦包含在此所云他人之內。

4. 盜用罪與偽造罪之客體不同

　　盜用罪與偽造罪之客體，雖均以他人之私印、私印文或署押為限。惟須予辨明者，偽造罪所偽造之印章、印文或署押，或為虛構主體，偽捏姓名，其名義人可能並非實有其人，苟其所偽造之印章等，足以使人誤信為真正已足。盜用罪之客體，則須為他人真正之印章、印文或署押。若其所盜用者，係偽造之印章、印文或署押，因我刑法無如日本刑法設有處罰不正使用偽造之印章或署名之明文，故解釋上仍應認其屬於本條第 1 項偽造之範圍。

㈡實行行為

　　本罪實行行為之態樣有二：即偽造及盜用。

　1.偽　　造

　　所謂偽造，乃無權限之人擅自製作他人之印章、印文或署押之行為。偽造之方法，法無限制。印章之偽造，通常固在金屬牙角或玉石竹木等物體上，多以鐫刻方法為之，惟不以此為限。印文之偽造，通常亦多係使用印章而顯出其文字符號，但不以此為必要，即用描寫、影印等方法而顯出印影者，亦不失為印文。至署押之偽造，其用筆墨、炭素紙等製作者，均無不可。

　　對於真正印章、印文或署押之重要部分加以變更者，亦得成立偽造。其無代理權者，冒用他人之代理資格，或有代理權者，逾越其代理權而為署名者，與偽造文書罪同，亦得成立署名之偽造。

　　偽造之程度，只要具有使一般人誤信其為真正印章、印文或署押之外觀或形式即可。至其是否虛構主體、捏造姓名，是否模擬真印，與真印等是否形式相同或酷似，均非所問。其記載內容縱有些微差異，或姓名稱呼並未一致者，亦屬無妨。

　2.盜　　用

　　所謂盜用，乃無使用權人，未經本人同意，而擅自使用其印章、印文或署押之行為。盜用，須於盜取後兼有使用之行為。倘係盜而未用，因本罪無處罰未遂犯之規定，自不得遽以本罪論處。

又盜用，不以竊盜使用為限，凡無使用權，而擅自使用之行為，不論其為無權使用或越權使用，均屬之。故雖持有他人之印章，如未經本人同意，而擅予使用，亦不失為盜用。其以欺罔手段，騙使他人蓋用者，亦同。

㈢行為結果

本罪偽造或盜用行為之結果，須足以生損害於公眾或他人者，始能成罪。倘能證明製作當時，僅係用以供鑑賞或習藝，自始即於公眾或他人不致發生損害之虞者，即因犯罪構成要件欠缺而無本條之適用。

㈣故　意

本罪為故意犯，行為人須認識其為他人之印章、印文或署押，而有意為偽造或盜用之行為，始能成罪。至其為直接故意抑或間接故意，則非所問。

㈤既　遂

本罪無處罰未遂犯之規定，行為人須已完成其偽造或盜用行為時，始為既遂。倘鐫刻他人印章，尚未完成者，即為本罪不罰之未遂行為。其盜用他人印章，如僅盜取尚未使用者，亦僅成立竊盜罪，不成立本罪。

㈥沒收特則

偽造之印章、印文或署押，不問屬於犯人與否，沒收之（刑219）。偽造印章、印文或署押，雖為偽造文書行為之一部，不另成立偽造印章等罪名，惟其所偽造之印章等，不問屬於犯人與否，仍應沒收之。且此項偽造之印章、印文或署押，係在必要沒收之列，該印章等如屬存在，縱未經搜獲，仍不得不為沒收之宣告。

至其印章等，若非偽造者，則不在沒收之列。例如，將拾得他人之私章蓋於偽造支票之上，該私章屬於他人所有，其印文並非偽造，即不在得以沒收之列是。又如，盜用印章印文署押罪，其所盜用者，乃係他人之真正印章、印文或署押，並非偽造之印章、印文或署押，故不得依第219條

宣告沒收❽。

此外，所偽造者，如係以文書論之文書，既非印章、印文或署押，自僅能依刑法第 38 條宣告沒收，不在第 219 條必要沒收之列。例如，在合併之多件（張）私文書騎縫處蓋上印章，顯示印文，係用以證明該等文書之連貫性及形式真實性；偽造稅捐稽徵處稅戳，加蓋於豬皮上，亦屬準文書或偽造屠宰稅驗印戳等，依刑法第 220 條規定，均屬於刑法第 220 條所規定之準文書。

(七)本罪與他罪之關係

1.偽造（盜用）印章罪與偽造（盜用）印文罪

偽造（盜用）印章罪與偽造（盜用）印文罪之保護法益，均為社會之公共信用，二者間具有保護法益之同一性，成立法條競合時，應優先適用基本規定之偽造（盜用）印文罪，而排除補充規定之偽造（盜用）印章罪之適用。

對此情形，我實例則認為「盜用印章與盜用印文為不同之犯罪態樣，盜取他人之印章持以蓋用，當然產生該印章之印文，只成立盜用印章罪，不應再論以盜用印文罪，亦非盜用印章行為為盜用印文行為所吸收。」❽

2.偽造印章印文署押罪與偽造文書罪或偽造有價證券罪

偽造印章印文署押罪與偽造文書罪或偽造有價證券罪之保護法益，均為社會之公共信用，二者間具有保護法益之同一性。偽造文書罪或偽造有價證券罪，乃為吸收規定，偽造印章印文署押罪則為被吸收規定。

又盜用印章等，持以偽造文書者，其盜用印章等，即吸收於偽造文書之內，不另論罪❽。其盜用印章等，而偽造有價證券者，自亦作相同解釋。

冒用他人名義偽造文書，乃偽刻其印章一枚，惟偽造文書尚未完成，即被查獲者，因偽造文書罪，並無處罰未遂犯之規定。因而，偽造文書雖

---

❽　最高法院 48 臺上 113；48 臺上 1533；52 臺上 656（決）；52 臺上 1496（決）。

❽　最高法院 86 臺上 3295。

❽　最高法院 28.7.4 刑議；44 臺上 56（決）；48 臺上 808（決）；52 臺上 1583（決）。

屬未遂，因已偽造印章，在犯罪認識及犯罪評價上，僅得成立偽造印章罪。

3.盜用印章罪與竊盜罪

盜用印章罪與竊盜罪之保護法益，一則為社會之公共信用，一則為個人之財產法益。因此，二罪間不具保護法益之同一性，自應分別論罪，予以數罪併罰。

十三、偽造盜用公印公印文罪

第 218 條　偽造公印或公印文者，處五年以下有期徒刑。

　　　　　　盜用公印或公印文，足以生損害於公眾或他人者，亦同。

㈠行為客體

本罪之行為客體，為公印或公印文。所謂公印，係指表示公務機關或公務員資格之印信而言。其形式不論為國璽、印、關防、職章或圖記，凡足以表示公務主體之同一性者，均屬之。不以經政府依印信條例所頒發者為限，即機關自備之印章，為其職務上所使用者，亦均屬之。

又公印，係指本國公務機關或公務員資格之印信。如係外國公務機關或公務員資格之印信，則僅能認其為第 217 條之印章。

機關內收發室之圖記，僅足為該機關內一部分之識別者、蓋在信封或公文封套上機關名義之長戳❽、證明稅款已經繳納之稅戳、校對章、文號章或收文章❾等等，均不足以表示公務機關或公務員之資格，自不得謂為公印。

至公印文，則為公印所顯出之印文。偽造失效之公印文，如其偽造行為，係表示其在有效期內之公印文者，則仍屬公印文之偽造。故偽造前清

---

❽　蓋在信封或公文封套上機關名義之長戳，非刑法第 218 條第 1 項之公印，如偽造該長戳而具備足生損害之條件，應論以同法第 217 條第 1 項偽造印章之罪（司法院院字 2376）。

❾　最高法院 33 上 1458；51 臺上 2264；56 臺上 2123；司法院院字 2376。

影印文，應認為偽造公印文**⑩**。

又盜用行為客體之公印、公印文，亦指表示公務機關或公務員資格之真正公印或公印文而言，與偽造行為之可能出於虛捏主體者，微有差別。

㈡實行行為

本罪之實行行為，為偽造及盜用，其義詳前。因公印或公印文之公信力最強，其影響公共信用亦較鉅，故本罪之偽造行為，不以足生損害於公眾或他人為要件，一有偽造行為，罪即成立。

㈢行為結果

本罪盜用行為之結果，須足以生損害於公眾或他人者，始能成罪。

㈣故　意

本罪為故意犯，行為人須認識其為公印或公印文，而有意為偽造或盜用之行為，始能成罪。至其為直接故意抑或間接故意，則非所問。

㈤既　遂

本罪無處罰未遂犯之規定，行為人須已完成其偽造或盜用行為時，始為既遂。倘鐫刻公印，尚未完成者，即為本罪不罰之未遂行為。其盜用公印，如僅盜取尚未使用者，亦僅成立竊盜罪，不成立本罪。

㈥沒收特則

偽造之印章、印文或署押，不問屬於犯人與否，沒收之（刑 219）。公印、公印文，亦包含於第 219 條印章、印文之範圍內，自得適用該條規定，宣告沒收。

---

⑩　最高法院 28.4.25 刑議。

㈦本罪與他罪之關係

1.偽造（盜用）公印罪與偽造（盜用）公印文罪

偽造（盜用）公印罪與偽造（盜用）公印文罪之保護法益，均為社會之公共信用，二者間具有保護法益之同一性，成立法條競合時，應優先適用基本規定之偽造（盜用）公印文罪，而排除補充規定之偽造（盜用）公印罪之適用。

2.偽造（盜用）公印文罪與偽造私文書罪

偽造（盜用）公印文罪與偽造私文書罪之保護法益，均為社會之公共信用，二者間具有保護法益之同一性，成立法條競合時，應適用吸收規定之偽造私文書罪處斷，排除被吸收規定之偽造（盜用）公印文罪。

對此情形，我實務見解認為，在真正私文書上偽造公印文，應依偽造公印文處斷。倘係偽造私文書並同時偽造公印文者，其偽造公印文即為偽造私文書之方法，應依刑法第 55 條從一重處斷 [91] 。

3.偽造（盜用）公印文罪與偽造證書介紹書罪

偽造（盜用）公印文罪與偽造證書介紹書罪之保護法益，均為社會之公共信用，二者間具有保護法益之同一性，成立法條競合時，應優先適用吸收規定之偽造證書介紹書罪，而排除被吸收規定之偽造（盜用）公印文罪之適用。

---

[91]　最高法院 24.7 刑議。

第三章　妨害性自主罪

一、犯罪類型

妨害性自主罪之犯罪類型，可大別為性交罪與猥褻罪二大類。其犯罪類型，有第 221 條「普通強制性交罪」；第 222 條「加重強制性交罪」；第 224 條「普通強制猥褻罪」；第 224 條之 1「加重強制猥褻罪」；第 225 條「乘機性交猥褻罪」；第 226 條「侵害性自主加重結果罪」；第 226 條之 1「侵害性自主結合罪」；第 227 條「與稚齡或幼年男女性交猥褻罪」；第 228 條「利用權勢性交猥褻罪」以及第 229 條「詐術性交罪」。

二、立法體系

妨害性自主罪，乃以侵害個人之性自由為內容之犯罪。刑法第十六章之章名，原為「妨害風化罪」，民國 88 年 4 月 21 日修正公布時，則將該章之內容，析分為二：(1)原第 221 條至第 229 條所規範有關強姦與猥褻之犯罪，規定為妨害性自主罪，並變更第十六章之章名。(2)原第 230 條以下之妨害風化之犯罪，則移置於第十六章之一，仍定名為妨害風化罪。

立法院於一讀會審議本章之規定時，原將本章移至第二十六章「妨害自由罪」之後，而成為第二十六章之一。強制性交或強制猥褻行為，本即以違反被害人意願之手段，而侵害被害人之性自由，性質上，亦屬妨害個人自由之一種犯罪；其保護法益，為個人之性決定自由。因此，一讀會將本章移至第二十六章之後，在立法體系上，應屬恰當之舉。

惟於三讀會時，或許為遷就法條之條號❶，則復將其移回第十六章。妨害性自主罪之保護法益，為個人之性決定自由，在解釋與適用上，雖不

---

❶ 按立法院一讀時之刑法部分條文修正案版本，係將原刑法第 221 條至第 230 條全部刪除，增列第二十六章之一，即妨害性自主罪，並於該罪章中，增設第 308 條之 1 至第 308 條之 13，共十三條條文。

受任何影響；惟就立法體系而論，在侵害社會法益之犯罪中，夾雜一個侵害個人性決定自由之犯罪，實有混淆雜亂之嫌。

三、罪質與保護法益

隨著人權意識之日漸抬頭，個人之自我決定權，亦日益獲得重視。性生活本為個人隱私權之一部分，如何營造快樂自由之性生活，個人自得本其自主權，而自由決定，不容他人恣意予以侵害。我刑法亦隨人權意識之改變，而將妨害個人性自主之犯罪改訂為妨害性自主罪，其立法意旨，即在保護個人之性決定自由。以性決定自由之具體概念，取代社會風化之抽象概念，藉以彰顯個人之主體價值，揚棄過分泛道德化之思維。本章之重新定位，除形式上章名改變外，更實質影響本章各罪構成要件內涵之詮釋。因此，本章各罪之保護法益，乃為個人之性決定自由，亦即個人自由決定性或不性之自由。

四、普通強制性交罪

第 221 條　對於男女以強暴、脅迫、恐嚇、催眠術或其他違反其意願之方法而為性交者，處三年以上十年以下有期徒刑。
　　　　　前項之未遂犯，罰之。

㈠行為主體

1.無身分限制

本罪之行為主體，無任何身分之限制，故非身分犯。不問男對女、女對男、男對男或女對女，均有成立本罪之可能。修正前刑法第 221 條之強姦罪，其行為主體，以男子為限，屬於身分犯；婦女雖得以共同正犯或間接正犯之方式為之，但不得單獨成為強姦罪之正犯。對於男子實施強姦行為，僅能以強制猥褻罪律之。

2.配偶間亦得成立

配偶間，即夫對妻或妻對夫，可否成立強制性交罪？學界及實務早有爭論。反對論者認為，我國民情與歐美不同，倘將夫妻間之強制性交行為，認其成立犯罪，不僅與民法規定夫妻有同居義務相牴觸，且可能「調情變強姦」，將使夫妻關係陷於對立緊張，而缺乏生活情趣。尤其，夫妻同居一室，在無其他人證之情況下，蒐證至為不易，倘對簿公堂，法院勢將無從認定，亦無法為公平之裁判。贊成論者則認為，將夫妻間之強制性交行為，認其成立犯罪，較符合現代文明各國之立法趨勢；且刑法原有強姦罪之規定，並無排除夫妻間強姦罪之適用，僅因實務上認為「夫妻間負有同居義務」，乃不以強姦罪處理，而代以妨害自由罪或傷害罪處罰。

惟配偶間，應否成立強制性交罪？實與強制性交罪之保護法益有關。如認強制性交罪之保護法益，係在維護善良之性風俗，則夫妻床笫間之性交行為，無關性風俗，應以否定之見解為妥。惟如認其保護法益，係在維護男女個人之性決定自由，則無論夫或妻，均有其個人之性決定自由，自以肯定之見解為當。

因此，本罪之保護法益，既為個人之性決定自由，已與舊法維護性風俗之立法意旨，大異其趣。為維護個人之人性尊嚴與對於性之自我決定權，只須以強制手段違反他人之自由意願而從事性交行為，即得認其為侵害性自由之行為。故本法修正後，已明定對配偶犯之者，亦得成立本罪（刑229-1）。

㈡行為客體

本罪之行為客體，亦無任何身分之限制。其是否已婚，是否為有夫之婦或有婦之夫；如係婦女，其是否為良家婦女，是否為處女以及年齡如何，均非所問。夫或妻，亦得為本罪之客體。惟不問男女，均須現尚生存，如為屍姦，則不成立本罪。至男女有無性交能力，雖亦不拘，惟如為石女或鎖陰者，則不能成立本罪之既遂。

㈢實行行為

本罪之實行行為，係以強暴、脅迫、恐嚇、催眠術或其他違反其意願

之方法而為性交。茲分述如次：

1.強制手段

性交行為，須出於強制手段，始能成立本罪。易言之，行為人須以強暴、脅迫、恐嚇、催眠術或其他違反其意願之方法，而為性交行為，始足當之。若犯人於求姦之際，尚無行強情形，僅因被姦者自己之疑慮，恐其將至行強，為避免行強之發生而認許性交者，則為和姦，而非強制性交。且強暴脅迫等行為，須於著手強制性交中或於著手前實施，若於性交後，另有其他原因實施強脅等行為者，仍不能成立本罪❷。

⑴強制手段之內涵

所謂強暴，乃對男女為有形不法腕力之行使。修正前刑法強姦罪之規定，強暴行為須使被害人達於不能抗拒之程度，修正後，已將至使不能抗拒之規定刪除。因此，只要對男女為有形不法腕力之行使，均屬於強暴。

所謂脅迫，乃以使對方心生畏怖為目的，而以將加惡害之事實，告知對方之行為。強暴，須對男女直接為之，倘對其親屬為之，則為脅迫；惟脅迫，則不必對男女直接為之，對其親屬為脅迫，致使被害男女心生畏怖者，亦無不可。

所謂恐嚇，亦係以使對方心生畏怖為目的，而以將加惡害之事實，告知對方之行為。脅迫與恐嚇之概念，均係以加惡害之意告知他人，使其生畏怖心之行為。二者之區別，實務態度前後不一：有以被害人是否喪失意思自由為準者；有以惡害是否急迫為準者。近期實務，則復以是否喪失意思自由為準❸。惟倘以近期實務之見解為準，則脅迫與恐嚇之行為輕重，雖顯然有別，一則使人達於喪失意思自由之程度，一則仍未達喪失意思自由之程度，但其法定刑，則不分軒輊，實有未妥。因此，應以惡害是否急迫為準，較為的當。行為人倘以現時之惡害告知者，為脅迫；如以未來之惡害告知者，則為恐嚇。所謂催眠術，乃使人喪失知覺而進入昏睡狀態之方法。

---

❷　最高法院 22 上 477；48 臺上 21；58 臺上 492（決）。

❸　最高法院 80.8.6 刑議。

(2)其他違反其意願之方法

所謂其他違反其意願之方法，乃指除強暴、脅迫、恐嚇或催眠術以外，其他凡足以使他人不能或難以行使性決定自由之方法，皆屬之。例如，勸喝過分酒量，致其意識迷糊；或假藉神咒，致其心生畏懼，而聽任性交等是。

修正前刑法第221條之強姦罪，行為人須以強制之手段，實施姦淫，始為強姦。此等強制手段，除法條所列舉例示之強暴、脅迫、藥劑及催眠術外，尚有其他方法之概括規定。惟所謂其他方法，雖範圍至廣，但仍須以足使他人處於不能抗拒狀態之方法，始足當之。易言之，該等其他方法，仍須具有強制之性質者，始能成立強姦罪。

修正後，則因本罪之保護法益，既為個人之性自主意識，亦即性決定自由，只須行為人以強暴、脅迫、恐嚇、催眠術或其他違反其意願之方法而為性交者，即足成罪；其強制行為，亦無須達於至使不能抗拒或難於抗拒之程度。因此，法條上雖亦列舉強暴、脅迫、恐嚇及催眠術，以為例示；惟所謂「其他違反其意願之方法」，自其文義解釋，只須以違反被害人主觀意願之方法，縱未具有強制之性質，亦足成立。例如，施用詐術是。惟倘如此解釋，本罪用為性交之手段，只要違反被害人主觀之意願，可能係以強脅等具有強制性質之方法為之，亦可能係以不具強制性質之方法為之。就性交之手段言之，本罪是否仍稱為「強制性交罪」，即有推敲之餘地。且以違反被害人主觀意願之方法，而使人為性交行為，本法另設有乘機性交罪（刑225 I）、利用權勢性交罪（刑228 I）與詐術性交罪（刑229）等制裁之規定，倘將普通強制性交罪之「其他違反其意願之方法」，解釋為包含不具強制性質之方法在內，則上述乘機性交罪、利用權勢性交罪與詐術性交罪，恐將無適用之空間。

職是，為符合本罪之立法意旨，以及妨害性自主罪立法編排之體系解釋，所謂其他違反其意願之方法，應作限縮解釋，行為人所用之手段，仍須具有與強暴、脅迫、恐嚇及催眠術等類似強制性質之方法，始足當之。因此，施用詐術，使他人陷於錯誤，因而同意與其性交者，雖違反被害人之主觀意願，惟因不具強制性質，仍無以成立本罪。惟最高法院97年度第

5 次刑事庭會議決議：修正後所稱「其他違反其意願之方法」，係指該條所列舉之強暴、脅迫、恐嚇、催眠術以外，其他一切違反被害人意願之方法，妨害被害人之意思自由者而言，不以類似於所列舉之強暴、脅迫、恐嚇、催眠術等相當之其他強制方法，足以壓抑被害人之性自主決定權為必要，始符立法本旨。倘依此最高法院之見解，則本罪之罪名已非「強制」性交罪，且法條上之強暴脅迫等例示規定，亦已無例示之意義。因此，最高法院之見解，頗有商榷餘地❹。

⑶違反被害人之意願

強制性交罪之成立，須違反被害人之意願。倘得被害人之同意（囑託或承諾），即非違反其意願，應阻卻本罪之構成要件該當性。囑託，應以明示為必要；承諾，不以明示為必要，即默示亦可。表面上雖有拒絕之言語或舉動，實際上則具有承諾之意思者，尚不能認為違反其意願。承諾，須於強脅等行為開始時業已存在。倘於開始後，始為自由真意之囑託或承諾者，則成立本罪之未遂犯。反之，倘於開始時有承諾，惟性交中途，突生反悔，而行為人仍行強制性交者，則仍無礙於本罪之成立。此外，承諾須由被害人自己為之，他人不得代為行之。否則，縱獲其雙親首肯，仍無解於本罪之罪責。

---

❹　蓋依此項決議，本罪之行為手段，並未設限，行為人祇要實施一切違反被害人意願之方法，妨害被害人之意思自由，而不以類似於所列舉之強暴、脅迫、恐嚇、催眠術等相當之其他強制方法，足以壓抑被害人之性自主決定權為必要。惟行為係犯罪之上位概念，有行為始有犯罪。任何犯罪之構成要件，其客觀所描述者應為行為人之犯罪行為或其手段，藉以彰顯其主觀惡性之所在。倘依此項決議，不問行為人有否實施強暴、脅迫等強制手段，僅須探究行為人之性交行為是否違反被害人之意願，將強制性交罪成立要件之認定完全繫於被害人之心理意思或反應，導致法官在適用法律時，必須探究被害人主觀上有無意願以及有否違反其意願。但主觀上之意願，純屬被害人之內心意思，外界極難查知，亦難加以證明。如無法證明其意願何在或無法探究被害人意願是否被違反時，行為人即無法成立該罪。如此適用結果，反而造成對性自主決定自由保護之漏洞。

2.性　交

修法前，刑法有關妨害性方面之犯罪行為，將其分為姦淫與猥褻二種，均屬負面評價之用語。所謂姦淫，乃指男女間之性器接觸行為；所謂猥褻，則指除姦淫以外之其他色慾行為。惟修法後，則將「姦淫」改為「性交」之中性用語，並於刑法第 10 條明文規定性交之定義，擴大性交之概念，將許多原屬於猥褻概念之行為，劃入性交概念之內。

㈣故　意

本罪為故意犯，行為人在主觀上須有以強制手段，而為性交行為之故意，始能成立。其性交之意思，應於實施強脅等行為時已經存在，亦即須具有以強脅等行為為性交手段之意思，倘因其他目的實施強脅行為後，始乘機予以性交者，可能構成乘機性交罪（刑 225 I），並非本罪。脅迫本出於戲謔，而被害人誤以為真，致不敢抗拒，而與之性交或乘婦女心神喪失或不能抗拒而予性交之際，同時施以強脅行為者，亦無本罪之適用。至誤信婦女有真意之承諾存在者，則可阻卻故意。

㈤未遂、既遂

1.未遂犯

修正前刑法第 221 條之強姦罪，其區別既遂與未遂之標準，係採接合說，而以性器已否接合為準，不以滿足性慾為既遂條件❺。惟修正後，已將「姦淫」改為「性交」，並擴大性交之概念。因此，區別既遂與未遂之標準，自不能再採接合說，而應以性器是否進入他人之性器、肛門或口腔，或使之接合；或是否以性器以外之其他身體部位或器物進入他人之性器、肛門，或使之接合為準。

因此，行為人以強制性交之意思，而施用強暴脅迫之手段者，即使性交行為尚未開始，仍為本罪之著手；或於施用強暴脅迫之手段後，尚未以性器進入他人之性器、肛門或口腔，或尚未以性器以外之其他身體部位或

❺　司法院院字 1042；最高法院 58 臺上 51。

器物進入他人之性器、肛門時，即為本罪之未遂犯。

2.既遂犯

行為人已以性器進入他人之性器、肛門或口腔，或使之接合；或已以性器以外之其他身體部位或器物進入他人之性器、肛門，或使之接合時，即為本罪之既遂犯。

㈥罪數及與他罪之關係

1.罪數之認定標準

本罪之保護法益，為個人之性決定自由，屬於自由法益之一種。而自由法益，性質上為專屬法益。其罪數之認定，應以人格主體數，以為計算之標準。

因此，倘被害人為數人者，因其侵害數個性自由法益，即應成立數罪。被害人為一人者，如其所實施之構成要件行為係一個時，因係對一個性自由法益為一次性之侵害，應成立單純一罪。如其係實施數次之構成要件行為時，行為人在主觀上，須係基於一個犯罪之決意，在客觀上，其所實施之數次構成要件行為，乃係利用同一機會所為者，始能認其係一次性之侵害，而評價為一罪。否則，應就其侵害同一性自由法益之次數，認定其罪數。

2.本罪與傷害罪

本罪之保護法益，為個人之性自由；傷害罪之保護法益，則為個人之身體安全。因此，二罪間不具保護法益之同一性，自應分別成罪。其觸犯之本罪與傷害罪所評價之自然行為事實，屬於同一行為，應成立想像競合犯。

對此情形，我實務見解罔顧法益之不同，輒認為本罪之強暴行為，因極易招致輕傷之結果，除另有傷害故意外，其輕傷應認為強暴行為之當然結果，不另論罪❻。

3.本罪與毀損罪

本罪之保護法益，為個人之性自由；毀損罪之保護法益，則為個人之

---

❻ 最高法院 24.11.19 刑議；51 臺上 588。

財產安全。因此，二罪間不具保護法益之同一性，自應分別成罪。其觸犯之本罪與毀損罪所評價之自然行為事實，屬於同一行為，應成立想像競合犯。

對此情形，我實務見解認為行為人意在姦淫尋歡，何致尚有毀損心情，既非出於故意，毀損罪且不罰及過失犯，自未便論以毀損罪名❼。惟行為人於實施強制性交時，如係以強暴行為為手段，拉扯間將被害人之衣服撕破，別無毀損之故意者，因毀損罪無處罰過失犯之規定，則僅成立強制性交罪之一罪。

4.本罪與剝奪行動自由罪、強制罪

本罪之保護法益，為個人之性自由，兼含個人之意思決定自由與行動自由在內；剝奪行動自由罪與強制罪之保護法益，亦為個人之意思決定自由與行動自由。因此，二罪間具有保護法益之同一性。因強制罪為一般規定，剝奪行動自由罪為特別規定，應優先適用剝奪行動自由罪處斷。至強制性交罪，其強制性交行為本身，當然含有剝奪行動自由之成分在內，屬於吸收關係。成立法條競合時，應優先適用吸收規定之強制性交罪處斷，而排除被吸收規定之剝奪行動自由罪之適用。

5.本罪與傳染病毒罪

本罪之保護法益，為個人之性自由；傳染病毒罪之保護法益，則為個人之身體安全。因此，二罪間不具保護法益之同一性，自應分別成罪。其觸犯之本罪與傳染病毒罪所評價之自然行為事實，屬於同一行為，應成立想像競合犯。

五、加重強制性交罪

第 222 條　犯前條之罪而有下列情形之一者，處七年以上有期徒刑：

　　　　　一、二人以上共同犯之者。

　　　　　二、對未滿十四歲之男女犯之者。

---

❼　最高法院 51 臺上 588。

三、對精神、身體障礙或其他心智缺陷之人犯之者。

四、以藥劑犯之者。

五、對被害人施以凌虐者。

六、利用駕駛供公眾或不特定人運輸之交通工具之機會犯之者。

七、侵入住宅或有人居住之建築物、船艦或隱匿其內犯之者。

八、攜帶兇器犯之者。

九、對被害人為照相、錄音、錄影或散布、播送該影像、聲音、電磁紀錄。

前項之未遂犯罰之。

㈠基本構成要件

本條所定各種加重強制性交罪之基本構成要件行為，仍為強制性交行為。

㈡加重構成要件

本條規定有九款加重強制性交之事由，而成立加重強制性交罪。其基本構成要件行為，固為強制性交行為；惟該九款加重事由之性質，亦即該九款加重事由在犯罪論體系上之地位究屬如何？則影響加重強制性交罪故意之成立、實行著手時期之認定以及罪數之認定，頗有深入探討之必要。

加重強制性交罪所規定九款加重事由之性質，究為加重構成要件要素？或為單純加重條件？抑為加重量刑事由？不無爭議。

就犯罪理論之體系而論，此九款加重事由之性質，倘認其為單純加重條件，亦即單純加重處罰或刑罰之條件，則必強制性交行為已具備犯罪之成立要件後，在量刑上始予加重處罰之條件，實際上與加重量刑事由，並無差別。倘依此見解，則此九款加重事由，已與犯罪之成否無關，故行為人主觀上有否認識此等加重條件之存在，即非所問。且本罪實行之著手，

亦以強制性交行為已否開始為準。

惟此九款加重事由，如認其為加重構成要件要素，則在性質上，乃屬強制性交行為所附加之加重要素，不僅行為人在主觀上須對此等加重要素，須具有認識；且其實行之著手，亦須結合強制性交行為與此等加重要素，綜合予以判斷。

自犯罪論之體系以及本法規定此九款加重事由之理由觀之，此九款加重事由之性質，應屬強制性交行為之加重情狀，乃為強制性交行為不法內涵之加重，故應認其為強制性交罪之加重構成要件要素，較為妥適。

㈢共同強制性交罪

1.加重理由

二人以上共同犯強制性交罪者，成立刑法第 222 條第 1 項第 1 款所定「共同強制性交罪」之加重強制性交罪。本款「二人以上共同」，為強制性交行為之加重構成要件要素，二人以上共同之行為與強制性交行為已結合成為一個客觀之犯罪構成要件。

二人以上共同犯強制性交罪，所以加重處罰，乃因人數愈多，犯罪更易實現；且被害人同時遭受多數人之蹂躪，身心受創尤劇，乃特予嚴懲。

2.行為主體

修正前刑法第 222 條規定，二人以上犯強姦罪或準強姦罪，而共同輪姦者，成立輪姦罪。其主體限於男子，且行為須為姦淫，亦即須男性與女性之性器接合，始能成立。因該罪並無處罰未遂犯之規定，故二人以上均屬輪姦既遂時，固應適用該罪處罰；倘有既遂及未遂者，依共同正犯「一部行為全體負責」之法理，亦應均依輪姦既遂罪論科；僅於全體均屬未遂時，始得論以強姦罪或準強姦罪未遂犯之共同正犯❽。

---

❽　我實例認為參與者均應姦淫既遂，始能成立本罪，實屬無據；且認為其中如有人姦淫未遂，除姦淫既遂者有二人以上應構成輪姦罪外，其姦淫未遂之人，仍應繩以強姦未遂犯（最高法院 65 臺上 2064），此項見解，亦與共同正犯之法理不符，顯不足採。

惟修正後，強制性交罪之行為主體，已無身分之限制，不分男女，均得成立；且其行為，乃為性交。因此，所謂「二人以上共同犯之者」，此二人以上，得均為男性，亦得均為女性，且亦得為男、女性共同為之。其共同犯強制性交罪之行為，亦呈現多樣化，不以男女性器之接合為限；在二人以上之行為人中，有者為性器之接觸，有者為口交，有者為性器以外其他身體部位之性侵入，有者為器物之性侵入，均得成立本罪。因此，修正前刑法第 222 條之輪姦罪，因規定之內涵與現行法已經完全不同，實已不復存在。

再者，共同強制性交罪，本質上，仍屬共同正犯，自得適用「一部行為全體負責」之法理。因此，共同犯強制性交罪者，如有一人既遂者，全體均同負既遂之罪責。因本罪有處罰未遂犯之規定，故須全體均屬未遂時，始有適用本罪未遂犯規定之餘地。

3. 行為客體

本罪之行為客體，亦無任何身分限制，不分男女，均足當之。

4. 實行行為

共同強制性交罪，本質上，既屬於共同正犯，故須有共同實施強制性交之行為，始能成立。

所謂共同實施強制性交之行為，其所共同實施者，不以強制性交行為為限，縱實施強制性交行為以外之行為，如在場把風，亦得成立。且如前所述，其共同犯強制性交罪之行為，亦呈現多樣化，不以男女性器之接合為限；在二人以上之行為人中，有者為性器之接觸，有者為口交，有者為性器以外其他身體部位之性侵入，有者為器物之性侵入，均得成立本罪。

5. 故　意

共同強制性交罪，行為人在主觀上，須有共同實施強制性交之意思，始能成立。

所謂共同實施強制性交之意思，即共同有強制性交之意思聯絡。若僅到場觀看，而強制性交，則出於行為人單獨之意思與行為，或他人不知正犯犯罪之情，因而幫同實施；或脅迫他人同往強制性交，如其脅迫行為已

足令該另一人喪失自由意思，則其隨同強制性交，即非本意，不能算入正犯人數之內。

　　共同實施強制性交之意思，不以明示通謀為必要，即相互間有默示之合致，亦無不可。有問題者，乃無責任能力人得否算入二人以上之行為人數？關於此一問題，我實例認為刑法對於無責任能力者之行為，既定為不罰，則其加工於他人之犯罪行為，亦應以其欠缺意思要件，認為無犯意之聯絡，而不算入於共同正犯之數❾。

　　惟共同強制性交罪之所以加重處罰，如前所述，乃因人數愈多，犯罪更易實現；且被害人同時遭受多數人之蹂躪，身心受創尤劇。尤其，共同犯強制性交罪之行為，亦已呈現多樣化。因此，有責任能力人利用無責任能力人之加入實施強制性交行為，既已使強制性交之犯行較易實現，該無責任能力人自應算入二人以上之行為人數，除該無責任能力人因欠缺責任能力而不成立犯罪外，其餘之行為人，倘合於本罪之要件，仍應予以加重處罰為是。

㈣強制未滿十四歲男女性交罪

1.加重理由

　　對未滿十四歲之男女犯強制性交罪者，成立刑法第 222 條第 1 項第 2 款所定「強制未滿十四歲男女性交」之加重強制性交罪。本款「對未滿十四歲之男女」，為強制性交行為之加重構成要件要素，對未滿十四歲之男女與強制性交行為已結合成為一個客觀之犯罪構成要件。

　　強制未滿十四歲男女性交罪，所以加重處罰，乃因被害人年齡幼稚，發育未臻完全，且尚無抵抗能力或抵抗能力甚為薄弱，行為人竟予摧殘，實有特加嚴懲之必要。

　　修正前，強姦罪客體之婦女，並無年齡之限制；縱對於未滿十四歲之女子，倘以強脅手段犯之者，亦以準強姦罪論科。修正後，對於未滿十四歲之男女強制性交者，則成立加重強制性交罪。

---

❾　最高法院 28 上 3242。

2.行為客體

本罪之行為客體，為未滿十四歲之男女。所謂未滿十四歲，依周年計算法計算，不包括十四歲之人在內。至未滿十四歲之男女，應否專指未結婚者而言？則不無疑義。

修正前，實例對於準強姦罪行為客體之未滿十四歲之女子，在解釋上，均以未結婚者為限。若已正式結婚，或結婚後又離婚，或婚姻關係消滅，倘其年齡仍未滿十四歲，亦不得依準強姦罪論科❿。推敲其理由，似認為已婚之未滿十四歲女子，通常已與配偶為性交行為，而有性行為之經驗，其與他人和姦，除另涉通姦罪是否成立之問題外，並無予以規範之必要。因此，乃自行將客體予以限縮解釋。惟此項見解，是否妥當，不無疑問。

未滿十四歲女子，其發育未臻完全，縱使已婚，在婚姻生活中，提早經歷性交活動，仍屬有害其發育，其配偶與之發生性交行為所以不罰，或因當時實務將姦淫解釋為係婚姻關係以外男性對女性之性器交合行為；或因婚姻關係中，夫妻之性交行為，合乎社會相當性，而無實質違法可言。至未滿十四歲之已婚女子，與配偶以外之人為性交行為，既合於姦淫之要件，又非合於社會相當，因對未滿十四歲女子之發育仍有妨害，與該女子為性交行為之男性，仍應依準強姦罪論處。

修正後，因強制未滿十四歲男女性交罪，已係普通強制性交罪之加重構成要件類型，其行為須以強制手段，違反被害人之意願而為性交行為，其客體之未滿十四歲男女，已無探討是否已婚之必要。

3.實行行為

本罪之構成要件行為，亦為強制性交行為。行為人如未以強脅手段或未違反其意願，而對於未滿十四歲男女為性者，則成立第 227 條第 1 項之與未滿十四歲男女性交罪，並非本罪。

4.故　意

本罪被害人之年齡，乃係本罪之客觀構成要件要素，行為人在主觀上須具有認識，始得成立故意。至此項認識，以有預見為已足，不以明知為

---

❿　最高法院 28 上 1228；司法院院字 2032。

必要。

㈤強制身心精神障礙者性交罪

1.加重理由

對精神、身體障礙或其他心智缺陷之人犯強制性交罪者，成立刑法第222條第1項第3款所定「強制身心精神障礙者性交罪」之加重強制性交罪。本款「對精神、身體障礙或其他心智缺陷之人」，為強制性交行為之加重構成要件要素，對精神、身體障礙或其他心智缺陷之人與強制性交行為已結合成為一個客觀之犯罪構成要件。

對精神障礙者犯強制性交罪，所以加重處罰，乃因行為客體為精神、身體障礙或其他心智缺陷之人，無抵抗能力或其抵抗能力甚為薄弱，行為人不但未予憐憫，反竟予摧殘，實有特加嚴懲之必要。

2.行為客體

本罪之行為客體，為精神、身體障礙或其他心智缺陷之人。所謂精神障礙，係指病理之精神障礙及深度之意識錯亂。病理之精神障礙，包括外因精神病及內因精神病在內。前者，如腦神經創傷精神病、酒精中毒精神病、感染性精神病（如慢性神經麻痺）及腦神經痙攣精神病（如癲癇精神病）等是。後者，如精神分裂症及躁鬱症等是。深度之意識錯亂，係指前項病理之精神障礙以外之意識障礙，需屬於深度者，始足當之。

所謂身體障礙，係指五官四肢或其機能之障礙。例如，肢體殘障、眼盲耳聾等是。至所謂其他心智缺陷，則指心智薄弱或其他嚴重之精神反常。例如，癡呆症或自閉症者等是。

3.實行行為

本罪之實行行為，亦為強制性交行為。行為人倘非以強暴、脅迫、恐嚇、催眠術或其他違反其意願之方法，而係利用其精神、身體障礙或其他心智缺陷或其他相類之情形，不能或不知抗拒而為性交者，則成立乘機性交罪（刑225 I），不成立本罪。

4.故　意

本罪被害人之精神狀態，乃係本罪之客觀構成要件要素，行為人在主觀上須具有認識，始得成立故意。至此項認識，以有預見為已足，不以明知為必要。

㈥藥劑強制性交罪

1.加重理由

以藥劑犯強制性交罪者，成立刑法第 222 條第 1 項第 4 款所定「藥劑強制性交罪」之加重強制性交罪。本款之「藥劑」，為強制性交行為之加重構成要件要素，藥劑與強制性交行為已結合成為一個客觀之犯罪構成要件。

藥劑強制性交罪，所以加重處罰，乃因行為人以藥劑迷昏被害人之心智，使之喪失抵抗能力，而易遂其淫慾，乃特予嚴懲。

2.行為客體

本罪之行為客體，亦無任何身分限制，不分男女，均足當之。

3.實行行為

本罪之實行行為，係以藥劑為強制性交行為。修正前，以藥劑姦淫婦女者，亦成立強姦罪。所謂藥劑，乃指足以使他人迷失心智之藥物。例如，安眠藥、安樂丸等是。修正後，則將以藥劑對他人強制性交之行為，予以加重處罰。

惟揆之實際，其使他人喪失抵抗能力之方法甚夥，除藥劑外，催眠術或強勸人喝酒之情形，亦莫不皆然；甚至以強暴、脅迫之手段，亦均如此。因此，特別以藥劑犯強制性交罪作為加重之理由，理甚牽強，實有重加斟酌之必要。

㈦凌虐強制性交罪

1.加重理由

對被害人施以凌虐犯強制性交罪者，成立刑法第 222 條第 1 項第 5 款所定「凌虐強制性交罪」之加重強制性交罪。本款之「對被害人施以凌虐」，為強制性交行為之加重構成要件要素，對被害人施以凌虐與強制性交行為

已結合成為一個客觀之犯罪構成要件。

凌虐強制性交罪，所以加重處罰，乃因行為人除以強制性交行為，侵害他人之性自由外，復施以凌虐，重創被害人之身心至鉅，乃特予嚴懲。

2.行為客體

本罪之行為客體，為被害人，亦即普通強制性交罪之被害人，且無任何身分限制，不分男女，均足當之。

3.實行行為

本罪之基本構成要件行為，亦為強制性交行為。其加重構成要件行為，則為凌虐。所謂凌虐，乃凌辱虐待之意，亦即以強暴或其他方法，使被害人之精神或肉體感受相當痛苦之行為。不問其為有形或無形、積極或消極行為，均足當之。例如，橫加鞭笞、濫施繩具、迫令下跪、不給飲食或不予睡眠等是。

(八)利用公共交通工具強制性交罪

1.加重理由

利用駕駛供公眾或不特定人運輸之交通工具之機會犯強制性交罪者，成立刑法第 222 條第 1 項第 6 款所定「利用公共交通工具強制性交罪」之加重強制性交罪。本款「利用駕駛供公眾或不特定人運輸之交通工具之機會」，為強制性交行為之加重構成要件要素，利用駕駛供公眾或不特定人運輸之交通工具之機會與強制性交行為已結合成為一個客觀之犯罪構成要件。

利用公共交通工具強制性交罪，所以加重處罰，乃因行為人除以強制性交行為，侵害他人之性自由外，復因利用駕駛供公眾或不特定人運輸之交通工具之機會犯之，不但使被害人猶如待宰羔羊，受性侵害之危險倍增，且使社會大眾無免於恐懼之自由，乃特予嚴懲。

2.行為客體

本罪之行為客體，亦無任何身分限制，不分男女，均足當之。

3.實行行為

本罪之基本構成要件行為，亦為強制性交行為。

4.行為情狀

本罪之行為情狀，則須利用駕駛供公眾或不特定人運輸之交通工具之機會犯之。所謂供公眾運輸之交通工具，例如，公共汽車、火車、捷運電聯車等是。所謂供不特定人運輸之交通工具，例如，計程車等是。

㈨侵入或隱匿住居強制性交罪

1.加重理由

侵入住宅或有人居住之建築物、船艦或隱匿其內犯強制性交罪者，成立刑法第222條第1項第7款所定「侵入住居強制性交罪」與「隱匿住居強制性交罪」之加重強制性交罪。本款「侵入住宅或有人居住之建築物、船艦或隱匿其內」，為強制性交行為之加重構成要件要素，侵入住宅或有人居住之建築物、船艦或隱匿其內與強制性交行為已結合成為一個客觀之犯罪構成要件。

侵入或隱匿住居強制性交罪，所以加重處罰，乃因行為人除以強制性交行為，侵害他人之性自由外，復因侵入他人之住居或隱匿其內，亦侵犯他人之住居自由，乃特予嚴懲。

2.行為客體

本罪之行為客體，亦無任何身分限制，不分男女，均足當之。

3.實行行為

本罪之基本構成要件行為，亦為強制性交行為。其加重構成要件行為，則為侵入住宅或有人居住之建築物、船艦或隱匿其內。

所謂侵入，乃違反居住人或管理人之意思，而擅自進入他人住宅之行為。所謂隱匿，乃於進入他人之住宅後，隱伏藏匿於其內，使居住人或管理人難以發現之行為。至其先前進入他人住宅等之原因為何，有無正當理由，在所不論。

㈩攜帶兇器強制性交罪

1.加重理由

攜帶兇器犯強制性交罪者，成立刑法第 222 條第 1 項第 8 款所定「攜帶兇器強制性交罪」之加重強制性交罪。本款「攜帶兇器」，為強制性交行為之加重構成要件要素，攜帶兇器與強制性交行為已結合成為一個客觀之犯罪構成要件。

攜帶兇器強制性交罪，所以加重處罰，乃因行為人除以強制性交行為，侵害他人之性自由外，復因攜帶兇器，有侵害他人生命與身體安全之虞，乃特予嚴懲。

2.行為客體

本罪之行為客體，亦無任何身分限制，不分男女，均足當之。

3.實行行為

本罪之實行行為，亦為強制性交行為。

4.行為情狀

本罪之行為情狀，為攜帶兇器。所謂兇器，依通說見解，乃依一般社會觀念，按器物之通常作用，足以對於人之生命、身體造成危險之器具。例如，小刀、短刀、起子、鉗子、割草刀、鐮刀、斧鋸或檳榔刀等是。

惟揆之實際，兇器之種類甚夥，幾乎任何器物，如予不法使用，均足以造成他人生命、身體之危險。除前述所舉之例以外，他如，皮帶、絲襪、鋼筆、原子筆、書包、椅子、甚或大哥大手機等日常用品，均足當之。上述通說對於兇器之定義，仍嫌過於寬泛，實有加以適度限縮之必要。

實則，器物本身所具有之危險性與人加以使用之危險性，不宜相提並論。人加以使用之危險性，如前所述，幾乎任何器物，如予不法使用，均足以造成他人生命、身體之危險。例如，前述之皮帶、絲襪、鋼筆、原子筆、書包等是。且縱未不法使用，只要人加以使用，而按器物之通常作用，亦非無對於人之生命、身體造成危險之情形。例如，駕駛汽車、機車是。至器物本身所具有之危險性，則與人是否加以使用無關，而係依器物本身

之性質，在客觀上，本即對於人之生命、身體具有危險性者。例如，前述之小刀、短刀、割草刀、鐮刀等是。職是，所謂兇器，乃指依器物本身之性質，在客觀上，本即對於人之生命、身體具有危險性之器具。

5.故　意

倘依實務見解，認為「只須攜帶具有危險性之兇器為已足，並不以攜帶之初有行兇之意圖為必要」，或認為「行為人攜帶兇器有行兇之可能，客觀上具有危險性，至其主觀上有無恃以行兇或反抗之意思，尚非所問」[11]，則所有強制性交行為，均足以該當加重強制性交罪，已難有成立普通強制性交罪之餘地。

因此，鑑於客觀上足以對於人之生命、身體構成威脅之物品，種類甚多，且往往屬於一般人之日常用品或工作工具，在兇器與日常用品或工作工具間，並無法釐清其界限；且為使本款之適用不致與國民之法感或一般人之社會觀念相去太遠，縱然攜帶之初，不必即有行兇之意圖或主觀上有恃以行兇之意思，惟至少亦須行為人於攜帶之初，即有強制性交之意思，或於強制性交時，有以之行兇之意思，始能認其為攜帶兇器，從而以攜帶兇器為其強制性交之手段者，始能成立本款之加重強制性交罪。如於攜帶之後，始起意強制性交，且於強制性交時，未有恃以行兇之意思或未恃以行兇者，則應成立普通強制性交罪。

㈡攝錄影音強制性交罪

1.加重理由

對被害人攝錄影音犯強制性交罪者，成立刑法第 222 條第 1 項第 9 款所定「攝錄影音強制性交罪」之加重強制性交罪。本款之「對被害人為照相、錄音、錄影或散布、播送該影像、聲音、電磁紀錄」，為強制性交行為之加重構成要件要素，對被害人攝錄影音與強制性交行為已結合成為一個客觀之犯罪構成要件。

攝錄影音強制性交罪，所以加重處罰，乃因行為人除以強制性交行為，

---

[11]　最高法院 62 臺上 2489；79 臺上 5253；74.3.19 刑議。

侵害他人之性自由外，復以照相、錄音、錄影或散布、播送該影像、聲音、電磁紀錄，重創被害人之身心至鉅，乃特予嚴懲。

2.行為客體

本罪之行為客體有二：

一為被害人，亦即普通強制性交罪之被害人，且無任何身分限制，不分男女，均足當之。

二為影像、聲音、電磁紀錄。惟法條上僅規定影像、聲音、電磁紀錄，並無範圍之限制，立法上頗為粗糙，實際上並非任何影像、聲音、電磁紀錄，均足以重創被害人之身心，而成立本罪。故應限縮解釋，僅限於與性有關之影像、聲音、電磁紀錄，始得以本罪律之。

3.實行行為

本罪之基本構成要件行為，亦為強制性交行為。其加重構成要件行為，則為對被害人為照相、錄音、錄影或散布、播送該影像、聲音、電磁紀錄。

所謂照相，係以照相器材攝取人物影像之行為。

所謂錄音，係以錄音設備將聲音集音後轉換為電子訊號，儲存於磁帶等軟體中之行為。

所謂錄影，係以錄影設備，將影像收集後轉換為電子訊號，儲存於磁帶等軟體中之行為。

所謂散布，即散發分布，是對不特定人或多數人為無償之交付。

所謂播送，即傳送播放，乃對不特定人或多數人以有線電、無線電或其他器材，藉聲音或影像傳達一定意思內容之行為。

至所謂電磁紀錄，指以電子、磁性、光學或其他相類之方式所製成，而供電腦、手機、平板電腦等電子設備讀取與處理之資訊。例如，網頁瀏覽紀錄、存在伺服器之密碼、數位照片或影片檔等是。

㈢未遂、既遂

1.未遂犯

各種加重強制性交罪之未遂犯，罰之（刑222 II）。各種加重強制性交

罪之著手時期，究為何時？實與本條所規定九款加重事由之性質，具有密切關係。倘認其為單純之加重條件，亦即為加重處罰或刑罰之條件，則須強制性交行為已具備犯罪之成立要件後，在量刑上始予加重處罰，性質上乃為加重量刑之事由。因此，本罪實行之著手，自以強制性交行為已否開始為準。

惟如認其非單純之加重處罰條件，而係加重犯罪構成要件要素，則此九款加重事由，已與強制性交行為結合成為加重強制性交罪之客觀不法構成要件。其行為之著手，自須就強制性交行為與其加重之構成要件要素，綜合其主觀要件分別予以判斷。

在藥劑強制性交罪，其強制手段係以藥劑為之。因此，行為人以強制性交之意思，而施用藥劑時，即使性交行為尚未開始，仍為本罪之著手。

在凌虐強制性交罪、侵入或隱匿住居強制性交罪，因其構成要件行為，除基本之強制性交行為外，尚有凌虐、侵入或隱匿住居行為。因此，在凌虐強制性交罪，不論先凌虐後強制性交、或先強制性交後凌虐，行為人僅須於行為之始即具有凌虐與強制性交之意思，而開始實行凌虐或強制性交行為時，即為本罪之著手；在侵入或隱匿住居強制性交罪，行為人於侵入或隱匿之初，既有強制性交之意思，且以侵入或隱匿為其強制性交之手段時，其實行之著手，自須以侵入或隱匿行為開始時為準，而非以強制性交行為為準。

至於共同強制性交罪、強制未滿十四歲男女性交罪、強制身心精神障礙者性交罪、利用公共交通工具強制性交罪、攜帶兇器強制性交罪，其加重事由，或屬構成要件主體、客體或情狀，均非構成要件行為本身，在判斷其犯罪實行行為之著手時，自仍以基本構成要件行為之強制性交行為是否開始為準。

2. 既遂犯

加重強制性交罪之既遂犯，與普通強制性交罪同，亦以行為人已以性器進入他人之性器、肛門或口腔，或已以性器以外之其他身體部位或器物進入他人之性器、肛門時，即為本罪之既遂犯。

㈢罪數及與他罪之關係

1.罪數之認定標準

　　各種加重強制性交罪，本質上，乃係普通強制性交罪之加重構成要件類型。是其主要保護之法益，仍為個人之性決定自由。其罪數之認定，應與普通強制性交罪同。

2.各種加重強制性交罪與普通強制性交罪

　　各種加重強制性交罪與普通強制性交罪，具有保護法益之同一性；而在構成要件之關係上，二者間具有特別關係，前者為特別規定，後者為一般規定。成立法條競合時，優先適用特別規定之加重強制性交罪，而排斥適用一般規定之普通強制性交罪。

3.侵入或隱匿住居強制性交罪與侵入或隱匿住居罪

　　侵入或隱匿住居強制性交罪之保護法益，除個人之性決定自由外，尚兼及個人之住居自由。侵入或隱匿住居罪之保護法益，則為個人之住居自由。因此，二者間具有保護法益之同一性。因侵入或隱匿住居強制性交罪之罪質，當然含有侵入或隱匿住居罪之性質在內，故二罪間具有吸收關係。侵入或隱匿住居強制性交罪為吸收規定；侵入或隱匿住居罪為被吸收規定。成立法條競合時，應優先適用特別規定之侵入或隱匿住居強制性交罪，排除一般規定之普通強制性交罪之適用。而侵入或隱匿住居強制性交罪與侵入住居罪，亦具有侵害法益之同一性，亦成立法條競合，應優先適用吸收規定之侵入或隱匿住居強制性交罪，排除被吸收規定之侵入住居罪之適用。

4.攜帶兇器強制性交罪與危險物罪

　　攜帶兇器強制性交罪之保護法益，主要為個人之性自由；至本法第186條至第187條所定之單純危險物罪或加重危險物罪之保護法益，主要為社會之公共安全。因此，二者並不具保護法益之同一性，自應分別成罪。其所觸犯上述二罪，應予數罪併罰。

六、普通強制猥褻罪

第224條　對於男女以強暴、脅迫、恐嚇、催眠術或其他違反其意願之方法，而為猥褻之行為者，處六月以上五年以下有期徒刑。

(一)行為主體

本罪之行為主體，不問男性或女性，且不問同性或異性間，均得成立本罪。通常固以男性對女性犯之者為多，惟女性對男性為之者，亦非無有，自得為本罪主體。

(二)行為客體

本罪之行為客體，亦不分男女。其年齡如何，並非所問。夫妻間之猥褻行為，如具備強制條件，亦可構成本罪，故夫或妻，亦得為本罪客體。

(三)實行行為

本罪之實行行為，係以強暴、脅迫、恐嚇、催眠術或其他違反其意願之方法而為猥褻之行為。茲分述如次：

1.強制手段

猥褻行為，須出於強制方法，始能成立本罪。易言之，行為人須以強暴、脅迫、恐嚇、催眠術或其他違反其意願之方法，而為猥褻行為，始足當之。其義詳見普通強制性交罪之說明，茲不再贅。

2.猥褻行為

(1)猥褻之概念

猥褻之概念，性質上屬於規範性之構成要件要素，具有流動性，每受時代演進與環境變遷之影響，而異其內涵。性交，本係猥褻之一種態樣，因我國刑法於猥褻罪外，別有處罰性交罪之規定，且在構成要件上，每將性交與猥褻行為並列。因此，猥褻之概念，遂有廣狹二義。廣義之猥褻，

乃指包括性交在內之一切表現性慾之行為而言，如公然猥褻罪之猥褻行為是。狹義之猥褻，則指除性交以外之一切表現性慾之行為而言。

⑵表現性慾之行為

無論性交或猥褻，均屬人之本能的性慾形之於外之表現，兩者頗難分其界限。刑法修正時，將許多原屬於猥褻概念之行為，劃入性交概念之內，反而使性交與猥褻之界限更趨模糊，兩者是否仍有區別之必要，實不無斟酌之餘地。在立法論上，似可將強制性交罪與強制猥褻罪之規定合而為一，增大法定刑之幅度，使法官有裁量之空間，並將性交與猥褻合併稱為「表現性慾之行為」。

性慾乃為人之本能，其與物慾及食慾相同，均屬人性之自然表現。物慾及食慾，只要個人能力所及，均可盡情表現，有充分之表現自由。惟性慾則受傳統禮教之極大束縛，不但非禮勿思，且非禮勿視，在極端壓抑之下，衍生種種之社會問題。社會上容許以各種方法或手段刺激或滿足物慾及食慾，卻無法容許以各種方法或手段刺激或滿足性慾，實為對於人之本能之不當壓抑。因此，如未以不當之方法或手段藉以獲得性慾之滿足者，實無加以處罰之理由。反之，如以不當之方法或手段獲得性慾者，始有予以處罰之必要。

⑶猥褻之意義

在現行法之下，性交與猥褻既為兩種不同之行為態樣，則所謂猥褻，自指除性交以外之一切表現性慾之行為。至性交以外何種表現性慾之行為，得認其為猥褻？則應以行為當時該社會之倫理規範為準據，亦即應依行為當時社會一般人之健全常識，即社會通念，就客觀行為事實加以認定。因此，行為人如在主觀上具有表現性慾之意念，且在客觀上得認該行為係屬於表現性慾之動作者，即得認為猥褻行為。至猥褻行為，是否會刺激或滿足自己或他人性慾、是否會引起他人羞恥或嫌惡感以及是否違反善良性道德觀念，則非所問。

修正前，猥褻罪屬於妨害風化罪，其保護法益為社會之善良風俗。因此，在解釋上，所謂猥褻，一般均認為係指除姦淫以外一切違背善良風俗

之色慾行為。凡在客觀上足以引起他人之色慾，或主觀上足以滿足自己之色慾者，均屬之。我司法實務向來均認為所謂猥褻，須其行為在客觀上足以誘起他人性慾，在主觀上足以滿足自己性慾❷；或謂所謂猥褻，係指姦淫以外有關風化之一切色慾行為❸。此等見解，已不符現行刑法之規範意旨，實有幡然改圖之必要。

⑷猥褻與調戲之界限

①社會秩序維護法之規定

所謂調戲，係以猥褻之言語、舉動或其他方法，調侃戲弄異性之行為。法律用語使用「調戲」一詞者，在我國目前僅有社會秩序維護法第 83 條第 3 款有明文規定。依社會秩序維護法規定，調戲，須以猥褻之言語、舉動或其他方法為之，始能成立。所謂猥褻之言語、舉動，係指行為人之行為，在客觀上依一般社會通念得認其係屬於表現性慾之言語、舉動。倘作此解釋，除客體是否為異性有所不同外，調戲與猥褻，在概念上似無何差別。因此，調戲實相當於狹義之猥褻概念，成立調戲行為，亦輒同時成立猥褻行為。行為人之行為究為調戲或猥褻，胥以其手段是否具有強制性為準。如以強制性之手段為之時，即可能構成強制猥褻罪。如非以強制性手段為之時，則成立調戲異性之違反秩序法行為。

②猥褻與調戲概念略有不同

調戲，除具有上述之意義外，實際上，行為人所使用有關性方面之不正言語或動作，依一般社會通念雖尚難認為係表現性慾之動作，但已使被害人內心有不舒服或不愉快感覺者，亦難認為非調戲異性。因此，作為調戲手段之猥褻動作，似應放寬解釋，而不宜與強制猥褻罪之猥褻行為，採同一解釋。易言之，行為人之行為，在客觀上依一般社會通念得認其屬於表現性慾之動作者，固屬於強制猥褻罪之猥褻行為，亦同時屬於調戲異性之調戲行為；惟行為人之行為，在客觀上依一般社會通念雖尚難認其屬於表現性慾之動作，但其所使用有關性方面之不正言語或動作，已使被害人

---

❷ 最高法院 17.10.13 刑議。

❸ 最高法院 27 上 558；45 臺上 563。

內心有不舒服或不愉快感覺者，雖非強制猥褻罪之猥褻行為，但得認為係調戲異性之調戲行為。就此意義而言，調戲之概念，似較猥褻概念為廣。

有關調戲之內涵，司法院 30 年院字第 2144 號解釋，認為凡以不正之言語或動作，希圖挑引婦女性慾之發動者，均屬之。司法院此號解釋，認為調戲須希圖挑引婦女性慾之發動，不但與刑法修正前之猥褻概念，認為須其行為在客觀上足以誘起他人性慾，在主觀上足以滿足自己性慾之實務見解相同，已與修正後著重於保護性自主之猥褻概念，難以契合；且取義過狹，亦與社會一般觀念顯有鑿枘。

㈣故　意

本罪為故意犯，行為人對於違反被害人之意願具有認識，而決意為強制猥褻之行為，即得成立本罪之故意。至其為直接或未必故意，則非所問。

㈤既　遂

本罪為舉動犯，行為人只須以強暴、脅迫、恐嚇、催眠術或其他違反其意願之方法，而為猥褻行為，即為既遂。至行為人基於猥褻之故意，而著手實施強暴、脅迫、恐嚇、催眠術或其他違反其意願之方法，尚未為猥褻之行為者，屬於本罪之未遂，惟因本罪並無處罰未遂犯之規定，自屬不罰。

㈥本罪與他罪之關係

1. 本罪與強制性交罪

本罪與強制性交罪之保護法益，均係個人之性決定自由。因此，二罪間具有保護法益之同一性。強制性交罪乃為特別規定，本罪則為一般規定。成立法條競合時，應優先適用特別規定之強制性交罪處斷，而排除一般規定之本罪之適用。

因猥褻之概念，亦得包含性交之情形在內。因此，在通常情形，強制性交行為與強制猥褻行為，在外表上，每無從予以截然劃分；尤其強制性交未遂與強制猥褻，在客觀行為上，更難區別。倘於事實認定上，足以明

確認定行為人在主觀上僅有猥褻之意思，而無性交之意思時，固僅得依強制猥褻罪論科。否則，行為人主觀之意思內容，究為猥褻抑或性交，單從行為之外表，實無從分辨。雖然，於事實認定上，倘足以認定行為人在主觀上具有性交之意思者，因從事性交行為時，除性交行為本身即為猥褻行為外，每多夾雜有其他猥褻動作在內。因此，主觀上具有性交意思時，亦得認其同時具有猥褻之意思。在此情形，行為人之行為，除成立強制性交罪外，亦得同時成立強制猥褻罪，而後再依法條競合之法理，從特別規定之強制性交罪處斷。我實例對於性交與猥褻之區別，似完全取決於行為人主觀之犯意，而認為若行為人意在姦淫，而已著手實行，且已達於用強程度，縱令未達目的，仍應論以強姦未遂，不得論以猥褻❶，似有商榷餘地。

2.本罪與剝奪行動自由罪、強制罪

本罪之保護法益，為個人之性自由，兼含個人之意思決定自由與行動自由在內；剝奪行動自由罪與強制罪之保護法益，亦為個人之意思決定自由與行動自由。因此，二罪間具有保護法益之同一性。因本罪之強制猥褻行為，當然含有剝奪行動自由罪與強制罪之性質在內。因此，本罪為吸收規定，剝奪行動自由罪與強制罪則為被吸收規定。成立法條競合時，應優先適用本罪處斷，而排除剝奪行動自由罪之適用。惟行為人若以私行拘禁之方法，以達其強制猥褻之目的者，則私行拘禁之行為與強制猥褻之行為，應予數罪併罰。

3.本罪與公然猥褻罪

本罪與公然猥褻罪，在修正前，均屬於妨害風化罪之犯罪類型，其保護法益俱為社會之善良風俗，故具有保護法益之同一性，應成立法條競合。在此時期，司法實務有認為，強制猥褻罪，並不以公然與否為要件，故公然為強制猥褻行為，依吸收法理，僅應論以強制猥褻罪，不生與刑法第234條公然猥褻罪從一重處斷之問題❶。亦有認為，強制猥褻部分為重罪，公然猥褻之輕罪，已包括在內者❶。此等見解，均有商榷餘地。

---

❶　最高法院45臺上563；63臺上2235。

❶　最高法院83臺上2962（決）。

修正後，本罪屬於侵害性自主罪，其保護法益，為個人之性自由；公然猥褻罪為妨害風化罪，其保護法益，為社會之善良風俗，兩罪之保護法益不同，自應分別論罪，而依想像競合犯從其一重處斷。

4.本罪與性騷擾防治法之強制觸摸罪

性騷擾防治法第 25 條規定，意圖性騷擾，乘人不及抗拒而為親吻、擁抱或觸摸其臀部、胸部或其他身體隱私處之行為者，成立強制觸摸罪。強制觸摸罪，係以乘人不及抗拒之方法為之。所謂乘人不及抗拒，乃出其不意而為偷襲，此與強制猥褻罪之違反其意願，業已妨害被害人之意思自由，稍有不同。強制觸摸罪係指行為人對於被害人之身體為偷襲式、短暫性之不當觸摸行為，而不符本罪之構成要件者，始足當之。

七、加重強制猥褻罪

第 224 條之 1　犯前條之罪而有第二百二十二條第一項各款情形之一者，處三年以上十年以下有期徒刑。

(一)基本構成要件

本條所定各種加重強制猥褻罪之基本構成要件行為，為強制猥褻行為。

(二)加重構成要件

加重強制猥褻罪之加重構成要件要素，與加重強制性交罪同，須具有本法第 222 條第 1 項各款所定之加重強制猥褻之事由，始能成立加重強制猥褻罪，詳見加重強制性交罪之說明。

(三)故　意

加重強制猥褻罪之加重事由，係針對普通強制猥褻罪所附加之加重構成要件要素。因此，行為人須具有普通強制猥褻罪之故意外，尚須對於此

---

⑯　司法行政部 67 年臺刑二字第 81 號。

等加重構成要件之所有要素，具有認識，始能依加重強制猥褻罪論科。

㈣既　遂

本罪無處罰未遂犯之規定，不論行為人是否已著手於加重構成要件之行為，抑或是否已著手於強暴脅迫等違反其意願之行為，均須行為人已為猥褻行為者，始為加重強制猥褻罪之既遂犯。

㈤加重強制猥褻罪與普通強制猥褻罪

加重強制猥褻罪與普通強制猥褻罪，具有保護法益之同一性，二者間具有特別關係，前者為特別規定，後者為一般規定。成立法條競合時，優先適用特別規定之加重強制猥褻罪，而排除適用一般規定之普通強制猥褻罪。

八、乘機性交猥褻罪

第 225 條　對於男女利用其精神、身體障礙、心智缺陷或其他相類之情形，不能或不知抗拒而為性交者，處三年以上十年以下有期徒刑。

對於男女利用其精神、身體障礙、心智缺陷或其他相類之情形，不能或不知抗拒而為猥褻之行為者，處六月以上五年以下有期徒刑。

第一項之未遂犯罰之。

㈠行為主體

本罪之行為主體，不問男性或女性，且不問同性或異性間，均得成立本罪。通常固以男性對女性犯之者為多，惟女性對男性為之者，亦非無有，自得為本罪主體。

㈡行為客體

本罪之行為客體，亦不分男女。其年齡如何，並非所問。且不論其已婚或未婚，並兼括已婚之未滿十四歲女子在內。

㈢實行行為

本罪之行為，為性交或猥褻，其義詳前。

㈣行為情狀

1.利用身心精神障礙之狀態

本罪須對於男女利用其精神、身體障礙、心智缺陷或其他相類之情形，不能或不知抗拒而為性交或猥褻之行為，始能成立。易言之，本罪行為人須於實施性交或猥褻行為之前，被害人因精神、身體障礙、心智缺陷或其他相類情形，已處於不能或不知抗拒之狀態，始有所謂利用之可言。

若係行為人故意施用強脅等手段，致使被害人精神、身體障礙、心智缺陷或其他相類之情形，不能或不知抗拒，始予性交或猥褻者，則為強制性交罪、加重強制性交罪或強制猥褻罪、加重強制猥褻罪，而非本罪。如被害人不能抗拒之原因，非出於行為人所為，且無共犯關係之情形，僅於被害人精神、身體障礙、心智缺陷或其他相類之情形，不能或不知抗拒時，行為人利用此時機以行性交或猥褻行為者，即得依本罪論處。

2.不能或不知抗拒

所謂精神、身體障礙或心智缺陷，詳見加重強制性交罪之說明。所謂其他相類情形，則指除精神、身體障礙或心智缺陷外，其他一切不能或不知抗拒之情形而言。例如，身患重病或嗑藥熟睡等是。

不能或不知抗拒，不問其係心理上或物理上之不能抗拒，均包含在內。至其陷於不能或不知抗拒之原因，係因恐怖、驚愕或錯誤，乃至因他人拘束自由致不能或不知抗拒者，亦均非所問。

㈤故　意

　　本罪為故意犯，且對於男女因身心精神障礙等，陷於不能抗拒之狀態，須有認識，始克相當。

㈥既　遂

　　本罪之未遂犯，罰之（刑 225 III）。其實行之著手時期，為乘身心精神障礙等不能或不知抗拒，而開始實施性交行為之時。其未遂、既遂之區別，參照普通強制性交罪之說明。

㈦本罪與他罪之關係

1. 本罪與侵入住居罪

　　本罪之保護法益，為個人之性自由；侵入住居罪之保護法益，則為個人之居住之自由。因此，二罪間不具有保護法益之同一性，應分別成罪，而予數罪併罰。

2. 本罪與普通強制性交罪或強制猥褻罪

　　本罪與普通強制性交或強制猥褻罪之保護法益，均為個人之性自由，具有保護法益之同一性，二者間具有補充關係，普通強制性交或強制猥褻罪為基本規定，本罪為補充規定。成立法條競合時，應依補充關係之法理，優先適用基本規定之普通強制性交或強制猥褻罪，而排除本罪之適用。

　　我實例認為，刑法（修正前）第 221 條第 1 項強姦罪、第 224 條第 1 項強制猥褻罪與第 225 條第 1 項乘機姦淫罪、同條第 2 項乘機猥褻罪，其主要區別在於犯人是否施用強制力及被害人不能抗拒之原因如何造成為其判別之標準。如被害人不能抗拒之原因，為犯人所故意造成者，應成立強制性交罪或強制猥褻罪。如被害人不能抗拒之原因，非出於犯人所為，且無共犯關係之情形，僅於被害人心神喪失或其他相類之情形不能抗拒時，犯人乘此時機以行性交或猥褻行為者 ， 則應依乘機性交或乘機猥褻罪論處❼。

九、侵害性自主加重結果罪

> **第 226 條** 犯第二百二十一條、第二百二十二條、第二百二十四條、第二百二十四條之一或第二百二十五條之罪，因而致被害人於死者，處無期徒刑或十年以上有期徒刑；致重傷者，處十年以上有期徒刑。
>
> 因而致被害人羞憤自殺或意圖自殺而致重傷者，處十年以上有期徒刑。

本罪之型態有二：

1. 普通加重結果罪

凡著手於普通強制性交罪等各罪構成要件之行為，因而致被害人於死或重傷者，即成立普通加重結果罪（刑 226 I）。被害人之死亡或重傷，係由於強制性交、加重強制性交、強制猥褻或加重強制猥褻等行為所致，且行為人對於此項結果之發生，在客觀上具有預見可能（刑 17），即足當之。

至死傷之結果，係由強脅、藥劑或凌虐等行為所致，抑或由性交或猥褻行為所致，均非所問；即與此等行為密切接近之行為所致者，亦包含在內。故被害人為遠避強脅行為而致死傷者，行為人亦難辭本罪之加重結果責任❶⓼。

侵害性自主既遂，而致生被害人死亡或重傷之結果者，固得成立本罪；縱侵害性自主未遂，如致生被害人死亡或重傷之結果者，亦得依本罪論科。

侵害性自主而致被害人負傷，並進而死亡者，在犯罪認識上，雖得該當侵害性自主致重傷罪與侵害性自主致死罪；惟在犯罪評價上，仍成立法

---

❶ 最高法院 71 臺上 1562。

⓼ 例如，上訴人之強姦雖尚未遂，亦未將被害人推墮水中，但該被害人既係因拒姦跌入塘內溺斃，其死亡之發生，與上訴人之強姦行為，顯有相當因果關係，上訴人自難辭強姦因而致被害人於死之罪責（最高法院 32 上 1206）。

條競合，應優先適用基本規定之侵害性自主致死罪。又以侵害性自主之目的，加暴行於婦女，致其死亡，嗣後仍予性交或猥褻者，僅包括地成立侵害性自主致死罪。惟侵害性自主行為終了後，因其他原因傷害被害人者，則應成立侵害性自主罪與傷害罪，依數罪併罰處斷。

2. 特別加重結果罪

侵害性自主，因而致被害人羞憤自殺或意圖自殺而致重傷者，亦得成立侵害性自主特別加重結果罪（刑 226 II）。

此項死傷之結果，並非因強脅、藥劑、凌虐或性交、猥褻行為所致，而係因被害人羞憤所致。惟被害人之所以羞憤，實肇因於被強制性交或猥褻，故與強制性交或猥褻行為，仍具有其因果關係存在。

因此，須有強制性交或猥褻已遂或未遂之事實，及被害人因此事實而羞憤自殺者，始負此項加重責任。倘並無此項事實，或雖有此事實，但其自殺並非由於羞憤，而係另有原因者，則不能令其遽負此項責任[19]。例如，被害人深夜始歸，致遭歹徒強制性交得逞，其父獲悉後，痛責其晚歸，被害人因而賭氣自殺者，即不得以此項責任律之。

本罪只須對於男女已著手於強制性交或猥褻行為，以致激成羞憤自殺之結果，即得處罰；至其性交或猥褻是否達於既遂，亦非所問。此外，羞憤自殺，以被害人為限，不包括被害人之夫及其父母在內[20]。

十、侵害性自主結合罪

第 226 條之 1 　犯第二百二十一條、第二百二十二條、第二百二十四條、第二百二十四條之一或第二百二十五條之罪，而故意殺害被害人者，處死刑或無期徒刑；使被害人受重傷者，處無期徒刑或十年以上有期徒刑。

---

[19]　最高法院 30 上 1614。

[20]　大理院 4 統 317。

(一)行為主體

本罪之行為主體，為犯普通強制性交罪、加重強制性交罪、強制猥褻罪、加重強制猥褻罪及乘機性交猥褻罪之行為人。

(二)行為客體

本罪之行為客體，為普通強制性交罪、加重強制性交罪、強制猥褻罪、加重強制猥褻罪及乘機性交猥褻罪之被害人，亦即指被強制或乘機性交或猥褻之人而言。倘其所殺害或重傷者，係被強制或乘機性交或猥褻之人以外之人者，則非本罪。

(三)實行行為

本罪之實行行為，為普通強制性交、加重強制性交、強制猥褻、加重強制猥褻及乘機性交猥褻行為與殺人或重傷行為。本罪為結合犯，其所結合之二個行為，均須分別足以獨立成罪。

(四)故　意

本罪，無論係侵害性自主行為或殺人或重傷行為，均須出於故意，且其殺人或重傷故意，須起於侵害性自主行為之初或未完成之前，始克相當。至其為直接故意或未必故意，均非所問。倘於侵害性自主行為完成後，始行起意殺人者，已非結合犯，自應依數罪併罰之例處斷。犯侵害性自主罪而過失致被害人於死或重傷者，則為侵害性自主罪之加重結果犯，並非本罪。

(五)既　遂

就法理而言，結合犯之既遂，須其所結合之二個行為全部既遂，始得成立，倘二者有一尚未達既遂之程度，僅得成立結合犯之未遂。惟因本罪並無處罰未遂犯之明文，無從依結合犯之未遂犯處罰。

因此，侵害性自主殺人或重傷者，倘侵害性自主行為既遂，其殺人或重傷行為亦既遂者，自得依侵害性自主殺人或重傷罪之結合犯處罰。惟如侵害性自主行為既遂，殺人或重傷行為未遂，或侵害性自主行為未遂，殺人或重傷行為既遂，或侵害性自主行為未遂，殺人或重傷行為亦為未遂者，則僅能依侵害性自主罪之既遂犯或未遂犯與殺人或重傷罪之既遂犯或未遂犯，予以併合論罪。

惟因本法第226條之1法文規定：「犯第二百二十一條、第二百二十二條、……之罪，而故意殺害被害人者，……；使被害人受重傷者，……」。在解釋上，所謂犯第221條、第222條、……之罪，其既遂犯、未遂犯，自均應包括在內。因此，侵害性自主行為未遂，而殺人或重傷既遂者，亦得成立結合犯。

又殺人或重傷行為，須於強制或乘機性交或猥褻行為當場為之。若殺人或重傷行為已非當場者，自不得遽以本罪相繩，而應併合處罰。

㈥罪數及與他罪之關係

1. 罪數之認定標準

結合犯，乃係結合數個本為獨立犯罪之構成要件，而形成另一獨立之犯罪，本質上已為實質一罪。因此，其所結合之各罪，在犯罪結構上，地位完全相等，並無主、從犯罪之分，自無法將其強分何者為基礎犯罪、何者為相結合犯罪。例如，在普通強制性交殺人罪，係先強制性交而後殺人，或先殺人未遂而後強制性交，並無實施先後之分。故無論在犯罪構成要件之解釋上，抑或在罪數之判斷上，均應將結合犯視為一個整體之犯罪，始能為正確之適用。

職是，侵害性自主結合罪之罪數，應自其相互結合各罪之保護法益，基於平等之立場出發，以界定其判斷之標準：倘僅侵害一個A罪之主要保護法益，且僅侵害一個B罪之主要保護法益，應成立一個結合罪。倘侵害數個A罪之主要保護法益，且侵害數個B罪之主要保護法益，應成立數個結合罪。倘僅侵害一個A罪之主要保護法益，惟侵害數個B罪之主要保護

法益，除成立一個結合罪外，應另行成立數個獨立之 B 罪；反之，亦然。蓋在犯罪評價上，倘認其成立數個侵害性自主結合罪，則 A 罪之行為，即屬重複評價與處罰，有違禁止二重處罰原則。

2. 本罪與侵害性自主罪及殺人、重傷罪

本罪之保護法益，與侵害性自主罪之保護法益，二者具有同一性。本罪之保護法益，與殺人、重傷罪之情形，亦同。而在構成要件之關係上，二者間具有特別關係，本罪為特別規定，侵害性自主罪或殺人、重傷罪為一般規定。成立法條競合時，應優先適用特別規定之本罪，排除一般規定之侵害性自主罪或殺人、重傷罪之適用。

十一、與稚齡或幼年男女性交猥褻罪

第 227 條　對於未滿十四歲之男女為性交者，處三年以上十年以下有期徒刑。

對於未滿十四歲之男女為猥褻之行為者，處六月以上五年以下有期徒刑。

對於十四歲以上未滿十六歲之男女為性交者，處七年以下有期徒刑。

對於十四歲以上未滿十六歲之男女為猥褻之行為者，處三年以下有期徒刑。

第一項、第三項之未遂犯罰之。

㈠行為主體

本條所定各罪之行為主體，亦無任何身分之限制，不問男對女、女對男、男對男或女對女，均有成立犯罪之可能。

㈡行為客體

1. 與稚齡男女性交猥褻罪

與稚齡男女性交猥褻罪之行為客體，為未滿十四歲之男女。依我實務見解，此處所謂男女，宜作縮小解釋，專指未結婚者而言。若已正式結婚之男女，其年齡縱尚未滿十四歲，亦不得適用本罪論科❷。至其是否為良家男女，則非所問。又雖已結婚，旋又離婚或婚姻關係消滅者，縱其年齡仍未滿十四歲，亦不得論以本罪❷。

2.與幼年男女性交猥褻罪

與幼年男女性交猥褻罪之行為客體，為十四歲以上未滿十六歲之男女。依我實例見解，亦以未婚男女為限。至其是否為良家男女，亦非所問。

本罪之設，乃因被害人年齡幼稚，發育未臻完全，且無同意性交之能力，遂以法律特予保護。故事實上縱曾獲其本人同意，自仍成立本罪。行為人縱獲有被害人父母之同意，亦不能阻卻犯罪。

㈢實行行為

本條所定各罪之實行行為，為性交或猥褻。惟行為人與本條所定各罪之行為客體為性交或猥褻行為時，須未使用強暴、脅迫、恐嚇、催眠術或其他違反其意願之方法，始能構成本罪。倘行為人係施用強脅等手段為性交或猥褻者，即屬強制性交或強制猥褻行為，自應成立強制性交或強制猥褻罪，而非本罪。

㈣故　意

行為人主觀上須具有性交或猥褻之意思，且對於被害人之年齡，亦須具有認識，始能成立本條所定各罪。惟此項認識，不以行為人明知被害人為未滿十四歲之男女或十四歲以上未滿十六歲之男女為必要，其有與未滿十四歲男女或十四歲以上未滿十六歲之男女為性交或猥褻行為之未必故意者，亦應成立本罪。倘行為人對於被害人之年齡毫無認識，縱被害人實際上係未滿十四歲或十四歲以上未滿十六歲之人，自無從依本罪論科。

---

❷　最高法院 28 上 1228；29 上 1332；司法院院字 2032。

❷　司法院院字 2033。

㈤未遂、既遂

1.未遂犯

　　與稚齡男女性交罪及與幼年男女性交罪之未遂犯，罰之（刑227 V）。區別既遂與未遂之標準，亦以性器是否進入他人之性器、肛門或口腔，或是否以性器以外之其他身體部位或器物進入他人之性器、肛門為準。行為人如尚未以性器進入他人之性器、肛門或口腔，或尚未以性器以外之其他身體部位或器物進入他人之性器、肛門時，即為本罪之未遂犯。

2.既遂犯

　　行為人已以性器進入他人之性器、肛門或口腔，或已以性器以外之其他身體部位或器物進入他人之性器、肛門時，即為本罪之既遂犯。

㈥本罪與他罪之關係

1.本條所定各罪與強制性交或強制猥褻罪

　　本條所定各罪與強制性交罪（含加重強制性交罪）或強制猥褻罪（含加重強制猥褻罪）之保護法益，均為個人之性決定自由，具有保護法益之同一性，二者間具有補充關係，強制性交罪（含加重強制性交罪）或強制猥褻罪（含加重強制猥褻罪）為基本規定，本條所定各罪則為補充規定。應依法條競合之補充關係，優先適用強制性交罪或強制猥褻罪之基本規定，排除適用與稚齡男女性交或猥褻罪之補充規定❷❸。

2.本條所定各罪與乘機性交猥褻罪

　　本條所定各罪與乘機性交猥褻罪，具有侵害法益之同一性，應依法條競合之補充關係，優先適用與稚齡男女猥褻罪之基本規定，排除適用乘機

---

❷❸　歷來我實務見解雖採相同結論，惟並未說明其法理上之依據。例如，刑法（修正前）第221條第2項姦淫未滿十四歲之女子以強姦論之規定，係指犯人所用之手段本非強暴脅迫者而言。如被害人年齡雖未滿十四歲，而犯人既已施用強暴脅迫之手段姦淫者，即屬強姦行為，自應依該條第1項處斷，無適用同條第2項之餘地（最高法院38穗上8；50臺上1092）。

性交猥褻罪之補充規定。

　　對此，我實務似認其為吸收關係。例如，刑法（修正前）第224條第
2項之準強制猥褻罪，只以被害人之年齡為其特殊要件，苟被害人年齡未
滿十四歲，縱被告係乘其熟睡中予以猥褻，亦應認為被吸收於準強制猥褻
罪之內，無適用刑法（修正前）第225條第2項論罪之餘地❷。

十二、利用權勢性交猥褻罪

第228條　對於因親屬、監護、教養、教育、訓練、救濟、醫療、公務、
　　　　　業務或其他相類關係受自己監督、扶助、照護之人，利用權勢
　　　　　或機會為性交者，處六月以上五年以下有期徒刑。
　　　　　因前項情形而為猥褻之行為者，處三年以下有期徒刑。
　　　　　第一項之未遂犯罰之。

㈠行為主體

1.身分犯

　　本罪之行為主體，為對於被害人具有監督、扶助或照護關係之人，性
質上為身分犯。不論性交或猥褻行為，並無任何男女身分之限制，不問男
對女、女對男、男對男或女對女，均有成立本罪之可能。

2.監督、扶助或照護關係

　　監督、扶助或照護之關係，以基於法文所列舉之關係者為限。親屬關
係，如父母對於子女監督、家長對於家屬之監督等是。其親等及親系如何，
在所不問。監護關係，如法定監護人對於未成年人之監護（民1094）是。
教養關係，如認養人對於幼童之認養等是。教育關係，如師長對於學生之
教育、導師對於學員之督導等是。訓練關係，如職業訓練師對於技術生之
訓練（職業訓練法11）、師傅對於學徒之訓練等是。救濟關係，如救濟機
構管理人對於被收容人之照護、政府官員對於低收入戶之扶助（社會救助

❷　最高法院79臺上342。

法 1）等是。醫療關係，如醫師對於病患之照護、醫事人員對於勞工之健檢等是。公務關係，如公務機關長官對於部屬之督導、監所職員對於受刑人或在押人之督導等是。業務關係，如公司經理對於下屬之監督、護士長對於護士之監督等是。其他相類關係，如研究計畫主持人對於助理人員之監督等是。

3.監督、扶助或照護關係之存在時期

監督、扶助或照護之關係，其係法律上或事實上之關係，雖非所問；惟須於實施性交或猥褻行為時存在。亦即有監督、扶助或照護關係之人，對於受自己監督、扶助或照護之人，實施性交或猥褻行為時，須其監督、扶助或照護之關係，現仍存續，始有利用權勢或機會之可能。若從前雖有監督、扶助或照護之關係，而於性交或猥褻行為時，已不存在，或性交或猥褻行為後，始發生監督、扶助或照護關係者，即無由構成本罪。此外，監督、扶助或照護之關係，須確實存在，始有利用權勢或機會之可能。否則，仍無由構成本罪❷❺。

㈡行為客體

本罪之行為客體，為服從行為主體監督、扶助或照護之人。例如，前述之受監護人、學生、學徒、病患、受刑人或收容人等是。

㈢實行行為

本罪之實行行為，係利用權勢為性交或猥褻行為。所謂利用權勢，乃利用對於被害人之地位、職業、教育、訓練或生活等得構成威脅或影響之

---

❷❺　刑法（修正前）第 228 條犯罪之成立，須以因業務關係服從自己監督之人，利用權勢而姦淫之為要件。被告甲男，雖有教舞之事實，但其對於來學之人，既屬一任自由，並無法律上或規則上支配與考核勤惰之權，自不同於學校學生，廠店藝徒，有支配服從之關係，雖乙女慕於甲男之舞技，對其要求曲意順從，於日記上有「怕他生氣」之記載，仍屬於情感之範圍，不足以說明甲男有利用權勢加以威脅之事實（最高法院 43 臺上 487）。

權力與威勢，而使被害人服從之意。倘雖有監督、扶助或照護之關係，行為人並無利用權勢情事，而係被害人曲意順從或出於自願者，則係單純和姦行為，自不成立本罪❷。反之，如行為人利用權勢，而使被害人違反其意願，已達強制之程度者，則應成立強制性交罪或強制猥褻罪，亦非本罪。

㈣故　意

　　本罪為故意犯，且行為人須認識其與被害人有監督、扶助或照護之關係存在，始能成立本罪。

㈤未遂、既遂

1. 未遂犯

　　利用權勢性交罪之未遂犯，罰之 (刑 228 III)。區別既遂與未遂之標準，亦以性器是否進入他人之性器、肛門或口腔，或是否以性器以外之其他身體部位或器物進入他人之性器、肛門為準。行為人尚未以性器進入他人之性器、肛門或口腔，或尚未以性器以外之其他身體部位或器物進入他人之性器、肛門時，即為本罪之未遂犯。

2. 既遂犯

　　行為人已以性器進入他人之性器、肛門或口腔，或已以性器以外之其他身體部位或器物進入他人之性器、肛門時，即為本罪之既遂犯。

㈥本罪與他罪之關係

1. 本罪與與稚齡或幼年男女性交猥褻罪

　　本條所定各罪與與稚齡或幼年男女性交猥褻罪之保護法益，均為個人之性決定自由，具有保護法益之同一性，二者間具有補充關係，與稚齡或幼年男女性交猥褻罪為基本規定，本條所定各罪則為補充規定，應依法條競合之補充關係，優先適用與稚齡或幼年男女性交猥褻罪之基本規定，排除適用利用權勢性交猥褻罪之補充規定❷。

---

❷　最高法院 57 臺上 2614 (決)；33 上 262。

2.本罪與凌虐人犯罪

本罪之保護法益，為個人之性自由；凌虐人犯罪之保護法益，則為國家公務執行之公正。因此，二者間不具保護法益之同一性，應分別成罪，如出於一行為者，應依想像競合關係，從一重處斷。否則，應併合論罪。

十三、詐術性交罪

第 229 條　以詐術使男女誤信為自己配偶，而聽從其為性交者，處三年以上十年以下有期徒刑。

前項之未遂犯罰之。

㈠行為主體

本罪之行為主體，雖無男女身分之限制，惟須為被害人配偶以外之人，始得構成本罪。

㈡行為客體

本罪之行為客體為男女，專指已結婚，且婚姻關係尚在存續中者而言。若僅訂婚尚未結婚，或雖結婚而已離婚，或並無正式婚姻關係者，皆不得為本罪客體。

---

❷　實例亦依法條競合處理，惟認其為吸收關係。例如，刑法（修正前）第 227 條第 1 項之姦淫罪，只以被害人之年齡為其特殊要件，苟被姦女子年在十四歲以上尚未滿十六歲，縱使被告係利用權勢，對於服從自己監督之人而為之，亦應認為被吸收於上開條項犯罪之內，不發生與刑法（修正前）第 228 條從一重處斷之問題。原判決依刑法（修正前）第 227 條第 1 項論處上訴人罪刑外，又認上訴人尚觸犯刑法（修正前）第 228 條罪名，而依刑法第 55 條從一重處斷，用法殊難謂合（最高法院 51 臺上 1214）。

(三)實行行為

本罪之實行行為，為施詐性交，亦即以詐術使男女誤信為自己配偶，而聽從其為性交。故須行為人施用詐術，使男女陷於錯誤，誤信行為人為其已結婚之配偶而與之性交者，始克當之 ❷。詐術與誤信間，須有相當因果關係存在，自不待言。

所謂詐術，係以不正方法積極使人陷於錯誤之行為。至消極利用被害人錯誤之行為，因未施用詐術，自不包括在內。例如，素未謀面，經媒妁撮合，婚後數日即遠離他鄉謀生，一別數十載，音訊杳然。行為人利用此情，乃詐稱為其配偶，返家相聚，而使該男女聽從其性交者是。

所謂配偶，當指已依法正式結婚，且婚姻關係尚在存續中者而言。如該男女僅誤信為將來可以結婚，先與通姦，不能構成本罪。至所謂聽從其為性交，乃男女因誤信而同意與其為性交行為。此項同意，乃基於誤信，非出其本意，自非和姦，不能阻卻其違法性。

(四)故　意

本罪為故意犯，須行為人有施詐之故意，且認識被害人為他人之配偶，始能成立。

(五)未遂、既遂

1.未遂犯

本罪之未遂犯，罰之（刑 229 II）。區別既遂與未遂之標準，亦以性器是否進入他人之性器、肛門或口腔，或是否以性器以外之其他身體部位或器物進入他人之性器、肛門為準。

---

❷　最高法院 23 上 5270：「刑法第 244 條第 1 項之罪，其成立要件有二：(1)須施用詐術(2)須使婦女誤信有夫妻關係而聽其姦淫，所謂誤信有夫妻關係者，指因受犯人欺罔，錯認其為自己已結婚之夫而言，若因雙方合意同居姘居，自無所謂誤信有夫妻關係，即與該罪成立要件不合。」

行為人以性交之意思，而施用詐術，即使性交行為尚未開始，仍為本罪之著手；或於施用詐術後，尚未以性器進入他人之性器、肛門或口腔，或尚未以性器以外之其他身體部位或器物進入他人之性器、肛門時，即為本罪之未遂犯。

2.既遂犯

行為人已以性器進入他人之性器、肛門或口腔，或已以性器以外之其他身體部位或器物進入他人之性器、肛門時，即為本罪之既遂犯。

第四章 妨害善良風俗之犯罪

一、傳統風俗與創新文化

　　風俗，係由人類本性之流露而自然形成與演變，具有隨時代而變遷之性質。其中有變遷過程極為快速者，亦有頗為遲緩者。惟無論快速與遲緩，其變遷之本質，則未有差異。因此，在每一時代中，求變遷之階層與求固定之階層間，輒處於對立之狀態。風俗發自國民之本性而自然形成與持續變遷，為超越時空而普遍存在之法規範，如何予以干預以及是否應予干預，實為相當困難與重要之課題。在維持傳統淳風美俗之價值與促進創造新文化之價值間，每有複雜與深刻之社會問題存在。其間恆有表現自由或思想自由攙雜在內，頗難決定其取捨。

二、社會善良風俗

　　本章各罪旨在保護社會之善良風俗，而為侵害社會法益之犯罪。惟所謂社會善良風俗之概念，語甚抽象與曖昧，內涵亦甚不明確。一般學說均認為所謂社會之善良風俗，即國民之一般道德觀念。而所謂國民之一般道德觀念，每隨時代與環境之變遷，而屬於流動狀態，並無一致之標準。同時，社會法益，係指以社會上不特定之人或多數人之生命、身體、自由或財產等生活利益為內容之法益。因此，所謂社會之善良風俗抑或所謂國民之一般道德觀念，均與社會法益之內涵有所出入，以之為一種法益而藉刑罰之手段予以保護，實深滋疑義。

三、無被害人之犯罪

　　近年來，歐美部分學者基於自由主義之思想，認為同性愛、近親姦、獸姦、通姦、重婚、墮胎、賣春、酗酒以及賭博等行為，雖對於行為人本人之身體、精神有害，惟既未對他人實施加害行為，自不應以刑罰予以規

制，而認其應委諸個人道德之判斷，屬於無被害人之犯罪，故主張應予除罪化者。

就刑罰制裁之嚴酷性以及倫理道德之不一致性而言，在社會倫理及個人道德之領域內，刑法實宜儘量避免介入，以求達到保障人權之目的。惟維持人類之共同生活秩序，確保其安全與平穩，乃為刑法之重要機能。依刑法而保護之社會共同生活利益，並非以目所能見之物體或肉體利益為限，即精神之利益，亦屬其重要之利益。因此，以國民現實之法意識為基礎，在保持社會基本秩序之必要及最小限度範圍內，顧全社會健全之風俗與國民身心之健康，藉以維持根本之社會倫理，仍有其必要，此為本章各罪所以存在之理由所在。

第一節　妨害風化罪

一、犯罪類型

妨害風化罪之犯罪類型，有第 230 條「血親性交罪」；第 231 條「誘介性交猥褻罪」；第 231 條之 1「強使性交猥褻或使隱避罪」；第 232 條「利用權勢使性交猥褻罪」；第 233 條「誘介幼年男女性交猥褻罪」；第 234 條「公然猥褻罪」及第 235 條「散播製造猥褻物品罪」。

二、罪　質

妨害風化罪，係以妨害社會善良風俗為內容之犯罪。在罪質上，有者為結果犯，有者為舉動犯。前者，例如，營利使人性交罪，行為人除實施強制等違反被害人意願之方法外，尚須完成性交行為，始能成立既遂；後者，例如，公然猥褻罪，行為人只須為公然猥褻之行為，罪即成立。惟無論係營利使人性交罪之結果犯抑或公然猥褻罪之舉動犯，對於健全性風俗，因已發生實害，性質上，均為實害犯。

又妨害風化罪所規定性交或猥褻之行為，通常一經實施，其行為即行完成，故在性質上，屬於即成犯。

三、保護法益

　　妨害風化罪之保護法益，為社會健全之性風俗，性質上亦屬於善良風俗之一部分。性生活在本質上屬於個人之隱私權，刑法為維護社會之善良風俗，對於此等性生活秩序之干涉，每因各國之國情、宗教或道德等國民感情不同而有差異。本法有關妨害風化罪，乃為有害於健全性風俗之犯罪，而以性秩序或健全之性風俗為其保護法益。

四、血親性交罪

第 230 條　與直系或三親等內旁系血親為性交者，處五年以下有期徒刑。

㈠行為主體

　　本罪之行為主體，為直系或三親等內旁系血親，屬於身分犯。此等具有一定血親關係之人，血緣極近，縱係互相同意為性交，亦有悖於傳統倫理觀念及社會善良風俗，乃予處罰。

　　直系血親，無親等之限制；旁系血親，則以三親等內者為限。例如，父母子女、兄弟姊妹、伯叔子姪等是。並無性別之限制，不問同性或異性間，均得成立本罪。至僅有姻親關係者，則不得為本罪主體❶。且互相同意為性交之雙方是否有配偶，亦非所問❷。

　　惟因本罪係雙方同意為性交，故為性交之雙方，均須具有性決定自由之能力，且出於任意之意思，始得為本罪之主體。

---

❶　童養媳必與其子成婚後，方得謂為親屬。若在童養期間，與其子既未發生夫婦關係，即非親屬。某甲與其童養媳相姦，不得成立本罪（最高法院 18 上 573）。隨母改嫁之子對於繼父，不得認為刑法上直系尊親屬。則對於繼父一方之親族，如有和姦行為，亦非本罪（最高法院 21 非 150）。叔嫂結婚不在民法第 983 條限制之列，既係合法，自不生姦罪問題（司法院院字 828）。

❷　大理院 2 統 4；最高法院 17.10.13 刑議。

㈡行為客體

本罪為必要共犯，乃行為主體雙方互相同意為性交之行為，故本罪無行為客體。

㈢實行行為

本罪之實行行為，為性交。修正前，本罪之行為，係相和姦，乃指婚姻以外雙方同意互相姦淫之行為而言。若雙方已正式結婚，雖無婚姻效力，並不成立本罪。惟修正後，本罪之行為為性交，自不問其有否婚姻關係，且不論其為同性或異性，只須雙方同意為性交行為，即得成立本罪。

本罪既係雙方同意為性交行為，倘一方未同意，或無同意性交之能力，或有利用權勢，或乘機性交等情形者，則應依妨害性自主罪之相關規定論處，並非本罪。

㈣故　意

本罪行為人，除須有性交之故意外，並須認識雙方具有一定之血親關係存在，否則阻卻故意，不成立犯罪。

㈤既　遂

本罪無處罰未遂犯之規定，行為人須已以性器進入他人之性器、肛門或口腔，或已以性器以外之其他身體部位或器物進入他人之性器、肛門時，始為本罪之既遂犯。

㈥罪數及與他罪之關係

1.罪數之認定標準

本罪之保護法益，為健全之性風俗，亦即社會之善良風俗。因此，本罪罪數之認定標準，應以妨害社會善良風俗之個數為準。僅妨害一個社會善良風俗者，為一罪；妨害數個社會善良風俗者，為數罪。

行為人如僅實施一次之構成要件行為時，因係對一個社會善良風俗法益為一次之侵害，應成立單純一罪。如其係實施數次之構成要件行為時，行為人在主觀上，須係基於一個犯罪之決意，在客觀上，其所實施之數次構成要件行為，乃係利用同一機會所為者，始能認其係一次性之侵害，而評價為一罪。否則，應就其侵害同一社會善良風俗法益之次數，認定其罪數。

2.本罪與通姦罪

本罪為性交之一方或雙方有配偶者，得同時成立本罪與通姦罪。通姦罪雖為妨害婚姻及家庭之犯罪，究其實仍在保護社會之善良風俗，故與本罪具有侵害法益之同一性，得成立法條競合。本罪主體之一方或雙方有配偶而為性交，其行為與通姦並無不同，原依通姦罪處罰已足。因本法以血親性交，紊亂倫常，敗壞風化，不僅為人不齒，且亦有害民族健康，爰特規定為獨立犯罪類型，予以處罰。究其性質，實為通姦罪之特別規定，故應依法條競合之特別關係，論處本罪，而排除通姦罪之適用。

3.本罪與與稚齡或幼年男女性交罪或利用權勢性交罪

本罪係雙方同意為性交，為性交之雙方，均須具有性決定自由之能力，且出於任意之意思。如為性交之一方未滿十四歲或十四歲以上未滿十六歲者，因其無同意能力，且非出於任意之意思，自不構成本罪，僅能論以與稚齡或幼年男女性交罪或利用權勢性交罪。

五、誘介性交猥褻罪

> 第231條　意圖使男女與他人為性交或猥褻之行為，而引誘、容留或媒介以營利者，處五年以下有期徒刑，得併科十萬元以下罰金。以詐術犯之者，亦同。
>
> 公務員包庇他人犯前項之罪者，依前項之規定加重其刑至二分之一。

㈠行為主體

本罪之行為主體，無何限制，亦不分其為男為女，只須從事引誘、容留或媒介以營利之人，即足當之。惟須非與其引誘、容留或媒介之男女從事性交或猥褻行為之人。若引誘、容留或媒介男女與自己為性交或猥褻行為者，不成立本罪。

㈡行為客體

本罪之行為客體，為男女，其年齡如何，並非所問，且不論其已婚或未婚。

㈢實行行為

本罪實行行為之態樣有二：

1.引誘、容留或媒介以營利

所謂引誘，乃勾引誘惑之意，係對於本無與人性交或猥褻意思之男女，引起其決意，並實行與他人性交或猥褻行為。倘該男女自願與人性交或猥褻，而非經人勸導誘惑而為之者，即與引誘之條件不合。被引誘之男女與人性交或猥褻，未必成立犯罪，故與教唆有異。

所謂容留，係指供給與人性交或猥褻之場所而言❸。其出於自動或被動，以及因何人之要求，均非所問。其容留之雙方，亦未必成立犯罪，故與幫助亦有別。

所謂媒介，係指在雙方間介紹為性交或猥褻之行為而言。亦即指居間介紹，使男女因行為人之介紹牽線行為而能與他人為性交或猥褻之行為而言❹。

2.詐　術

所謂詐術，指一切足以使人陷於錯誤之行為。行為人施用詐術，使男

---

❸　最高法院 29 上 3853；96 臺上 707（決）。

❹　最高法院 94 臺上 6002（決）。

女與他人為性交或猥褻之行為以營利者，即成立本罪。惟本罪之構成要件頗為怪異，法文僅曰「以詐術犯之者」，使男女與他人為性交或猥褻之行為係本罪意圖之內容，亦即行為人主觀上係以使男女與他人為性交或猥褻之行為為目的，而客觀上則實施詐術行為，至其詐術行為之客體究係「什麼」，則無法明瞭；且「詐術」一語，究為構成要件之實行行為抑或為實行行為之手段，亦無法明其究竟。在立法理由內，僅謂妨害風化犯罪態樣多元化，應召站主持人、掮客、保鑣等媒介嫖客與賣淫者於非特定場合為性交或為猥褻之行為，造成色情氾濫，社會風氣敗壞，加上色情行業利潤豐厚，以詐術使人行之者，亦屬常見，故增列「媒介」及施用「詐術」行為之處罰。自此立法理由觀之，仍無法使人了解上述之疑惑，實有違罪刑明確性之原則。

㈣故意與意圖

1.故　意

本罪行為人須有引誘、容留或媒介以營利及施用詐術之故意，始能成罪。至其為直接故意抑或未必故意，則非所問。

2.意　圖

本罪除須具有故意外，尚須具有使男女與他人為性交或猥褻行為之意圖，始能成立。至法文上「營利」一語，究為本罪構成要件之主觀要素抑或客觀要素，則頗待推敲。

自本罪之構成要件觀之，「營利」一語，乃為本罪實行行為之一部分，並非本罪之主觀違法要素，亦即本罪除須有引誘、容留或媒介之行為外，尚須有營利之行為，始能成立。本罪意圖之內容，乃使男女與他人為性交或猥褻之行為，並未包含營利在內。惟我司法實務上，則認為本罪之犯罪構成要件，乃以行為人主觀上有營利及使男女與他人為性交或猥褻行為之犯意，客觀上有引誘、容留或媒介之行為為已足，屬於形式犯。故行為人只要以營利為目的，有使男女與他人為性交或猥褻行為之意圖，而著手引誘、容留或媒介行為，即構成犯罪，至於該男女與他人是否有為性交或猥褻之行為，則非所問❺。

㈤既　遂

　　本罪無處罰未遂犯之規定，行為人只須引誘、容留或媒介以營利或施用詐術以營利，犯罪行為即為完成，無待任何具體有形之結果可資發生，性質上與未遂犯並不相容，應無未遂犯可言❻。

㈥包庇罪

　　公務員包庇他人犯本罪者，加重其刑至二分之一（刑231 II）。稱公務員，不以該管公務員為限，惟須犯罪時有公務員之身分，足資為包庇者，始為相當。包庇，即包容庇護，須有積極之行為。若僅消極不予禁止者，尚難成立本罪。

㈦罪數及與他罪之關係

1. 罪數之認定標準

　　本罪引誘、容留或媒介以營利之行為，其行為之本質雖有異，惟如行為人引誘、媒介於前，復加以容留在後者，其引誘、媒介之低度行為則為容留之高度行為所吸收，應包括地構成意圖使男女與他人為性交或猥褻而容留以營利之一罪❼。

2. 本罪與誘介幼年男女性交猥褻罪

　　本罪與誘介幼年男女性交猥褻罪之保護法益，均為社會之善良性風俗，具有保護法益之同一性，誘介幼年男女性交猥褻罪（刑233）為特別規定，本罪為一般規定。成立法條競合時，被引誘、容留或媒介之人如係未滿十六歲之男女者，應依誘介幼年男女性交猥褻罪之特別規定處斷，排除本罪一般規定之適用。

---

❺　最高法院91臺上3531（決）；92臺上4958（決）；94臺上4567（決）；94臺上5221（決）；95臺上4549（決）。

❻　最高法院91臺上3531（決）。

❼　最高法院94臺上6002（決）。

六、強使性交猥褻或使隱避罪

第 231 條之 1　意圖營利，以強暴、脅迫、恐嚇、監控、藥劑、催眠術或其他違反本人意願之方法使男女與他人為性交或猥褻之行為者，處七年以上有期徒刑，得併科三十萬元以下罰金。

媒介、收受、藏匿前項之人或使之隱避者，處一年以上七年以下有期徒刑。

公務員包庇他人犯前二項之罪者，依各該項之規定加重其刑至二分之一。

第一項之未遂犯罰之。

㈠行為主體

本罪之行為主體，無何限制，亦不分其為男為女，只須從事引誘、容留或媒介以營利之人，即足當之。惟須非與其引誘、容留或媒介之男女從事性交或猥褻行為之人。若引誘、容留或媒介男女與自己為性交或猥褻行為者，不成立本罪。

㈡行為客體

本罪之行為客體，為男女，其年齡如何，並非所問，且不論其已婚或未婚。

㈢實行行為

本罪實行行為之態樣有二：

1.強使為性交或猥褻之行為

行為人須以強暴、脅迫、恐嚇、監控、藥劑、催眠術或其他違反本人意願之方法使男女與他人為性交或猥褻之行為。

2.媒介、收受、藏匿或使隱避

行為人須媒介、收受、藏匿前項與他人為性交或猥褻行為之男女或使之隱避。

㈣故意與意圖

行為人除須有以強制手段使男女與他人為性交或猥褻行為之故意外，尚須具有營利之意圖，始得成罪。

㈤未遂、既遂

強制使性交猥褻罪之未遂犯，罰之（刑 231-1 IV）。行為人以強制手段使男女與他人為性交或猥褻行為，即使該男女尚未開始與他人為性交或猥褻行為，仍得成立本罪之未遂犯。至該男女已開始與他人為性交或猥褻行為者，則為本罪之既遂犯。

㈥本罪與他罪之關係

1. 本罪與誘介幼年男女性交猥褻罪

行為人誘介幼年男女為性交或猥褻之行為者，誘介幼年男女性交猥褻罪（刑 233）為本罪之特別規定，成立法條競合時，應優先適用誘介幼年男女性交猥褻罪處斷，排除本罪之適用。

2. 本罪與強制性交或猥褻罪

行為人強使男女之一方以強制手段對他方為性交或猥褻行為者，應成立強制性交或猥褻罪之教唆犯或間接正犯，不成立本罪。

3. 本罪與妨害自由罪

行為人意圖營利，而以強脅方法使雙方為性交或猥褻行為者，除成立本罪外，並成立強制罪（刑 304），應依想像競合之例，從一重處斷。

七、利用權勢使性交猥褻罪

第 232 條　對於第二百二十八條所定受自己監督、扶助、照護之人，或夫

對於妻，犯第二百三十一條第一項、第二百三十一條之一第一項、第二項之罪者，依各該條項之規定加重其刑至二分之一。

㈠行為主體

本罪之行為主體有二，一為對於被害人具有監督、扶助或照護關係之人。一為被誘人之夫，須犯罪時已依法正式結婚，且婚姻關係尚在存續中。

㈡行為客體

本罪之行為客體亦有二，一為服從行為主體監督、扶助或照護之人；一為妻。

㈢實行行為

本罪實行行為之態樣有三：1.為引誘、容留或媒介以營利；2.強使性交或猥褻以及 3.媒介、收受、藏匿或使之隱避，其義詳前。本罪因被害人係服從行為人監督、扶助或照護之人或為行為人之妻，具有一定之身分或特定關係，故特以之為加重之犯罪類型，從重處罰。

㈣故意與意圖

本罪除主觀上須有故意外，對於為引誘、容留或媒介以營利之行為，尚須具有使為性交或猥褻之意圖；對於強使性交或猥褻，則須具有營利之意圖，始能成罪。

㈤本罪與他罪之關係

1.本罪與誘介幼年男女性交猥褻罪

行為人對於被害人具有監督、扶助或照護關係，且被害人為未滿十六歲之男女，而使為本罪行為者，除成立本罪外，並觸犯誘介幼年男女性交猥褻罪。成立法規競合時，應適用較重之本罪處斷❽。

2.本罪與略誘婦女罪

夫以營利之目的，將其妻押入娼寮，並曾施用強暴脅迫者，固可成立略誘婦女罪（刑 298 II）。若並無施用強脅者，其押入娼寮，不過促其妻賣淫之決意，而其妻亦表示承認者，仍僅成立本罪❾。

八、誘介幼年男女性交猥褻罪

第 233 條　意圖使未滿十六歲之男女與他人為性交或猥褻之行為，而引誘、容留或媒介之者，處五年以下有期徒刑、拘役或一萬五千元以下罰金。以詐術犯之者，亦同。

意圖營利犯前項之罪者，處一年以上七年以下有期徒刑，得併科十五萬元以下罰金。

㈠行為主體

本罪之行為主體，無何限制，亦不分其為男為女，只須從事引誘、容留或媒介之人，即足當之。惟須非與其引誘、容留或媒介之男女從事性交或猥褻行為之人。若引誘、容留或媒介男女與自己為性交或猥褻行為者，不成立本罪。

㈡行為客體

本罪之行為客體為未滿十六歲之男女，不論其已婚或未婚。

㈢實行行為

本罪實行行為之態樣有二：1.引誘、容留或媒介；2.詐術。

---

❽　最高法院 28 上 2662；31 上 119；48 臺上 1017（決）；55 臺上 2432（決）；56 臺上 836（決）；56 臺上 3015（決）。

❾　最高法院 21 上 394。

㈣故意與意圖

本罪為故意犯，行為人須有引誘、容留或媒介之故意及認識被害人尚未滿十六歲。如係意圖營利者，則成立本條第 2 項之營利誘介幼年男女性交猥褻罪。

㈤既　遂

本罪無處罰未遂犯之規定，行為人只須引誘、容留或媒介或施用詐術行為，犯罪即為既遂。

九、公然猥褻罪

第 234 條　意圖供人觀覽，公然為猥褻之行為者，處一年以下有期徒刑、拘役或九千元以下罰金。
　　　　　意圖營利犯前項之罪者，處二年以下有期徒刑、拘役或科或併科三萬元以下罰金。

㈠行為主體

本罪之行為主體，不分男女，且不問是否單獨為之，均得構成。又本罪無行為客體。

㈡實行行為

本罪之實行行為，係公然為猥褻之行為。所謂公然，乃不特定之人或多數人得以共見共聞之狀態。並不以事實上已有不特定之人或多數人共見共聞為必要，只須有可見可聞之「狀態」存在，即足當之。

所謂猥褻行為，係指包括性交在內之一切表現性慾之行為。例如，脫衣舞表演、性交表演或暴露生殖器等是。至男女公開接吻或婦女袒胸露乳，若未有其他動作足使人聯想及於色慾者，則尚難認為猥褻。惟倘除接吻或

婦女袒胸露乳外，尚有其他不堪入目之動作，如撫摸下體等，因已破壞社會善良之性風俗，自得以公然猥褻罪律之。

本罪之行為類型，實質上得析分為二，一為單純之公然猥褻行為，多係性變態者之所為，乃以刺激或滿足行為人自己之性慾為目的。一為具有營利性質之公然猥褻行為，如脫衣舞表演，係以刺激或滿足他人之性慾為目的。

㈢故意與意圖

本罪為故意犯，行為人對於公然猥褻行為須具有認識。除故意外，尚須具有供人觀覽或營利之意圖，始足當之。

㈣既　遂

本罪為舉動犯，只須有公然猥褻之行為，即成立既遂犯。

㈤本罪與他罪之關係

1.本罪與強制性交或猥褻罪

強制性交或猥褻罪屬於侵害性自主罪，其保護法益，為個人之性自由；公然猥褻罪為妨害風化罪，其保護法益，為社會之善良風俗，兩罪之保護法益不同，自應分別論罪，而依想像競合犯從其一重處斷。

2.本罪與公然侮辱罪

公然猥褻罪之保護法益，為社會之善良風俗；公然侮辱罪之保護法益，則為個人之名譽，不具保護法益之同一性，得依想像競合從其一重處斷。

十、散播製造猥褻物品罪

❖

第 235 條　散布、播送或販賣猥褻之文字、圖畫、聲音、影像或其他物品，或公然陳列，或以他法供人觀覽、聽聞者，處二年以下有期徒刑、拘役或科或併科九萬元以下罰金。

意圖散布、播送、販賣而製造、持有前項文字、圖畫、聲音、影像及其附著物或其他物品者，亦同。

前二項之文字、圖畫、聲音或影像之附著物及物品，不問屬於犯人與否，沒收之。

本條散播製造猥褻物品罪之規定，含有二個獨立之犯罪類型，即(1)散播販賣猥褻物品罪及(2)製造持有猥褻物品罪。茲分述如次：

甲、散播販賣猥褻物品罪

㈠行為主體

本罪之行為主體，並無限制，任何人均得成立本罪。

㈡行為客體

本罪之行為客體為猥褻之文字、圖畫、聲音、影像或其他物品。文字、圖畫、聲音、影像為猥褻物品之例示規定。

1.猥褻物品之概念

所謂猥褻物品，乃指足以刺激或興奮性慾，並使人產生羞恥或嫌惡感情之物品。詳言之，所謂猥褻物品，乃指一切在客觀上足以刺激或滿足性慾，並引起普通一般人羞恥或厭惡感而侵害性的道德感情，有礙於社會風化之物品而言❿。例如，淫書、春畫、春宮照片、春藥、淫具、色情錄音帶或錄影帶等是。此等物品，有者因含有暴力、性虐待或人獸性交等而無藝術性、醫學性或教育性之價值；有者在客觀上足以刺激或滿足性慾，而具有令一般人感覺不堪呈現於眾或不能忍受而加以排拒之性質⓫。

2.猥褻物品與藝術性、醫學性、教育性等出版品之區別

藝術性、醫學性、教育性等出版品，屬於憲法第 11 條所保障之言論及

---

❿　大法官會議釋字 407。

⓫　大法官會議釋字 617。

出版自由，旨在確保意見之自由流通，使人民有取得充分資訊及實現自我之機會。性言論之表現與性資訊之流通，不問是否出於營利之目的，亦應受憲法對言論及出版自由之保障。惟憲法對言論及出版自由之保障並非絕對，於符合憲法第 23 條規定意旨之範圍內，得予以適當之限制 ❷。

猥褻物品，因有害於社會之性道德與性風俗，其有散布、播送或販賣，或意圖散布、播送、販賣而製造、持有者，本法仍以之為犯罪，而以刑罰予以制裁。惟猥褻物品與藝術性、醫學性、教育性等出版品，究應如何區別？每隨時代與環境之變遷以及個人價值觀念之不同，而意見紛紜，莫衷一是。持平而論，猥褻物品與藝術性、醫學性、教育性等出版品之區別，應就出版品整體之特性及其目的而為觀察，並依當時之社會一般觀念定之 ❸。因此，出版品猥褻性之判斷，應就該出版品出版之目的、對於性之描寫的方法與露骨程度、有關性之敘述占該出版品之比重、該出版品所表現之思想與性之描寫間的關連性、該出版品之藝術性、思想性等對於性刺激緩和之程度等等綜合予以考慮 ❹，自一般人之觀點，視其是否足以刺激或滿足性慾，並引起普通一般人羞恥或厭惡感而侵害性的道德感情及有礙於社會風化，而為認定。

㈢實行行為

本罪實行行為之態樣如次：

1. 散　布

散布，即散發分布，乃對不特定人或多數人為無償之交付。以有實際交付為必要。倘係付郵，尚未到達對方者，則尚難謂為散布。例如，透過送報生隨報紙分送、雇請工讀生沿街或挨戶投入信箱等情形是。

2. 播　送

播送，即播映放送，乃對不特定之人或多數人為播映放送，亦以有實

---

❷　大法官會議釋字 617。

❸　大法官會議釋字 407。

❹　日本最判昭 55.11.28 刑集 34.6.433。

際播送為必要。例如，將色情影片於電視上播放或於廣播電臺頻道上播送之情形是。

3.販　　賣

販賣，即販入賣出，乃對不特定之人或多數人為有償之轉讓。因此，因他人要求而將猥褻照片為有償複製並交付者，雖非販賣；惟以反覆之意思為有償轉讓者，縱只一次，亦屬販賣。販賣，亦以有實際交付為必要，如僅訂買賣契約者，尚難謂為販賣。例如，將色情影片以小貨車載至夜市販賣之情形是。

4.公然陳列

公然陳列，乃置於不特定之人或多數人可得觀覽狀態之行為。且不以多數人同時觀覽為必要，即順次觀覽，亦屬陳列。例如，書攤將色情畫冊擺置於陳列架上供人觀覽之情形是。

5.以他法供人觀覽、聽聞

以他法供人觀覽、聽聞，乃指除上述例示方法外，一切足以供人觀覽或聽聞之方法。例如，將春宮照片沿街夾放於汽車雨刷之情形是。

㈣故　　意

本罪之故意，須認識該物品具有猥褻性，即所謂意義之認識，否則仍不能謂有故意存在。惟僅具有猥褻性之未必認識為已足，至該物品是否即該當於本罪之猥褻物品，則無認識之必要。

㈤既　　遂

本罪無處罰未遂犯之規定，只要行為人有散布、播送、販賣、公然陳列或以他法供人觀覽、聽聞之行為，犯罪即為既遂。

㈥罪數之認定標準

本罪之各種行為態樣，均具有集合犯之性質，行為人基於同一犯罪決意而多次實施本罪之行為者，只成立包括一罪。

乙、製造持有猥褻物品罪

㈠行為客體

本罪之行為客體為猥褻之文字、圖畫、聲音、影像或其他物品。

㈡實行行為

本罪實行行為之態樣為：

1.製　造

製造，乃指創製及改造之行為，其方法並無限制，如印刷、出版、繪畫、映製等，均屬之。

2.持　有

持有，乃將猥褻物品置於自己事實支配之狀態，不以現正持有為必要。將其置於自己得支配之範圍內，亦為持有。

㈢故意與意圖

1.故　意

本罪之故意，須認識該物品具有猥褻性，否則仍不能謂有故意存在。惟僅具有猥褻性之未必認識為已足，至該物品是否即該當於本罪之猥褻物品，則無認識之必要。

2.意　圖

本罪行為人對於猥褻物品，除須有猥褻性之認識而故意製造、持有外，並須具有散布、販賣之意圖，始能構成。苟具此項意圖，其是否已有散布、販賣之行為，則非所問。意圖之內容，以散布、販賣為限。倘以公然陳列或他法供人觀覽為目的者，尚難律以本罪。至無此項意圖，僅單純為製造或持有者，則不成罪。

㈣既　遂

本罪無處罰未遂犯之規定，只要行為人有製造、持有之行為，犯罪即為既遂。

第二節　妨害婚姻及家庭罪

一、犯罪類型

妨害婚姻及家庭罪之犯罪類型，有第 237 條「重婚罪」；第 238 條「詐術締婚罪」；第 240 條「和誘罪」；第 241 條「略誘罪」；第 242 條「移送被誘人出國罪」及第 243 條「收受藏匿被誘人罪」。

二、保護法益

家庭係社會之組成單元，為國家之結構基礎，無健全之家庭，即無健全之社會與國家。而婚姻則係家庭之肇始，為家庭生活之基礎。有和諧之婚姻，始能有健全之家庭，兩者關係至為密切。所謂家和萬事興，不僅夫妻事業之成敗，大多繫於健全和諧之婚姻與家庭；即子女之人格基礎養成教育，亦唯家庭是賴。我刑法有鑑及此，爰設本章各罪，藉以保護婚姻與家庭之和平與安全。

因婚姻與家庭關係密切，幾至難以分離，本法乃將妨害婚姻罪及妨害家庭罪併定於一章。以保護法益言，前者旨在維護一夫一妻之婚姻制度，後者則重在保護家庭生活之安全平和，兩者均關係社會風俗之良否。故其保護法益，實亦不外社會善良風俗之保護。

三、重婚罪

第 237 條　有配偶而重為婚姻或同時與二人以上結婚者，處五年以下有期徒刑。相婚者，亦同。

本條重婚罪之規定，包含有二個獨立之犯罪類型，即(1)重婚罪及(2)相婚罪。茲分述如次：

甲、重婚罪

(一)行為主體

本罪之行為主體有二：

1.有配偶之人

所謂有配偶之人，係指已經正式結婚，而其婚姻關係尚在存續中者而言。其性別及年齡，並無限制。不問為有夫再嫁，或有妻再娶，均得成立本罪。倘未正式結婚者，例如，僅訂有婚約，或僅有同居之事實；或其婚姻關係已消滅者，例如，已離婚、已受死亡宣告、一方已死亡或已依法撤銷；或其婚姻自始無效者，例如，未具備法定結婚方式或違反近親結婚之限制（民 988）等❶，均不得為本罪主體。

2.同時與二人以上結婚之人

所謂同時與二人以上結婚之人，係指無配偶之人同時同地與二人以上正式結婚者而言。若有配偶之人先後與二人以上結婚，仍屬有配偶而重為婚姻。

(二)實行行為

本罪實行行為之態樣有二：

1.重為婚姻

所謂重為婚姻，係指有配偶之人再度與他人結婚之行為，亦即指有重婚之意思而實施重婚之行為而言。惟重為婚姻時，須其前後婚姻均已正式成立，始足當之。婚姻成立，依民法第 982 條規定，結婚應以書面為之，有二人以上證人之簽名，並應由雙方當事人向戶政機關為結婚之登記，否

---

❶ 結婚未具備實質要件而當然無效者，自始即無有效婚姻存在，自非有配偶之人，縱與他人結婚，亦不成立重婚罪。

則婚姻為無效,即不得以重婚論。有配偶而重為婚姻後,縱使相婚之一方,因死亡而婚姻關係消滅;或事後已將後婚姻撤銷者,亦仍無解於刑責❶。

2.同時與二人以上結婚

所謂同時與二人以上結婚,係指無配偶之人同時同地與二人以上正式結婚之行為。此與重為婚姻不同,重為婚姻係不同時之正式結婚;此則為同時之正式結婚,兩者性質有異。

(三)故　意

本罪為故意犯,須有重婚之故意,而為重婚之行為,始能構成。故如誤信其前婚姻關係已經消滅,而再行結婚,即屬欠缺重婚故意,自不成立本罪。惟若明知離婚無效,因恃有他人擔保,將來男婚女嫁決不致發生糾葛,而與之相婚者,仍不能謂無重婚之故意。至若與有夫之婦故設騙局,陽為與人結婚,陰圖騙取他人財物者,則完全為詐欺行為,自不得以本罪共犯論❶。

乙、相婚罪

(一)行為主體

本罪之行為主體,為相婚之人。所謂相婚之人,係指與重婚者結婚之人,並無性別之限制。

(二)實行行為

本罪之實行行為,為相婚。所謂相婚,係指與重婚者相與為婚之行為。相婚,亦須為正式婚姻,如未正式結婚,縱令事實上有同居關係,仍難成立本罪。

---

❶ 最高法院 28 上 1929;50 臺上 197(決)。

❶ 最高法院 27 上 2771;28 上 2189;29 上 2857;74 臺上 6667(決);司法院院字 2029。

㈢故　意

本罪亦為故意犯，相婚者須明知或預見對方為有配偶之人或同時與二人以上結婚之事實，亦即知情而相與為婚，始能構成本罪。

㈣重婚罪與相婚罪

男女雙方均係有配偶之人，而重為婚姻或同時與二人以上結婚，並互為相婚人者，除成立重婚罪外，是否另成立相婚罪？論者不一。惟相婚罪之相婚行為，性質上亦為重婚之一種行為形態，宜認其不另成立相婚罪。

四、詐術締婚罪

第 238 條　以詐術締結無效或得撤銷之婚姻，因而致婚姻無效之裁判或撤銷婚姻之裁判確定者，處三年以下有期徒刑。

㈠行為主體

本罪之行為主體，無何限制，其為男為女，或有無配偶，均非所問。

㈡實行行為

本罪之實行行為，係以詐術締結無效或得撤銷之婚姻。所謂詐術，乃以不正方法，使人陷於錯誤之行為。以積極行為為限，其僅消極利用對方之錯誤而締婚者，尚難以本罪論擬。

所謂無效之婚姻，乃指自始無效之婚姻而言。例如，違反近親結婚之限制或重婚（民 983、988）等是。所謂得撤銷之婚姻，乃指其婚姻具有瑕疵，可藉撤銷以否認其效力者而言。例如，未達法定年齡之結婚是（民 989）。

本罪之締結婚姻，係指已經正式結婚，且與行為人自己結婚者為限。倘以詐術訂定婚約，尚未結婚；或以詐術使他人締結婚姻者，尚難律以本罪。

(三)客觀處罰條件

本罪行為人以詐術締結無效或得撤銷之婚姻時，犯罪即行成立，惟須因而致婚姻無效之裁判或撤銷婚姻之裁判確定者，始得予以處罰。倘該婚姻未被宣告無效或撤銷，或其裁判尚未確定者，尚無法科以刑罰制裁。因此，婚姻無效之裁判或撤銷婚姻之裁判確定，乃為本罪之客觀處罰條件。

詐術締婚與無效或撤銷婚姻之確定裁判，須具有因果關係。若行為人雖有以詐術締婚之事實，而該無效或撤銷婚姻之確定裁判，係因其他原因所致者，仍難成立本罪。例如，詐稱已滿十八歲，使對方誤信而與之結婚。惟因未得法定代理人同意，致該法定代理人向法院請求撤銷，並經裁判確定者是（民 989）。

(四)本罪與他罪之關係

1. 本罪與重婚罪

重婚為無效之婚姻，倘行為人施用詐術而為重婚，經婚姻無效之裁判確定者，則行為人除該當重婚罪外，並構成本罪，兩者應依想像競合之例處斷。

(五)告訴乃論

本罪，須告訴乃論（刑 245）

五、和誘罪

---◆---

第 240 條　和誘未成年人脫離家庭或其他有監督權之人者，處三年以下有期徒刑。

和誘有配偶之人脫離家庭者，亦同。

意圖營利，或意圖使被誘人為猥褻之行為或性交，而犯前二項之罪者，處六月以上五年以下有期徒刑，得併科五十萬元以下

罰金。

前三項之未遂犯罰之。

❖━━━◆━━━❖

(一)犯罪類型

本條所規定之和誘罪，包含有三個獨立之犯罪類型，即(1)和誘未成年人罪；(2)和誘有配偶之人罪及(3)加重和誘罪。

(二)罪　質

和誘罪及略誘罪之罪質，究為狀態犯抑或繼續犯❶，判例學說不一，此與本罪之保護客體何在，具有密切關係。其認本罪之保護客體為監督權人之監督權者，則行為人一將被誘人拐誘，而置於自己實力支配之下，其侵害監督權之行為即為完成，嗣後僅為違法狀態之繼續，故應屬於狀態犯。其認本罪之保護客體為被誘人之自由者，則本罪雖因行為人將被誘人置於自己或第三人實力支配之下而成立，惟在繼續侵害自由期間，本罪之實行行為仍為繼續，故應屬於繼續犯。

立法例多以本罪為侵害個人法益之犯罪，例如，法國（刑 356）、日本（刑 224）、德國（刑 235）、瑞士（刑 183）等，且多以被害人之自由為其保護客體。惟本法則以本罪為侵害社會法益之犯罪，且以監督權人之監督權為其保護客體。因而，倘純就理論言之，本罪之罪質，自應認其屬於狀態犯為當。惟揆諸實際，行為人將被害人置於自己實力支配之下，當然含有妨害自由之成分在內，且使其與家庭或其他有監督權之人完全脫離關係，

---

❶ 認本罪係狀態犯或繼續犯，其實益可得述之如次：(1)追訴權時效之起算：如係狀態犯，則自被誘人入於行為人實力支配下時開始起算；如係繼續犯，則自誘拐行為結束時起算。(2)新舊法之適用（刑 2）：如係狀態犯，有新舊法之比較適用；如係繼續犯，則其行為苟未終了，即依新法處斷，無新舊法之比較適用問題。(3)共同正犯之成立：如係狀態犯，在違法狀態繼續中，第三人之故意加功行為，除別有規定外，不另成立本罪之共犯。如係繼續犯，則在誘拐行為繼續中，第三人之故意加功行為，仍得成立本罪之共同正犯。

在未離開支配前，不僅監督權人之監督權繼續陷於不能行使之狀態，且其自由亦繼續遭受侵害。故縱以監督權為保護客體，認本罪為繼續犯，亦無不恰。且倘以本罪為狀態犯，則被誘人一入於行為人實力支配下，時效即開始進行，在被誘人未離開支配前，如時效已屆滿，即不得再行追訴，就追訴權時效之觀點言，亦有未妥。故比較言之，應認本罪屬於繼續犯，較為妥適。

　　我司法實務對於和誘、略誘罪為即成犯抑為繼續犯，判例學說不一，嗣後則一律採繼續犯說。凡被誘人在誘拐犯支配關係存續中，均認為誘拐之繼續行為[19]。

甲、和誘未成年人罪

㈠行為主體

　　本罪之行為主體，法無限制，惟因本罪之設，旨在保護有監督權人之監督權，藉以維護家庭之安全與平和，解釋上有監督權之人，即不得為本罪主體。故其脫離之原因，如係出於享有親權或監護權人之意思，除犯他項罪名，應論以他罪外，即不能以本罪論科[20]。惟父母在法律上對未成年子女，均享有親權，不得由任何一方之意思而有所侵害。倘父或母一方以不法行為使脫離他方親權者，則非不得以本罪論擬[21]。

　　監督權之歸屬，本法無明文，自當依民法第 1091 條至第 1094 條之規定決之。養親對於未成年之養子女，在收養關係存續中，當然為享有親權之人，其生父母不得行使監督權；童養媳及實際上別無親權人、監護人者，則以家長為其監護人；師尼如受未成年女尼父母委託行使監護之職務，即應認為法律上之監護人。至蓄婢為法令所禁，對所蓄婢女，自無監護權[22]。

<hr>

[19]　最高法院 30.3.18 刑議。

[20]　最高法院 19 上 1971；22 上 1968；司法院院字 886。

[21]　最高法院 21 上 1504。

[22]　最高法院 22 上 519；24 上 1426；司法院院字 381；院字 773；院字 694。

㈡行為客體

本罪之行為客體為未成年人，最低年齡雖無限制，惟因和誘未滿十六歲之人，以略誘論（刑 241 III），故須為十六歲以上未滿十八歲之人，始得為本罪客體。至雖未成年而已結婚者，因本法別有處罰規定，則不得為本罪客體。縱令其婚姻關係現已不存在，因其曾經結婚，業已自立脫離監督，亦不得為本罪客體❷❸。此外，本罪既以監督權為保護客體，則對於無家庭或其他有監督權人之未成年人，雖有和誘行為，自亦不得以本罪律之。

㈢實行行為

本罪之實行行為，為和誘。

1.和誘之涵義

所謂和誘，係以強暴、脅迫或詐術以外之不正方法，施以引誘，而將被害人置於自己實力支配下之行為。和誘行為，須被誘人知誘拐之目的而有自主之意思，或得其承諾。倘係施用詐術等不當手段，而反乎被誘人之意思者，則為略誘，而非和誘❷❹。

2.以對被誘人所施手段為準

誘拐方法之為和為略，係以犯人對於被誘人所施之手段如何而定，非應更以其施之於家長或監督權人之手段為標準。倘犯人之拐取方法，係與被誘人出於和同，縱令對其家長或監督權人等更有強暴脅迫或詐欺情事，除其強脅等行為，已具別罪之構成要件，應論以他項罪名外，要於其和誘罪之本質無所變更❷❺。

3.被誘人之承諾

和誘，本係出於和同，在本質上已含有被誘人之承諾在內。故犯人之和誘行為，自不因有被誘人之承諾，而阻卻其違法性。且和誘後，縱被誘

---

❷❸　最高法院 45 臺上 1489；司法院院字 468。

❷❹　最高法院 20 上 1309；51 臺上 2272。

❷❺　最高法院 29 上 2592。

人對犯人之誘拐行為予以宥恕，或對犯人之目的事項予以同意，亦無礙於本罪之成立。惟因本罪以監督權為其保護客體，如獲有監督權人之同意，自得阻卻違法，而不得以本罪律之。

4.家庭或其他有監督權之人

和誘行為，須使被誘人脫離家庭或其他有監督權之人，始能成立。所謂家庭，係指以永久共同生活為目的，而與監督權有關之家庭而言。例如，父母與未成年子女間，或父母已死亡者，祖父母與未成年孫子女間所組織之家庭是。所謂其他有監督權之人，係指家庭以外其他依民法所規定之監護人而言。例如，委託監護人（民1092）是。

5.脫　離

所謂脫離，係指被誘人之父母或其他有監督權之人，對於被誘人有陷於不能行使親權或監督權之情形而言。易言之，即使親權人等對於被誘人已陷於不能行使親權等之狀況，方與該項罪質相符 **㉖**。若被誘人已將其去處告知父母或囑代轉告被誘人之父母，並據以將被誘人覓回者，則尚難謂為脫離 **㉗**。未成年人不以與監督權人同居一地為必要，縱未同居一地，若誘其脫離家庭，使其失去聯絡者，仍應認係直接侵害其家長之監督權 **㉘**。

㈣故　意

本罪為故意犯，行為人須具有使被誘人脫離家庭之意思，而移置於自己實力支配之下，方與法意相符。且行為人須認識被誘人係未成年人；若無此認識，即得阻卻本罪之故意。此項認識，以未必為已足，不以明知為必要。

㈤既遂、未遂

本罪之未遂犯，罰之（刑240 IV）。既遂、未遂之區別，以被誘人是否

㉖　最高法院20上1509；53臺上486（決）；56臺上3331（決）。

㉗　最高法院57臺上3874（決）。

㉘　最高法院28上3984；43臺上102。

已置於行為人實力支配之下為準。如僅將被誘人誘離家庭或其他有監督權之人，尚未置於自己實力支配之下時，其和誘行為，仍屬未遂。

㈥減輕其刑

犯和誘罪於裁判宣告前，送回被誘人或指明所在地因而尋獲者，得減輕其刑（刑244）。所謂裁判宣告前，無審級限制，自不以第一審之裁判為限。其是否現在偵查或審判繫屬中，亦非所問。至其送回被誘人或指明所在地之動機，除有被迫情形外，無論自動或被動，均屬之。且不以親自送回或指明為必要，其委由他人代之，亦無不可。送回被誘人，不以送回被誘時之原所在地為限，其送交公務員或相當之關係人者，亦屬之。又指明所在地與尋獲間，須具有因果關係，始克當之。減刑利益，亦僅限於送回人或指明人，不及於共同被告❷❾。

㈦本罪與他罪之關係

1.本罪與妨害自由罪

本罪之保護法益，主要為家庭之監督權，同時亦兼及個人之自由。妨害自由罪之保護法益，為個人之人身自由，二罪間具有保護法益之同一性，得成立法條競合。因本罪之和誘行為，含有妨害自由之成分，故得依法條競合之吸收關係，適用吸收規定之本罪處斷，排除被吸收規定之妨害自由罪之適用。惟妨害自由之性質，亦有其一定限度，若誘出後，因恐其反悔逃回，而將被誘人予以監禁者，則已非本罪之和誘行為所能盡其評價，此際本罪與妨害自由罪，應予數罪併罰。

乙、和誘有配偶之人罪

㈠行為主體

本罪之行為主體，限於該配偶以外之人，始得為之。惟本罪之設，原

---

❷❾　最高法院 24.7 刑議。

在保護其配偶家庭之安全，倘配偶之一方，已同意他方脫離家庭，自無再加保護之必要。故他方脫離家庭之原因，雖係由於被誘，而和誘之者，事前已得該配偶之同意時，即不成立本罪❸。

㈡行為客體

本罪之行為客體為有配偶之人，乃指其正式婚姻關係現尚存續之人而言。不分男女，年齡亦無限制。

㈢實行行為

本罪之實行行為，亦為和誘。本罪之和誘行為，須誘使有配偶之人脫離家庭，始能成立。此處所謂家庭，係指夫妻二人所組成之小家庭而言，與和誘未成年男女罪之家庭，微有差別。

㈣故　意

本罪為故意犯，行為人須具有使被誘人脫離家庭之意思，而移置於自己實力支配之下，方與法意相符。且行為人須認識被誘人係有配偶之人；若無此認識，即得阻卻本罪之故意。此項認識，以未必為已足，不以明知為必要。

㈤既遂、未遂

本罪之未遂犯，罰之（刑 240 IV）。既遂、未遂之區別，以被誘人是否已置於行為人實力支配之下為準。

㈥告訴乃論

本罪，須告訴乃論（刑 245）

---

❸　最高法院 26 上 1926；28 上 585。

丙、加重和誘罪

㈠行為主體

本罪之行為主體，法無限制。惟因加重和誘罪係和誘未成年男女罪及和誘有配偶之人罪之加重犯，該二罪有關主體之限制，在此自可同其適用。故父母合意價賣其未成年之親生子女，不成立本罪。

㈡行為客體

本罪之行為客體，為前二罪之被誘人，亦即十六歲以上未滿十八歲之人或有配偶之人。

㈢實行行為

本罪之實行行為，亦為和誘。

㈣故意與意圖

1.故　意

本罪為故意犯，行為人主觀上須具有和誘之故意，始能成罪。

2.意　圖

本罪除須有和誘之故意外，主觀上尚須具有營利或使被誘人為猥褻之行為或性交之意圖，始能成罪。

⑴意圖營利

所謂意圖營利，乃指藉和誘行為，而使自己或第三人得財產上之利益為目的。不以營業為必要，亦不限於繼續或反覆獲得利益，縱僅圖一次之利益，亦屬無妨。所取得之利益，亦不以不法者為限。例如，使被誘人為女侍，將其收入作為償還欠債而予誘拐者是。故財產上之利益，不限於藉和誘行為本身，即使被誘人勞動而獲取利益，或因和誘行為，而自第三人獲取報酬者，亦均屬之。又當初將他人置於自己支配下，雖屬合法，惟嗣

後意圖營利，而將其誘置於第三人實力支配下者，自亦成立本罪。

⑵意圖使為猥褻行為

所謂意圖使為猥褻行為，乃指以使被誘人為猥褻行為為目的。不問係單獨為之，抑與人為之；係與自己為之，抑與他人為之，均屬之。

⑶意圖性交

所謂意圖性交，乃指以使被誘人與自己或第三人性交為目的。其僅意圖使被誘人與自己或第三人結婚者，有時得律以和誘罪，不成立本罪。

以上三種意圖，均係本罪之意思要件，行為人苟基於其中之一而為和誘行為者，即足成立本罪。至其意圖果否實現，則非所問。倘初無此種意圖，係待單純和誘完成後，始起意為性交等行為者；或為性交行為後，始起意和誘之者，均應分別論以他罪，不成立本罪。

㈤既遂、未遂

本罪之未遂犯，罰之（刑 240 IV）。既遂、未遂之區別，以被誘人是否已置於行為人實力支配之下為準。

㈥罪數及與他罪之關係

1. 罪數之認定標準

本罪之行為人，基於其中一種意圖，例如，以營利之意圖，施和誘而將被誘人置於自己實力支配下後，在其支配存續中，復以其他意圖，例如，以性交之意圖，而將被誘人更為和誘者，因前後二行為，均係侵害同一法益，觸犯同一法條，應成立本罪之包括一罪。

本罪之行為係和誘，而非性交等。其行為是否連續，自應以和誘為準。故性交等行為，縱令不止一次，如無連續和誘情形，仍僅成立一罪。又意圖性交而施和誘後，雖先後在多處同居，仍係以單一行為繼續進行，為繼續犯，僅應論以一罪。

2. 本罪與妨害自由罪

實例認為，甲和誘未成年之女子姦宿後，託其叔乙照管，應如何論處，

依下列情形而定：(1)甲如以恐某女逃走之意思，臨時交乙以實力看管，妨害其自由，甲除成立意圖性交和誘之罪外，另犯教唆剝奪人之行動自由罪，應予併合處罰，乙則單獨成立剝奪人之行動自由罪。(2)如甲僅託照料，並無令其拘束自由之意，乙僅單純為之照料，不成立刑法上任何罪名❸❶。

3.本罪與詐欺罪

某甲和誘有配偶之人，寄藏知情之某乙處，以待價賣。因被誘人家屬懸賞尋人，某甲即向其家屬報告，並需索多額賞金，被人識破，鳴警拘獲，應以意圖營利和誘有配偶之人脫離家庭罪與詐欺未遂罪併合處罰。某乙如有得財之企圖，應成立意圖營利藏匿被誘人之罪，否則僅予某甲以實施犯罪之便利，應以幫助犯論處❸❷。

六、略誘罪

第241條 略誘未成年人脫離家庭或其他有監督權之人者，處一年以上七年以下有期徒刑。

意圖營利，或意圖使被誘人為猥褻之行為或性交，而犯前項之罪者，處三年以上十年以下有期徒刑，得併科二百萬元以下罰金。

和誘未滿十六歲之男女，以略誘論。

前三項之未遂犯罰之。

本條所規定之略誘罪，包含有三個獨立之犯罪類型，即(1)略誘未成年人罪；(2)加重略誘罪及(3)準略誘罪。茲分述如次：

---

❸❶　最高法院26.5.4刑議。

❸❷　司法院院解3690。

甲、略誘未成年人罪

㈠行為主體

本罪之行為主體，無明文限制。因本罪規定，旨在保護有監督權人之監督權，解釋上，有監督權之人，不得為本罪主體。因而，如未成年人，原無家庭或其他有監督權之人，或其監督權人已對行為人之行為予以同意者，除其行為具備妨害自由罪之要件，應依各該規定處斷外，要難以本罪相繩❸❸。

㈡行為客體

本罪之行為客體，為未成年人，無最低年齡之限制❸❹，且以未結婚者為限。倘曾結婚，即已自立脫離監督，縱令其婚姻已不存在，仍不能認為妨害家庭罪之客體，如對之略誘，亦只能依第 298 條處斷，不能律以本罪❸❺。其略誘有配偶之人脫離家庭者，亦同。

㈢實行行為

本罪之實行行為，為略誘。

1. 略誘之涵義

所謂略誘，即以強暴、脅迫或詐術等不正方法，違反被誘人之意思，而將其置於自己實力支配下之行為。

---

❸❸　最高法院 27 上 302；31 上 2195；司法院院字 2133。

❸❹　學者或以本條第 3 項規定有和誘未滿十六歲之男女，以略誘論。故認本條之被誘人，應以十六歲以上未滿十八歲之男女為限。惟準略誘罪，係指行為誘拐之手段，本係和而非略者而言，若施用略誘之手段犯之者，即屬略誘行為，雖被害人年齡未滿十六歲，仍應成立本罪。因此，本罪行為客體，應解為無最低年齡之限制，始符法意。

❸❺　最高法院 45 臺上 1105（決）；45 臺上 1489。

略誘行為之態樣甚夥，例如，攔路擄人、攔路搶親、掠人為奴、詐送服役等等，不一而足。略誘之目的，縱係意圖與自己或他人結婚，亦應依本罪論處 ❸ 。

2.不以對被誘人所施手段為準

略誘之手段，不以對被誘人實施為限，即對有監督權之人實施，而使被誘人入於自己實力支配之下者，亦屬略誘。至略誘後，縱得被誘人之承諾，於略誘罪之成立，亦不生影響。

3.略誘與和誘之區別

略誘罪為繼續犯，當被誘人未回復自由以前，仍在其犯罪行為繼續實施之中，此與和誘罪同其罪質。惟略誘與和誘之區別，除誘拐手段外，重在有無違反被誘人之意思。即前者係違反被誘人之意思，而將其置於自己實力支配之下；後者，則被誘人仍有自主之意思，甚或知誘拐之目的而予同意。

4.拐誘幼兒

拐誘幼兒，究為略誘行為抑或和誘行為，宜視行為人之誘拐手段如何及被誘人有無意思能力以為斷。申言之，行為人倘自始即以強暴、脅迫或詐術為誘拐之方法者，不問被誘人有無意思能力，其為略誘，而非和誘，可勿待論；惟如以強暴，脅迫或詐術以外之不正手段為誘拐之方法者，則依被誘人實際有無意思能力以為認定。若實際有意思能力，即知誘拐目的而予同意者，則為和誘，而非略誘。至本法將其以略誘論，特予保護，係屬另一回事，未可同論。若實際無意思能力，則係略誘，應逕依本罪處斷。例如，被誘人既僅七歲，原無同意能力，乃以食物將其誘出，顯屬略誘。又將出生甫滿二日之嬰兒暗中抱走者，亦屬略誘 ❸ 。

㈣故　意

本罪為故意犯，行為人自須具有使被誘人脫離家庭之意思，而移置於

---

❸　司法院院字 864；院字 2277；院解 2941；院解 3067；最高法院 33 上 491。

❸　最高法院 26 渝上 1166。

自己實力支配之下，始能成立。若係出於慈善救護之意思，即不負略誘罪責❸。被誘人之年齡，既為本罪構成要件之一，行為人對其年齡自有認識之必要。此項認識，以未必為已足，不以明知為必要。至其動機或目的何在，亦非所問。

㈤未遂、既遂

本罪之未遂犯，罰之（刑 241 IV）。既遂、未遂之區別，亦以被誘人已否置於行為人實力支配之下為準。

㈥罪數及與他罪之關係

1.罪數之認定標準

本罪除侵害家庭之監督權外，並侵害被誘人之自由。故同時略誘幼童二人，係侵害二個法益，構成兩個略誘罪，因出於一個行為之所為，成立想像競合犯❸。

2.本罪與妨害自由罪

行為人將被誘人置於自己實力支配之下，行動自由雖被剝奪，惟在其實力支配尚未解除以前，略誘行為仍在繼續之中，其妨害行動自由部分已構成略誘之內容，自不得於略誘罪之外，更論以妨害行動自由罪❹。

3.本罪與使人為奴隸罪

擄掠人為奴，如並非圖利，而被掠人為未成年人，且有家庭或其他有監督權之人，應適用本罪處斷。若被掠人為已成年人，僅使其為奴，而非圖利，則依使人為奴隸罪論科（刑 296）❹。

4.本罪與略誘婦女罪

---

❸　最高法院 27 非 16。

❸　最高法院 55 臺上 2047（決）。

❹　最高法院 28 上 3514；59 臺上 2544（決）；81 臺上 656；81 臺上 2013；88 臺上 379。

❹　司法院院解 2941。

本罪除侵害被誘人之自由法益外，並侵害家庭或其他監督權人之法益，與略誘婦女罪（刑 298）專係侵害個人自由法益者不同。被略誘人之年齡既未滿十八歲，則行為人使之脫離家庭，即已侵害其監督權人之監督權，縱係意圖與自己或他人結婚，仍應依本罪處斷❷。

乙、加重略誘罪

㈠行為主體

本罪之行為主體，法無限制。惟因加重略誘罪係略誘未成年男女罪之加重犯，該罪有關主體之限制，在此自可同其適用。

㈡行為客體

本罪之行為客體，為略誘罪之被誘人，即未成年人，無最低年齡之限制。又加重和誘罪之被誘人，則以十六歲以上之未成年人為限，已如上述。倘行為人具有本罪之意圖，而和誘未滿十六歲之男女者，是否成立本罪，不無疑義。惟和誘未滿十六歲之男女，既以略誘論，解釋上應可成立本罪。我實例亦同❸。

㈢實行行為

本罪之實行行為，亦為略誘。

㈣故意與意圖

本罪除故意外，主觀上尚須具有營利、使為猥褻行為或姦淫之意圖，

---

❷　最高法院 26 渝上 636；33 上 491。

❸　例如，甲將自己十三歲之女乙價賣與丙為娼，乙不表示反對，丙於送乙為娼途中，被警發覺。乙僅十三歲，無同意能力，如乙除甲外，尚有其他監督權人，甲丙事前未得該監督權人之同意，將乙賣買為娼，甲丙自係共犯刑法第 241 條第 2 項之罪（司法院院字 2133）。

始能成罪。

㈤未遂、既遂

本罪之未遂犯，罰之（刑 241 Ⅳ）。既遂、未遂之區別，亦以被誘人已否置於行為人實力支配之下為準。故以營利目的而實施略誘，行為完成，縱未達營利目的，仍為本罪既遂。不能因完成以後，未得價賣之實利，即認為略誘未遂❹。

㈥本罪與他罪之關係

1. 本罪與強使性交猥褻或使隱避罪

行為人以圖利之意思，略誘未成年之女子脫離家庭，賣淫為娼，使其與人性交之行為，仍不失為圖利之內容，應依本罪論科，與強使性交猥褻或使隱避罪（刑 231-1）不生牽連犯（已刪除）從一重處斷之關係❺，應予數罪併罰。

2. 本罪與與幼年男女性交猥褻罪

行為人意圖姦淫，略誘未滿十六歲之女子脫離家庭，且於略誘後已有連續性交行為，自於略誘罪外，又犯連續與幼年男女性交，應予數罪併罰❻。

3. 本罪與引誘少年男女淫猥罪

行為人意圖營利，計誘被害人至密窟賣淫，顯係意圖營利略誘，而非刑法第 233 條之單純誘介幼年男女性交罪。如私送娼寮為被害人之母所不知，即難謂非誘使脫離家庭。此際被害人未滿十六歲，雖和亦略，依刑法第 241 條第 3 項之規定，仍屬第 2 項之意圖營利略誘之罪。

---

❹　最高法院 22 非 76。

❺　最高法院 56 臺上 3130（決）；56 臺上 1126（決）；32 上 1265。

❻　最高法院 43 臺上 348；52 臺上 700（決）；57 臺上 1327（決）。

丙、準略誘罪

㈠行為主體

本罪之行為主體，無明文限制。因本罪規定，旨在保護有監督權人之監督權，解釋上，有監督權之人，不得為本罪主體。

㈡行為客體

本罪之行為客體，為未滿十六歲之男女，不包括已結婚者在內❹。如係已結婚者，則係有配偶之人，應成立和誘有配偶之人罪（刑 240 II），不成立本罪。

㈢實行行為

本罪之實行行為，係和誘，而非略誘。申言之，行為人誘拐之手段，本係和而非略者而言。若施用略誘之手段犯之者，仍應依略誘未成年男女罪或加重略誘罪處斷，無適用本罪之餘地。蓋本法以被害人年齡尚幼，無健全之同意能力，爰予特別保護。因而，縱得被誘人之同意，仍應以略誘論。

㈣故　意

本罪為故意犯，行為人須具有和誘之故意及認識被誘人年齡尚未滿十六歲，否則即得阻卻故意，不成立本罪。

㈤未遂、既遂

本罪之未遂犯，罰之（刑 241 IV）。既遂、未遂之區別，亦以被誘人已否置於行為人實力支配之下為準。

---

❹　司法院院字 1549。

㈥本罪與他罪之關係

1. 本罪與稚齡男女性交罪

行為人將未滿十四歲之被害人誘姦，又送至其友家中寄居數日之久，顯已使被害人父母無法對之行使監督權，應成立意圖性交而和誘未滿十六歲之女子使其脫離家庭。且於誘拐後已有性交行為，自於準略誘罪外，又犯與未滿十四歲女子性交罪，應予數罪併罰❹❽。

2. 本罪與與幼年男女性交罪

行為人意圖性交而和誘十四歲以上未滿十六歲之女子脫離家庭，且於和誘後已有性交行為，則除成立本罪外，尚犯與幼年男女性交罪，應予數罪併罰❹❾。

七、移送被誘人出國罪

第 242 條　移送前二條之被誘人出中華民國領域外者，處無期徒刑或七年以上有期徒刑。

前項之未遂犯罰之。

㈠行為主體

本罪之行為主體，法無限制，不問是否為犯和誘罪或略誘罪之行為人，均得成立本罪。

㈡行為客體

本罪之行為客體，為前二條之被誘人，亦即未成年人、有配偶之人及未滿十六歲之男女。既曰前二條之被誘人，則當以前二條所規定之和誘罪或略誘罪業已成立為前提，始有被誘人可言。否則，雖得視其情節，論以

---

❹❽　最高法院 56 臺上 3019（決）。

❹❾　最高法院 48 臺上 129（決）。

第 297 條或第 299 條之罪，要難以本罪論擬。

㈢實行行為

本罪之實行行為，係移送被誘人出中華民國領域外。不限於親自為之，即委由第三人代為移送者，亦屬之。至其移送之動機，是否出於營利之意圖；其方法，係合法簽證出國抑或非法偷渡出境，均非所問。至以詐術使被誘人自行出中華民國領域外者，因非移送，則尚不得以本罪律之。

所謂中華民國領域外，指中華民國領土、領海及領空之外，至其為公共之領域或他國之領域，則所不問。將被誘人移送至中華民國領域外之中華民國船艦或航空機者，仍成立本罪。

㈣故　意

本罪行為人須有移送之故意。除和誘罪或略誘罪之行為人外，如係他人將其移送出國者，則更須有認識其為被誘人之必要。

㈤未遂、既遂

本罪之未遂犯，罰之（刑 242 II）。既遂、未遂之區別，以被誘人已否被移送出中華民國領域外為準。如以舟車或航空機移送者，被誘人一出中華民國領域外，即為既遂。至其已否到達目的地，被誘人已否離開其所搭乘之舟車或航空機，以及被誘人是否中途逃回本國，均不影響於本罪之既遂。

八、收受藏匿被誘人罪

> **第 243 條**　意圖營利、或意圖使第二百四十條或第二百四十一條之被誘人為猥褻之行為或性交，而收受、藏匿被誘人或使之隱避者，處六月以上五年以下有期徒刑，得併科一萬五千元以下罰金。
> 前項之未遂犯罰之。

㈠行為主體

本罪之行為主體，須為犯和誘罪或略誘罪者以外之人。蓋和、略誘罪之罪質既解為繼續犯，則被誘人在未脫離和、略誘者實力支配前，和、略誘之犯罪行為尚在繼續進行中，和、略誘者為藏匿或使之隱避之行為，原為誘拐行為繼續中應有之手段，自不另成立犯罪。倘係第三人為收受、藏匿或使之隱避等參加行為，既於犯罪行為繼續中參與實施，自應成立和、略誘罪之共同正犯。惟本法因收受、藏匿或使之隱避之行為，危險性較大，不僅使被誘人難以脫離和、略誘者之實力支配，且亦有使被誘人不易被發見或尋回之虞，爰特訂為獨立犯罪予以處罰。

因而，本罪既係將和、略誘行為既遂後之故意加功行為，特別規定為獨立罪名，自以法文所列舉之行為，亦即以收受、藏匿或使之隱避之行為為限。若進而有其他之參加行為，即應就其參加行為以共犯論，不容僅以本罪科處❺。

㈡行為客體

本罪之行為客體，以和、略誘罪之被誘人為限。倘非和、略誘罪之被誘人，縱有本罪之行為，亦難遽以本罪論處。故因家庭不睦背夫潛逃、私行離家出走或無親權或監督權之人等，均非被誘脫離家庭之人，自難成立本罪。

㈢實行行為

本罪實行行為之態樣有三，即收受、藏匿或使之隱避。收受，係將被誘人移入自己實力支配下之行為。其係因買受、贈與或寄託；係因直接或間接收受，均非所問。藏匿，乃係將被誘人置於他人不易發見其處所之行為。使之隱避，則係以藏匿以外之方法，使被誘人隱藏避匿之行為。不問積極或消極行為，均屬之。藏匿被誘人或使之隱避，須仍在行為人實力支

---

❺　最高法院 24 上 3265。

配之下，始足當之。否則，即無由實現本罪之意圖。

㈣故意與意圖

本罪為故意犯及目的犯，行為人除須有犯本罪之故意，並須認識其為被誘人外❺，同時尚須具有營利、使猥褻之行為或姦淫之意圖，始能成罪。其僅意圖使被誘人與自己或他人結婚者，尚難成立本罪。

㈤未遂、既遂

本罪之未遂犯，罰之（刑 243 II）。既遂、未遂之區別，以收受、藏匿或使之隱避之行為已否完成為準。至其意圖是否實現，則與本罪之成立無涉。

㈥本罪與他罪之關係

1.本罪與引誘容留姦淫罪

行為人意圖營利收受被誘人後，引誘或容留其與他人性交者，此係法條競合，應擇其法定刑較重之本罪論科，不生想像競合，從一重處斷之問題。其意圖營利，收受被誘人後，並使為猥褻之行為者，亦為本罪與強使性交猥褻或使隱避罪（刑 231-1）之法條競合，亦依較重之本罪處斷。

2.本罪與誘介幼年男女性交猥褻罪

意圖使為猥褻之行為或性交，而收受、藏匿未滿十六歲之被誘人或使之隱避，並進而引誘其與他人為猥褻之行為或性交者，亦為本罪與誘介幼年男女性交猥褻罪之法條競合，應擇其法定刑較重之本罪處斷。

第三節　褻瀆祀典及侵害墳墓屍體罪

一、犯罪類型

褻瀆祀典及侵害墳墓屍體罪之犯罪類型，有第 246 條「褻瀆祀典罪」；

---

❺　最高法院 50 臺上 49。

第 247 條「侵害屍體罪」；第 248 條「發掘墳墓罪」及第 249 條「侵害墳墓結合罪」。

二、罪質與保護法益

褻瀆祀典及侵害墳墓屍體罪，係以有害於社會之善良風俗或國民之正常宗教感情為內容之犯罪。蓋祀典為國民宗教感情之表現，墳墓為遺族祭祀追念之對象，屍體則為生人慎終追遠之象徵，三者均與社會倫理生活，相關至切，而蔚為公序良俗之一部。倘有對其褻瀆或侵害者，不僅妨害個人之信仰或虔敬之感情，亦且破壞社會之善良風俗。因此，褻瀆祀典及侵害墳墓屍體罪，即以社會之善良風俗為其保護法益，而屬於侵害社會法益之犯罪。

惟所謂信仰或虔敬之感情，性質上屬於精神層面之感受，雖影響國民之社會生活甚為深刻，但在概念上則頗為抽象與曖昧，個人之信仰或虔敬之感情有否遭受妨害，不但各人之感受不一，且易因法院仁智之見，而造成認事用法之差異。因此，此等犯罪，既與倫理、道德或宗教直接相結合，似宜委諸倫理、道德或宗教等社會規範予以處理，不宜臨之以刑罰制裁。

三、褻瀆祀典罪

第 246 條　對於壇廟、寺觀、教堂、墳墓或公眾紀念處所，公然侮辱者，處六月以下有期徒刑、拘役或九千元以下罰金。

妨害喪、葬、祭禮、說教、禮拜者，亦同。

本條褻瀆祀典罪之規定，包含有二個獨立之犯罪類型，即(1)侮辱祀典處所罪及(2)妨害祀典禮儀罪。茲分述如次：

甲、侮辱祀典處所罪

㈠行為客體

本罪之行為客體，為壇廟、寺觀、教堂、墳墓或公眾紀念處所。

1.壇廟、寺觀及教堂

壇廟、寺觀及教堂，均為宗教之建築物，乃各宗教信徒進行祀典禮儀之處所。其建築物之大小、宗教之種類或禮拜之形式，均所不問。此等建築物，須現為信徒進行祀典禮儀之場所，倘已無人進行祀典禮儀，如廢棄寺廟等，則不得為本罪客體。至路旁之紀念碑、石像或銅像等，因非建築物，亦不得為本罪客體。

本罪重在宗教信仰或虔敬之感情，故壇廟、寺觀及教堂，只須無背於公序良俗而為法所不禁者，即受刑法所保護。寺廟等如為人所禮拜，並許禮拜，雖無僧道住持，亦不失為刑法上之壇廟寺觀。不許禮拜（以依法禁止者為限），或無人禮拜，雖有僧道住持，亦非刑法上之壇廟寺觀。至若邪教淫祠，不僅有背於公序良俗，且為法之所禁，不問其是否以壇廟、寺觀及教堂為名，均排除於本法保護之列。

2.墳 墓

墳墓，乃為埋葬人類屍體、遺骨、遺髮或遺灰之處所。此項處所，係遺族或公眾祭祀追念死者之對象，縱僅埋葬其衣冠，祭祀其靈魂，而未實際埋有屍體，亦無妨為本罪之客體。至該墳墓，有無墓碑或墓門，則非所問。

學者通說均以墳墓，僅限於實際埋有屍體者，至生塋假墓，如壽穴或衣冠塚，不能謂之墳墓。惟屍體埋入墳墓後，假以時日，因腐爛蛻化，亦輒盡化烏有。故本罪所重者，端在墳墓之抽象意義，亦即信仰或虔敬之感情，而非墳墓本身，縱係古墳或衣冠塚，亦不失為本罪客體。例如，碧潭空軍紀念公墓，多係埋葬陣亡空軍將士之衣冠塚，而為其遺族祭祀追思之對象，倘否認其為本罪客體，顯悖情理。此外，因恐死後無葬身之地，而預立墳墓與墓碑，內既無屍體，且未埋有衣冠者，因尚非祭祀追思之對象，

其不得謂為墳墓，自屬當然。

3.公眾紀念處所

公眾紀念處所，乃指一切供公眾紀念追思之處所。其涵義甚廣，不以關於宗教信徒進行祀典禮儀之處所為限。例如，孔廟、國父紀念館或中正紀念堂等是。至此項處所，係屬一時性抑或永久性，其管理者為團體抑或個人，則非所問。私人設置者，如係供公眾紀念之用，亦屬之。私宅所奉祀之神祇或佛壇等，因非公眾崇敬禮拜之對象，則不包括在內。惟本罪所稱公眾紀念處所，概念有欠明確，有違構成要件之明確性，理應刪除或縮小其適用範圍。

㈡實行行為

本罪之實行行為，為公然侮辱。公然，乃指不特定之人或多數人得以共見共聞之狀態，不以現有聞見為必要，僅具有可能性為已足。侮辱，則指褻瀆壇廟等之尊嚴或神聖之行為。其方法並無限制，不問為言語或舉動，作為或不作為，均無不可。例如，將墓碑傾倒、對神像吐口水或潑灑穢物等情形是。惟僅單純不為禮拜之消極動作，則尚難謂為侮辱。

㈢故　意

本罪為故意犯，行為人須認識其為壇廟等，而出於侮辱之故意，始足當之。倘僅污損祠宇、墓碑或公眾紀念之處所或設置，而無侮辱之故意者，尚不得遽依本罪律之。

㈣本罪與他罪之關係

1.本罪與毀損罪

本罪之保護法益為社會之善良風俗，毀損罪之保護法益則為個人之財產安全，二罪不具保護法益之同一性，不能成立法條競合。行為人如以毀損壇廟等為公然侮辱之方法者，除成立本罪外，另成立毀損罪（刑354），因毀損與侮辱其行為同一，應依想像競合之例，從一重處斷。

2.本罪與發掘墳墓罪

本罪與發掘墳墓罪之保護法益，均為社會之善良風俗，具有保護法益之同一性，得成立法條競合。行為人如具有侮辱之意思，而公然發掘墳墓者，因公然發掘墳墓含有侮辱之成分在內，得依法條競合之吸收關係，論以發掘墳墓罪（刑248）。

3.本罪與侮辱死者罪

本罪之保護法益為社會之善良風俗，侮辱死者罪之保護法益則為個人之名譽，二罪不具保護法益之同一性，不能成立法條競合。行為人所侮辱者，不僅為墳墓，且及於埋葬於墳墓之死者時，亦成立本罪與侮辱死者罪（刑312）之想像競合犯，應從其一重處斷。

4.本罪與竊盜罪

本罪之保護法益為社會之善良風俗，竊盜罪之保護法益則為個人之財產安全，二罪不具保護法益之同一性，不能成立法條競合。行為人以竊取神像金裝或衣物等為侮辱之方法者，亦得成立本罪與竊盜罪之想像競合犯。惟如無侮辱之意思者，則僅成立竊盜罪，不得遽以本罪相繩。

乙、妨害祀典禮儀罪

㈠行為客體

本罪之行為客體，為喪、葬、祭禮、說教及禮拜。

喪、葬，指死喪殯葬之儀式，如出殯、告別式等是。惟埋葬獸畜之儀式，則不屬之。祭禮，指祭祀天地、神明或祖先之儀式。說教，指解說宗教教義之行為。惟宗教行政或宗教政治之演說以及宗教之學術講演，則不屬之。禮拜，則指對於崇拜或紀念之對象，表示其崇敬意思之動作，如建醮、彌撒等。至其方法，係跪拜、合掌或祈禱等，並非所問。得為本罪客體者，以上述法文所列舉者為限。除此而外，縱係宗教儀式，如婚禮或托缽等，亦不包含在內。至祀典禮儀，不以現正進行者為限，對即將進行之儀式，如有妨害，亦得以本罪律之。

(二)實行行為

　　本罪之實行行為為妨害，指一切足以妨礙祀典禮儀正常進行之行為而言。其方法如何，並無限制。故以言語或舉動，使用強暴或脅迫，施用詐術或其他手段，均非所問。惟僅妨害其正常進行為已足，不以實際果因而無法進行為必要。至散布文書，攻擊某一特定宗教，致使其說教困難或參與禮拜者減少者，則不得遽以本罪科處。至其妨害之動機何在，亦所不問。故因遺產爭執，而妨害祀典禮儀之正常進行者，亦得以本罪律之❷。

　　本罪之實行行為，僅規定為妨害，過於簡略，並無行為手段及程度之限制，一有妨害行為，即得成立本罪，成罪範圍過廣，有違構成要件之明確性，實非所宜。

(三)故　意

　　本罪為故意犯，行為人須認識祀典禮儀正在進行或即將進行，而具有妨害之故意，始克當之。

(四)本罪與他罪之關係

1.本罪與傷害罪或毀損罪

　　本罪之保護法益為社會之善良風俗，傷害罪或毀損罪之保護法益則為個人之身體或財產之安全，不具保護法益之同一性。因此，因他人將母棺遷葬新墳，有礙祖墳龍脈，遂夥同多人前往阻葬，將其毆傷，並將墳穴毀壞者，則傷害與損壞均為妨害葬禮之行為，應想像競合犯之例，從一重處斷❸。

2.本罪與剝奪行動自由罪

　　本罪之保護法益為社會之善良風俗，剝奪行動自由罪之保護法益則為個人之人身自由，二罪不具保護法益之同一性，不能成立法條競合。行為

---

❷　司法院院字 1327。

❸　最高法院 10 上 323。

人將主持喪葬之僧侶予以監禁，使葬禮之儀式無法進行者，成立本罪與剝奪行動自由罪（刑302）之想像競合犯，應從一重處斷。

四、侵害屍體罪

第247條　損壞、遺棄、污辱或盜取屍體者，處六月以上五年以下有期徒刑。

損壞、遺棄或盜取遺骨、遺髮、殮物或火葬之遺灰者，處五年以下有期徒刑。

前二項之未遂犯罰之。

本條侵害屍體罪之規定，包含有二個獨立之犯罪類型，即⑴褻瀆屍體罪及⑵褻瀆遺骨殮物罪。茲分述如次：

甲、褻瀆屍體罪

㈠行為客體

本罪之行為客體為屍體，即人類死後筋絡尚未蛻化分離之遺骸。若已蛻化分離者，則為遺骨、遺髮等。屍體，不以整個遺骸為限，即肢體之一部或臟器等，亦不失為屍體。至死胎如已具備人之形體，亦得為祭祀追思之對象，得為本罪之客體。

又本罪客體之屍體，須係尚未埋葬，或已葬而為他人發掘，或經合法發掘者，如開棺驗屍等，始足當之。如係已葬而由行為人自行發掘者，則應成立侵害墳墓結合罪（刑249 I），並非本罪。

㈡實行行為

本罪實行行為之態樣有四：即損壞、遺棄、污辱及盜取是。

1.損　壞

　　所謂損壞，乃對於屍體予以物理上之損傷或破壞之行為。如焚燒、支解、割裂或解剖等是。惟為學術上研究之必要，而依解剖屍體條例，執行解剖屍體者，則得阻卻違法。又依地方習慣焚化屍體者，因無背於公序良俗，亦得阻卻其行為之違法性。

2. 遺　棄

　　所謂遺棄，乃不依習俗之方法與處所埋葬屍體之行為。其不依習俗之方法埋葬屍體者，固屬之。例如，不殮以棺，平土掩埋於屋側是。其不依習俗之處所埋葬屍體者，亦屬之。例如，將屍體舁放河中、將屍體用蓆包裹，抬埋人跡罕到之苕坑或沉屍海港等是。

　　有殮葬義務者，不以積極行為將屍體移棄他處為限，即以消極行為不加掩埋，亦不失為遺棄。此為不真正不作為犯之一種，殮葬義務即為其作為義務。至無殮葬義務者，則以積極行為之遺棄為限，其僅棄而不顧之不作為，則尚難以本罪論科。故殺人後之遺棄屍體，除有殮葬義務者外，須有將屍體遺棄他處之行為，方可論罪。若殺人以後棄而不顧，並未將屍體有所移動，則尚難遽論本罪。依遺囑而將屍體投棄於海中，如有背於一般之宗教感情或社會習俗者，仍應成立遺棄屍體罪。反之，倘未違背者，則不成立本罪。

3. 污　辱

　　所謂污辱，乃對於屍體予以污穢侮辱之行為。屍姦，固為污辱；其他在精神上及物理上予以污穢侮辱之行為，均包含在內。例如，吐唾液或剝衣示眾等是。

4. 盜　取

　　所謂盜取，乃以不法方法將屍體移入自己實力支配下之行為。不法方法，並無限制，不問其為竊取、奪取或強取，均屬之。盜取之原因何在，亦非所問，且不以具有得利之意思為必要。

㈢故　意

　　本罪為故意犯，行為人除須認識其為屍體外，並須具有損壞、遺棄、

污辱或盜取之意思而為之，始能成罪。倘係移屍嫁害他人，別無遺棄意思，尚難論以遺棄屍體之罪。至對於屍體之認識如有錯誤，則應依構成要件錯誤之法理，以為解決。茲略述如次：

1.同一行為人者

(1)殺人已死，誤認為未死，仍繼續實施殺害行為者，是為犯意與犯行之過剩，且損壞屍體並處罰過失犯之規定，仍應論以殺人既遂罪，不另成立損壞屍體罪。(2)殺人未死，誤認為已死，又以損壞或遺棄屍體之意思，施以損壞或遺棄者，如因而未致被害人於死，亦僅成立殺人未遂罪。倘因而生致死之結果者，則屬因果關係之錯誤，行為人在主觀上既有概括之故意，其死亡又與其殺人行為具有相當因果關係，其錯誤顯非重要。故得認為殺人故意之既遂，不另成立損壞或遺棄屍體罪❺。

2.不同行為人者

(1)他人殺人已死，誤認為未死，而繼續予以殺傷者，是於其已成屍體後始殺傷之，依所犯輕於所知，從其所犯之原則，應論以損壞屍體之罪。(2)他人殺人未死，誤認為已死，而以之為屍體予以損壞或遺棄者，如因而致人於死，則依所犯重於所知，從其所知之原則，應處以損壞或遺棄屍體之罪。惟如於致死部分有過失，應另成立過失致死罪，而依想像競合之例處斷。

㈣未遂、既遂

本罪之未遂犯，罰之（刑 247 III）。既遂、未遂之區別，應就本罪之行為態樣，分別認定。申言之，損壞屍體之罪，以屍體已否受損壞為準，縱僅一部受損壞，亦為既遂。遺棄或污辱屍體之罪，以遺棄或污辱行為已否完成為準。盜取屍體之罪，則以屍體已否入於行為人支配之下為準。

㈤本罪與他罪之關係

1.本罪與殺人罪

---

❺ 最高法院 28 上 2831。

本罪與殺人罪之保護法益不同，不能成立法條競合。行為人於殺人後，希圖滅跡，繼而為損壞或遺棄屍體行為者，應分別成立本罪與殺人罪，予以併合論罪。惟如係希圖嫁禍，而起意將屍身移置他人門口者，則不成立本罪，應成立殺人罪與準誣告罪（刑 169 II），予以併合論處。

2.本罪與侮辱死者罪

本罪與侮辱死者罪之保護法益各別，應分別成罪。行為人公然污辱屍體及侮辱死者之名譽者，倘係同時為之，則兩者依想像競合之例處斷。

3.本罪與放火罪

本罪與放火罪之保護法益各別，應分別成罪。行為人放火焚屍，致生公共危險者，為損壞屍體罪與放火罪（刑 175 I）之想像競合犯，應從其一重處斷。

4.本罪與財產罪

屍體為祭祀追思之對象，在刑法上不以之為財物，不得為財產罪之客體。惟供學術研究用之屍體，則屬無妨。因此，行為人如以竊取、奪取或盜取之方法，取得供學術研究用之屍體者，亦得成立盜取屍體罪與財產罪之想像競合犯。

乙、褻瀆遺骨殮物罪

㈠行為客體

本罪之行為客體，為遺骨、遺髮、殮物或遺灰。遺骨，為屍體蛻化後所殘存之骸骨。遺髮，為屍體蛻化後所殘存之毛髮。殮物，為與屍體共同埋葬之物，如棺槨、衣衾或其他殮葬物品是。遺灰，則為屍體經焚化後所殘存之灰燼。至屍體因年代久遠，已自然蛻化為石灰土泥者，則不得為本罪客體。

不論遺骨、遺髮、殮物或遺灰，須係尚未埋葬，或已葬而為他人發掘，或經合法發掘者，始足當之。如係已葬而為行為人自行發掘者，則應成立侵害墳墓結合罪（刑 249 II），並非本罪。

㈡實行行為

本罪實行行為之態樣有三：即損壞、遺棄及盜取。其義詳前。至污辱行為，則不與焉。依遺囑而將遺骨、遺髮或遺灰，投棄海中，倘未背於一般之宗教感情或社會習俗者，尚不成立本罪。

㈢未遂、既遂

本罪之未遂犯，罰之（刑 247 Ⅲ）。既遂、未遂之區別，與前罪同。

㈣本罪與他罪之關係

盜取殮物罪與財產罪之關係，見解頗為不一。有認為本罪之法定刑所以較一般財產罪為低，乃因刑法認本罪之客體，純係信仰感情之對象，在性質上與一般財產權所有或持有之概念有別。故如有盜取殮物者，應認其僅成立本罪，不另成立財產罪。我實例亦認為其竊取財物之罪責，已包含於盜取殮物之內，不另成立竊盜罪❺❺。

惟殮物之種類，形形色色，其中有價值極為高昂者，如寶劍、夜明珠或其他金銀珠寶之類是。此等寶物，在埋葬前及發掘墳墓後，屬於財物，固無疑義；在埋葬後及發掘墳墓前，如僅認其為遺族祭祀追思感情之對象，並非財物，在概念上似有扞格不合之處。其實，盜取殮物罪之保護法益，為遺族祭祀追思感情之社會善良風俗；竊盜罪所保護之法益，則為個人財產之安全。其保護法益，並不相同，倘有盜取殮物者，自得構成盜取殮物罪，而與竊盜罪，成立想像競合犯。

五、發掘墳墓罪

第 248 條　發掘墳墓者，處六月以上五年以下有期徒刑。
　　　　　前項之未遂犯罰之。

---

❺❺　最高法院 57 臺上 3501。

㈠行為客體

本罪之行為客體為墳墓，其義詳前。

㈡實行行為

本罪之實行行為為發掘，即除去覆土或破壞墓石等，而暴露屍棺之行為。不必公然為之，亦不以損壞遺棄盜取屍體或遺骨等為目的，即單純之發掘行為，亦應成立本罪。

㈢故　意

本罪之成立，以對於墳墓有開發起掘之故意為必要。若無此故意，而僅因建築新墳，致損害他人墳墓之外形，除應構成毀損罪者另行依法論處外，尚不得以本罪繩之[56]。

又刑法處罰發掘墳墓之本旨，在保護社會重視墳墓之習慣，故其犯罪之成否，應以是否違背法律上保護之本旨為斷。所謂違背法律上保護之本旨，係指其發掘墳墓，具有不法侵害之故意而言。苟發掘墳墓之目的，在於遷葬或改建等工程上之需要，並無其他作用，而發掘以後，隨即依照習慣改葬他處者，即與法律上保護之本旨不相違背，自無犯罪之可言[57]。此外，依法令或其他正當原因而發掘墳墓者，如因驗屍或解剖屍體而發掘墳墓，自無構成本罪之餘地。

㈣未遂、既遂

本罪之未遂犯，罰之（刑 248 II）。既遂、未遂之區別，應以已否發見屍棺等為準。若已著手而未見屍棺者，即應負本罪未遂之罪責。

---

[56]　最高法院 31 上 2421。

[57]　最高法院 23 上 2038；27 上 889；52 臺上 1223（決）；53 臺上 1854（決）。

㈤罪數及與他罪之關係

1. 罪數之認定標準

本罪應以發掘行為，而不以棺數定其罪數。故墳墓雖合葬三棺，而其發掘行為僅有一個時，仍論為一罪 **58** 。

2. 本罪與毀損罪

我實務認為發掘墳墓，當然於墳墓有所毀損，不另成立毀損罪。至墓碑、墓門為組成墳墓之一部，如因發掘墳墓，而有毀損基碑、墓門之行為，自應吸收於發掘墳墓罪之內，與一行為而觸犯數罪名之情形不同 **59** 。

3. 本罪與竊盜罪

甲乙丙等多人迷信風水，共同發掘某丁祖墳，並將自己叔父遺體埋葬在內。是竊佔他人不動產而有結夥三人以上之情形，係犯刑法第 321 條第 1 項之罪，應與發掘墳墓從一重處斷 **60** 。惟行為人之目的，若僅在竊取墓碑等，縱有時損及墳墓，則僅成立竊盜罪，不成立本罪。

4. 本罪與侮辱墳墓罪

公然發掘墳墓，兼具有侮辱之意思者，則為本罪與侮辱墳墓罪（刑 246 I）之想像競合，應從其一重處斷。

六、侵害墳墓結合罪

第 249 條　發掘墳墓而損壞、遺棄、污辱或盜取屍體者，處三年以上十年以下有期徒刑。

發掘墳墓而損壞、遺棄、或盜取遺骨、遺髮、殮物或火葬之遺灰者，處一年以上七年以下有期徒刑。

58　最高法院 18 上 891。

59　最高法院 26 渝上 719；32 上 2248。

60　最高法院 26 上 2299。

(一)犯罪類型

本條侵害墳墓結合罪，含有二個犯罪類型，即 1. 發掘墳墓褻瀆屍體罪及 2. 發掘墳墓褻瀆遺骨殮物罪。

(二)罪數及與他罪之關係

1. 罪數之認定標準

發掘墳墓而有侵害屍骨等二種以上之情狀，例如，遺棄遺骨與盜取殮物兩種情形，則為一個行為所包含之多種態樣，只應構成一罪**❻❶**。

因本罪無處罰未遂犯之規定，故結合成罪之二種形態，均須已達既遂者，始能依本罪處斷。若發掘墳墓既遂，而損壞屍骨等行為仍屬未遂者，則仍應分別成立發掘墳墓罪與侵害屍體罪或侵害遺骨等罪之未遂犯，並視其情節，予以數罪併罰。

2. 本罪與毀損罪

實例認為發掘墳墓時，並挖掘棺木，該棺木既殮有屍體，即屬殮物之一種，自應構成刑法第 249 條第 2 項之罪。至挖損之棺木，雖係他人之物，但其損壞之罪責，已包含於損壞殮物之內，不應再依同法第 354 條從一重處斷**❻❷**。

3. 本罪與竊盜罪

實例認為行為人等三人發掘墳墓時，並盜取殮物，自應構成共犯刑法第 249 條第 2 項之罪。其竊取財物之罪責，已包含於盜取殮物之內，不應再依同法第 321 條第 1 項第 4 款從一重處斷**❻❸**。

4. 本罪與侵占罪

實例認為將自己承管之他人祖墳平毀，並盜取屍體，即以該地作成自己壽墳，自係以掘墓盜屍為侵占之方法，與竊盜不動產之罪名無關**❻❹**。

---

❻❶　最高法院 24 上 1295。

❻❷　最高法院 31 上 2334。

❻❸　最高法院 57 臺上 3501。

第四節　賭博罪

一、犯罪類型

賭博罪之犯罪類型，有第 266 條「普通賭博罪」；第 268 條「供給賭場或聚眾賭博罪」及第 269 條「發行彩票及媒介彩票買賣罪」。

二、除罪化

㈠賭性出自天性

賭博罪，係以偶然之事實，而僥倖獲得財物之行為為內容之犯罪。賭博行為，在本質上，本係個人任意處分其財物之行為，原非罪惡；且人類好賭，乃出自天性，無法加以禁絕。故賭博行為，不分中外，自古以來，既已存在於人類社會中，從未聞有完全禁絕之成功先例。因此，對於賭博行為，與其禁而不絕，減低法律威信，不如另闢蹊徑，善加疏導，使入於正途。例如，證券交易、彩券、賽馬、競輪或賽車等是。

㈡缺乏處罰之正當性

反對賭博罪除罪化者，認為倘容任賭博存在，不僅足以助長國民之射倖心，滋生怠惰浪費之弊風；且減低正常之勞動意欲，麻痺健全之經濟機能；更有甚者，各種犯罪，如竊盜、搶劫、殺人或放火等，每以賭博為誘因，並為罪惡之淵藪。

惟犯罪行為之處罰，除兼顧行為人主觀之惡性外，應以該犯罪行為對於某種法益造成侵害或危險之程度如何而定。刑罰為事後制裁之手段，須以已發生之過去行為作為處罰之對象。至其可能誘發之諸種周邊犯罪，如予以一併斟酌在內，顯已超過個人刑事責任之範圍，違反責任原則之要求。蓋大多數之犯罪，均有誘發種種周邊犯罪之可能。例如，將全家賴以維生

---

❻❹　最高法院 27 上 2767。

之人殺害，可能使其家人流離失所，生活陷入困境，繼而發生竊盜、搶劫、販毒等犯罪行為。可見可能誘發周邊犯罪之情形，不僅賭博如此，其他多數之犯罪，亦均有可能發生。

　　賭博罪之保護法益，乃在維護社會之善良風俗。惟善良風俗不宜以之為法益，已具述如前。政府機關每基於財政或經濟之理由，在法律範圍內，將賭博視為正當行為，得以阻卻違法。如以前之愛國獎券、刮刮樂以及目前之樂透彩券等是。倘賭博行為，確有助長國民之射倖心，滋生怠惰浪費之弊風，或減低正常之勞動意欲，麻痺健全之經濟機能，而有處罰之必要，理該全面嚴懲遏止，豈可基於財政或經濟之理由，而由政府機關起帶頭之作用。因此，普通賭博罪，似已漸失處罰之正當性，應考慮予以除罪化。

三、保護法益

　　賭博罪之保護法益，有認為賭博係危害自己或他人財產之行為，而以財產安全為其保護法益者。有認為賭博足以啟人僥倖心理，減低勤勞意欲，有害國民經濟之健全發展，而屬於妨害社會經濟風俗之犯罪者。本法將賭博罪規定為侵害社會法益之犯罪，而以社會之善良風俗作為其保護法益。

四、普通賭博罪

第 266 條　在公共場所或公眾得出入之場所賭博財物者，處五萬元以下罰金。

以電信設備、電子通訊、網際網路或其他相類之方法賭博財物者，亦同。

前二項以供人暫時娛樂之物為賭者，不在此限。

犯第一項之罪，當場賭博之器具、彩券與在賭檯或兌換籌碼處之財物，不問屬於犯罪行為人與否，沒收之。

㈠行為客體

本罪之行為客體為財物。茲分述如次：

1.財物之概念

所謂財物，指金錢或其他有經濟價值之有形物品。惟財物是否兼含財產上之利益在內？不無爭議。我國學者一般採狹義解釋，認指金錢或其他有經濟價值之有形物品而言。日本學者通說則採廣義解釋，認兼含財產上之利益在內。因本罪係妨害社會善良風俗之犯罪，與財產犯罪僅以財產安全為其保護客體者不同；且賭博行為之性質，係憑偶然之輸贏，而決定財物之得失，其得失非必有現實之授受，縱僅為約定，亦足構成。因之，將財產上之利益，摒除在外，不惟欠缺合理之根據，且似無此必要。

財物，不限於有體物，亦不拘於動產，即不動產、債權等，亦屬之。其品位之貴賤或數額之多寡，亦所不問。又財物之數額，不必自始確定，其可得確定者亦可。且財物亦不以現實提供者為必要，其僅為約定者，亦屬無妨。

2.須以財物為賭

行為人須以財物為賭，如非以財物為賭者，不成立本罪。例如，以供人娛樂之電動機具，在以現金開分後供人押注，如未押中，所押注之分數固即扣除，押中者則可贏得不等倍數之分數。倘該贏得之分數僅能繼續把玩電動機具之用，並不能兌換金錢、或得易為金錢或其他有經濟價值之物品者，則因押中贏得之分數，既仍應消費在電動機具之把玩上，不能供作其他用途，自與賭博罪之以偶然之機率定輸贏博取財物不同 **❻**。

3.供人暫時娛樂之物

供人暫時娛樂之物，如香菸、食物等，性質上亦屬於財物，惟因其經濟價值極為輕微，屬尚未達妨害風俗之輕微射倖對象，縱以其為賭，仍欠缺可罰之違法性，不成立犯罪。惟是否為供人暫時娛樂之物，在實際應用上，其認定頗為不易。一般言之，宜依一般社會觀念，就具體情形自客觀

---

❻ 高等法院90上易44（決）。

上予以認定。具體而言，是否為供人暫時娛樂之物，應具備以下二條件，即(1)消費之即時性及(2)價值之輕微性，兩者須同時兼具，始足當之。故如一支香菸，雖其價值輕微，惟如未即時消費，擬累積續賭者，仍得成立賭博罪。金錢，在性質上不屬供人暫時娛樂之物，惟若以即時消費且價值輕微之食物為賭，敗者則償付該食物之代金者，仍難遽以本罪相繩。

㈡實行行為

本罪之實行行為，為賭博，乃依偶然之事實，而決定財物得失之行為。賭博行為係單純舉動犯，且為必要共犯中之對向犯。

1.偶然性

所謂偶然之事實，乃當事人不能任意加以左右之事實。以當事人主觀上不能確定者為已足，不以客觀上亦不確定為必要。又偶然之事實，不問是否存於行為人之行為，抑或存於其他事實；且該事實，是否為過去、現在或將來之事實，均非所問。

賭博行為，以具有偶然性為必要。雖不必全部具有偶然性，惟如多少含有偶然性者，亦不失為賭博。例如，圍棋、象棋、麻將、撞球、競技賭博等是。但是，倘雙方之體能、技術、熟練等相差懸殊，其勝敗於當事人間已甚為顯然者，則已無偶然性，自非賭博。至藉他人競技之勝負，以決定財物之得失者，倘含有偶然性，則仍屬賭博行為。例如，藉棒球隊比賽之勝負，以決定財物之得失是。

2.射倖性

偶然之事實，須存在於當事人雙方，亦即雙方均具有射倖性，須互負財物得失之危險。若當事人之一方，使用詐欺手段支配勝敗者，則成立詐欺罪，不構成本罪。有認為除詐賭者成立詐欺罪外，其對手在主觀上如具有爭勝負之射倖心者，亦得成立片面賭博罪者。惟賭博係當事人雙方依偶然之事實以爭勝負，倘勝負之結果為詐賭者所完全支配，已不具射倖性，自難成立賭博罪。我實例亦同此見解❻。

---

❻　最高法院 24 上 2543。

㈢行為情狀

本罪之行為地，限於公共場所或公眾得出入之場所，始得構成。所謂公共場所，乃供給多數人使用或集合之場所，例如，道路、公園、廣場等是。所謂公眾得出入之場所，乃不特定之人可得隨時出入之場所，例如，山野僻靜處、公共防空壕洞或防空室、餐廳、飯店、旅社 ❻、店舖 ❻ 或百貨公司等是。此等場所，均不以法令所容許者為限，如供賭博用之花會場、輪盤賭場等，亦屬之。至私人家宅，非公共場所，亦非公眾得出入之場所。其在住宅內賭博，縱令賭博之人及賭具為戶外所易見，或其賭博聲為戶外所易聞，亦難論以本罪 ❻。

㈣包庇罪

公務員包庇他人犯本罪者，加重其刑至二分之一。所謂包庇，係指對他人犯罪加以相當之保護，而排除外來之阻力，使其不易被發覺者而言，自以有積極的包庇行為為必要，與單純縱容或不予取締之消極行為有別。

㈤罪數及與他罪之關係

1.罪數之認定標準

---

❻　在旅社闢室賭博，是否成立本罪？論者及實務見解不一。有認旅社以出租房間於不特定之人使用為營業，係屬於公眾得出入之場所。其所出租之房間，無論關閉與否，皆為構成旅社之一部分，自亦屬公眾得出入之場所者。惟旅社本身雖屬公眾得出入之場所，其房間一經出租給旅客，該旅客即有支配使用權，其性質實與私人家宅無異，自不得解為公眾得出入之場所。否則，旅客在房間內更衣、夫婦同宿或情侶幽會等，均將該當於公然猥褻罪（刑 234），其有背情理，彰彰明甚。故在旅社內闢室賭博，應認其不成立本罪較妥。

❻　店舖在營業期間內，顧客得自由出入，性質上屬於公眾得出入之場所。實例認在店舖內賭博，不成立本罪（司法院院字 1403），而無時間之界限，似不無商榷餘地。

❻　司法院院字 1403；院字 1637。

同一日時與場所，同一行為人繼續為同種之賭博，縱其他參加賭博者有變動，亦僅成立單純一罪。

2.本罪與煽惑犯罪罪

司法實務認為，一些民眾原即有簽賭六合彩賭博之風氣，而所簽賭之六合彩賭博，即以每週二、四香港六合彩開獎之號碼為中獎號碼，由六合彩賭博之組頭招攬不特定之民眾聚眾簽賭，押注賭金決定輸贏；行為人於某時地講解上一期六合彩開出之號碼，並預測下一期會有哪些明牌出來等情。此為一般大眾媒體所報導與民間市井街坊所知悉。由此情景以觀，行為人顯然以其所書寫及解說香港六合彩開出之號碼，提供當時圍觀之不特定民眾參考，以提供並鼓勵簽賭在本地仍有存在之六合彩賭博，可見行為人顯然係以文字、演說等方式公然煽惑他人犯賭博罪。又以衛星電視轉播方法，公然播放澳門賭馬實況之節目及畫面，其多係賭馬之賭注、輸贏倍數等內容，並非單純之體育或休閒節目，顯係以電視傳播方法公然煽惑他人犯賭博罪，核其所為係犯刑法第 153 條第 1 款之罪❼⓿。

㈥沒收特則

當場賭博之器具、彩券與在賭檯或兌換籌碼處之財物，不問屬於犯罪行為人與否，沒收之（刑 266 IV）

1.當場賭博之器具、彩券

所謂當場賭博之器具，係指在賭博現場用為決定勝負之工具。如撲克牌、麻將、象棋或骰子等是。至桌椅或房屋等物，因非決定勝負之工具，自不在沒收之列。又賭博場所，亦不能視為供犯罪所用之物，予以沒收。

至所謂彩券，實與刑法第 269 條之彩票同義，乃指預先發售一定彩票，而以對號、擦刮或其他方法，給與中彩者一定彩金之謂。易言之，中彩者得有一定利益，未中彩者則喪失其所釀出之財物。如大樂透、威力彩、刮刮樂等是。

2.賭檯或兌換籌碼處之財物

❼⓿　高等法院 91 上易 3164（決）；85 上易 7028（決）。

　　所謂在賭檯或兌換籌碼處之財物，係指賭博當時陳列於賭檯或陳置於兌換籌碼處之動產而言。其存放於身上之財物或尚未交出之賭款❼，則不包括在內。至因賭贏得之現金，與賭贏後由輸者立給之票據，雖非陳列於賭檯上，如為賭犯所持有，仍得視為因犯罪所得之物，而依刑法第 38 條第 1 項第 3 款予以沒收。惟其已遺失之現金，與該票據票面所載之金額，因無追徵或追繳之特別規定，則不得予以如何之處分❼。

五、網路賭博罪

　　本罪之行為客體、實行行為及沒收特例，均與普通賭博罪同，其所異者為賭博行為之手段，係以電信設備、電子通訊、網際網路或其他相類之方法為之。

　　所謂電信設備，指利用有線、無線，以光、電磁系統或其他科技產品發送、傳輸或接收符號、信號、文字、影像、聲音或其他性質之訊息所用之機械、器具、線路及其他相關設備（電信法 2）。簡言之，即通過有線、無線、電磁等傳輸或收發信號、圖像、聲音之所有設備。例如，有線或無線電話、有線或無線電視等是。

　　所謂電子通訊，指以有線、無線、衛星或其他電子傳輸設施傳送文字、影像、聲音、數據或其他訊息。例如，電子計算機（電腦）、智慧型手機等是。

　　所謂網際網路，指由不同區域及數量相當多區域網路及廣域網路，加以連結，藉以提供服務之結合體。易言之，指經由尋常之電信網路，將位於不同地點之二個或二個以上之電腦連結所形成之人造空間或虛擬空間，使用者得透過各自之電腦，經由電信網路之連接，而與對方通話、溝通，而進行各種活動。

　　所謂其他相類之方法，除電信設備、電子通訊及網際網路外，其他可以傳送文字、影像、聲音、數據或其他訊息之方法。例如，正在發展中之

---

❼　最高法院 49 臺非 50（決）。

❼　司法院院字 2259。

雷射太空通信系統是。

六、供給賭場或聚眾賭博罪

第 268 條　意圖營利，供給賭博場所或聚眾賭博者，處三年以下有期徒刑，得併科九萬元以下罰金。

(一)行為主體

本罪之行為主體，並無限制，任何人均得成立本罪。

(二)實行行為

本罪實行行為之態樣有二，即供給賭博場所及聚眾賭博。

1.供給賭博場所

所謂供給賭博場所，乃提供一定場所供人賭博之行為。所提供之場所，是否專為賭博而設計，是否為提供者本身可支配之場所，其設施是否完備或簡陋，其提供係屬一時性抑或永久性，提供者是否親臨賭場或曾否加入賭博，場所係房屋抑或空地以及是否為公共或公眾得出入之場所等，均不影響於本罪之成立。倘將自己居住家宅抽頭供賭，或使人在自己商號或房園內賭博者，均得成立本罪❼❸。

2.聚眾賭博

所謂聚眾賭博，乃聚集不特定之多數人參與賭博之行為。縱未於現實上同時糾集多數人於同一處所，而係聚集眾人之財物進行賭博者，例如，六合彩組頭以電話、傳真之方式供人簽賭之行為，亦屬之❼❹。其因偶然集合，並無聚賭之故意者，不得遽以本罪論處。本罪聚賭之場所，亦不以公共或公眾得出入之場所為限。其賭場縱設在私人住宅內，亦無不可。惟聚賭之對象，既為不特定之多數人，事實上已與公眾得出入之場所無異。

---

❼❸　司法院院字 1455；院字 1458；院解字 3962。

❼❹　地方法院 96 簡 2517。

(三)故意與意圖

本罪除行為人須具有供給賭場或聚賭之故意外,尚須具有營利之意圖,始能成立。例如,抽取頭錢是。至其營利,係自賭金中抽取,或於賭金外另由賭博者交出,則非所問,惟不以果已得利為必要。

(四)共　犯

本罪在性質上,包攝教唆或幫助賭博之概念在內。故成立本罪時,教唆或幫助賭博之行為,即為本罪所吸收,不另成立他罪之教唆犯或幫助犯。反之,將其住宅供人聚賭抽頭,如非意圖營利,縱其行為之結果,同時有助於賭犯之犯行,亦僅成立賭博罪之幫助犯**❼❺**。

(五)罪數及與他罪之關係

1. 罪數之認定標準

本罪為繼續犯,但非集合犯,供給賭場或聚眾賭博後,雖曾數次抽取頭錢,亦僅成立一罪。惟若非基於概括犯意,而於不同之日時、場所為營利行為者,則應依數罪併罰之例處斷。

實例認為,行為人以一個營利之目的,而實施供給賭博場所、聚眾賭博、本身參與賭博或抽頭之各個舉動,其各個舉動只係完成一個賭博犯意之接續行為,無從分割為數個賭博行為。雖其行為同時觸犯意圖營利供給賭博場所、聚眾賭博及普通賭博數罪名,所犯圖利供給賭場因係基於一個賭博犯意之決定,達成其同一犯罪之各個舉動,應屬法律概念之一行為,其一行為觸犯上開三罪名,為想像競合犯,應依刑法第 55 條規定從一重之圖利聚眾賭博罪處斷**❼❻**。

2. 本罪與普通賭博罪

本罪與普通賭博罪係各別獨立之犯罪,行為人於供給賭場或聚賭後,

---

❼❺　司法院院解 4003。

❼❻　最高法院 79 臺非 251 (決);高等法院 92 上易 13 (決)。

如加入同賭者，除成立本罪外，另成立普通賭博罪，應予數罪併罰。實例認為，行為人基於一個賭博之決意，發為一個賭博行為，雖有觸犯刑法第266條第1項前段之在公眾得出入之場所賭博財物與同法第268條之意圖營利供給賭博場所及聚眾賭博等罪，但其行為既僅有一個，亦即其以簽賭方式賭博財物，簽中者由被告賠予一定金額之彩金，簽不中，則賭注歸被告所有，並未於聚眾簽賭之賭博外，另有其他獨立成罪之賭博行為，自應依想像競合犯從一重之意圖營利聚眾賭博罪處斷❼❼。

七、發行彩票及媒介彩票買賣罪

❖◆❖

第 269 條　意圖營利，辦理有獎儲蓄或未經政府允准而發行彩票者，處一年以下有期徒刑或拘役，得併科九萬元以下罰金。
　　　　　經營前項有獎儲蓄或為買賣前項彩票之媒介者，處六月以下有期徒刑、拘役或科或併科三萬元以下罰金。

❖◆❖

　　本條發行彩票及媒介彩票買賣罪之規定，包含有二個獨立之犯罪類型，即⑴發行彩票罪及⑵媒介彩票買賣罪。茲分述如次：

甲、發行彩票罪

㈠行為主體

　　本罪之行為主體，無何限制，任何人均得成立本罪。

㈡實行行為

　　本罪實行行為之態樣有二，即辦理有獎儲蓄及發行彩票。所謂辦理有獎儲蓄，乃以定期開獎之方法，吸收他人之儲款，而給與中獎者一定獎金之謂。所謂發行彩票，則為預先發售一定彩券，以抽籤或其他偶然方法，

---

❼❼　最高法院 79 臺非 206（決）。

給與中彩者一定彩金之謂。易言之，中彩者得有一定利益，未中彩者則喪失其所釀出之全部或一部之財物。因此，未中彩者苟未喪失其所釀出之財物者，例如，百貨公司辦理中獎還本等，則非發行彩票。

　　無論辦理有獎儲蓄或發行彩票，均係以開獎或抽籤等方法，依偶然之事實，而決定財物之取得，因具有偶然性，與賭博頗為相似。惟賭博，其參與者均負擔財物得失之危險；而本罪，則僅購買彩票者負擔危險，發行者則否。此外，發行彩票，以未經政府允准者為限，始得成罪。倘經政府允准，自可阻卻其違法性。

㈢故意與意圖

　　本罪為故意犯，除須具有故意外，尚須具有營利之意圖，始能成立。至事實上果否得利，則可不問。

乙、媒介彩票買賣罪

㈠行為主體

　　本罪之行為主體，無何限制，任何人均得成立本罪。

㈡實行行為

　　本罪實行行為之態樣亦有二，即經營有獎儲蓄及媒介彩票買賣。前者，乃於他人辦理有獎儲蓄後，而代為經理營運之行為。後者，則於他人未經政府允准而發行彩票後，而為買賣彩票之媒介行為，如居間、代銷等是。兩者在行為之性質上，均屬前罪之幫助行為，因其足以助長賭風，亟需遏止，本法乃將其定為獨立犯罪，予以處罰。此外，本罪只須有經營或媒介之行為，即足成罪，並不以具有營利之意圖為必要。

㈢故　意

　　本罪為故意犯，主觀上須有實施本罪之故意，始能成立。

㈣包庇罪

公務員包庇他人犯本罪者，加重其刑至二分之一。

第五章　妨害國民經濟及健康之犯罪

一、保護國民經濟發展

農工商業為國民經濟之基礎，其隆替興衰，關係國計民生甚鉅。刑法對於農工商業之發展，雖無積極誘掖獎進之機能，惟對於妨害其健全運營者，則仍有消極取締抑止之作用。因此，本法為保護國民經濟之發展，其規定雖不以本章各罪為限，他如，洩露工商秘密罪（刑 317、318），重利罪（刑 344）等，亦與國民經濟發展相關至切。惟為加強保護，乃擇其重要而直接者，特於第十九章訂為妨害農工商罪，以資應用。

惟本章妨害農工商罪，立法於民國 24 年，迄今已逾七十餘年，時移勢易，經濟情勢，已大易曩昔，本章原有規定，實過於簡陋，難以肆應現代型之各種經濟犯罪。因此，政府為保護國家經濟之發展，相繼制定各種特別法規，以應需要。諸如，專利法、商標法、肥料管理法、農產品市場交易法、水利法等是。因此，本章妨害農工商罪之適用機會，實已微乎其微。

二、保護國民身體健康

鴉片之危害，為國人素所深知。言其影響，小則蕩產傷身，大則足以亡國滅種，實非過言。清朝末年，遭列強侵凌，並以鴉片荼害我民族，致貽東亞病夫之譏，此項痛苦史實，令人記憶猶新。民國肇建後，國人雖謀奮發圖強，惟欲振乏力，其受鴉片荼毒之深，可見一斑。歷年來，政府痛感於此，每將鴉片懸為屬禁，以求遏絕。本法於第二十章訂定鴉片罪，並嚴其處罰，亦本乎斯旨。邇來，國際販毒鉅案，層出不窮，雖其犯罪行為，多在謀取不法暴利，惟若不予禁絕，其戕害民族健康，勢必變本加厲。故我政府乃於民國 44 年 6 月頒行戡亂時期肅清煙毒條例，嚴予取締。嗣於民國 81 年 7 月修正後，將該條例改名為「肅清煙毒條例」。惟鑑於毒品之危害，未見消戢，乃於民國 87 年 5 月將該條例大幅修正，並更名為「毒品危

害防制條例」，施行迄今。

「毒品危害防制條例」之前身為「肅清煙毒條例」，依肅清煙毒條例之規定，稱煙者，指鴉片、罌粟、罌粟種子及麻煙或抵癮物品；稱毒者，則指嗎啡、高根、海洛因或其合成製品。惟依「毒品危害防制條例」之規定，則將煙毒及麻醉藥品合稱為毒品。所謂毒品，係指具成癮性、濫用性及對社會危害性之麻醉藥與其製品及影響精神之物質與其製品而言。毒品，依上述特性分為四級：第一級為海洛因、嗎啡、鴉片、古柯鹼及其相類製品。第二級為罌粟、古柯、大麻、安非他命、配西汀、潘他唑新及其相類製品。第三級為西可巴比妥、異戊巴比妥、納洛芬及其相類製品。第四級為二丙烯基巴比妥、阿普唑他及其相類製品。

「毒品危害防制條例」為刑法之特別法，兩者之規範範圍，並非全然相同。刑法所規範之對象，除煙毒外，尚包含種子、吸食器具等物品在內；且行為之態樣，亦包含製造、販賣、運輸、為人施打、提供館舍供人吸食、栽種、公務員強迫他人栽種或販運、吸用、持有及包庇等情形在內。「毒品危害防制條例」則刪除設所供人吸食及為人施用毒品之規定；將毒品施用者同時視為病患及罪犯；對病患性犯人改以勒戒、強制戒治處分等等。在「毒品危害防制條例」有效施行期間，本章關於鴉片罪之規定，實際上大部分均處於停止適用之狀態。

第一節　妨害農工商罪

一、犯罪類型

妨害農工商罪之犯罪類型，有第 251 條「囤積妨害販運農工物品及散布不實資訊罪」；第 252 條「妨害農事水利罪」；第 253 條「偽仿造商標商號罪」；第 254 條「販賣偽仿造商標商號貨物罪」及第 255 條「虛偽標記商品及販賣罪」。

二、保護法益

　　妨害農工商罪，係以妨害農工商業之健全發展為其內容之犯罪。其保護法益，重在國民經濟之發展，而著眼於社會民生之安全，故以之為侵害社會法益之犯罪。此與財產犯，重在保護個人財產之安全者，其罪質顯然有別。

　　本章之規定，甚為簡陋。就目前現況而論，得為本章各罪之特別法者甚夥，例如，農業發展條例、農產品市場交易法、肥料管理法、商標法及水利法等，均屬之。

三、囤積妨害販運農工物品及散布不實資訊罪

第 251 條　意圖抬高交易價格，囤積下列物品之一，無正當理由不應市銷售者，處三年以下有期徒刑、拘役或科或併科三十萬元以下罰金：
一、糧食、農產品或其他民生必需之飲食物品。
二、種苗、肥料、原料或其他農業、工業必需之物品。
三、前二款以外，經行政院公告之生活必需用品。
以強暴、脅迫妨害前項物品之販運者，處五年以下有期徒刑、拘役或科或併科五十萬元以下罰金。
意圖影響第一項物品之交易價格，而散布不實資訊者，處二年以下有期徒刑、拘役或科或併科二十萬元以下罰金。
以廣播電視、電子通訊、網際網路或其他傳播工具犯前項之罪者，得加重其刑至二分之一。
第二項之未遂犯罰之。

㈠行為客體

　　本罪之行為客體有三：

1. 民生必需之飲食物品

所謂民生必需之飲食物品，乃指供公眾日常食用之必需物品而言，糧食、農產品為其例示。所謂糧食，乃指米、麥等日常供食用之糧食而言。所謂其他民生必需之飲食物品，則指除糧食外，可供公眾日常食用之必需物品而言。例如，茶、油、鹽、水果、菜蔬之類是。其非日常食用之必需物品，如糕餅、咖啡等，則不屬之。

2. 農工業所必需之物品

所謂農工業所必需之物品，乃指供農業或工業所必需之物品而言，而以種苗、肥料及原料為其例示。所謂種苗，指農作物之種子及幼苗；肥料，指有助於農作物生長之營養物品，如水肥、化學肥料等是；原料，指農工業產品加工前之物品，如棉、繭等是；其他農業、工業必需之物品，則指除種苗等外，為農業或工業所必需之物品而言，如耕耘機具、工廠機器等是。

3. 行政院公告之生活必需用品

生活必需用品甚夥，凡是為滿足人類基本生活需求的用品，包括衣、食、住、行，均可涵蓋在內。前述民生必需之飲食物品，亦均屬之。為避免重要生活必需用品，因人為操縱，影響人民權益，爰以空白刑法之立法方式，增訂由行政院公告之生活必需用品，亦得為本罪客體。行為人如意圖抬高交易價格，而囤積銷售者，即得以本罪律之。例如，一般醫用口罩及外科手術口罩❶是。

(二)實行行為

本罪之實行行為有三：

1. 囤積，指將民生必需之飲食物品或農工業必需之物品儲存不應市銷售之行為。

---

❶　行政院於 2020 年 1 月 31 日發布院臺短字第 1090162918 號，公告「一般醫用口罩及外科手術口罩」為刑法第 251 條第 1 項第 3 款所定之生活必需用品，並自 2020 年 1 月 31 日開始生效。

2.妨害販運，指妨礙阻害民生必需之飲食物品或農工業必需之物品販賣及運送之行為。其妨害之手段，須以強暴、脅迫為之，始足構成。

3.散布不實資訊，指分散傳佈客觀上違反真實資訊之行為。其事實本存在而以之為不存在，或本不存在而以之為存在者，均屬之。其違反真實之資訊，為全部或一部，或出於虛增或故減，均得成立。

㈢網路散布不實資訊

行為人意圖影響交易價格，透過大眾傳播媒體傳遞不實資訊，可能造成不特定多數人恐慌，而影響市場交易秩序。故以廣播電視、電子通訊、網際網路或其他傳播工具散布不實資訊者，則予以加重懲罰。

㈣故意與意圖

本罪為故意犯，亦為目的犯。行為人主觀上除須具有故意外，尚須意圖抬高交易價格，而囤積民生必需之飲食物品或農工業必需之物品或意圖影響民生必需之飲食物品或農工業必需之物品之交易價格，而散布不實資訊，始能成立本罪。

㈤阻卻違法事由

囤積民生必需之飲食物品或農工業必需之物品，須無正當理由不應市銷售者，始能成罪。例如，哄抬物價、囤積居奇等情形是。如並未意圖抬高交易價格，而係因市場滯銷或原料漲價、販售不符成本等情形，致囤積不應市銷售者，則可認為有正當理由，得以阻卻違法，不成立本罪。

㈥未遂、既遂

以強暴、脅迫妨害民生必需之飲食物品或農工業必需之物品之販運者，其未遂犯，罰之（刑251Ⅴ）。既遂、未遂之區別，以已否妨害販運行為為準。

四、妨害農事水利罪

> **第 252 條**　意圖加損害於他人而妨害其農事上之水利者，處二年以下有期徒刑、拘役或九千元以下罰金。

(一)行為客體

本罪之行為客體，為農事上之水利，乃指農事上灌溉之水利而言。農事以外之水利，如工業、發電等之用水，不包括在內。

(二)實行行為

本罪之實行行為，為妨害，其方法並無限制，凡有妨礙、阻害之行為，致損及他人農事上之用水者，均足當之。例如，阻塞水道，使他人之田畝無水灌溉者是。

(三)意　圖

本罪行為人主觀上須有加損害於他人之意圖，始能成立。故本罪之成立，一方須對於他人農事上之水利有妨害行為，而他方尤重在有加損害於他人之意圖。其僅在灌溉自己田畝，而非圖損他人者，自難以本罪論擬❷。

(四)本罪與他罪之關係

1.本罪與決水罪

行為人以決水方法，浸害他人田禾，而妨害他人農事上之水利，致生公共危險者，除成立本罪外，應另成立決水罪（刑 180 I），兩罪予以併合論罪。

2.本罪與破壞防水蓄水設備罪

行為人以決潰堤防、破壞水閘或損壞自來水池為方法，而妨害他人農

---

❷　最高法院 28 上 4216。

事上之水利，致生公共危險者，除成立本罪外，應另成立破壞防水蓄水設備罪（刑 181 I），兩罪予以併合論罪。

五、偽仿造商標商號罪

第 253 條　意圖欺騙他人而偽造或仿造已登記之商標、商號者，處二年以下有期徒刑、拘役或科或併科九萬元以下罰金。

㈠行為客體

本罪之行為客體，為商標及商號。

1. 商　標

所謂商標，指任何足以使商品或服務之相關消費者認識為指示商品或服務來源，並得與他人之商品或服務相區別，而以文字、圖形、記號、顏色、立體形狀、動態、全像圖、聲音等，或其聯合式所組成之標識（商標法 18）。

商標，係營業信譽之標誌，具有表明商品或服務來源、保證商品品質及作為商品廣告之功能，自須予以保護，始能維護商業信用，而保交易之安全。

商標，以已登記者為限，始受本法保護。所謂已登記，因商標法上無所謂商標之登記，自係指已註冊之商標而言。商標權之取得，須依商標法申請註冊。商標自註冊公告當日起，由權利人取得商標權。商標權期間為十年，商標權期間得申請延展，每次延展為十年（商標法 33）。商標權未申請延展註冊、商標權人死亡而無繼承人或拋棄商標權者，其商標權當然消滅（商標法 47）。商標權消滅者，則不得為本罪客體。

2. 商　號

所謂商號，乃商人用以表彰其營業之名稱。商號，與商人之商業信用有關，倘已依法登記，即為其所專用。故得為本罪客體者，亦以已登記者為限。

商業在同一直轄市或縣（市），不得使用與已登記之商業相同之名稱。但增設分支機構於他直轄市或縣（市），附記足以表示其為分支機構之明確字樣者，不在此限。商業之名稱，不得使用公司字樣。商業名稱及所營業務，於商業登記前，應先申請核准，並保留商業名稱於一定期間內，不得為其他商業使用（商業登記法 28）。反之，若不在同一縣（市），而使用相同或類似他人已登記之商號名稱，或非經營同類業務者，即不能以本罪論擬。

㈡實行行為

本罪實行行為之態樣有二，即偽造及仿造。所謂偽造，即無製作權人摹製他人之商標商號，使其形式與真者無異之行為。所謂仿造，則為製造類似之商標商號，足以使一般人誤認為真正商標商號之行為❸。偽造，即係冒用他人之商標商號，其形式與真正商標商號完全相同；仿造，則僅求其類似，不論為形式、名稱或觀念之類似，均包括在內。形式之類似，如「丸七」與「丸六」；名稱之類似，如「中興牌」與「中新牌」；觀念之類似，如「皇冠」與「王冠」等是。

㈢故意與意圖

本罪行為人除須具有偽造或仿造之故意外，尚須具有欺騙他人之意圖，始能成立。所謂欺騙他人，即以不法方法使他人陷於錯誤之行為。至其意圖果否實現，則非所問。

㈣本罪與他罪之關係

1.本罪與偽造私文書罪

商標商號在本質上原為文書之一種，故本罪之罪質係屬偽造文書罪之特別規定。苟成立本罪，即無再適用偽造文書罪之餘地。惟行為人倘於偽造仿造商標商號外，又載有文字以說明其商品之性質、用法或特徵，即偽

---

❸　司法院院字 678。

造商號仿單者，則除觸犯本罪外，兼應負偽造私文書之罪責❹，兩者依想像競合之例，從其一重處斷❺。

2. 本罪與行使偽造私文書罪

商號仿單係用以說明商品之特質，故就其性質言，除商號關係外，並為商人所製文書之一種。如將偽造之仿單給與買主，以外貨冒充某商號出品，顯於偽造商號外，更有行使偽造私文書足以生損害於他人之行為，其所成立偽造商號及行使偽造私文書罪，應予併合論罪❻。

3. 本罪與詐欺取財罪

犯本罪而獲取不法利益者，是否另成立詐欺取財罪？學者不一其說，實例亦前後兩歧。有認本罪既以欺騙他人為目的，已含有詐欺之性質。如因偽造仿造而獲有不法利益，不另成立詐欺罪者❼。有認本罪僅就其動機而設規定，並非包括得利之意義在內。故犯本罪而有詐欺行為者，應另成立詐欺罪者❽。二說以後說為妥適，故以他人之商標商號，矇蔽世人高價出售，而獲取不當利益者，不能不負詐欺罪責，兩者應予併合論罪。

---

❹　最高法院 43 臺上 407（決）；49 臺上 1317（決）。

❺　偽造仿造商標商號外，若兼偽造商號仿單或說明書者，我實例認應成立牽連犯，從一重處斷。此種見解，似有商榷餘地。例如上訴人同時偽造鮮大王 A 字醬油商標紙及說明書，係一行為而觸犯刑法第 253 條之偽造商標及第 210 條之偽造文書罪二罪名，應依同法第 55 條前段從一重處斷（最高法院 56 臺上 2134（決））。惟亦有認其成立想像競合犯者，例如「維雄百補丸」說明書及紙盒上，均印有藥名及已登記之商號名稱，說明書即商號之仿單，係用以說明其藥品之性質，為私文書之一種。上訴人等並無製作權，而共同教唆他人偽造，自足生損害於他人，係一行為觸犯教唆意圖欺騙他人而偽造已登記之商號及偽造私文書二罪名，應從一重處斷（最高法院 51 臺上 440（決））。

❻　最高法院 19 上 1773；56 臺上 2576（決）。

❼　最高法院 54 臺上 2001（決）。

❽　最高法院 43 臺上 407（決）；44 臺非 39（決）；56 臺上 2576（決）。

六、販賣偽仿造商標商號貨物罪

第254條 明知為偽造或仿造之商標、商號之貨物而販賣，或意圖販賣而陳列，或自外國輸入者，處六萬元以下罰金。

㈠行為客體

本罪之行為客體，為偽造或仿造商標商號之貨物。本罪之商標商號，法文上雖無已登記之規定，惟苟未經登記，即不受本法保護，自無偽造或仿造可言。故解釋上仍應認其以已登記者為限，始能構成本罪。至該項貨物之種類為何，則無何限制。

㈡實行行為

本罪實行行為之態樣有三，即販賣、意圖販賣而陳列及自外國輸入。三者有其一，即足成立本罪。

㈢故　意

本罪故意之內容，須係明知為偽造或仿造商標商號之貨物。否則，即不為罪。

㈣本罪與詐欺罪

實例認為，明知為偽造或仿造之商標商號之貨物而販賣，或意圖販賣而陳列者，本條既設有特別規定，則明知為偽造之商品而販賣或陳列，本含有詐欺性質，其詐欺行為，即不應另論罪❾。惟因二罪之保護法益不同，應分別成罪，予以數罪併罰。

---

❾　最高法院 57 臺非 150（決）。

七、虛偽標記商品及販賣罪

第 255 條　意圖欺騙他人，而就商品之原產國或品質，為虛偽之標記或其他表示者，處一年以下有期徒刑、拘役或三萬元以下罰金。

　　明知為前項商品而販賣，或意圖販賣而陳列，或自外國輸入者，亦同。

　　本條虛偽標記商品及販賣罪之規定，含有二個獨立之犯罪類型，即(1)虛偽標記商品罪及(2)販賣虛偽標記商品罪。

甲、虛偽標記商品罪

㈠行為客體

　　本罪之行為客體，為商品，凡得為交易標的之物品，不論其為原料品、半製品或製造品，均屬之。至其種類、品質及出產地等，則所不問。

㈡實行行為

　　本罪之實行行為，為虛偽之標記或其他表示，僅限於就商品之原產國或品質為之，倘係就其他事項為虛偽標記或其他表示者，尚難成立本罪。原產國，乃指商品原來出產之國家，其在何處製造，則非所問。品質，則指商品之質料，例如衣服質料之毛或棉質是。所謂虛偽之標記或其他表示，乃就商品之原產國或品質為不實之標記或表示，例如以國貨冒充外國貨，或棉質標記為毛質等是。

㈢故意與意圖

　　本罪除故意為虛偽標記或其他表示之行為外，尚須基於欺騙他人之意圖，始得構成。至其意圖果否實現，則非所問。

㈣本罪與他罪之關係

1.本罪與偽造文書罪

本罪之行為可能與偽造文書罪或行使偽造文書罪，發生想像競合關係。例如，上訴人與另人同謀，就公賣酒場所用吸管之原產國為虛偽之標記，及檢定機關表示檢定合格之「同」字圖印於吸管之上，該圖印依刑法第 220 條規定係屬以公文書論之一種，應構成一行為而觸犯同法第 255 條第 1 項、第 210 條兩罪名，偽造後持往投標，即已達行使之程度；又其行使之目的在使酒廠陷於錯誤而為買受，雖未成交，亦已成立詐欺未遂罪名，應予數罪併罰❿。

2.本罪與詐欺取財罪

實例認為，意圖欺騙他人，而就商品之品質為虛偽之標記，或進而販賣，本含有詐欺性質，其詐欺行為，即不應另行論罪⓫。惟因二罪之保護法益不同，應分別成罪，予以數罪併罰。

3.本罪與偽仿造商標商號罪

本罪以對於商品之品質或原產國為虛偽之標記為已足，偽仿造商標商號罪則須以偽造他人已登記之商標商號為其成立之特別要件，故如非偽造，而係利用他人已登記之商標商號對商品之品質或原產國為虛偽之標記，自僅成立本罪⓬。

乙、販賣虛偽標記商品罪

㈠行為客體

本罪之行為客體，為前罪所虛偽標記或表示之商品。

---

❿　最高法院 46 臺上 705。

⓫　最高法院 58 臺非 30（決）。

⓬　最高法院 56 臺非 178。

㈡實行行為

本罪實行行為之態樣有三，即販賣、意圖販賣而陳列及自外國輸入，三者有其一，即足成罪。

㈢故　意

本罪故意之內容，須明知為虛偽標記或表示原產國或品質之商品，始克當之。

第二節　鴉片罪

一、犯罪類型

鴉片罪之犯罪類型，有第 256 條「製造煙毒罪」；第 257 條「販運煙毒罪」；第 258 條「製造販運吸食鴉片器具罪」；第 259 條「為人施打或設館供人吸毒罪」；第 260 條「栽種罌粟及販運罌粟種子罪」；第 261 條「公務員強迫栽種販運罌粟種子罪」；第 262 條「吸用煙毒罪」；第 263 條「持有煙毒或吸食鴉片器具罪」及第 264 條「公務員包庇煙毒罪」。

二、保護法益

鴉片罪，係以民族健康為其保護法益。蓋吸用鴉片，雖因麻醉作用而獲有快感，惟經常吸用，則易致中毒成癮，傷害身心，終陷萎靡終生，形同廢人。且惡習一經蔓延，不僅損及民族健康，破壞社會發展之基礎，抑且孕育許多派生之犯罪，其弊害深遠而難除。我國歷來將吸用煙毒，懸為厲禁，其故在此。

三、製造煙毒罪

第 256 條　製造鴉片者，處七年以下有期徒刑，得併科九萬元以下罰金。

製造嗎啡、高根、海洛因或其化合質料者，處無期徒刑或五年以上有期徒刑，得併科十五萬元以下罰金。

前二項之未遂犯罰之。

㈠行為客體

本罪之行為客體，得分為二類：1.鴉片；2.嗎啡、高根、海洛因或其化合質料。

1.鴉　片

鴉片，係自罌粟果實中，採取其乳汁，曬乾而成之褐色塊狀物，內含嗎啡等質，具有麻醉作用。由罌粟果實初步提出之凝結物，稱為生鴉片，亦名煙土或生土。將生鴉片加工而成之產品，稱為熟鴉片，亦名鴉片煙或熟膏。本罪客體之鴉片，不論生熟，均包括在內。

2.嗎啡、高根、海洛因或其化合質料

嗎啡，係以鴉片蒸發製成之無色細柱狀結晶，入水難溶，性質有毒。高根，為高加樹葉中所含植物鹽基之一種，經提煉而成之白色結晶體，有麻醉性，長時施用，則致中毒成癮。海洛因，為嗎啡之醋酸基衍生物，呈白色粉末狀，亦有麻醉性。化合質料，則係以嗎啡、高根或海洛因與他物化合而成之質料，其化合之成分、形式，化合後之名稱如何以及與之化合之物是否有毒，皆非所問。

㈡實行行為

本罪之實行行為，為製造，凡加工於原料而製成煙毒之行為，均屬之。其方法、形式及動機如何，均非所問。惟單純製造紅丸質料，並無毒性成分者，則不為罪。

㈢故　意

本罪為故意犯，行為人須有販賣、運輸或自國外輸入鴉片、嗎啡、高

根、海洛因或其化合質料之故意，始能成罪。

㈣未遂、既遂

本罪之未遂犯，罰之（刑 256 III）。既遂、未遂之區別，以煙毒是否已製作完成為準。

四、販運煙毒罪

第 257 條　販賣或運輸鴉片者，處七年以下有期徒刑，得併科九萬元以下罰金。

販賣或運輸嗎啡、高根、海洛因或其化合質料者，處三年以上十年以下有期徒刑，得併科十五萬元以下罰金。

自外國輸入前二項之物者，處無期徒刑或五年以上有期徒刑，得併科三十萬元以下罰金。

前三項之未遂犯罰之。

㈠行為客體

本罪之行為客體，為鴉片或嗎啡、高根、海洛因或其化合質料。

㈡實行行為

本罪實行行為之態樣有三：即販賣、運輸及自外國輸入。販賣，乃對於不特定人或多數人之有償轉讓行為。不限於先買後賣，亦不必反覆為之，且不以得利為要件。運輸，乃轉運輸送之行為。專指自國內輸送國外，或在國內各地互為輸送者而言，不以得利為必要。自外國輸入，乃自國外進口之意。以進入中華民國領海或領空為已足，不以上陸為必要。若已上陸，縱僅係暫時過境，亦為輸入。

㈢故　意

本罪為故意犯，行為人須有販賣、運輸或自國外輸入鴉片、嗎啡、高根、海洛因或其化合質料之故意，始能成罪。

㈣未遂、既遂

本罪之未遂犯，罰之（刑 257 IV）。既遂、未遂之區別，販賣以已否成交為準；運輸以已否起運為準；自外國輸入，則以已否入境為準。

㈤本罪與他罪之關係

販賣、運輸或自外國輸入，本屬數個獨立行為，有其中一行為，即足構成犯罪。倘或兼而有之，因其輸入與販賣之各犯罪行為，彼此程度不相關連，自無低度行為與高度行為之關係。一人而兼有本罪二種以上之行為者，應包括論為一罪，不生想像競合等問題。又意圖販賣毒品圖利，在國外購得毒品隨船載回者，除犯運輸毒品罪外，尚應論以意圖販賣而持有毒品罪名，而從一重之運輸毒品罪處斷❸。

五、製造販運吸食鴉片器具罪

第258條　製造、販賣或運輸專供吸食鴉片之器具者，處三年以下有期徒刑，得併科一萬五千元以下罰金。
　　　　　前項之未遂犯罰之。

㈠行為客體

本罪之行為客體，為專供吸食鴉片之器具，即指為吸食鴉片之目的而製作之器具，不作他種用途者而言。例如煙槍、煙斗等是。至於專供製造鴉片之器具及專供製造或吸用毒品之器具，則不包括在內。

---

❸　最高法院 42 臺上 410；52.12.24 刑議。

㈡實行行為

　　本罪實行行為之態樣有三：即製造、販賣及運輸。製造，兼指創造及改造之行為。販賣，兼指販入及賣出之行為，不以先買後賣為限。運輸，則兼指自國內輸出，在國內轉輸及自外國輸入等之行為。

㈢故　意

　　本罪為故意犯，行為人須有製造、販賣或運輸專供吸食鴉片之器具之故意，始能成罪。

㈣未遂、既遂

　　本罪之未遂犯，罰之（刑 258 II）。既遂、未遂之區別，製造以已否製成為準，販賣以已否成交為準，運輸則以已否起運為準。

六、為人施打或設館供人吸毒罪

第 259 條　意圖營利，為人施打嗎啡，或以館舍供人吸食鴉片或其化合質料者，處一年以上七年以下有期徒刑，得併科三萬元以下罰金。
　　　　　前項之未遂犯罰之。

㈠實行行為

　　本罪實行行為之態樣有二：即為人施打嗎啡及以館舍供人吸食鴉片或其化合質料。此兩種行為態樣，究其本質，實為吸用煙毒罪（刑 262）之幫助行為，本法以其意圖營利，惡性較深，且足以助長吸毒之惡風，爰定為獨立犯罪類型，嚴予處罰。

　　所謂為人施打嗎啡，乃以注射器或其他方法將嗎啡注入於他人身體內之行為。既為他人施打，如為自己施打者，則成立吸用煙毒罪（刑 262），而非本罪。又施打之客體，以嗎啡為限，其係以高根、海洛因等毒品施打

者，則尚難律以本罪。

所謂以館舍供人吸食鴉片或其化合質料，乃以館舍供給他人作為吸食鴉片或其化合質料之場所。館舍之範圍甚廣，凡住宅、店舖、廟宇或其他建築物等，皆屬之，不以有一定之設備為必要。若僅以館舍供人自行施打嗎啡者，只能構成施打嗎啡罪之幫助犯，亦非本罪。

㈡故意與意圖

本罪除故意外，尚須行為人主觀上具有營利之意圖，始能成立。若無營利之意圖，而為人施打嗎啡者，或僅一時應吸食者之要求而供以房屋者，或因自己吸食鴉片之故，偶而容留素識之友人，在宅內吸食鴉片者❶，均屬於幫助他人吸用煙毒之行為，不成立本罪。

㈢未遂、既遂

本罪之未遂犯，罰之（刑 259 II）。既遂、未遂之區別，以已未施打或供給館舍為準。

㈣本罪與他罪之關係

行為人若販賣嗎啡，並為其施打，或售與鴉片或其化合質料，並以館舍供其吸食者，應成立本罪與販運煙毒罪，數罪併罰❶。

七、栽種罌粟及販運罌粟種子罪

❖

第 260 條　意圖供製造鴉片、嗎啡之用，而栽種罌粟者，處五年以下有期徒刑，得併科九萬元以下罰金。
　　　　　意圖供製造鴉片、嗎啡之用，而販賣或運輸罌粟種子者，處三年以下有期徒刑，得併科九萬元以下罰金。

---

❶　最高法院 22 上 2884。

❶　最高法院 44 臺上 431。

前二項之未遂犯罰之。

────────◆◆◆────────

本條栽種罌粟及販運罌粟種子罪之規定，有二個獨立之犯罪類型，即(1)栽種罌粟罪及(2)販運罌粟種子罪。

甲、栽種罌粟罪

㈠行為客體

本罪之行為客體，為罌粟，係鹹類植物之一種，其乳汁可製成鴉片，而嗎啡又由鴉片提煉而成。故罌粟可謂為煙毒之淵藪，自須予以禁種，以絕罪源。

㈡實行行為

本罪之實行行為，為栽種，即指一切以收穫為目的之栽植行為而言。不以自己播種者為限，即自然生長或他人栽植，而自己以收穫之意思予以繼續培植者，亦包括在內。

㈢故意與意圖

行為人在主觀上除故意外，尚須意圖供製造鴉片、嗎啡之用，始能成罪。否則，如係意圖供學術研究或供人觀賞者，則尚難以本罪論擬。至其係意圖供自己或他人製造，則非所問。

㈣未遂、既遂

本罪之未遂犯，罰之（刑 260 Ⅲ）。既遂、未遂之區別，以已未栽種為準。行為人一有栽種行為，即屬既遂。

㈤本罪與他罪之關係

栽種罌粟，倘係意圖供自己製造鴉片、嗎啡之用者，則其栽種之低度

行為，應為製造之高度行為所吸收，僅成立製造煙毒罪。若係意圖供他人製造鴉片、嗎啡之用者，則除有幫助行為，應依製造煙毒罪之幫助犯處斷外，仍得成立本罪。

乙、販運罌粟種子罪

(一)行為客體

本罪之行為客體，為罌粟種子，乃指罌粟之種子而言，不包括罌粟在內。蓋法文僅曰罌粟種子，而不曰罌粟及其種子，且徵之第 265 條僅沒收種子之規定，應無疑義 ❶ 。

(二)實行行為

本罪實行行為之態樣有二：即販賣及運輸，其義詳前。

(三)故意與意圖

本罪除故意外，尚須出於意圖供製造鴉片或嗎啡之用，始能成罪。至其意圖供自己或他人製造，則非所問。

(四)未遂、既遂

本罪之未遂犯，罰之（刑 260 III）。既遂、未遂之區別，以已否成交或起運為準。

八、公務員強迫栽種販運罌粟種子罪

第 261 條 公務員利用權力強迫他人犯前條之罪者，處死刑或無期徒刑。

---

❶ 本罪之客體，究指種子，抑或指罌粟及其種子而言，學者議論紛紜，莫衷一是。有將之釋為罌粟或種子者；亦有認其僅指罌粟之種子者。以後說較符罪刑法定主義之精神。

㈠行為主體

本罪之行為主體，以公務員為限。只須具有公務員之身分為已足，不以具有執行禁煙職務者為必要。

㈡行為客體

本罪之行為客體，為他人，即行為人以外之自然人。至其人是否為公務員或以前曾否有栽種或販運之行為，則非所問。

㈢實行行為

本罪之實行行為，為利用權力強迫他人栽種或販運。利用權力，乃利用公務員之權威勢力，為強迫行為之方法。至強迫，則係強暴脅迫之義，不以使人至不能抗拒，而喪失意思自由之程度為必要。故被強迫之人，仍得成立前條之罪。若已使人達於不能抗拒，而喪失意思自由之程度者，則被強迫之人，即不成立犯罪。而該公務員仍應依本罪論科。至若公務員未利用其權力而強迫他人栽種或販運者，自不成立本罪，僅成立前條之罪之共同正犯或教唆犯。又因前條之罪，均處罰未遂犯，故無論他人栽種或販運之行為是否既遂，行為人均得成立本罪。

九、吸用煙毒罪

第 262 條　吸食鴉片或施打嗎啡或使用高根、海洛因或其化合質料者，處六月以下有期徒刑、拘役或一萬五千元以下罰金。

㈠實行行為

本罪實行行為之態樣有三：即吸食鴉片、施打嗎啡及使用高根、海洛因或其化合質料。吸食，指自己吸食而言。施打，則不限於自己施打，其請人代為施打者，亦無不可。至使用，則凡為吸食或施打所不能概括之行

為，均包括在內。法文對於鴉片用吸食，對於嗎啡用施打，對於高根等則用使用，對此等行為與客體之關係，若採限定解釋，適用時不免滋生扞格之弊。因此，為符本罪之保護精神，各行為間應可相互流用，始較妥適。

(二)故　意

行為人在主觀上須具有吸用煙毒之故意，始能成立本罪。至其吸食次數，有無成癮以及其吸用是否在於抵癮，均與本罪之成立無關。惟若其吸用，係基於治療之目的者，則得阻卻行為之違法性，不成立犯罪❶。

(三)罪　數

若施打嗎啡，同時吸食鴉片，及施打嗎啡數年，改吸食鴉片者，則依第 50 條併合處罰❶。

十、持有煙毒或吸食鴉片器具罪

> 第 263 條　意圖供犯本章各罪之用，而持有鴉片、嗎啡、高根、海洛因或其化合質料，或專供吸食鴉片之器具者，處拘役或一萬五千元以下罰金。

(一)行為客體

本罪之行為客體，為鴉片、嗎啡、高根、海洛因或其化合質料，或專供吸食鴉片之器具。至罌粟或罌粟種子，則不包括在內。

(二)實行行為

本罪之實行行為，為持有，即事實上支配之意，是否為其所有，則非所問。

---

❶　司法院院字 188；院字 2357。

❶　司法院院字 2646。

㈢故意與意圖

行為人除故意外，其持有煙毒等，須出於意圖供犯本章各罪之用，始能成罪。苟無此目的，其僅單純持有者，則不為罪。

㈣本罪與他罪之關係

行為人意圖供自己犯本章各罪之用而持有煙毒，若進而實施其所意圖之犯罪者，依高度行為吸收低度行為之原則，僅依其所實現之犯罪處斷，不另成立本罪。倘意圖供他人犯罪而持有，除別有幫助行為，應論以其所幫助之罪之幫助犯外，則僅成立本罪。

十一、公務員包庇煙毒罪

> 第 264 條　公務員包庇他人犯本章各條之罪者，依各該條之規定，加重其刑至二分之一。

㈠行為主體

本罪之行為主體，為公務員，只須具有公務員之身分，且依其身分足資包庇者為已足。其職務如何，則非所問。

㈡實行行為

本罪之實行行為，為包庇，即包容庇護，須有積極行為予以相當保護，並排除外來阻力，使他人之犯罪行為得以順利進行，始足當之。若僅為消極之縱容，尚難以本罪律之。其捕獲罪犯縱令逃逸，亦難認為係庇護行為。

第四篇

侵害國家法益之犯罪

一、國家法益之內涵

國家，乃在一定之領域內，為保護人民之生活利益，而享有統治權之組織體。一國之政治、經濟、文化等，全由國家之統治機關予以規制；個人之社會生活，亦以國家制度為前提而行運營。因此，國家之基本政治組織以及其正當之權力作用，自須以法律予以維護，不容任意加以妨礙或破壞，藉謀全體國民之福祉。倘有危害其生存，破壞其體制或妨礙其權力作用者，刑法即以之為犯罪而施以制裁。

侵害國家法益之犯罪，係以國家法益為直接攻擊對象之犯罪。所謂國家法益，並非以國家為主體所享受之法益，而係指為保護人民之生活利益所不可或缺之外部的前提條件。蓋國家，並非超越個人而為本身之目的所存在之一個實體，而係為保護國民之生命、身體、自由或財產等之安全而存在之組織體。為保護個人之生活利益，乃由憲法賦予其一定之基本政治組織與統治權力。此等基本政治組織與統治權力，屬於保護個人生活利益所不可或缺之外部的前提條件。倘破壞此等前提條件，不僅招來社會生活之混亂，且亦侵害個人生活利益之安全。國家法益，不一其端，除有關基本政治組織等，直接涉及國家本身之存在與安全外，他如國家公務之執行、法律秩序之維護以及司法制度之運營等，均屬之。

二、侵害國家法益犯罪之分類

侵害國家法益之犯罪，得區分為二大類，即：

㈠侵害國家權力作用之犯罪

屬於此類犯罪者，為第四章瀆職罪、第五章妨害公務罪、第六章妨害投票罪、第七章妨害秩序罪、第八章脫逃罪、第九章藏匿人犯湮滅證據罪以及第十章偽證及誣告罪。

㈡侵害國家存在與安全之犯罪

屬於此類犯罪者，為第一章內亂罪、第二章外患罪及第三章妨害國交罪。

第一章　侵害國家權力作用之犯罪

一、國家之權力作用

　　國家為行使其統治權，須具有相當之權力，始能正常營其機能。因此，使國家機關之權力作用，圓滑而公正運行，實為保障個人社會生活利益之重要憑藉。為增進全體國民之福祉，倘有侵害國家之權力作用者，自須以刑罰嚴予制裁。

　　所謂國家之權力作用，係指國家居於統治主體之地位適用公法規定，可以對人民下令、禁止、確認或形成之各種作用。簡言之，即為國家統治權之作用。此等之作用，包含立法、司法、行政、監察及考試等在內。因此，總統府、五院及其所屬機關，均得居於統治主體之地位而為統治權之行使，並享有一定之權力作用。

二、侵害國家權力作用之犯罪型態

　　侵害國家權力作用之犯罪，有自國家權力作用之內部予以侵害者，例如，瀆職罪是。亦有由國家權力作用之外部予以侵害者，例如，妨害公務罪、妨害投票罪、妨害秩序罪、脫逃罪、藏匿人犯湮滅證據罪、偽證及誣告罪等是。

第一節　瀆職罪

一、犯罪類型

　　瀆職罪之犯罪類型，有第 120 條「委棄守地罪」；第 121 條「不違背職務賄賂罪」；第 122 條第 1、2 項「違背職務賄賂罪」；第 122 條第 3 項「行賄罪」；第 123 條「準受賄罪」；第 124 條「枉法裁判仲裁罪」；第 125 條「濫權追訴處罰罪」；第 126 條「凌虐人犯罪」；第 127 條「違法行刑罪」；第 128

條「越權受理訴訟罪」；第 129 條「違法徵收及抑留剋扣罪」；第 130 條「廢職釀災罪」；第 131 條「圖利罪」；第 132 條「洩漏公務秘密罪」；第 133 條「妨害郵電秘密罪」；第 134 條「不真正瀆職罪」。

二、罪　質

㈠職務犯罪

　　瀆職罪，係以公務員褻瀆其所執行之職務為內容之犯罪，亦即公務員濫用其職權、廢弛其職務或違反其清廉義務，而侵犯公務之尊嚴性與正當性之犯罪。此種犯罪，每因公務員之行為，而自內部侵犯國家之權力作用，腐蝕國家之機能，並間接侵害國民之權利與自由。因此，對此等犯罪行為，若不設法防堵，積惡成習，必定影響國民對國家之信賴，寖假而動搖國家之根本。

　　以公務員為行為主體之犯罪，稱為職務犯罪。惟多數之職務犯罪，並非僅因公務員之身分，即可成立犯罪，往往更著重於公務員與其職務間之關連。易詞以言，瀆職罪非純以人的要素為其基礎，通常每以與職務有關連之人的要素為職務犯罪之特色。因此，刑法之發展，自身分刑法轉向於職務刑法之趨勢，自本罪規定中，亦可稍見其端倪。

㈡真正瀆職罪與不真正瀆職罪

　　瀆職罪，有真正瀆職罪與不真正瀆職罪之別。真正瀆職罪，係以公務員之瀆職行為為構成要件之犯罪，倘無公務員之身分，即無成立瀆職罪之餘地。刑法第四章瀆職罪中，除第 122 條第 3 項、第 132 條第 3 項及第 134 條之規定外，皆屬之。不真正瀆職罪，則以公務員之瀆職行為為加重要件之犯罪，此種犯罪，一般人亦得犯之，惟倘係由具有公務員身分之人實施者，則加重處罰。例如，刑法第 134 條、第 163 條、第 264 條及第 270 條等規定是。

⒀保護法益

潰職罪，係公務員褻瀆其所執行之職務，而自內部侵犯國家之權力作用。其所保護之法益，大體言之，乃在維護國家公務執行之公正性。惟如由潰職罪之各個犯罪類型觀之，公務員褻瀆職務之型態及本質，仍稍有差異。有偏重於公務員執行職務之廉潔性者，例如，第121條至第123條之規定是；有側重於公務員執行職務之守分性者，如第124條至第129條之規定是；亦有著眼於公務員執行職務之忠誠性者，如第120條、第130條至第133條之規定是。

三、委棄守地罪

第 120 條　公務員不盡其應盡之責，而委棄守地者，處死刑、無期徒刑或十年以上有期徒刑。

㈠行為主體

本罪之行為主體，以有守地職責之公務員為限。公務員有無守地之職責，應依其職務之性質及相關法令決定之。例如，國防部長、參謀總長、警政署長等是。倘無守地職責之文職公務員或鄉鎮長或辦理財政、教育、交通等之公務員，則不得為本罪之主體。惟軍人不盡職責而委棄守地者，應依陸海空軍刑法第18條第1項第3款、第24條等規定處斷。

㈡行為客體

本罪之行為客體為守地，即應行防守之地域。其範圍如何，應依其職務性質及實際情形認定之。

㈢實行行為

本罪之實行行為，為委棄。所謂委棄，乃擅自棄守之行為。委棄，須

該公務員不盡其應盡之責者，始足當之。若已盡其應盡之責，因兵盡援絕，力有不敵，或以戰略需要，退守險要者，則尚不得以本罪律之。又本罪以有委棄行為已足，其守地是否為對方所占領，則非所問。

㈣故　意

行為人須認識為其守地，而有委棄之故意，始能成罪。倘因戰略錯誤，致喪失守地者，尚不能以本罪相繩。

四、不違背職務賄賂罪

第 121 條　公務員或仲裁人對於職務上之行為，要求、期約或收受賄賂或其他不正利益者，處七年以下有期徒刑，得併科七十萬元以下罰金。

㈠罪　質

1.兩種不同之思想脈絡

本罪為有關公務員操守之犯罪。所謂公務員之操守，其真正意涵何在？頗值推敲。就賄賂罪而言，似有兩種思想脈絡可循。一指公務員在從事公職時，須堅守其情操，除依法應得之報酬，如薪俸、加班費等外，不得接受其他法定以外之報酬。此種思想，係認為公務員之職務行為，具有「不可收買性」，亦即具有「廉潔性」。公務員執行職務時，須廉潔乾淨，如有收受賄賂或其他不正利益等法定以外之報酬，即為褻瀆其職務，而應加以處罰。因此，此種行為之可罰性，乃在於取得賄賂或其他不正利益，其有否實施違背職務之行為，則與犯罪之成立無關。此種思想，源於羅馬法，故稱為羅馬法主義。

另一則指公務員在從事公職時，須兢兢業業，維持職務之公正，不得有所逾越。如有收受賄賂或其他不正之利益等法定以外之報酬，而從事違背職務之行為，即褻瀆其所執行之職務，而應加以處罰。此種思想，係認

為公務員之職務行為，具有「不可侵犯性」。公務員於執行職務時，須盡忠職守，維持職務之公正。因此，其收受不法報酬之可罰性，乃在於侵害執行職務之公正，僅於從事違背職務之行為，而侵害職務之公正時，始有加以處罰之必要。此種思想，源於日爾曼法，故稱為日爾曼法主義。

2.職務行為之不可收買性或廉潔性

關於公務員賄賂罪之本質，此兩種思想固有重大之差異，且究以何者為優？亦屬見仁見智。惟《左傳》語錄有云：「國家之敗，由官邪也；官之失德，寵賂章也。」貪污行為，足以腐蝕國本，敗壞政風，影響行政績效及招致民怨，此為眾所皆知之事實，無待贅述。同時，公務員於從事公職時，既已自國家獲有一定之法定報酬，以為其從事一定公職之代價，理應盡忠職守，忠實執行職務，並維持其職務之廉潔與公正，扮演百姓公僕之角色。因此，前述兩種思想相較，自應以羅馬法之思想，較為妥適。亦即賄賂罪，其本質乃在於職務行為之「不可收買性」或「廉潔性」，不問公務員有否執行違背職務之行為，如於執行職務時，收受賄賂或其他不正利益等法定以外之報酬，即具有可罰性。倘竟以違背職務之行為，作為其收受不法報酬之對價，已影響其所執行職務之公正，其可罰性自更為顯著。

各國立法例，對於前述兩種不同之思想，並未採取二者擇一之方式，而係順應各國之國情，兼容並蓄，以維公務之正常運作。我刑法亦然，對於公務員操守之犯罪，係以羅馬法主義之思想為基礎，認為職務行為具有不可收買性或廉潔性。因此，只要公務員對於職務上之行為，要求、期約或收受賄賂或其他不正利益者，即予處罰。同時兼採日爾曼法主義之思想，亦認為職務行為具有不可侵犯性。倘公務員對於違背職務之行為，收受不法報酬者，則予以加重處罰。

㈡保護法益

1.公務之威信或公正

有關公務員操守犯罪之保護法益，實與上述本質之思想，關係至為密切。如以「職務行為之不可收買性或廉潔性」為本質時，則公務之執行，

自不受有否獲得一定之對價而左右；縱係公正執行職務，如要求、期約或收受不法報酬，亦應予以處罰。依此，有關公務員賄賂罪之保護法益，乃係「國家之權威」或者「公務之威信」。惟倘以「職務行為之不可侵犯性」為本質時，因係以違背職務之行為為對價而要求、期約或收受不法報酬時，始加以處罰，故其保護法益，乃係「國家之作用」或者「公務之公正」。

我實務見解向來認為有關公務員操守犯罪之保護法益，為「國家公務執行之公正」❶。惟此種看法，似稍有所偏。一則從其本質之思想觀之，較偏重於「職務行為之不可侵犯性」，而忽略職務行為之不可收買性或廉潔性，可能導致刑法第 121 條不違背職務受賄罪失去處罰之依據；二則倘僅著重於公務執行之公正，設公務員合法公正執行其職務行為，而收受不法報酬，並未實施違背職務之行為時，因未侵害「國家公務執行之公正」之法益，自不具違法性，而無法加以處罰。因而，我實務上之此種見解，似有未恰。

至在本質思想上，採「職務行為之不可收買性或廉潔性」者，以國家之權威或公務之威信為其保護法益之見解，亦有可議。在現今著重人權保障之時代環境，已以「人性尊嚴」之人本理念為思想之主流，不宜再以國家之權威或公務之威信作為保護法益，國家權威之父權思想，實已不合時宜。在民主法治社會，公務員乃為國民之公僕，其執行國家之公務，並非在顯示國家之權威，而係為民服務，自須盡忠職守，公正廉明，始能獲得國民之信賴。且其於執行公務時，已獲有法定之報酬，作為其服務之代價，自不得再行奢求法定以外之報酬，而影響國民對其執行公務之信賴。

2.國民對公正執行職務之信賴

❶ 最高法院 28 上 3136：「收受賄賂罪所保護之法益為國家公務執行之公正，故公務員因某種職務同時向數人受賄，其所侵害之法益仍屬一個，僅應成立一罪。」最高法院 69 臺上 1414：「要求期約或收受賄賂罪所侵害之法益為國家公務執行之公正，雖同時向數人為之，其所侵害之法益仍屬一個，只成立單純一罪，原判決認上訴人同時與林某等三人期約賄賂，係一行為觸犯數罪名，應從一重處斷，自屬違誤。」

有關公務員操守罪之保護法益，不問其為賄賂罪抑或圖利罪，實為國民對於公務員廉潔及公正執行職務之信賴，亦即國民對於公務員不得收受賄賂等法定以外之不法報酬，而應公正執行職務之信賴❷。簡言之，應以「國民之信賴」為其保護法益。司法實務之近例，亦有採此見解者。例如，法律之所以處罰收賄罪，非僅在於維護公務員執行職務之公正，同時亦在確保社會一般人對於公務員執行職務公正之信賴❸。

(三)行為主體

本罪之行為主體，以公務員或仲裁人為限。公務員，乃為依法令服務於國家、地方自治團體所屬機關而具有法定職務權限，以及其他依法令從事於公共事務，而具有法定職務權限之人員，或受國家、地方自治團體所屬機關依法委託，從事與委託機關權限有關之公共事務之人員（刑 10 II）。仲裁人，則為依法令仲裁雙方爭議之人。例如，仲裁法之仲裁人，勞資爭議處理法之仲裁委員等是。仲裁人雖非公務員，因其係基於法令，依仲裁程序，而公平仲裁雙方當事人間之爭議。故其仲裁具有法律拘束力，每足影響當事人之權益，爰亦同列為本罪之主體。惟無論係公務員或仲裁人，須於犯罪行為時具有此種身分，始得為本罪之主體。

(四)行為客體

本罪之行為客體，為賄賂或其他不正利益。不問係賄賂或不正利益，均須為對於公務員或仲裁人，關於職務上行為所給付之不法報酬，始足

---

❷　惟在學說上有持反對見解者，認為賄賂罪之保護法益，乃為職務行為之公正，而非國民之信賴。其主要論據有三：一為國民之信賴，乃為公正保護之反射的保護利益而已；二為為與其他侵害國家法益區別，而在賄賂罪中，以「信賴」作為獨立之法益，並無必要；三為「信賴」一詞，頗為抽象，有可能導致賄賂罪之處罰範圍不明確之虞（曾根威彥《刑法各論》，青林書院，1990 年，弘文堂，頁 283）。

❸　最高法院 72 臺上 2400（決）。

當之。

1.賄賂與不正利益

(1)賄　賂

所謂賄賂，乃對於公務員或仲裁人，關於職務上行為所給付之不法報酬，亦即為職務行為對價之不正利益。故賄賂原屬於不正利益之一種，因本法將賄賂與不正利益併列規定，其義遂有別。易言之，賄賂，專指金錢或可以金錢計算之有形財物。至其為動產或不動產，則非所問。贓物亦得為賄賂。賄賂之客體如非金錢，其價值之計算應以市面之一般價格為準，而不應以折扣後或廠價或成本價計算❹。

(2)不正利益

不正利益，則指除賄賂外，凡足以供給人需要或滿足人慾望之一切有形無形利益，均屬之，不以經濟上之利益為限。例如，設定債權、免除債務、提供擔保、給予地位、介紹職位、招待宴飲或異性情交等是。

(3)回扣與賄賂

所謂回扣，係指公務員就應付給之購辦費用、工程價款或建築材料費等，向對方要約，提取一定比率或扣取其中一部分，圖為自己不法之所有而言。賄賂，則係指對於公務員之職務行為或違背職務行為，給付具有一定對價關係之金錢或可以金錢計算之財物等不法報酬而言❺。回扣與賄賂，雖均屬對公務員之不法原因為給付，但其行為態樣及內容不同。如屬賄賂，應成立收受賄賂罪，如係回扣則構成圖利罪。

2.職務行為之範圍

(1)職務權限

所謂職務行為，解釋上係指不違背職務之行為，乃公務員或仲裁人在其職務範圍內所應為或得為之行為，亦即在其權限範圍內之事項，本其職務上應為而不違背其義務者而言❻。其範圍，通常固多依法令之規定，惟

---

❹　最高法院 95 臺上 6912（決）。

❺　最高法院 91 臺上 1048（決）；92 臺上 4883（決）；93 臺上 6353（決）。

❻　最高法院 58 臺上 884。

不以由法令直接規定為必要，亦不限於有獨立裁決權之事項；在上級公務員之指揮監督下，承命而處理之從屬或輔助職務，亦屬之。

　　職務行為，原則上雖以公務員或仲裁人職務範圍內者為限，惟與其職務具有密接關聯之行為，亦應認為包括在內。惟此種密接關聯之行為，須以本來之職務權限為前提，且須具有公務性，始足當之。否則只能認其為私務，不能謂為職務行為。例如，公務員應某學校之邀而演講，或受某雜誌社之託而撰稿，均難認係職務行為。

　　至所謂公務員之「職務範圍」，司法實務上歷年來傾向於採取所謂「法定職權說」之觀點，即認為其職權係以法律或命令所明定者為限。惟近年來，則有採取「實質影響力說」之趨勢，認為公務員倘利用親自參與、影響或干預而發揮實質影響力之整體行政行為，亦認為係職務上之行為❼；且認為「職務上之行為」，不以經法令明定者為限，只要該公務員之行為，依照其所屬行政機關之行政慣例或慣習得認為係附隨於該公務員法定職務權限，並與之有密切關聯性者（即「職務密接關聯行為」），亦應認屬於該公務員「職務上行為」之範圍內❽。

　　⑵**抽象職務權限**

　　公務員對其所執行之職務，須具有抽象職務權限，始能成立賄賂罪。至有無具體職務權限，則非所問。且所謂職務，不以現在執行中者或將來可得執行者為限，即對於過去已執行者，亦包括在內。

　　⑶**轉職或離職**

　　公務員轉職於他職後，就轉職前之職務要求、期約或收受賄賂者，轉職後其具體職務權限縱有不同，倘其抽象職務權限未有變更，仍得成立賄賂罪。倘係轉職前就其職務要求或期約賄賂，而於轉職後收受者，則應依要求或期約賄賂罪論科，不得逕依收受賄賂罪論擬。其於在職時要求或期約賄賂，而於離職喪失公務員或仲裁人身分後收受者，亦同。

　　3.**對價關係**

---

❼　最高法院 101 臺上 6482（決）。

❽　臺北地院 101 金訴 47。

(1)對價關係之內涵

賄賂既為對於職務行為之不法報酬，亦即為職務行為對價之不正利益。因此，不正利益與職務行為間，須存在有一定之對價關係，亦即給付與反對給付之關係。易言之，即以賄賂或不正利益買通公務員，使對於職務上行為踐履賄求對象之特定行為❾。

(2)對價關係之判斷

對價關係之判斷，應就職務行為之內容、交付者與收受者之關係、賄賂之種類、價額、贈與之時間等客觀情形加以審酌，不可僅以交付之財物名義為贈與、政治獻金、公關費用或股利（紅利），即謂與職務無關而無對價關係。且所謂對價關係，只要雙方行賄及受賄之意思達成一致，而所交付之賄賂或不正利益，與公務員職務行為之間具有原因目的之對應關係，即為已足；並不以他人所交付之賄賂或不正利益之價值，與該他人因公務員違背職務之行為所獲得利益之價值相當為必要❿。

(3)對價關係之概括

賄賂僅須對於一定之職務具有概括之對價關係為已足，其與個個職務行為之間，不必均具有對價關係。公務員倘就非職務行為，取得他人財物者，僅得成立他罪，不成立賄賂罪。

4.賄賂與禮物

禮物，乃依社會習慣或社交禮儀所贈與之物，與賄賂不同。惟禮物與賄賂間之分際，則甚為曖昧，其區別標準何在，為歷來司法實務之主要困擾所在。一般言之，禮物與賄賂間之分際，似可循下述二個標準，即(1)對價關係及(2)社會相當性，加以區分。

(1)對價關係

禮物與賄賂之區別，首須視其與職務行為有無對價關係以為斷。倘與職務行為具有對價關係，不問其名義為禮品、餞別、賀儀或答謝，亦不問其方式為公然或隱秘，均屬於賄賂。倘具有對價之性質，該禮物縱屬於社

---

❾　最高法院 94 臺上 4595（決）。

❿　最高法院 94 臺上 3187（決）。

交禮儀之範圍，亦得認其為賄賂。

　　我實務亦認為，賄賂與社交餽贈之區別，胥視財物之交付是否為公務員職務上行為之對價而定，非更須以其執行職務是否違法或不當及是否有要求、行求或期約之行為於前，為決定之標準。在兩者有對價關係之場合，對方縱以社交餽贈之名，為財物之交付，收受之一方即公務員除非確無對價之認識，否則，仍應成立收受賄賂罪❶。

　　⑵社會相當性

　　倘禮物與職務行為間有無對價關係難予或無從認定時，則視其是否具有社會相當性以為定。易言之，應就當事人間之關係、利益之種類與多寡、利益授受之經過以及公務員之職務、地位等，依一般之社會意識與健全之社會觀念，綜合予以判斷。例如，檢警於行政相驗後，喪家所給予之紅包，乃依習俗之討吉利，不能認為賄賂是❷。

㈤實行行為

　　本罪實行行為之態樣有三：

1.要　求

　　所謂要求，乃指請求給付賄賂或不正利益之意思表示。不問其為明示或默示，僅有一方行為為已足，對方有否認識或承諾，則非所問。因此，一有請求，犯罪即為既遂。至對方縱因誤解其意思表示之旨趣，非基於行賄之意思而給付所要求之金額者，亦不影響要求之成立。

2.期　約

　　所謂期約，乃指行賄者與收賄者間，關於授受賄賂之合意。僅有於日後授受賄賂之約定為已足，至於約定時，該利益是否存在，則非所問。故賄賂之金額或履行期縱未確定，亦無妨於期約之成立。又一有期約行為，罪即成立，縱日後為解除之意思表示，於犯罪之成立亦無影響。

3.收　受

---

❶　最高法院 72 臺上 2400（決）。

❷　最高法院 90 臺上 1195（決）。

所謂收受，乃指接受賄賂之行為。在有形財物，乃占有取得之時，在無形利益，則為現實享受之時，本罪即為既遂。其收受時期，在執行職務之前或後，其動機出於自動或被動，其方式為直接或間接，均非所問。惟基於返還之意思，而暫時收存者，則不得謂為收受。

㈥故　意

1.賄賂性之認識

公務員或仲裁人，對於財物或不正利益之賄賂性，須具有認識。所謂賄賂性，即認識其為職務行為之不法報酬。只要具有賄賂性之認識，而有要求、期約或收受之意思，即得成立本罪。倘無賄賂性之認識或誤信其為正當之報酬者，則阻卻故意，不成立犯罪。

2.不問有否行賄意思

賄賂罪之成立，是否須取決於行賄人有否行賄意思，頗有爭議。我司法實務向來均認為行賄人須有行賄之意思，收賄人始能成立收賄罪❸。惟行為人之行為是否成立賄賂罪，應依行為人有否收賄意思及收賄行為以為斷，而不應取決於相對人之行賄意思。只要行為人主觀上具有賄賂性之認識且有收賄之意思，該賄賂又與其職務行為具有對價關係，即得成立賄賂罪。倘取決於行賄人具有行賄意思，始能稱為賄賂，則犯罪之成否完全由行賄人所決定，殊無道理。何況相對人在辦案人員之授意下，為取得罪證，而假裝行賄，而行為人則基於受賄之意思，而收受賄賂，倘行為人並無其他要求或期約之行為，則相對人非基於行賄之意思，其物既非賄賂，行為

---

❸　例如，收受賄賂罪以他人有行使賄賂之事實為前提，若他人所交付之物，並非本於行賄之意思，則其物即非賄賂，自無收受賄賂可言（最高法院 27 上 743）；某甲所交付與上訴人之七百元，既係事先向調查站檢舉，而後為交付，顯非本於行賄之意思，而在取得罪證，即難以收受罪論，其款自亦難予以沒收（最高法院 55 臺上 175（決））；被害人之交付賄款，乃出於調查人員便利破案之授意，並非本於行賄而交付，上訴人陷於圈套而收受，不能以收受賄賂論，但其要求賄賂罪責要已成立（最高法院 59 臺上 2165（決））。

人縱有收受之行為，亦不成立收賄罪，曷有罪證之取得可言？

(七)罪數及與他罪之關係

1. 罪數之認定標準

本罪為侵害國家法益之犯罪，其所保護之法益，為國家公務執行之公正。故公務員因某種職務同時向數人受賄，其所侵害之法益，仍屬一個，僅應成立一罪❶。

2. 行為之階段性

司法實務向來均認為，要求、期約或收受賄賂，係屬賄賂之階段行為，亦即要求為期約或收受之先行行為，期約則為收受之先行行為。倘先要求、期約而後收受者，則收受賄賂行為，為賄賂罪之最高階段，應依包括一罪處以收受賄賂罪。

3. 本罪與恐嚇取財罪

公務員對於職務上之行為，以恐嚇方法使人交付財物者，除成立恐嚇取財罪外，是否另成立賄賂罪？學說與判例見解不一。有認僅成立恐嚇取財罪者；有認應成立恐嚇取財罪與收賄罪之想像競合犯者；亦有認公務員成立恐嚇取財罪與收賄罪之想像競合犯，而被恐嚇者則成立行賄罪者。

第一說之主要論據，乃認為賄賂罪有關賄賂之授受行為，須具有完全之任意性，否則賄賂與職務行為間，即無給付與反對給付之對價關係存在。設公務員藉勢勒索，使被害人心理上發生恐怖，從而交付財物，實無給付不法報酬之意思，亦即其給付賄賂之行為，欠缺完全之任意性，故僅成立恐嚇取財罪，不成立收賄罪。此說雖頗言之成理，惟公務員對於職務上之行為，以恐嚇方法使被恐嚇者交付財物，被恐嚇者雖因此產生畏怖心，不得已而交付財物，惟並未達於喪失自由意思或不能抗拒之程度，僅其任意性具有瑕疵而已。此正如貨物買賣，賣主以脅迫方法要脅買主如期給付價金同，其給付意思雖有瑕疵，惟該價金與貨物間之對價關係，其性質並無改變。因此，賄賂之授受行為，其任意性縱有瑕疵，其財物之交付仍與職

❶　最高法院 28 上 3136；69 臺上 1414。

務行為具有對價關係，殊屬無可否認。其次，就其法定刑觀之，倘認其僅
成立恐嚇取財罪，則對於職務上之行為甚或違背職務之行為，施恐嚇而使
人交付財物，反較不施恐嚇而要求賄賂之處罰為輕，在刑罰之權衡上，亦
有欠妥當。因此，前述情形，除成立恐嚇取財罪外，應另成立收賄罪，兩
者依想像競合之例處斷。至被恐嚇者交付財物之意思雖有瑕疵，其故意並
未阻卻，自仍得成立行賄罪，惟本法不處罰不違背職務之行賄罪耳。職是
之故，上述三說，應以第三說之見解為妥適。

　　我實例認為，要求賄賂，係指公務員以關於其職務之行為向他人要索
不法利益之交付而言，如藉勢勒索，使他人心理上發生恐怖為其取得財物
之手段，即屬假借職務上之權力恐嚇取財，與要求賄賂罪質不同❶。

五、違背職務賄賂罪

| 第 122 條（第 1、2 項） | 公務員或仲裁人對於違背職務之行為，要求、期約或收受賄賂或其他不正利益者，處三年以上十年以下有期徒刑，得併科二百萬元以下罰金。因而為違背職務之行為者，處無期徒刑或五年以上有期徒刑，得併科四百萬元以下罰金。 |

㈠行為主體與客體

　　本罪之行為主體與行為客體，均與前罪同。

㈡實行行為

　　本罪之實行行為，係對於違背職務之行為，要求、期約或收受賄賂或
其他不正利益。所謂違背職務之行為，係指在其職權範圍內不應為而為或
應為而不為者而言。因此，違背職務之行為，凡違背職務之一切作為或不
作為，均屬之。不以違反法令規定之行為為限，縱屬其自由裁量之範圍，

---

❶　最高法院 22 上 3981。

倘違反其職務上之義務，而為顯著不當之裁量者，亦均包括在內。

違背職務之行為與賄賂或不正利益間，須具有對價關係存在，始能成罪。本條第 1 項所謂對於違背職務之行為，係指行為人僅有違背職務受賄之意思，實際尚未實施違背職務之行為。若於要求、期約或收受賄賂後，竟實施違背職務之行為者，即該當於第 2 項所謂因而為違背職務之行為。惟如行為人於實施違背職務之行為後，始要求、期約或收受賄賂者，則與第 2 項之構成要件不符，解釋上仍應依第 1 項之規定處斷❶。又第 2 項為第 1 項之加重規定，收受賄賂因而為違背職務之行為，既依第 2 項處斷，即已將第 1 項行為吸收於其中，無再引用第 1 項規定之必要❷。

㈢本罪與他罪之關係

1. 本罪與使人隱避罪

使人隱避罪（刑 164）之保護法益為國家之刑事司法作用，與本罪不具保護法益之同一性，應分別成罪，依具體情形予以數罪併罰或成立想像競合。例如，行為人身充法警，因收受賄賂、任令傳喚執行之煙犯逃避，是其使犯人隱避，即係違背職務行為之內容，自屬一行為而觸犯受賄與使犯人隱避二罪，依法應從一重處斷❸。

2. 本罪與洩漏公務秘密罪

洩漏公務秘密罪（刑 134）之保護法益為公務秘密之安全，亦與本罪不具保護法益之同一性，應分別成罪，依具體情形予以數罪併罰或成立想像競合。

六、行賄罪

◆◆◆

第 122 條（第 3 項）　對於公務員或仲裁人關於違背職務之行為，行求、

---

❶　最高法院 28 上 3912。

❷　最高法院 20 上 1702；26 上 1149。

❸　最高法院 26 上 1513。

期約或交付賄賂或其他不正利益者，處三年以下有
期徒刑，得併科三十萬元以下罰金。但自首者減輕
或免除其刑。在偵查或審判中自白者，得減輕其刑。

㈠罪　質

1.具有妨害公務之性質

對於公務員或仲裁人行賄，足以引誘其破壞公務上之廉潔，影響其執
行職務之公正。故受賄罪乃係公務員自行由內部褻瀆其所執行之職務，而
行賄罪則係第三人自外部引誘公務員褻瀆其所執行之職務，兩者罪質顯有
不同。因此，行賄罪在本質上，不屬於瀆職罪[19]，而具有妨害公務之性質。
惟本法因立法上之便宜，遂將收賄與行賄一併規定於瀆職罪中。

2.行賄與受賄宜同等處罰

對於公務員或仲裁人關於職務上之行為及違背職務之行為行賄，其足
以引誘或助長受賄，破壞公務之廉潔與公正，實無軒輊。惟本法為鼓勵行
賄人挺身舉發，以肅政風，爰基於刑事政策之理由，僅就對於違背職務之
行為行賄，成立行賄罪，而對於不違背職務之行為行賄，則不予處罰。惟
證之國內貪污風氣之盛行，冀望行賄者之舉發貪污，實無異緣木求魚。此
項刑事政策，既已證明成效不彰，如能改弦易轍，而使行賄者與受賄者接
受同等之處罰，始較符合社會之公平正義。

3.獨立之犯罪

行賄罪與收賄罪之關係，有認其為一個犯罪，相互間處於必要共犯之
關係者；有認其為兩個獨立之犯罪，非必屬於必要共犯者。惟行賄罪與受
賄罪之罪質不同，且其主體亦有異，故屬於二個獨立之犯罪；且賄賂之收
受與交付以及期約行為，雖通常均有雙方對應之行為存在，而屬於必要共
犯（對向犯），惟賄賂之行求與要求行為，則僅須一方之行為即可成立，無
須對方為何種對應之行為，自無必要共犯可言，故應認為兩個獨立之犯罪。

---

[19]　大法官會議釋字96。

(二)行為主體

本罪之行為主體，無何限制，其為公務員或非公務員，皆非所問。行賄罪既為獨立之犯罪規定，則行賄人對於收賄行為雖有加功之性質，亦無共犯規定之適用。

(三)行為客體

本罪之行為客體，亦為賄賂或其他不正利益，與收賄罪同。

(四)實行行為

本罪之實行行為，為關於違背職務之行為，行求、期約或交付賄賂或其他不正利益。故本罪之行為態樣有三：

1. 行　求

所謂行求，乃請求對方收受賄賂之意思表示。僅有口頭之表示為已足，不以實際提供賄賂為必要。對方雖須處於得予認識其為賄賂之狀態，惟實際是否認識其為賄賂，則非所問。行求，僅單方之行為即可，其為直接或間接行求，均無礙於犯罪之成立。

2. 期　約

所謂期約，乃行賄者與收賄者間，關於授受賄賂之合意。其出於何方主動，亦所不問。

3. 交　付

所謂交付，乃使對方現實獲得賄賂之行為。其交付時期，縱依收賄者之意思而為決定，亦無不可。惟倘對方未收受者，則仍屬於行求行為。

前述行求、期約或交付之時期，固不問在公務員或仲裁人職務行為之前或後為之，均得成立；惟須對於違背職務之行為為之，始能構成本罪。倘對於公務員或仲裁人不違背職務之行為行賄，法無處罰明文，自不成立犯罪。

㈤故　意

本罪行為人對於行為客體之賄賂性，須具有認識，且須具有行賄之故意，始能成罪。

㈥罪數及與他罪之關係

1.罪數之認定標準

一行為而同時向數公務員或仲裁人行賄者，應如何處斷？見解不一。有認僅成立一罪者；有認成立想像競合犯者。因本罪具有妨害公務之性質，宜視其所妨害公務之個數，而為認定。例如，違規駕車時，受數交警之取締，遂以數張百元券分別塞入交警口袋之情形，仍僅成立一個行賄罪。

2.行為之階段性

本罪之行求、期約或交付各行為，亦屬階段行為，經過行求、期約而最後交付賄賂，或於行求、期約當時即行交付者，均應依交付行為處以包括一罪。

3.本罪與恐嚇罪、詐欺罪

行賄罪與恐嚇罪或詐欺罪之關係，詳見不違背職務賄賂罪之說明，茲不贅述。惟我實例則持反對見解[20]。

七、準受賄罪

第 123 條　於未為公務員或仲裁人時，預以職務上之行為，要求、期約或收受賄賂或其他不正利益，而於為公務員或仲裁人後履行者，以公務員或仲裁人要求、期約或收受賄賂或其他不正利益論。

---

[20]　最高法院 20 上 1940 認為，上訴人交款，果係因某公務員之恐嚇，而非出於上訴人之求情，即為恐嚇之被害人，自難律以行賄罪名。

(一)行為主體

本罪之行為主體，以具有公務員或仲裁人之身分者為限，始得成立❷。蓋本罪係屬瀆職罪之一種態樣，且行為人於要求、期約或收受賄賂時，雖尚未成為公務員或仲裁人，惟履行其職務上行為時，則須已為公務員或仲裁人，亦即行為人充足本罪之構成要件時，須已具有公務員或仲裁人之身分，始足當之。例如，縣市長當選人，於未就任前，預以將來安插工作或給予便利等職務上行為，要求、期約或收受賄賂，而於就任後果履行其所預先許諾之行為者，即成立本罪。惟如於就任前，經法院判決當選無效，致無從兌現其諾言者，自無成立本罪之餘地。因此，行為人於為公務員或仲裁人後履行其職務上行為，乃屬本罪之構成要件要素，而非客觀處罰條件。

(二)行為客體

本罪之行為客體有二：1.賄賂或其他不正利益；2.職務上之行為。茲處所稱職務上之行為，與普通賄賂罪所稱職務上之行為，涵義略有不同。後者專指在職務範圍內應為或得為之行為，亦即不違背職務之行為而言。本罪所指者，則包括不違背職務及違背職務二種行為在內。

(三)實行行為

本罪實行行為之態樣有二：1.要求、期約或收受；2.履行，即實現其所預先許諾之職務行為。此兩種行為態樣，即要求、期約或收受賄賂或其

---

❷ 本罪主體，學者有以為限於未為公務員或仲裁人，但已有為公務員或仲裁人之相當蓋然性之人者。此種見解，頗值商榷。蓋本罪規定與日本刑法事前收賄罪之規定有異，後者只須於要求、期約或收受賄賂後成為公務員時，即予處罰，而不以履行其職務上行為為要件。故該國通說均以將成為公務員之人為主體，不包含現具有公務員之身分者在內。惟本罪則重在行為人於成為公務員後履行其職務上行為。故解釋上，仍以具有公務員之身分者，始能構成本罪。

他不正利益，與履行職務上之行為，須兼而有之，缺一不可，否則即無由構成本罪。倘行為人要求、期約或收受賄賂或其他不正利益後，終未為公務員或仲裁人，或成為公務員或仲裁人後，未履行其職務上之行為者，或不成立犯罪，或應依詐欺罪等論擬，不得遽以本罪律之。又行為人於未為公務員或仲裁人時，預以職務上之行為，要求或期約賄賂，而於成為公務員或仲裁人後履行，並收受賄賂者，其要求或期約之先行行為，即為收受之後行行為所吸收，應逕依普通賄賂罪或加重賄賂罪之收受賄賂罪論處，亦非本罪。

八、枉法裁判仲裁罪

> 第 124 條　有審判職務之公務員或仲裁人，為枉法之裁判或仲裁者，處一
> 　　　　　年以上七年以下有期徒刑。

㈠行為主體

　　本罪之行為主體，以有審判職務之公務員或仲裁人為限。所謂有審判職務之公務員，係指有司法、軍法或行政事件之審判職務者而言。例如，普通法院之法官、行政法院之評事及軍法機關之軍事審判官是。至檢察官，因無審判之職權，則不在其內。此外，就行政法上爭議事件有裁決職權之公務員，例如，依行政罰科處程序決定科罰之行政官署主管人員；依課稅程序，就稅捐事件爭議為裁決之財政人員；依懲戒程序就公務員懲戒事件為決定之人員以及依訴願法就行政訴願事件為決定之人員等，均不得為本罪主體。

㈡實行行為

　　本罪之實行行為，為枉法之裁判或仲裁，乃指故意不依法律之規定而為裁判或仲裁。質言之，即指明知法律而故為出入者而言。例如，法條只有徒刑、拘役而減輕為罰金是。至其枉法裁判或仲裁之結果，對於當事人

之一方或雙方是否有利，則非所問。又刑事訴訟法第 378 條及第 379 條各款所規定之違法判決，倘非出於枉法故意，自不得遽以本罪律之。

㈢故　意

本罪行為人須有枉法裁判或仲裁之故意，始能成罪。其因過失而為不當之裁判或仲裁，或因法律見解不同，致誤用法律，或因見解變更，致前後判決適用法律歧異者，皆無枉法故意，自不成立本罪。至其基於何種意圖，致為枉法裁判或仲裁，則非所問。

㈣本罪與他罪之關係

1.本罪與濫權追訴處罰罪

本罪為枉法裁判之一般規定，故如有處罰犯罪職務之公務員，明知為無罪之人而使其受處罰，或明知為有罪之人而無故不使其受處罰，刑法第 125 條第 1 項第 3 款既有特別規定，應逕依該條之濫權追訴處罰罪處罰，不成立本罪，亦非一行為觸犯兩罪名❷。

2.本罪與加重賄賂罪

行為人因要求、期約或收受賄賂或其他不正利益，而後為枉法之裁判或仲裁者，除該當於本罪外，另該當於加重賄賂罪（刑 122 II）之構成要件。兩者之關係，有認其為法條競合者，亦有認其為想像競合者。惟本罪與加重賄賂罪，均以國家公務執行之公正，為其保護法益，自應認其為法條競合，而依加重賄賂罪論處。

九、濫權追訴處罰罪

◆

第 125 條　有追訴或處罰犯罪職務之公務員，為左列行為之一者，處一年以上七年以下有期徒刑：

一、濫用職權為逮捕或羈押者。

---

❷　司法院院字 1687。

二、意圖取供而施強暴脅迫者。

三、明知為無罪之人，而使其受追訴或處罰，或明知為有罪之人，而無故不使其受追訴或處罰者。

因而致人於死者，處無期徒刑或七年以上有期徒刑。致重傷者，處三年以上十年以下有期徒刑。

㈠行為主體

本罪之行為主體，為有追訴或處罰犯罪職務之公務員。

1.追訴犯罪職務

所謂有追訴犯罪職務之公務員，係指在職務上對於犯罪具有偵查起訴職權之公務員而言。

⑴追訴之涵義

追訴之涵義，有廣狹二義。廣義之追訴，指偵查及起訴之程序；狹義之追訴，則與起訴同義，不包括偵查在內。偵查，乃為提起公訴而調查犯罪之程序，屬於起訴之準備行為。起訴，則為就偵查結果，向法院訴求科刑之行為。起訴，即提起公訴，專屬於檢察官之職權（刑訴 264 I、軍事審判法 133），適用上固無疑義；至偵查，依我現制，固亦屬於檢察官之職權（刑訴 228），惟司法警察官或司法警察，亦有協助檢察官或聽受檢察官之指揮命令偵查犯罪之職權（刑訴 229-231）。此等人員，是否屬於有追訴犯罪職務之公務員？見解頗為分歧。我實例認為，所謂有追訴犯罪職務，指對於犯罪嫌疑人，就其受有嫌疑之行為，有向審判機關訴求科刑之職務者而言❷，係採狹義追訴之概念。

⑵偵查及起訴

揆諸實際，多數之刑事案件，恆由司法警察官或司法警察負責主要偵

---

❷　最高法院 22 上 472。

❷　司法院院字 814；院解 3202；最高法院 20 上 1929；22 上 1930；22 上 4088；28 非 61；49 臺上 1355（決）。

查工作，偵查完成後再移送檢察官為形式偵查而予起訴或不起訴處分。此等人員執行職務之際，每有濫權為逮捕、羈押或刑求之情事。倘謂其不屬於有追訴犯罪職務之公務員，則本罪旨在制裁刑事司法人員濫權瀆職之立法精神，勢將大打折扣，且亦無以達到保障人權之目的。因此，將追訴解為包括偵查及起訴二者，不僅未超越一般國民自法文通常可能理解之意義範圍，且自本罪之立法精神觀之，亦有其必要，故應以採廣義追訴之概念，較為妥適。職是之故，本罪所謂有追訴犯罪職務之公務員，宜從廣義解釋，即司法警察官或司法警察，應認其包含在內較妥。其無追訴犯罪職務之公務員，如一般行政官員，固不得為本罪主體；自訴人雖得依法提起自訴（刑訴319），但非公務員，自亦不屬之。

2.處罰犯罪職務

所謂有處罰犯罪職務之公務員，則指在職務上對於犯罪有施以刑罰制裁職權之公務員而言。例如，法院刑庭法官，軍事審判官等是。

(二)實行行為

本罪實行行為之態樣有三：

1.濫用職權為逮捕或羈押

所謂濫用職權，乃不當使用職務上之權限。亦即在形式上假借執行職務之名義，實質上則實施正當權限以外之行為。既曰濫用職權，自以有抽象之職務權限存在為前提。若無抽象之職務權限，或與其職權無關者，例如，民事執達員將不履行債務之債務人逮捕，或檢察官受友人之託，傳喚債務人命其履行債務等，既無抽象之職務權限，自無濫用可言，均不得以本罪論擬。

逮捕，乃直接拘束他人身體自由之行為，包含拘提在內。羈押，則為將他人拘禁於一定場所之行為。無論逮捕或羈押，均以具有某種程度之繼續性為必要。又濫權羈押，不僅指羈押之始即具有濫用職權之違法情形，即先以合法原因羈押而其後原因消滅，復以不法意思繼續羈押者，仍屬濫權羈押，不能解免罪責。

2.意圖取供而施強暴脅迫

意圖取供而施強暴脅迫，即一般所謂之刑求。取供，乃取得供詞之意，其對象不以被告為限，即證人或鑑定人，亦包括在內。強暴，乃對於他人之身體所施之有形暴力行為。對於他人之身體直接施以暴力，固屬強暴；即間接施以暴力，亦屬之。至其由行為人親自為之，抑由他人施之，則非所問。脅迫，則為以使人心生畏怖為目的，而將加惡害之意通知對方之行為。其惡害之種類，並無限制。本來，訊問被告、證人或鑑定人時，應出以懇切之態度，不得用強暴、脅迫、利誘、詐欺或其他不正之方法（刑訴98、192、197）。倘竟意圖取供而施強暴脅迫，即得以本罪繩之。

惟本罪之行為，以強暴脅迫為限。若以利誘、詐欺或其他不正方法取供者，則不成立本罪。本罪亦旨在處罰行為人之濫權瀆職，其意圖取供而施強暴脅迫者，因蔑視人民權益，影響裁判公正，固應有罰；惟以利誘、詐欺或其他不正方法取供者，其濫權瀆職之情形，並無以異。且衡之實情，有追訴或處罰犯罪職務之公務員，以其他不正方法取供者，每時有所聞，其影響司法威信，實非淺鮮。因此，本罪之行為，宜將利誘、詐欺或其他不正方法列入，藉以保障人民權益，提高司法威信。

3.明知為無罪之人，而使其受追訴或處罰；或明知為有罪之人，而無故不使其受追訴或處罰

明知，乃指第 13 條第 1 項之直接故意而言。無故，則係無正當理由之意。行為人無論係以積極行為，使無罪之人受追訴或處罰；或係以消極行為，使有罪之人免受追訴或處罰，均以出於明知為必要。倘因誤認犯罪事實，或因法律見解有誤者，尚不得以本罪律之。

三故　意

本罪為故意犯，行為人在主觀上須有濫用職權之故意，始能成罪。本罪濫用職權為逮捕或羈押，須有追訴或處罰犯罪職務之公務員，對於法律賦予之逮捕或羈押職權故意為不正當之行使。若於法定職權範圍內，酌量為逮捕或羈押，而無故意為不正當行使之情形，即不得謂為濫用職權，自

不成立該條款之罪。又如明知為無罪之人而使其受追訴，須有追訴犯罪職務之公務員，明知刑事被告並無犯罪行為，而仍向審判機關訴求科刑，始能成立。如其主觀上誤認刑事被告有犯罪嫌疑，據以提起公訴，即不能執上開條款以相繩。

㈣罪數及與他罪之關係

1. 罪數之認定標準

本罪為侵害國家法益之犯罪，旨在處罰有追訴或處罰犯罪職務公務員之濫權瀆職。因此，行為人若僅具本罪其中一種行為態樣，固僅成立一罪；縱同時具有二種以上行為態樣，因其濫權瀆職仍一，應成立包括一罪，而非數罪。例如，行為人先為濫權逮捕或羈押，繼則刑求取供，再次則據以使明知為無罪之人受追訴或處罰者，仍僅成立一個濫權追訴處罰罪是。

2. 本罪與剝奪行動自由罪

本罪行為人濫用職權為逮捕或羈押者，因本罪與剝奪行動自由罪（刑302）之保護法益不同，應依想像競合，從一重處斷❷。行為人意圖取供而施強暴脅迫者，其與強制罪（刑304）之關係，亦同。

又本罪因無處罰未遂犯之規定，故行為人濫權逮捕或羈押未遂者，仍應依剝奪行動自由罪之未遂犯（刑302 III）處斷，並依第134條規定加重處刑❷。

十、凌虐人犯罪

第 126 條　有管收、解送或拘禁人犯職務之公務員，對於人犯施以凌虐者，
　　　　　處一年以上七年以下有期徒刑。

---

❷ 實例認行為人濫用職權，於同時同地將二人一併看管，已侵害兩個私人之自由法益，係一行為犯兩項同一罪名，應依刑法第55條從一重處斷（最高法院28上3652）。

❷ 司法院院字1922。

因而致人於死者，處無期徒刑或七年以上有期徒刑。致重傷者，處三年以上十年以下有期徒刑。

㈠行為主體

本罪之行為主體，為有管收、解送或拘禁人犯職務之公務員。管收，指依管收條例管收債務人及擔保人，或依行政執行法管束一定之人而言❷⑦。解送，指將人犯移解押送於一定之處所而言。例如，司法警察將逮捕之現行犯押送於檢察官是。拘禁，指將人犯拘留監禁於一定之處所而言。例如，將刑事嫌疑人監禁於看守所或將受刑人監禁於監獄等是。

因此，有管收、解送或拘禁人犯職務之公務員，其範圍甚廣，凡民事管收所之職員、司法警察官、司法警察、監獄官員、看守所官員等，不問其職稱如何，倘有管收、解送或拘禁人犯之職務者，均得為本罪主體。反之，若非公務員或雖為公務員，但無此職務者，均無成立本罪之餘地。

㈡行為客體

本罪之行為客體，為人犯。人犯之概念，較犯人為廣，凡被管收、解送或拘禁之人，均屬之。因此，民事管收人、行政管束人、刑事嫌疑人、刑事被告、受刑人以及違反社會秩序維護法之拘留人等，均得為本罪客體。

---

❷⑦ 管收，有認為專指依管收條例管收民事被告者；亦有認為兼指依行政執行法所為之管束者。其涵義，學者見解略有不同。依行政執行法第37條規定得予管束之情形如次：⑴瘋狂或酗酒泥醉，非管束不能救護其生命、身體之危險，及預防他人生命、身體之危險者；⑵意圖自殺，非管束不能救護其生命者；⑶暴行或鬥毆，非管束不能預防其傷害者；⑷其他認為必須救護或有害公安之虞，非管束不能救護或不能預防危害者。因此，執行管束之公務員，於執行管束之際，亦極有可能發生凌虐人犯之情事。為防範該公務員濫權瀆職，兼以保護管束人之利益，將管束解為包括在內，自較適當。

㈢實行行為

本罪之實行行為，為施以凌虐。所謂凌虐，乃凌辱虐待之意，亦即以強暴或其他方法，使其精神或身體感受痛苦之行為。不問其為有形或無形、積極或消極行為，均屬之。例如，橫加鞭笞、濫施械具、迫令下跪、不給飲食、不予睡眠等是。

1.凌虐與管束或戒護

依刑事訴訟法之規定管束羈押之被告（刑訴 105 I），或依監獄行刑法之規定實施戒護者（監獄行刑法 21），乃係依法令之行為，得以阻卻違法。惟此項管束或戒護，仍有其限度，若超越法定懲罰之範圍，而於被害人之身體及人格顯有損害者，則仍不能解免本罪刑責。例如，對於看守所內病犯高聲喊叫，不予適當處置，竟將其鎖繫於舍外之鐵閘，顯係超越管束之必要限度，且於病犯之身體及人格毫未顧及，其凌虐人犯之罪責，自屬無可解免 ❷❽。

2.行使管收、解送或拘禁職務之際

本罪之凌虐行為，須於行為人行使管收、解送或拘禁職務之際，對於人犯施之為必要。此項時間要素，雖法無明文，惟衡之本罪之立法意旨，苟非於執行職務之際施之，即無濫權瀆職之可言。關於此點，德、日刑法設有明文規定，解釋上自當從同。我實例亦同。例如，刑法第 126 條之凌虐人犯罪，以有管收，解送或拘禁人犯職務之公務員，於行使管收、解送、拘禁職務之際，對於被管收、解送、拘禁之人犯施以凌虐為構成要件。上訴人充當警佐，雖有解送人犯之職務，而因某甲追毆某乙，闖入警所，對之訊問時，並非行使解送職務之際，某甲之受訊問，亦非在被解送中之人犯，上訴人於訊問後，加以棍責保釋，除其他法令對該行為設有處罰規定應依各該規定辦理外，殊與凌虐人犯罪構成之要件不合 ❷❾。

---

❷❽　最高法院 32 上 2403。

❷❾　最高法院 31 上 2204。

㈣故　意

本罪為故意犯，行為人自須有凌虐人犯之故意，始能成罪。惟本罪旨在處罰公務員濫權瀆職之行為，行為人實施凌虐行為時，縱得有被害人之承諾，亦不得阻卻違法。

㈤本罪與他罪之關係

1.本罪與傷害罪

本罪與傷害罪之保護法益不同，應分別成罪，而依想像競合犯，從其一重處斷。惟司法實務通常認為，凌虐行為，每易致傷害之結果，除致死或致重傷，另構成結果加重犯外，其餘傷害，應視情形定之。倘行為人於凌虐故意外，另具有傷害故意者，應成立本罪與普通傷害罪或重傷罪之想像競合犯。若無傷害故意，而僅致輕傷者，應認係凌虐行為之當然結果，不另論罪。

2.本罪與強制性交或猥褻罪

本罪與強制性交或猥褻罪之保護法益不同，應分別成罪，而依想像競合犯，從其一重處斷。

十一、違法行刑罪

第 127 條　有執行刑罰職務之公務員，違法執行或不執行刑罰者，處五年以下有期徒刑。

　　　　　　因過失而執行不應執行之刑罰者，處一年以下有期徒刑、拘役或九千元以下罰金。

㈠行為主體

本罪之行為主體，為有執行刑罰職務之公務員。依我現制，監獄為執行徒刑或拘役之場所（監獄行刑法 3），而執行裁判，由檢察官指揮之；罰

金、沒收及追徵之裁判，則依檢察官之命令執行之（刑訴 457、470）。因此，監獄官員及檢察官，均為有執行刑罰職務之公務員。至罰金於裁判宣示後，如經受裁判人同意而檢察官不在場者，得由法官當庭指揮執行（刑訴 470 I 但），故此際法官亦不失為有執行刑罰職務之公務員。

㈡行為客體

本罪之行為客體，為刑罰。刑罰，指刑法總則第五章所規定之主刑與從刑而言。保安處分與刑罰，性質不同，不宜將保安處分包括在內。至行政罰、秩序罰以及訴訟程序上之強制處分，如羈押等，均非刑罰。

㈢實行行為

本罪實行行為之態樣有二：

1. 違法執行

所謂違法執行，即違背法令之規定而為執行。不應執行而執行，固屬違法執行，例如，應執行罰金者，而執行徒刑是。即執行之程序或方法不依法令規定者，亦屬違法執行。例如，擅許囚犯出外住宿，或將處拘役者與處徒刑者混合監禁（監獄行刑法 3 II）等是。

2. 違法不執行

所謂違法不執行，即違背法令之規定應執行而不執行。例如，應處罰金者，而任其不繳納是。不以全不執行者為限，即開始執行後，無故停止執行者，亦屬之。至對於受刑人應否加以腳鐐，係屬於監護法規之戒護問題，與受刑人刑罰之執行無關。

㈣故　意

本罪為故意犯，行為人須對於應執行之刑罰，故意為違背法令之執行，或故意違背法令不為執行，始能成罪。倘出於過失者，除不應執行而執行者外，自不得以本罪律之。

㈤過　失

因過失而執行不應執行之刑罰者，亦予處罰（刑 127 II）。例如，檢察官誤算刑期，指揮執行刑罰，致受刑人在監多拘禁若干日是。

十二、越權受理訴訟罪

第 128 條　公務員對於訴訟事件，明知不應受理而受理者，處三年以下有期徒刑。

㈠行為主體

本罪之行為主體，為公務員，不問其為司法或非司法人員，均可構成。故行政官員越權受理司法，固可為本罪之主體；即司法人員逾越審判或管轄權限者，亦可成立本罪。

㈡行為客體

本罪之行為客體，為訴訟事件，即民事、刑事及行政訴訟事件。

㈢實行行為

本罪之實行行為，為不應受理而受理。例如，行政法院受理民、刑訴訟事件，或檢察官受理自訴案件等是。本罪行為僅限於不應受理而受理之積極行為，至應受理而不受理之消極行為，則不包括在內。

㈣故　意

本罪行為人須明知不應受理而受理，始能成罪。明知，指直接故意而言。倘因過失或誤認而實施本罪之行為者，則不成罪。

十三、違法徵收及抑留剋扣罪

第 129 條　公務員對於租稅或其他入款，明知不應徵收而徵收者，處一年
　　　　　以上七年以下有期徒刑，得併科二十一萬元以下罰金。
　　　　　公務員對於職務上發給之款項、物品，明知應發給而抑留不發
　　　　　或剋扣者，亦同。
　　　　　前二項之未遂犯罰之。

　　本條違法徵收及抑留剋扣罪規定，包含二個獨立之犯罪類型：即⑴違
法徵收罪及⑵抑留剋扣罪。茲分述如次：

甲、違法徵收罪

㈠行為主體

　　本罪之行為主體，為公務員。至是否以有徵收租稅或其他入款職務之
公務員為限？其說不一。有持肯定見解，認無職務者，若違法徵收，僅係
藉勢詐欺或勒索，得適用刑法其他處罰規定者。有持否定見解，認公務員
之徵收款項，縱非屬其職務範圍，若違法徵收，亦應成立本罪者。惟本罪
客體之租稅或其他入款，所涉至廣，其有權徵收者，濫權違法徵收，自難
辭其刑責；若原係無權徵收者，竟巧立名目、濫行徵收，足以喪失國家威
信，損害人民權益，其可罰性尤更顯著。若謂無權徵收者，不能成立本罪，
而僅依詐欺等輕罪論處，在刑罰之權衡上，亦有欠妥當。職是，本罪之行
為主體，應以具有公務員之身分為已足，至其是否有徵收之職務，則在所
不同。

㈡行為客體

　　本罪之行為客體有二：1.租稅，指國家或地方依法令規定徵收之一切

稅捐。例如，依稅捐稽徵法所徵收之一切國、省（市）及縣（市）稅捐是。
2.其他入款，指除租稅外之一切公法上收入之款項，範圍甚廣，例如，司
法規費、行政規費、律師證書費、專利證書費等是。人民因違犯法令而被
處罰之款項，例如，罰金或罰鍰，因係其實施不法行為之法律效果，與本
罪所規定之其他入款有別，故非本罪客體❸。租稅或其他入款，均係指國
家或地方之公法收入而言。倘為私法收入，例如，出租公有房屋之租費，
則不包括在內。

㈢實行行為

本罪之實行行為，為不應徵收而徵收。申言之，無法令依據，而巧立
名目擅自徵收，或雖有法令依據，而不依法令徵收，例如，超額浮收或不
當徵收等，均得該當於本罪構成要件之行為。至該項租稅或其他入款，是
否原有徵收之根據，則非所問。本罪行為係不應徵收而徵收，屬於積極行
為。若係應徵收而不徵收之消極行為，雖亦屬瀆職，仍不得以本罪律之。

㈣故　意

本罪行為人須明知不應徵收而徵收，始能成罪。倘因過失、誤認或處
分不當者，則不成立本罪。如因先有成例，或經公眾議決，誤認為應行徵
收而徵收者，因其缺乏明知不應徵收之要件，縱未呈經上級機關核准，仍
難以該條之罪相繩❸。至行為人違法徵收之意圖何在，並非所問。其係圖
利自己或第三人，抑或圖利國庫，均無妨於本罪之成立❸。

㈤未遂、既遂

本罪之未遂犯，罰之（刑 129 III）。既遂、未遂之區別，以已否達其徵
收之目的為準。申言之，行為人已著手於徵收行為，而尚未收取款項或對

---

❸　最高法院 30 上 1214。

❸　最高法院 30 上 33。

❸　司法院院解 3297；院解 3618。

方尚未交付者，即為本罪之未遂。

㈥本罪與他罪之關係

1.本罪與圖利罪

圖利罪（刑 131）為公務員圖利之一般規定，至公務員對於入款明知不應徵收而徵收，藉以圖利，則屬特別規定，自應逕依本罪處罰，無適用圖利罪處罰之餘地 ❸ 。

2.本罪與詐欺罪

實例認為本罪之違法徵收行為，原含有詐欺之成分，即令公務員施用詐術，使被徵收人交付財物，已吸收於本罪之內，不能再論以詐欺罪 ❸ 。惟本罪與詐欺罪之保護法益不同，應認其成立想像競合犯較妥。

乙、抑留剋扣罪

㈠行為主體

本罪之行為主體，為在職務上有發給款項物品職責之公務員。若無此職務者，即無成立本罪之餘地。

㈡行為客體

本罪之行為客體有二：1.款項，專指金錢而言。例如，發放征屬之安家費或優待金、生育補助費、死亡補助費、薪餉或退休金等是。 2.物品，指除款項外，凡足供人使用而有價值可以估計之一切物品而言。例如，扣押物、贓物或提存物等是。不問款項或物品，均須為公務員職務上所應發給者，始足當之。至其所有權誰屬，則非所問。

有學者認為其所發給之財物，須原屬國家所有，與將國家持有中之他人之物給與原所有人或持有人之發還不同。惟本罪亦旨在處罰公務員之濫

---

❸　最高法院 28 非 47。

❸　最高法院 28 非 47。

權瀆職，原屬國家所有之款項物品，故意違法抑留剋扣，固應有罰；對於非屬國家所有之款項物品，例如，法院應發還給原所有人或持有人之扣押物或贓物，或法院提存所應發還給當事人之提存物等，雖屬私人所有，倘公務員在職務上應發還而故意抑留剋扣者，其濫權瀆職之本質，並無改變，亦應予以處罰。故發給之對象，不以原屬國家所有者為限，即發還之情形，亦應認其包括在內。

㈢實行行為

本罪實行行為之態樣有二：

1.抑留不發

所謂抑留不發，乃指對於職務上應即時發給之款項或物品無故抑留遲不發給而言。無論全部或一部遲不發給，均包含在內。至抑留時間之久暫以及抑留後是否另作其他處分，均無妨於本罪之成立。若職務上並非應即時發給之財物，僅因疏失而給付遲延，均不能遽指為抑留不發而論以該罪**⑤**。

本罪旨在處罰公務員之濫權瀆職，只須為職務上應即時發給之款項或物品無故抑留遲不發給，即足成罪。至其係基於公法上或私法上所應發給者，應非所問。基於公法上者，例如，警察主管故將報案獎金遲不發給報案人之情形是。基於私法上者，例如，採購人員故將採購價款抑留遲不發給商人之情形是。惟我司法實務則認為，本罪之處罰，係指公務員本於公法上之關係，職務上應發給之款項物品，明知應發給而抑留不發或剋扣者而言，如行為人在職務上對此款項物品，非基於公法上應發給，而係出於私法上之關係應予發給者，縱有抑留或剋扣情形，則不能以該罪相繩**⑥**。

2.剋 扣

所謂剋扣，乃指發給不足額，而作為足額之行為。亦即已經發給，且發給不足額，卻作為已經足額發給。例如，公務員採購價款十萬元，提扣

---

⑤ 最高法院 88 臺上 7364（決）。

⑥ 最高法院 89 臺上 3885（決）。

一萬元，而僅發給商人九萬元之情形是。

㈣故　意

本罪行為人須明知應發給而故意抑留不發或剋扣者，始能成罪。倘因過失、錯誤、有先例或行政作業繁雜等情事，致遲延發給者，尚難以本罪繩之。至行為人抑留剋扣之意圖何在，亦非所問。其係圖利自己或第三人，抑或圖利國庫，於本罪之成立，均不生影響。

㈤未遂、既遂

本罪之未遂犯，罰之（刑 129 Ⅲ）。既遂、未遂之區別，以抑留或剋扣行為已否達其目的為準。苟已達其抑留或剋扣之目的，即屬既遂；若尚未達其目的，則為本罪之未遂。

㈥本罪與公物侵占罪

本罪與公物侵占罪（刑 336）之保護法益不同，應分別成罪，而依想像競合之例處斷。惟我司法實務似認為，行為人對於職務上應即時發給之款項物品，無故抑留遲不發給者，縱捏稱已發，且實際上已變更持有之意思而為所有之意思，而將其歸入私囊，即應成立公物侵占罪❸❼。

十四、廢職釀災罪

第 130 條　公務員廢弛職務釀成災害者，處三年以上十年以下有期徒刑。

㈠行為主體

本罪之行為主體，為公務員。至該公務員是否須負有預防或遏止某種災害之職務，法無限制。惟災害之釀成既與其職務之廢弛有關，解釋上自須負有此種職務之公務員，始能構成。實例認為，本罪以對於某種災害有

---
❸❼　最高法院 41 臺特非 9；76 臺上 558（決）。

預防或遏止職務之公務員，廢弛其職務，不為預防或遏止，以致釀成災害為其成立要件，若不合於所列要件，即難謂為應構成該條罪名 ❸。

㈡實行行為

本罪之實行行為，為廢弛職務，即荒廢鬆弛其職務，亦即未盡其職務上所應盡之職責。例如，監獄官員聽任犯人在監內炊爨 ❸，或鐵路看柵工疏未放下柵欄，或水庫管理員任令洪水高漲未及時洩洪等是。至何種情形，始為廢弛職務，自應就其職務性質，依具體情形予以認定。

㈢故　意

本罪為故意犯，行為人須故意廢弛職務，始能成罪。倘因過失廢弛職務，致釀成災害，因本罪無處罰過失犯之規定，自難以本罪律之。本來，易致災害之職務甚夥，諸如檢疫、水利、消防、營建或交通等，動輒攸關公共安全，公務員理應盡其職責，不容怠忽。倘因故意或過失，致廢弛職務，釀成災害，即應嚴罰，以促其盡忠職守。惟因此等職務，類多千緒萬端，事繁責重，如因稍有疏忽，即以本罪相繩，則該公務員勢必疲於奔命，不僅日夜寢食難安，且將無人敢於從事該職務。是故，須因故意廢弛職務，釀成災害者，始能依本罪論科。至出於過失者，其情節稍輕，自可依其情形處以他罪，或予以行政處分，仍未可任其掉以輕心，有忝厥職。

㈣行為結果

本罪行為之結果，須釀成災害，故為結果犯。災害，不問其係人為災害抑或自然災害，均屬之。惟其釀成災害，須與行為人廢弛職務，具有相當因果關係，始能構成。例如，前例聽任犯人在監內炊爨，致焚燒監房，並燒斃監犯多人；或未放下鐵路柵欄，致肇生車禍，死傷多人；或未及時洩洪，致淹沒良田多頃等是。若災害之釀成，與職務之廢弛無關，即或廢

❸　最高法院 30 上 2898。

❸　司法院院字 2095。

弛其職務，然係由於其他原因致成災害，或出於不可抗力者，則不得律以本罪。至行為人雖故意廢弛職務，但未釀成災害者，因本罪無處罰未遂犯之規定，亦不得遽以本罪相繩。

十五、圖利罪

第131條　公務員對於主管或監督之事務，明知違背法令，直接或間接圖自己或其他私人不法利益，因而獲得利益者，處一年以上七年以下有期徒刑，得併科一百萬元以下罰金。

(一)行為主體

本罪之行為主體，為公務員。凡具有公務員之身分者，不問其職稱或職務為何，均得成立本罪。若無公務員身分之人與公務員共犯該罪時，必該無身分關係者與公務員相聚合，非基於互相對立之對向關係，而係彼此有犯意聯絡及行為分擔，朝同一目的，共同對於有身分者所主管或監督之事務，直接或間接圖得該有身分者本人或圖得其他私人不法之利益，始能論以共同正犯。倘公務員所圖得之不法利益，係取自該無身分關係之人，或公務員圖利之對象即為該無身分關係之人，因係處於對向關係，該無身分關係者，除涉犯他項罪名外，尚不能遽依公務員圖利罪之共犯論擬❹。

(二)實行行為

本罪實行行為之態樣有二：
1.對於主管或監督之事務直接圖利
所謂直接圖利，乃以直接之方法使自己或第三人獲得不法之利益。行為人只須在主觀上有圖自己或第三人不法利益之意思，客觀上並將該犯意表現於行為時，即為圖利行為。若僅有圖利之意思，而尚未表現於行為者，自無犯罪可言。圖利之對象，限於自己或第三人之私人不法利益，如係圖

---

❹　最高法院90臺上459（決）；93臺上1256（決）。

利國庫或全體國民，則不成立本罪。

直接圖利之實例，例如，出納人員將公款存入自己帳戶生息自用；利用公務車檢修機會，將私人自用小客車一併送修，而與公務車檢修費一併報支請款；對於盜伐之木材，違法放行未予查扣；高估或虛估補償費用，圖利受補償戶；洩漏底價，便利廠商得標：採購辦公用品，故意高價購買，圖利廠商；收取財務罰鍰滯納稅款後，挪用周轉生息；查獲交通違規，同意改開較輕處罰規定罰單，使違規人得以減少罰鍰額；利用機會私運違禁品入監牟利或夾帶香菸轉賣受刑人圖利等情形是。

圖利行為，須對於該公務員所主管或監督之事務為之，始能成立。故縱屬公務員而又圖得利益，苟非基於主管或監督之事務而為之，即難以本罪論擬。所謂主管之事務，係指對於事務有主掌管理或執行之權責者而言；此項事務，不論經常性或臨時性、全部或一部、主辦或兼辦，法令授予或機關內部之一般事務分配，在所不問。所謂監督之事務，則指依法令在職務上對該事務雖無主管之權責，惟對掌管該事務之人，則負有監察督導之權責者而言。例如，機關首長對於庶務人員所為機關修繕事項，負有監督之權責是。是否為主管或監督之事務，應就法令規定依具體事實以為認定。

行為人之行為是否為圖利行為，則應視其行為客觀上有無違反執行職務所應遵守之法令，或有無濫用其裁量權，致影響裁量決定之公平性與正確性而定。若公務員之行為，客觀上並無違反執行職務所應遵守之法令，或不足以證明其有濫用裁量權致影響裁量決定之公平性及正確性之情形，尚不能以其行為對於他人有利，即認有圖利他人而應以圖利罪相繩❹。

2.對於主管或監督之事務間接圖利

所謂間接圖利，乃以間接之方法使自己或第三人獲得不法之利益。例如，掌管都市計畫之公務員，違背法令，將農業用地變更為住宅用地，而使其親人獲得地價翻漲之利益；地政事務所職員隱名參與退休同事所設之土地代書事務所，獲取不法利益；對於機關採購事務有監督權責之公務員，暗示供應廠商容納其親友在其公司掛名領薪圖利等情形是。間接圖利行為，

❹　最高法院 93 臺上 569（決）；96 臺上 3433（決）。

亦須對於該公務員所主管或監督之事務為之，始能成立。

㈢故　意

本罪為故意犯，行為人須明知違背法令，而有為自己或第三人圖得不法利益之故意，始克當之。所謂「明知」，係指須具圖利而違背法令之直接故意，即主觀上有違背法令以積極圖取不法利益之意思，客觀上並將該犯意表現於行為而言。未必故意，並未包含在內。至被圖利之人是否知悉以及與公務員有否犯意聯絡，並非所問。

所謂「違背法令」，係指違背法律、法律授權之法規命令、職權命令、自治條例、自治規則、委辦規則等，對多數不特定人民就一般事項所作對外發生法律效果之規定而言。

又此項故意，須依證據認定之，不得僅以公務員所為失當行為之結果，使人獲得不法之利益，據以推定該公務員自始即有圖利他人之犯意。至僅處理事務不當，尚未表現有圖利之意思者，亦難以本罪相繩❷。

㈣行為結果

本罪為結果犯，須行為人明知違背法令，圖自己或其他私人之不法利益，因而獲有利益者，始成立該罪。如未因而獲得利益，即不能令行為者負圖利罪之刑責。實例認為，承包工程之廠商本該有合理之利潤，須扣除合法利潤，始為不法利益❸。至所謂不法利益，須為財產上之不法利益，包括賄賂與不正利益在內，且以可計算其數額者為限❹。

㈤既　遂

本罪無處罰未遂犯之規定，公務員雖有圖利之犯意與犯行，如其本人或其圖利之對象未因而獲利者，即屬不罰。

---

❷　最高法院57臺上2526（決）；57臺上2919（決）。

❸　最高法院93臺上5609（決）。

❹　最高法院82臺上5911（決）。

㈥本罪與他罪之關係

1.本罪與賄賂罪等

本罪與賄賂罪、違法徵收罪及抑留剋扣罪等，均具有侵害法益之同一性，得成立法條競合。賄賂罪、違法徵收罪及抑留剋扣罪等為特別規定，本罪為一般規定，成立法條競合時，應適用賄賂罪、違法徵收罪及抑留剋扣罪等特別規定，排除本罪一般規定之適用。惟若行為人初始僅有違背法令圖利他人之行為，嗣後始起意收賄而為違背職務之行為者，則其初始之違背法令圖利行為，即應與嗣後之違背職務收受賄賂行為分別論罪。不能謂其初始之違背法令圖利行為，已為嗣後違背職務收受賄賂之行為所包括，而認二者之間具有高低度之吸收關係，而論以單純一罪 ❹ 。

對此情形，我實例一向認為，圖利罪，為公務員職務上圖利之概括規定，必其圖利之行為不合刑法各條特別規定者，始依本罪論處，倘其圖利之行為合於其他條文或款項之特別規定，即應依該特別規定之罪論擬，無再適用本罪之餘地 ❻ 。

2.本罪與公物侵占罪

公物侵占罪（刑 336）之保護法益，為個人之財產安全，與本罪不具保護法益之同一性，應分別成罪，而依具體情形成立想像競合或數罪併罰。惟我實例則認為，公務員圖利罪，係就公務員在事務上不法圖利之行為設其處罰之一般性規定，苟其圖利之行為已符合受賄、侵占公有財物等罪之特別規定時，自應依該特別規定處罰，不另成立圖利罪 ❼ 。

---

❹ 最高法院 94 臺上 3190 （決）。
❻ 最高法院 49 臺上 1570；74 臺上 63（決）；75 臺上 6472（決）；93 臺上 5076（決）；96 臺上 1584 （決）；96 臺上 1967 （決）。
❼ 最高法院 88 臺上 7570 （決）。

十六、洩漏公務秘密罪

第 132 條　公務員洩漏或交付關於中華民國國防以外應秘密之文書、圖
　　　　　畫、消息或物品者，處三年以下有期徒刑。
　　　　　因過失犯前項之罪者，處一年以下有期徒刑、拘役或九千元以
　　　　　下罰金。
　　　　　非公務員因職務或業務知悉或持有第一項之文書、圖畫、消息
　　　　　或物品，而洩漏或交付之者，處一年以下有期徒刑、拘役或九
　　　　　千元以下罰金。

　　本條洩漏公務秘密罪之規定，含有二個獨立之犯罪類型，即⑴洩漏公
務秘密罪及⑵非公務員洩漏公務秘密罪。茲分述如次：

甲、洩漏公務秘密罪

㈠行為主體

　　本罪之行為主體，為公務員。凡具有公務員之身分者，不論其職稱或
職務為何，均得成立本罪。

㈡行為客體

　　本罪之行為客體，為關於中華民國國防以外應秘密之文書、圖畫、消
息或物品。簡言之，即國防以外之公務秘密。

　1.應秘密之涵義

　　⑴應秘密之判斷標準

　　公務秘密，須為應秘密之文書、圖畫、消息或物品，始足當之。至何
者為應秘密？何者為非應秘密？概念之內涵頗不確定。在學說上亦見解不
一：①形式秘密說，認為行政資訊在形式上經國家指定為秘密者，不論其

實質內容為何，即屬於公務秘密之範疇。②實質秘密說，認為行政資訊之實質內容須具有保密之價值及必要者，始能稱為公務秘密。③折衷說，則認為行政資訊須形式上經指定為秘密，且其實質內容亦有保密之價值及必要者，始能稱為公務秘密。

(2)實務採實質標準

我司法實務見解向採實質秘密說，認為所謂應秘密，係指文書、圖畫、消息或物品等與國家政務或事務上具有利害關係而應保守之秘密者而言❹。至何者為應秘密，法令規定雖為主要之識別依據，但非為唯一審認之標準。故應依文書等之性質，視其與國家政務或事務之推行實質上是否具有利害關係，有無保守秘密之必要而定。因此，個人資料保護法第 18 條規定：「公務機關保有個人資料檔案者，應指定專人辦理安全維護事項，防止個人資料被竊取、竄改、毀損、滅失或洩漏。」固明定個人之資料應防止洩漏，惟如有違反此一規定而洩漏個人資料之情形，仍應視其是否與國家政務或事務有利害關係，而定其是否該當於刑法第 132 條之要件❹。

(3)秘密之相對性

是否應秘密，僅具相對性，並無絕對性。故已經洩漏之秘密，即不為秘密；如某特定人對於該項文書等，有請求公務員朗讀或令其閱覽之權利，則此項文書等，對於該特定人即無秘密可言。

2.公務秘密之內涵

所謂國防以外應秘密之文書、圖畫、消息或物品，即公務秘密，乃指除國防以外，凡有關內政、外交、司法、財政、經濟、監察或考試等公務上應秘密者，均屬之❺。例如，法院組織法第 106 條第 1 項規定：評議時各法官之意見應記載於評議簿，並應於該案裁判確定前嚴守秘密。稅捐稽徵法第 33 條規定：稅捐稽徵人員，對於納稅義務人提供之財產、所得、營

---

❹　最高法院 17.9.19 刑議；57 臺上 946（決）；88 臺上 923（決）；91 臺上 3388（決）。

❹　高等法院 93 上易 563（決）。

❺　實例如次：偵查中之記錄書記官，將被嫌疑人以外之筆錄抄給被嫌疑人，應成立刑法第 132 條第 1 項之罪（最高法院 31.2.3 刑議）。

業及納稅等資料，除對特定人員及機關外，應絕對保守秘密。他如典試法第 31 條、公務人員考績法第 20 條、監察法第 13、26 條、電信法第 7 條、郵政法第 11 條等是。至此等公務秘密，是否應以公務員因職務上知悉或持有者為限，始得為本罪客體？有持肯定見解者；有持否定見解者。惟依公務員服務法第 4 條規定，公務員有絕對保守政府機關秘密之義務，對於機密事件，無論是否主管事務，均不得洩漏，退職後亦同。故以否定見解為當。

(三)實行行為

本罪實行行為之態樣有二：1.洩漏、2.交付。本罪為舉動犯，行為人一有洩漏或交付之行為，犯罪即行成立，至他人果否知悉或持有該秘密，則非所問。

(四)故　意

行為人須認識其為國防以外應秘密之文書等，而故意洩漏或交付，始能成罪。至其動機何在，則所不問。

(五)過　失

因過失犯本罪者，亦予處罰（刑 132 II）。

(六)既　遂

本罪無處罰未遂犯之規定，行為人一有洩漏或交付之行為，犯罪即為既遂。

(七)本罪與他罪之關係

1.本罪與妨害秘密罪

本罪之保護法益為公務秘密，妨害書信秘密罪、妨害私生活秘密罪及洩漏公務知悉持有工商秘密罪等妨害秘密罪之保護法益，則為個人私生活

秘密之安全，二者間不具保護法益之同一性，應分別成罪，依具體情形成立想像競合犯或予併合論罪。

2. **本罪與妨害考試罪**

本罪之保護法益為公務秘密，妨害考試罪之保護法益則為考試之正確性，二者間不具保護法益之同一性，應分別成罪，依具體情形成立想像競合犯或予併合論罪。

乙、非公務員洩漏公務秘密罪

㈠行為主體

本罪之行為主體，為非公務員，即行為時無公務員身分之人。曾為公務員而行為時已退職者，或未曾任公務員之人，均得為本罪主體。

㈡行為客體

本罪之行為客體，為因職務或業務知悉或持有之國防以外應秘密之文書、圖畫、消息或物品。倘非因職務或業務所知悉或持有，而係因他人傳述或偶而知悉或持有者，縱有洩漏或交付，亦不成立本罪。所謂因職務知悉或持有，例如，曾任稅捐稽徵之人員知悉某納稅義務人所提供之財產及資料是。所謂因業務知悉或持有，例如，建築師持有代政府設計之秘密工程藍圖是。

㈢實行行為

本罪實行行為之態樣有二：即洩漏及交付是。

㈣故　意

行為人須認識其為國防以外應秘密之文書等，而故意洩漏或交付，始能成罪。其因過失而犯之者，不成立本罪。

十七、妨害郵電秘密罪

第 *133* 條　在郵務或電報機關執行職務之公務員，開拆或隱匿投寄之郵件或電報者，處三年以下有期徒刑、拘役或一萬五千元以下罰金。

㈠行為主體

本罪之行為主體，為在郵務或電報機關執行職務之公務員。只須在郵務或電報機關執行職務，並不以該機關之職員為限，即其他機關調派在此等機關執行一定之職務者，亦屬之。例如，郵電檢查人員是。

㈡行為客體

本罪之行為客體有二：

1.投寄之郵件

所謂投寄，即投送寄發，亦即已交付郵務或電報機關代為送達，而尚在該機關支配中者。如尚未投寄或已投寄，且已送達於收件人者，均不得為本罪客體。所謂郵件，指郵政公司遞送之文件或物品，包括函件、包裹或客戶以電子處理或其他方式交寄者（郵政法 4 ⑨）。

2.投寄之電報

所謂電報，則指經由電信網路傳遞符號、文字或影像者而言。其經由電信網路傳遞聲音之電話，則不包括在內。至電報報底及回執，則非電報，自亦不屬之。

㈢實行行為

本罪實行行為之態樣有二：1.開拆，即開啟拆閱，亦即使郵電之封緘失去作用之行為，不以破壞封緘為必要。至開拆後是否閱覽其內容或是否回復其封緘，均非所問。 2.隱匿，即隱沒藏匿，亦即將投寄之郵電隱沒藏匿，不予寄遞之行為。

㈣故　意

行為人認識其為投寄之郵電，而故意實施本罪構成要件之行為，即行成立。惟如依法令而為之者，則可阻卻違法❺。

㈤本罪與他罪之關係

本罪與妨害書信秘密罪

妨害書信秘密罪（刑 315）係指普通人無故開拆或隱匿他人之封緘信函與文書而言。若在郵務或電報機關執行職務之公務員，開拆或隱匿投寄之郵件或電報者，依特別規定優於一般規定之原則，自應適用本罪處斷❺。

十八、不真正瀆職罪

第 *134* 條　公務員假藉職務上之權力、機會或方法，以故意犯本章以外各罪者，加重其刑至二分之一。但因公務員之身分已特別規定其刑者，不在此限。

㈠行為主體

本罪之行為主體，為公務員。只要具有公務員之身分者，即得成立本罪。

㈡實行行為

本罪之實行行為，為犯本章以外各罪，即犯刑法分則第四章瀆職罪以外各章之罪。至其他特別刑事法令之犯罪，則不包括在內。故公務員假藉職務上之權力、機會或方法，故意犯特別刑事法令之罪時，雖得依刑法第 11 條適用總則之規定，惟本條規定，則不在適用之列❺。又本章以外各罪，

---

❺　例如，刑事訴訟法第 135 條，郵政法第 10 條。

❺　最高法院 27 上 1294。

❺　最高法院 29 非 68；30 非 19。

因公務員之身分已特別規定其刑者，例如，公務員縱放脫逃罪（刑 163）、公務員登載不實罪（刑 213）、公務員包庇誘介性交猥褻罪（刑 231 II）、公務員包庇賭博罪（刑 270）及公物侵占罪（刑 336）等是，因其刑罰已加重，自無再依本條加重處刑之必要。

行為人之行為，只要假藉其職務上之權力、機會或方法而為之者，即得成立本罪。如行為人雖為公務員，但其犯罪並非利用其職務上之權力、機會或方法者，即不得遽以本罪論處。惟苟於職務上之權力、機會或方法一有假藉，即應加重其刑，並非須就其權力、機會或方法同時假藉，方得予以加重。至公務員所執行之職務是否合法，則非所問。公務員之執行職務，縱非合法，苟係利用其職務上之權力、機會或方法而實施者，即不能解免加重之責❺❹。

㈢故　意

本罪為故意犯，行為人須因故意實施本罪之行為，始能成罪。倘因過失而犯之者，即無假藉職務上之權力、機會或方法之情事，自不得依本條加重其刑。

第二節　妨害公務罪

一、犯罪類型

妨害公務罪之犯罪類型，有第 135 條「妨害執行職務及職務強制罪」；第 136 條「聚眾妨害公務罪」；第 137 條「妨害考試罪」；第 138 條「侵害公務掌管文書物品罪」；第 139 條「侵害封印或查封標示罪」；第 140 條「侮辱公務員或職務及侮辱公署罪」及第 141 條「侵害文告罪」。

---

❺❹　實例認為：上訴人充任保長，帶同竊犯某乙前往其家起贓，因某乙要求小憩，遂以竹扁挑將其毆傷致死，顯係假藉職務上之權力，犯刑法第 277 條第 2 項之罪，即不得因保長無偵查犯罪逮捕犯人之職權，謂其起贓毆人致死非利用職務上之權力，而不予加重其刑（32 永上 32）。

二、罪　質

1.以國家公務為對象

妨害公務罪，係以公務員所執行之公務為侵害內容之犯罪。其保護法益，非在於公務員本身，而係以國家之公務，亦即國家之權力作用為內容，故屬於侵害國家法益之犯罪。

2.國家利益與個人利益衡平

國家之權力作用，關係國家統治權之行使，須使其正常及公正運營，始能為全體國民謀福祉，苟為不當之侵害，自須臨之以刑罰制裁。惟國家權力之運作，動輒牽涉國民之個人利益，故二者應予公平衡量，不宜有所偏重。倘過度保護國家之公務，即不免忽視國民之個人利益；反之，如對於國民之個人利益過分側重，致使國家之公務無法正常執行，亦非全體國民之福。因此，解釋本章各罪之犯罪構成要件，不得僅注重於國家一面之利益，即對於公務對象之國民個人利益，亦應兼顧，以保障人民之權利。

3.保護一般公務之正常行使

侵害國家權力作用之犯罪，除本章外，他如妨害投票罪、脫逃罪、藏匿人犯湮滅證據罪、偽證及誣告罪等，亦均屬之。惟本章之罪，係屬於一般公務之妨害，亦即以公務員執行職務之一般行為為侵害之對象，其範圍甚為廣泛。因此，雖同屬於侵害國家權力作用之犯罪，各罪之性質，仍有差異。亦即瀆職罪，係公務員本身自內部侵害國家之權力作用；本罪以及他章之罪，則為公務員以外之人自外部侵害國家之權力作用。再則，本章旨在保護一般公務之正常行使，其他各章之罪，則以特別之公務，如司法權、拘禁權等為其保護對象。

三、妨害執行職務及職務強制罪

◆◆◆◆◆

第 135 條　對於公務員依法執行職務時，施強暴脅迫者，處三年以下有期徒刑、拘役或三十萬元以下罰金。

意圖使公務員執行一定之職務或妨害其依法執行一定之職務或使公務員辭職，而施強暴脅迫者，亦同。

犯前二項之罪而有下列情形之一者，處六月以上五年以下有期徒刑：

一、以駕駛動力交通工具犯之。

二、意圖供行使之用而攜帶兇器或其他危險物品犯之。

犯前三項之罪，因而致公務員於死者，處無期徒刑或七年以上有期徒刑；致重傷者，處三年以上十年以下有期徒刑。

本條妨害執行職務及職務強制罪之規定，含有二個獨立之犯罪類型：即(1)妨害執行職務罪及(2)職務強制罪。茲分述如次：

甲、妨害執行職務罪

㈠行為主體

本罪之行為主體，無何限制，不以公務員執行職務之相對人為限，即無關之第三人，苟對於公務之執行有所妨害者，亦可成立本罪。執行職務以外之其他公務員，亦得為本罪主體。

㈡行為客體

本罪之行為客體，為公務員。惟本罪旨在保護本國之公務，自以本國公務員為限，不包括外國公務員在內。只須為本國公務員，其是否為本國人，則非所問。倘外國人充任本國公務員，執行本國公務者，仍無妨其為本罪客體。

㈢實行行為

本罪實行行為之態樣有二，即強暴及脅迫。強暴，乃對於公務員為有形力之行使，不以直接對公務員身體實施為必要，即對物施以暴力，致對

公務員之身體在物理上產生強烈影響者，亦屬之。例如，將公務員搭乘車輛之輪胎刺破，使其無法繼續行進是。脅迫，乃以使生恐怖心為目的，而通知他人惡害之一切行為，其惡害之內容、性質以及通知之方法如何，均非所問。亦不以直接對公務員實施為必要，縱對第三人為脅迫，倘足以妨害公務員之執行職務者，亦屬之。

無論係強暴或脅迫，在性質上，須達於足以妨害公務員執行職務之程度，犯罪始能成立。苟達此程度，則不問其係一次或瞬間實施，抑或繼續或反覆實施，一有強暴脅迫，犯罪即屬既遂。至公務員所執行之職務，實際上是否果受妨害，則非所問。本罪為舉動犯及危險犯，其妨害縱僅具抽象危險之程度，亦足成立。

㈣行為情狀

本罪之行為情狀，為公務員依法執行職務時，亦即須於公務員依法執行職務時，施強暴脅迫者，始能成立。故須公務員之依法執行職務行為，方受本罪之保護；若係違法執行職務行為或超越職務範圍以外之行為，因其濫用國家權力作用，即無以本罪保護之必要。以下爰就此行為情狀，略為闡述如次：

1. 依　法

所謂依法，即依據法令，亦即公務員執行職務須具有適法性。往昔基於極端之國家主義思想，要求國民絕對服從，一切公務之執行，不問其為適法或違法，凡有反抗或妨害者，均得為處罰之對象。惟依近代法治國家之理念，國家之權力作用，亦須受法律之嚴格拘束，保護公務員職務行為之圓滑遂行，固甚重要；尊重國民之基本人權，使其免受不當之侵害，亦不容忽視。因此，保護公務員非依法令之職務行為，漠視國民個人之基本人權，自與現代法治觀念，扞格不合。因此，公務員須適法執行職務，始受刑法保護。如係違法執行職務，即可能成立濫用職權之相關犯罪，且得為正當防衛之對象。

⑴適法性之要件

　　公務員執行職務之行為，須具備何種條件，始為適法，學說甚為紛歧。惟確定適法性之要件時，宜依目的論之解釋，比較衡量國家之利益與個人之利益，判斷該職務行為是否值得以刑法加以保護，以為認定。因此，公務員執行職務之適法性要件，可得如次：

①抽象職務權限

　　公務員執行職務之適法性，首須公務員就該職務行為具有抽象之職務權限，亦即公務員所執行之職務行為，依抽象之法律規定，係屬其職權範圍內者。例如，法官有審判民刑事訴訟案件及非訟事件之抽象職務權限（法院組織法 2）；檢察官有實施偵查、提起公訴及指揮刑事裁判之執行等之抽象職務權限（法院組織法 60）；法院民事執行處之法官或司法事務官、書記官及執達員有辦理民事強制執行事務之抽象職務權限（強制執行法 2）等是。公務員逾越此種抽象職務權限之行為，已非其職務行為，自無適法性可言。至公務員之抽象職務權限，不以法令有明文規定者為限，亦不以本來即已獨立具有者為必要，在上級公務員指揮監督下，承命而辦理者，亦屬之。

②具體職務權限

　　公務員執行職務時，僅具有抽象之職務權限，猶有未足，尚須具有具體之職務權限為必要。抽象職務行為須經分派、委任或指定等而確定者，若無分派、委任或指定時，既無具體職務權限存在，故無以刑法加以保護之必要。例如，法院民事執行處之法官或司法事務官、書記官或執達員，雖有抽象之強制執行權限，惟僅對分派於己之民事執行案件，始有具體之執行權限；稅務人員雖有稽徵稅捐之抽象職務權限，惟為調查課稅資料，須經稅捐稽徵機關或財政部指定者，始有向有關機關、團體或個人進行調查之具體職務權限（稅捐稽徵法 30）等是。

③法定要件及程序

　　公務員之職務行為，法律上往往定有一定之條件或程序為其有效要件。例如，傳喚被告，應用傳票（刑訴 71）；拘提被告，應用拘票（刑訴 77）；搜索，應用搜索票（刑訴 128）；稅捐稽徵機關或財政部指定之調查人員，

依法執行公務時，應出示有關執行職務之證明文件（稅捐稽徵法 32）等是。公務員執行職務時，須履行此等條件或程序，始為適法。若未履行時，如屬於效力規定者，應認其無適法性；如屬於訓示或注意規定者，則仍未失其適法性。例如，前述調查課稅資料之調查人員，其未出示有關執行職務之證明文件者，被調查者得拒絕之（稅捐稽徵法 32），倘被調查者未拒絕時，其所執行之職務仍為適法是。

(2)適法性之判斷

①適法性判斷之基準

公務員之職務行為適法與否，據何基準以為判斷，學說不一。大別之，有如下三說：甲、客觀說：認應由法院解釋法令，自客觀上予以認定。乙、主觀說：認應由公務員本身是否信其為適法以為決定。丙、折衷說：認應由行為當時一般人之立場觀之，視其是否為適法執行職務以為認定。

依主觀說，則執行職務適法與否，純由公務員主觀之恣意認定，過於偏重國家利益，顯有未妥。依折衷說，以一般人之見解為準，其標準頗嫌曖昧；且在一般人之見解上認係適法執行職務，而行為人明知其係違法而予反抗者，仍成立妨害公務罪，自非妥當。因此，應以客觀說較為妥適。

②適法性判斷之時點

公務員是否依法執行職務，應以何時點為判斷基準，亦有異見。有採裁判時標準說者，認以裁判時為標準，為事後之純客觀判斷；有採行為時標準說者，認應以職務行為時之具體狀況為標準，而為客觀之判斷。二說中，以後者為當。因此，倘公務員在法律上有認定權或裁量權者，縱依事後純客觀之判斷，其認定或裁量有誤；惟就行為當時之具體狀況，公務員已盡其應盡之義務者，則其職務行為仍得認為適法。例如，在殺人現場附近，警察誤將行色匆匆之行人認為現行犯，而將其逮捕。倘在逮捕當時，確有認其為現行犯之客觀情況存在，則其逮捕行為，仍難謂非適法。

(3)適法性之錯誤

公務員依法執行職務時，行為人誤以其為違法而實施本罪行為者，是否成立本罪？此與執行職務之適法性究為構成要件之要素，抑為違法性之

要素，相關至切。若認其為構成要件之要素時，則本罪之故意內容，自包含適法性之認識在內，適法性之錯誤，即屬事實之錯誤，得阻卻故意之存在。倘認其為違法性之要素時，則適法性之錯誤，即屬違法性之錯誤，自不能阻卻故意。

　　就我刑法規定觀之，本罪法文上既明文規定對於依法執行職務時之公務員，施強暴脅迫者，始能成立。則執行職務之適法性，自為本罪之構成要件要素，而非違法性要素。因此對於適法性之認識有誤時，即得阻卻本罪之故意。

2.執行職務

⑴職務之範圍

　　所謂職務，乃公務員在職權範圍內所應為或得為之事務。此等事務，概而言之，約有三類：①具有公權力性質之事務。例如，取締攤販及交通違規、拆除違章建築等是。②涉及私經濟行為之事務。例如，興建辦公廳舍、購買電腦設備或文具紙張等是。③僅屬於機關內部單純之事務。例如，發放薪餉、遞送公文等是。

⑵公權力性質之事務

　　因本罪之保護法益為國家之權力作用，亦即國家居於統治主體之地位適用公法規定，可以對於人民下令、禁止、確認或形成之各種作用。簡言之，即為國家統治權之作用。因此，公務員所執行之職務，須為與國家之權力作用，亦即與國家統治權之作用有關之職務，始為本罪所指之職務。易言之，所謂職務，須為具有公權力性質之事務，如有加以妨害者，始能以本罪相繩。至僅涉及私經濟行為之事務及屬於機關內部單純之事務，則不在本罪保護之列。

3.執行職務時

　　所謂執行職務時，指公務員開始執行其職務至行為終了時止，不以現正在執行職務之時為限。因此，執行職務時之概念，其涵義較執行職務中之概念為廣，惟較上班時間中之觀念為狹。茲分述如次：

⑴執行職務之著手時點前

實際上雖尚未著手於執行職務，惟處於即將著手之狀態時，即得認為係執行職務時。蓋為確保公務之圓滑遂行，執行之準備階段，自有保護之必要。惟尚未達執行職務之準備階段者，例如，自自宅往辦公處所上班途中者，則尚難謂為執行職務時。

⑵執行職務中

執行職務中，即已著手於執行職務尚未終了之狀態。至在執行職務中，為短暫之休憩者，或具有待機而動性質之職務，其在待機中者，亦得認為係執行職務時。

⑶執行職務之中止、終了時點後

執行職務之中止或終了之時點，亦包含於執行職務時之概念中。例如，於檢察官相驗甫畢之際，闖入屍場，施行強暴，受傷者且有數人，自係於官員執行職務時，施行強暴。不能以相驗已畢，即認為已非執行職務之時❺。惟執行職務完全終了之後，例如，在歸途中，則已非執行職務時。

㈤故　意

本罪行為人須認識對方為公務員，且在依法執行職務時，有意實施強暴脅迫之行為，始能成立。至公務員所執行職務之內容如何，有無妨害公務之意思以及實施強暴脅迫之動機何在，則均非所問。因此，無意識之舉動，例如，警察逮捕嫌犯，自背後潛以手搭其肩時，嫌犯無意識之反射舉動，致將警察手指扭傷者，自不成立本罪。又警察喬裝乞丐、行販或農民模樣混入賭場捉賭，賭徒不知其為警察，加以抗拒者，亦不備本罪之故意條件。

㈥罪數及與他罪之關係

1.罪數之認定標準

本罪之保護法益，為公務之正常執行。本罪罪數，應以其所侵害公務之個數為認定標準。一個公務，由數名公務員共同執行者，倘對其為強暴

---

❺　最高法院 12 上 197。

脅迫，亦僅成立一罪。惟對於同一依法執行職務之公務員先後二次施強暴、脅迫之行為，倘係基於妨害公務之單一犯意所為之接續行為，屬接續犯，僅應以一罪論。

2. 本罪與殺人罪、傷害罪等

行為人實施本罪之強暴脅迫行為，倘另該當於殺人罪、傷害罪、強盜罪、毀損罪或侵害公務上掌管文書物品罪等之犯罪構成要件時，應依想像競合之例處斷。例如，被告於員警前往執行逮捕職務時，施以強暴而傷害員警，雖同時有妨害公務、傷害等行為，惟被告係基於一個「反抗警方逮捕」妨害公務之犯意為之，時空上存有緊接的關係，自客觀生活上之角度加以觀察，行為亦不可分割，自屬「一行為」，是被告對於員警之妨害公務及傷害之行為，係以一行為同時觸犯構成要件不相同之罪名，為異種想像競合犯，應從一重之傷害罪處斷[56]。

3. 本罪與剝奪行動自由罪

本罪為係侵害國家法益之犯罪，以保護國家公權力之執行為目的；剝奪行動自由罪（刑 302），所保護之法益則係被害人之人身自由，二罪不具保護法益之同一性，應分別成罪。故對於公務員依法執行職務時，以私行拘禁或以其他非法方法，剝奪其行動之自由者，成立本罪與剝奪行動自由罪，依想像競合之規定從一重處斷。

乙、職務強制罪

㈠行為主體、客體與實行行為

本罪之行為主體、客體與實行行為，均與妨害執行職務罪同。

㈡意　圖

本罪行為人除須認識對方為公務員，而故意實施強暴脅迫之行為外，尚須具有一定之意圖，始能成罪，故本罪為目的犯。本罪與妨害執行職務

---

[56]　高等法院 93 上易 1907（決）。

罪不同者，乃在於後者係以公務員現在所執行之職務為對象，其強暴脅迫施之於公務員執行職務之際；本罪則係以公務員將來之職務行為為目標，其強暴脅迫施之於公務員執行職務之前。因此，本罪在性質上，實具有妨害執行職務罪之補充規定之意義，學者有稱之為事前妨害公務罪者。

本罪意圖之內容有三，行為人只須具有其一，即足成立本罪。至其意圖之內容是否實現，則於本罪之成立不生影響。茲分述如次：

1.意圖使公務員執行一定之職務

公務員應遵守誓言，忠心努力，依據法律命令所定，執行其職務（公務員服務法 1）。除服從長官就其監督範圍內所發之命令外（公務員服務法 2），不受任何人之隨意支使與左右。倘意圖使公務員執行一定之職務，而施強暴脅迫，不惟妨害國家之權力作用，且於公務之正常運營，頗有弊害，故定為可罰之行為。至所謂一定之職務，須為具有公權力性質之職務，不以違法職務為限，即合法職務，亦屬之。前者，例如，強脅稅務人員無故豁免其稅捐是；後者，例如，強脅建管人員限期核發合法建築執照是。

2.意圖妨害公務員依法執行一定之職務

於公務員依法執行一定之職務時，予以妨害者，可能構成妨害執行職務罪，而非本罪。所謂一定之職務，亦須為具有公權力性質之職務，且以合法職務為限。故須於公務員依法執行一定職務之前，意圖妨害其執行，始能以本罪論擬。例如，債務人於執達員前往查封之前，將其擬搭乘車輛之輪胎刺破，使其無法成行是。惟若意圖妨害公務員違法執行職務者，則不得以本罪論科。

3.意圖使公務員辭職

公務員之任用辭退，國家恆有一定之法令規定，以為準據。苟任人以強脅之手段，逼使其辭職，不特影響其職務上地位之安全，且足以妨害公務之正常運營，故亦有罰。所謂意圖使公務員辭職，不問係以妨害公務執行之手段逼使其辭職，抑或以與公務無關之個人事情逼使其辭職，均包括在內。

丙、加重妨害公務罪

㈠行為主體、客體與實行行為

本罪之行為主體、客體與實行行為等要件，均與妨害執行職務罪及職務強制罪同。

㈡加重構成要件

犯妨害執行職務罪及職務強制罪，而以下列手段犯之者，加重處罰：

1.以駕駛動力交通工具犯之

所謂動力交通工具，係指藉電力或引擎動力作用所發動之交通工具而言。例如，機車、汽車、動力船艦、竹筏、橡皮艇或舢板等是。至腳踏車、人力三輪車、手動竹筏、橡皮艇或舢板等，則不包括在內。

2.意圖供行使之用而攜帶兇器或其他危險物品犯之

所謂兇器，係指依器物本身之性質，在客觀上足以對人之生命、身體安全構成威脅，而具有危險性之器具。例如，槍砲、爆裂物、小刀、短刀、割草刀、鐮刀、斧鋸或檳榔刀等是。

所謂其他危險物品，係指在製造、加工、運輸、儲存、販賣及使用過程中，如有處置不當，即會產生傳染、刺激、爆炸、燃燒、腐蝕、窒息、有毒、煙霧、蒸氣或輻射線等現象，人體一經接觸，不僅會遭受傷害，甚至對生命及財產亦可能造成嚴重損失之物質而言。

四、聚眾妨害公務罪

第 136 條　在公共場所或公眾得出入之場所，聚集三人以上犯前條之罪者，在場助勢之人，處一年以下有期徒刑、拘役或十萬元以下罰金；首謀及下手實施強暴、脅迫者，處一年以上七年以下有期徒刑。

因而致公務員於死或重傷者，首謀及下手實施強暴脅迫之人，依前條第四項之規定處斷。

(一)行為主體

本罪之行為主體，雖無限制，惟以多數人為必要，屬於集團犯之一種。本罪主體，依其參與之態樣，分為首謀、下手實施強暴脅迫者及在場助勢之人三種。

1.首　謀

所謂首謀，乃首倡謀議之人。不限於一人，亦不以下手實施強脅行為為必要。縱曾下手實施強脅行為，仍依首謀論科。因首謀者亦屬於聚眾之一分子，自以親臨現場統率指揮為必要。又本罪之聚眾，係指由首謀者集合不特定之多數人，與群眾自動聚合之情形不同，故以有首謀者之存在為前提❺❼。日本實例及學者多謂聚合之多眾，並無組織化之必要，故首謀之存在，即非絕對要件。惟我實例則以有首謀之存在為前提。因此，倘無首謀，僅係群眾自動集合者，則其共同下手實施強脅行為者，即不能成立本罪，僅能依妨害執行職務罪或職務強制罪之共同正犯論處。

2.下手實施強暴脅迫者

所謂下手實施強暴脅迫者，乃指當場對於公務員實施強暴脅迫行為，而非首謀者而言。其於開始即參與實施強脅行為，抑或於中途始行參與者，均非所問。

3.在場助勢之人

所謂在場助勢之人，乃指於他人對公務員實施強脅行為之際，在場助張聲勢，而非首謀或下手實施之人而言。助勢行為，不問為言語或舉動，亦不問於強脅行為之開始或中途為之者，均屬之。惟須於強脅行為之當場為之；倘先助勢，而後參與實施強脅者，則以下手實施之人論科。在場助勢，原屬對於正犯之精神幫助行為，但因無特定之正犯存在，無從依幫助

---

❺❼　最高法院 51 臺上 2220（決）；55 臺上 2324（決）。

犯論科，本法乃將其定為獨立之犯罪行為，而屬於本罪之正犯。

㈡實行行為

本罪實行行為之態樣，亦為強暴脅迫，亦即以聚集三人以上為手段，而對於依法執行職務時之公務員，或意圖使公務員執行一定之職務或妨害其依法執行一定之職務或使公務員辭職，而實施強暴脅迫者，即成立本罪。至強暴脅迫之程度，亦須達於足以妨害公務之進行者，始克當之。惟公務是否果受妨害，則非所問。

㈢行為情狀

本罪之行為情狀，為在公共場所或公眾得出入之場所，聚集三人以上。所謂公共場所，乃供給多數人使用或集合之場所，例如，道路、公園、廣場等是。

所謂公眾得出入之場所，乃不特定之人可得隨時出入之場所，例如，餐廳、飯店、旅社、店舖或百貨公司等是。

所謂聚集三人以上，只要三人即為眾，且人數有隨時可能增加之狀況。

㈣故　意

本罪因屬於集團犯罪，行為人除須認識其為依法執行職務之公務員或具有使公務員執行一定之職務或妨害其依法執行一定之職務或使其辭職之意思外，其故意之內容，頗為複雜。

1.多眾之共同意思

首就集團言之，本罪之強暴脅迫，須出於多眾之共同意思，亦即形成集團而實施強脅行為之意思。此種意思，係超越個人而形成集團之全體意思。其組成因素有二：⑴積極加害之意思，亦即依恃多眾之合同力而自為強脅行為或使多眾為強脅行為之意思；⑵消極容認之意思，亦即同意為強脅行為而加以合同力之意思。惟此共同意思，與共謀或通謀之涵義不同，故多眾之間，不必有意思聯絡或相互認識之交換，亦不以有事前之謀議、

計畫或當初即有此共同意思為必要。其次，就個人言之，形成多眾之個人，須認識其為集團之一分子，而具有加功之意思。此加功之意思，不以確定認識個個具體之強脅行為為必要，只須預見多眾聚合之結果，可能因多眾之合同力發生強脅之事態，而具有加功於強脅行為之意思為已足。易言之，行為人只須具有未必之共同意思，即足構成。

2.參與者之各別意思

首謀者，除具有聚合多眾之意思外，並具有使多眾為強脅行為之意思或依恃多眾之合同力而自為強脅行為之意思。下手實施強脅者，則具有依恃多眾之合同力而自為強脅行為之意思，或同意為強脅行為而加以合同力之意思。至在場助勢之人，雖具有同意為強脅行為而加以合同力之意思，且認識多眾之強脅行為，惟本身則無積極實施強脅行為之意思。

五、妨害考試罪

第 137 條　對於依考試法舉行之考試，以詐術或其他非法之方法，使其發生不正確之結果者，處一年以下有期徒刑、拘役或九千元以下罰金。
　　　　　前項之未遂犯罰之。

㈠行為主體

本罪之行為主體，無何限制，不問其為應考人、頂替人、辦理試務之人或第三人，均得成立本罪。

㈡行為客體

本罪之行為客體，為依考試法舉行之考試。因考試法業已廢止，故本罪所謂依考試法舉行之考試，乃指依法舉行取得公務人員任用或專門職業技術人員職業資格之考試而言。其考試名稱，不問為普通考試、高等考試、特種考試或檢定考試等，均屬之。至非依法舉行取得公務人員任用或專門

職業技術人員職業資格之考試，如大專院校入學考試、高中入學考試、各級學校舉行之期中、期末或畢業考試、教育部舉行之留學考試等，均不得為本罪之行為客體。

㈢實行行為

本罪之實行行為，為實施詐術或其他非法之方法。詐術，乃以欺罔之方法，使人陷於錯誤之行為。其他非法之方法，乃除詐術外，凡一切為法所不許之行為，均屬之。例如，冒名或冒籍頂替、偽造或變造證件、竊盜或洩漏試題、竄改或妄加分數等均是。至夾帶翻抄之行為是否構成本罪？則有異見。司法實務認為，在高普考考場，夾帶翻抄，其所為是項舞弊行為，如使考試發生不正確之結果，應成立本罪❺❽。

㈣故　意

行為人須認識其為依法舉行取得公務人員任用或專門職業技術人員職業資格之考試，而故意實施本罪之行為，始能成立。倘其行為出於過失者，如錯算分數或誤洩試題等，則不得律以本罪。

㈤行為結果

本罪為結果犯，行為人須實施本罪之行為，而使考試發生不正確之結果者，始能成罪。所謂發生不正確之結果，例如，應錄取而未錄取，或不應錄取而錄取是。

㈥未遂、既遂

本罪之未遂犯，罰之（刑 137 II）。既遂、未遂之區別，以考試已否發生不正確之結果為準。

---

❺❽　司法院 73.7.7 (73) 廳刑一字第 603 號。

㈦本罪與他罪之關係

1.本罪與妨害執行職務罪

本罪之保護法益在維護考試之公平性與正確性，妨害執行職務罪之保護法益則為維持一般公務之正常行使。因此，行為人對於辦理試務之人員依法執行職務時，施強暴脅迫，致使考試發生不正確之結果者，除成立本罪外，另成立妨害執行職務罪（刑 135 I），兩者應依想像競合之例處斷。

2.本罪與賄賂罪

本罪之保護法益在維護考試之公平性與正確性，與賄賂罪之保護法益不同。因此，辦理試務之公務員，要求、期約或收受賄賂，洩漏試題或竄改分數等，致使考試發生不正確之結果者，除成立本罪外，另成立違背職務賄賂罪（刑 122 II），兩者應依想像競合之例處斷。同理，行為人向辦理試務之人員賄買試題，預擬答案者，除成立本罪外，亦另成立行賄罪（刑122 III），而依想像競合之例處斷。

六、侵害公務掌管文書物品罪

第 138 條　毀棄、損壞或隱匿公務員職務上掌管或委託第三人掌管之文書、圖畫、物品，或致令不堪用者，處五年以下有期徒刑。

㈠行為主體

本罪之行為主體，無何限制，不問是否掌管之人，抑或第三人，均得成立本罪。

㈡行為客體

本罪之行為客體，為公務員職務上掌管或委託第三人掌管之文書、圖畫或物品。所謂公務員職務上掌管，係指公務員本於職務上之關係所掌管者而言。例如，尚未實施封禁之封條、尚未送達之傳票、扣押之證物以及

警察製作之談話筆錄等是。若與其職務無關，僅供日常使用之物品，縱予損壞，亦難繩以該條之罪。例如，警員之制服、一般辦公用物品，如辦公室之冷氣機、電風扇、鏡子、茶杯、辦公桌之玻璃板等，均非公務員職務上掌管之物品。

所謂委託第三人掌管，則指公務員基於職務上之關係委託第三人代為掌管者而言。例如，不便搬運或保管之扣押物，得命所有人或其他適當之人保管（刑訴 140 II）；查封之動產，應移置於該管法院所指定之貯藏所或委託妥適之保管人保管之，認為適當時亦得以債權人為保管人（強制執行法 59）等是。

公務員職務上掌管或委託第三人掌管之文書、圖畫或物品，不以公有者為限，即私有者亦包含在內，且其所有權誰屬，亦非所問。惟雖為公有，經私人領得或持有者，因已非公務員職務上所掌管，自不得為本罪客體。例如，已送達於被傳喚人之傳票、已發給私人持有之運輸證、已發給應考人之試卷❺❾等是。

㈢實行行為

本罪實行行為之態樣有四：1.毀棄，即銷毀廢棄物質之全部，使其失去存在或喪失效用之行為。倘物質尚在且效用猶存者，即非毀棄。2.損壞，即損害破壞物質之一部，而減低或妨礙其效用之行為。至其效用是否全部或一部喪失，則非所問。3.隱匿，即隱秘藏匿，使他人不能或難於發見之行為❻❿。例如，執行職務之警員，將他人之違規車輛扣留作為證據，在未發還之前，屬於職務上掌管之物品，如竟私自駕往他處藏匿，即成立本罪是。4.致令不堪用，即以毀棄、損壞、隱匿以外之方法，使物質喪失其原有效用之一切行為。例如，將文書塗以墨水，或將文書上之文字擦滅等是。

---

❺❾　最高法院 27 上 2353；31 上 1444；司法院院字 2852。

❻❿　最高法院 58 臺上 2775（決）。

㈣故　意

本罪行為人須對於公務員職務上掌管或委託第三人掌管之文書、圖畫或物品有所認識，而故意實施本罪之行為，始能成罪。倘其行為出於過失者，則屬不罰之行為。

㈤本罪與毀損罪

本罪與毀損罪之保護法益不同，行為人之行為苟該當於本罪之犯罪構成要件，應依本罪及毀損罪之想像競合犯，從一重處斷。

七、侵害封印或查封標示罪

第 139 條　損壞、除去或污穢公務員依法所施之封印或查封之標示，或為違背其效力之行為者，處二年以下有期徒刑、拘役或二十萬元以下罰金。

為違背公務員依法所發具扣押效力命令之行為者，亦同。

㈠行為主體

本罪之行為主體，無何限制，不問係受封印或查封標示之當事人，抑或第三人，均得成立本罪。

㈡行為客體

本罪之行為客體，為公務員所施之封印、查封之標示或具扣押效力之命令。

1. 封　印

所謂封印，乃公務員以禁止物之漏逸、使用或其他任意處置為目的所施之封緘印文。封印，通常均標明年月日封而加印其上，如封條是。惟不以使用印影為必要，凡用以表示禁止物之漏逸、使用或其他任意處置為目

的所施之物，均得以封印視之。

2. 查封之標示

所謂查封之標示，乃公務員查封特定物所為之標記或告示。例如，查封動產所為之標封、烙印或火漆印；查封不動產所為之揭示（強制執行法47、76）等是。查封，係公務員命令他人對物為一定作為或不作為之強制處分，不以表示移歸自己占有為必要❻。具有此種強制處分之性質者，依強制執行法所為動產或不動產之查封，固屬之；即假扣押、假處分（強制執行法 136、139）以及依其他法令所為之處分（例如海關緝私條例 19），亦均屬之。又查封之標示，不以施之於查封物本身為必要。例如，假處分裁定，係禁止債務人設定移轉或變更不動產上之權利者，法院應將該裁定揭示於該不動產旁側者是（強制執行法 139）。

3. 具扣押效力之命令

所謂扣押效力之命令，乃扣押債權時，執行法院為禁止債務人收取債權或為其他處分，並禁止第三人向債務人清償之命令（強執法 115）。扣押命令效力，原則上及於扣押時存在扣押債權全部，但如該命令有限制其範圍者，僅於限制範圍內發生扣押效力。

4. 公務員基於職務所施

封印或查封之標示，須為公務員基其職務特別所施者，始得為本罪客體。倘係私人或公務員於其職務外所施者，即非本罪之客體。至原物所附之鎖鑰，雖由公務員鎖閉，因非公務員職務上特別所施之物，仍不得謂為封印。

5. 適法所施

封印或查封之標示，須為適法。公務員濫用職權所施之違法封印或查

---

❻　查封是否須表示移歸自己占有為必要？學者所見不一。有主積極說者；亦有主消極說者。惟依強制執行法第 139 條規定：「假處分裁定，係禁止債務人設定、移轉或變更不動產之權利者，執行法院應將該裁定揭示。」觀之，似無表示移歸自己占有之必要。再則，查封之作用，旨在表示對物行使公力強制，藉以保全物之原狀，亦無表示移歸自己占有之必要，故以消極說為妥適。

封之標示，固不得為本罪之客體；即欠缺法律上有效要件或方式之違法封印或查封之標示，亦不得為本罪保護之對象。至其適法性之判斷，與妨害執行職務罪同，應依客觀之標準以為認定。

6.行為當時有效存在

封印或查封之標示，須於行為當時有效存在。倘因查封原因消滅，查封效力已不存在者，該封印或標示，即不復為本罪之客體。例如，被告之房地經法院拍賣移轉於第三人管業後，其執行行為已經完畢，從前所施查封之效力，已不復存在，被告又復遷入該房盤據不去，要與違背公務員所施查封效力之行為無涉❷。

㈢實行行為

本罪實行行為之態樣有五：1.損壞，即破壞物質，而妨礙其效用之行為。2.除去，即將物質由使用之位置予以排除之行為。3.污穢，即將物質塗抹污損，予以變更其外形之行為。4.違背查封效力，即除損壞除去污穢外，凡足以使查封喪失效力之行為，均屬之。例如，箱件被封，抽底而取其物；門戶被封，踰牆而入其室，即其適例。5.違背扣押命令效力，乃使扣押命令喪失其效力之行為。例如，扣押命令送達第三債務人後，第三債務人仍向債務人清償是。

以上五種行為態樣，前三者係對封印或標示為直接有形之妨害，後二者則為對實際效力之妨害。因此，本罪之行為，得歸納為三種情形：1.僅損壞、除去或污穢，而未違背其效力；2.有損壞、除去或污穢，同時違背其效力；3.無損壞、除去或污穢，而僅違背其效力。三者情形雖異，其罪則一。

㈣故　意

本罪行為人對於公務員所施之封印或查封之標示，須有所認識，而故意實施本罪之行為，始能成罪。至行為人將適法之封印或查封之標示誤認

---

❷　最高法院 26 渝非 2；74 臺上 1124（決）。

為違法或無效，而實施本罪之行為時，是否成立本罪？例如，債務人因已返還債務，誤信查封已失效力，而將封印或查封之標示損壞者，應認其為法律事實之錯誤，而阻卻本罪之故意。

(五)本罪與他罪之關係

1. 本罪與竊盜罪、強盜罪

(1)行為人為受查封之當事人者：刑法上對於已受查封之自己所有物，並無以他人所有物論之規定。其以竊取或強暴手段奪去已查封之自己物品，自不構成竊盜罪或強盜罪名。倘對於公務員所施之封印或查封之標示加以損壞、除去或為違背其效力之行為，即應適用本罪處斷❸。

(2)行為人為第三人者：行為人除侵害封印或查封之標示外，並竊取或以強暴手段奪走已查封之他人所有物者，除成立本罪外，另成立竊盜罪或強盜罪，應予併合論罪。

2. 本罪與損害債權罪

債務人於將受強制執行之際，意圖損害債權人之債權，而毀壞處分或隱匿其財產者，始應依刑法第 356 條處斷。若在強制執行實施後，僅將公務員所施之封印或查封之標示，予以損壞、除去或污穢，並無毀壞處分或隱匿其自己財產之可能，則僅成立本罪，無另適用損害債權罪之餘地❹。

3. 本罪與侵害公務上掌管文書物品罪

行為人將查封之封條除去，並將執行人員委其保管之查封物品隱匿，致使拍賣無從進行，違背查封之效力，除觸犯隱匿公務員職務上委任第三人掌管之物品罪外（刑 138），並成立除去公務員所施之封印罪，應予併合論罪。

---

❸　最高法院 24 上 2736。

❹　最高法院 43 臺非 28。

八、侮辱公務員或職務罪

> 第 140 條　於公務員依法執行職務時，當場侮辱或對於其依法執行之職務公然侮辱者，處一年以下有期徒刑、拘役或十萬元以下罰金。

㈠行為主體

本罪之行為主體，無何限制，不以執行職務對象之人為限，即第三人亦得成立本罪。

㈡行為客體

本罪之行為客體有二：1.公務員，2.職務，即公務員職權範圍內所應為或得為之事務。

㈢實行行為

本罪實行行為之態樣有二：

1.當場侮辱

所謂當場，乃公務員執行職務之現場，不以當面為限，凡為其耳目所能及之範圍，均屬之。所謂侮辱，乃指以使人難堪為目的所為之一切輕蔑行為，不以詈罵為限，即嘲笑、譏諷等，凡足以使人感到難堪者，均足當之。其為言語、文字或舉動，亦所不問。其侮辱之內容，不以涉及公務員所執行之職務為必要，即僅就公務員本身之私人事項為任意詈罵者，亦得成立。所謂職務，亦須為具有公權力性質之職務，且以合法職務為限。故行為人只須於公務員依法執行職務時，予以當場侮辱者，即得以本罪相繩。至是否公然為之，則非所問。倘非於公務員執行職務時，或雖於其執行職務時，而非當場，或於其違法執行職務時，予以侮辱者，均不得以本罪律之。

2.公然侮辱

所謂公然侮辱，乃於不特定之人或多數人得以共見共聞之狀況下為侮

辱之行為，其侮辱之內容須涉及公務員所執行之職務，此與當場侮辱有異。所謂職務，亦須為具有公權力性質之職務，且以合法職務為限。故行為人只須對於公務員依法所執行之職務，予以公然侮辱者，即得成立本罪。至是否當場為之，並非所問。倘對於公務員違法所執行之職務，予以侮辱者，亦不得以本罪論擬。

㈣故　意

行為人須認識其為依法執行職務之公務員或為公務員依法執行之職務，而故意實施本罪之行為，始能成罪。倘欠缺此項認識或故意，即無成立本罪之餘地。

㈤罪數及與他罪之關係

1. 罪數之認定標準

本罪旨在保護公務員及公職之尊嚴，如行為人對依法執行職務之公務員當場侮辱，同時對其依法執行之職務公然侮辱者，亦僅成立包括一罪。又對於依法執行職務之數名公務員當場侮辱者，被害之國家法益仍屬單一，並無侵害數個法益之情事，仍屬單純一罪，僅成立一個侮辱公務員罪。

2. 本罪與妨害名譽罪

當場侮辱依法執行職務之公務員，並涉及其私行；或公然侮辱公務員依法執行之職務，同時侮辱公務員本身者，除成立本罪外，是否另成立妨害名譽罪？學者及實務見解不一。有採積極說者；亦有採消極說者。惟於公務員依法執行職務時，予以侮辱，不問其內容涉及公務與否，因本罪與妨害名譽罪之保護法益互殊，應依想像競合之例處斷，故以積極說為當。

3. 本罪與毀損罪

於公務員依法執行職務時，當場侮辱，復舉桌上文具盒擊碎玻璃板，除成立本罪外，另成立毀損罪，應依想像競合之例處斷。

九、侵害文告罪

第 141 條　意圖侮辱公務員，而損壞、除去或污穢實貼公共場所之文告者，處拘役或六萬元以下罰金。

㈠行為客體

本罪之行為客體，為實貼於公共場所之文告。所謂文告，乃公務員或公署本其職權所製作，俾使公眾周知之文字告示。其種類及內容，並無限制，不問其為文書或圖畫，亦不問其為通告或布告，均屬之。文告，通常均為公務員或公署基其職務所製作，且具有一定內容之意思表示，與一般之標語不同。

得為本罪客體之文告，以實貼於公共場所者為限。倘尚未實貼者，僅得為侵害公務上掌管之文書物品罪（刑 138）之行為客體，不能成立本罪。所謂實貼，宜稍放寬其義，即揭示之意。不限於粘貼，即懸掛張貼者，亦均屬之。所謂公共場所，即不特定之公眾得以自由出入之場所。

㈡實行行為

本罪之實行行為，為損壞、除去或污穢。

㈢意　圖

本罪行為人除須認識其為文告，而故意實施本罪之行為外，尚須具有侮辱公務員之意圖，始能成罪。至其意圖果否實現，則非所問。

㈣本罪與他罪之關係

行為人實施本罪之行為，如已實現其意圖，亦即已達侮辱公務員之程度者，除成立本罪外，另觸犯侮辱公務員罪，兩罪應依想像競合之例處斷。

第三節　妨害投票罪

一、犯罪類型

妨害投票罪之犯罪類型，有第 142 條「妨害投票自由罪」；第 143 條「受賄投票罪」；第 144 條「行賄投票罪」；第 145 條「利誘投票罪」；第 146 條「妨害投票正確罪」；第 147 條「妨害投票秩序罪」及第 148 條「妨害投票秘密罪」。

二、保護法益

㈠投票之安全、純潔與正確

依憲法規定，人民有選舉、罷免、創制與複決四種政權，此四種政權之行使，多出之以投票之方式，以達其目的。而投票，首重安全、純潔與正確，倘用強脅、利誘或詐術等非法方法者，不僅妨害人民政權之行使，且無法納國家政治於正軌。

民主政治，應以民意為依歸。而民意之取決，除人民依憲法規定所得行使之四種政權外，他如立監兩院對政府首長之行使同意權，或各級民意代表在議會對重要法案之審議等，亦輒以投票為表現民意之方式。為探測真正民意，以為政府施政之準繩，此種投票之安全、純潔與正確，亦有加以確保之必要。倘有妨害之者，亦應臨之以刑罰。因此，妨害投票罪之保護法益，乃為投票之安全、純潔與正確。

㈡公職人員選舉罷免法

我國為規範公職人員之選舉與罷免，曾於民國 69 年 5 月 14 日公布「公職人員選舉罷免法」，後經數次之修正。該法對於公職人員之選舉與罷免，規定綦詳，幾將本章之所有規定涵蓋在內，本章已鮮少有適用之機會。其實，刑法當年制定本章時，在當時之時空下，並無民主選舉經驗，思維較

為單純，無法涵蓋錯綜複雜之選舉或罷免之相關事務。且本章章名為妨害投票罪，其實選舉表決方式眾多，例如，口頭表決、舉手表決、起立表決等等，本章僅規定投票一項，反而殘缺不全，難以適當地予以規範。公職人員選舉罷免法為政治性之法律，選舉事務頗為錯綜複雜，非單純之法理問題，宜從政治之角度加以思考，較為周全。因此，應將本章全部廢除，併入公職人員選舉罷免法中詳加規範，似較為得策。

三、妨害投票自由罪

> **第 142 條** 以強暴脅迫或其他非法之方法，妨害他人自由行使法定之政治
> 上選舉或其他投票權者，處五年以下有期徒刑。
> 前項之未遂犯罰之。

㈠行為客體

本罪之行為客體，為法定之政治上選舉或其他投票權。

1.法　定

所謂法定，係指法律及中央或地方政府公布具有法規性質命令之規定[65]。政黨舉行候選人投票，雖屬政治性之投票，但非法律或中央政府公布之法規性命令之投票，自不能適用本罪處斷。

2.政治上之選舉

所謂政治上之選舉，指其選舉係有關於政治者而言。選舉權固為投票權之一種，但以法定之政治上選舉權為限。例如，中央或地方民意代表之選舉、縣市長之選舉、或總統、副總統之選舉等是。其非政治上之選舉者，例如，商會職員之選舉、同鄉會或校友會理監事之選舉等，自不包括在內。

3.其他投票權

所謂其他投票權，係指除選舉權以外其他法定之政治上投票權而言。例如，罷免、創制或複決之投票、立監兩院對政府首長行使同意權之投票

---

[65]　司法院院字 408。

以及各級民意代表審議法案之投票等是。

⑵實行行為

本罪之實行行為為妨害。所謂妨害，即妨礙阻害之意。妨害行為，須以強暴脅迫或其他非法之方法為手段，始足當之。強暴脅迫之涵義，皆從廣義。其他非法之方法，指除強脅外，凡為法所不許之一切方法，均屬之。例如，施用詐術是。本罪行為之目的，在妨害他人自由行使法定之投票權，至其動機何在，或他人之投票權是否果因其妨害而不能行使，均於本罪之成立不生影響。

⑶故　意

行為人須認識其為法定之政治上投票，而故意實施本罪之行為，始能成罪。

⑷未遂、既遂

本罪之未遂犯，罰之（刑 142 II）。既遂、未遂之區別，以他人之投票權是否已不能自由行使為準。雖有強脅或其他非法方法，妨害他人自由行使投票權之行為，而他人之投票權並不受其阻礙，仍能自由行使者，即屬本罪之未遂❻。

⑸本罪與他罪之關係

1. 本罪與妨害執行職務罪

各級民意代表，亦屬刑法上之公務員。行為人倘於民意代表依法行使投票權時，實施本罪之行為者，因本罪與妨害執行職務罪（刑 135 I）之保護法益不同，應依想像競合之例處斷。

2. 本罪與強制罪

本罪妨害他人自由行使法定投票權之行為，性質上亦屬妨害他人行使

---

❻　最高法院 59 臺上 1906（決）。

權利。故本罪與強制罪（刑 304）應依想像競合之例處斷。

四、受賄投票罪

第 143 條　有投票權之人，要求、期約或收受賄賂或其他不正利益，而許以不行使其投票權或為一定之行使者，處三年以下有期徒刑，得併科三十萬元以下罰金。

(一)行為主體

本罪之行為主體，為有投票權之人，係指依據各該法律有關規定而享有政治上選舉或其他投票權資格之人。司法實務為遏止惡劣選風，對於有投票權之人，予以擴張解釋及於未來有投票權之人，認為提前賄選之行為，雙方於行賄、受賄當時，均預期於有意參選之人成為候選人後，再由受賄之主體即有投票權之人履行投票選舉該特定候選人之約定條件，而完成其犯罪行為。故於行賄、受賄時，縱候選人尚未登記參選，惟於日後該有意參選者成為候選人，受賄者成為有投票權人之時，犯罪構成要件即屬成就，並不因其賄選在先，而影響犯罪之成立 ❻ 。

(二)行為客體

本罪之行為客體有二：1.賄賂或其他不正利益。 2.投票權，即法定之政治上選舉或其他投票權。

(三)實行行為

本罪實行行為之態樣有二：1.要求、期約或收受，2.許以不行使或為一定之行使。許，乃許諾之意。許以不行使，即許諾消極不為投票之行為；許為一定之行使，則為許諾積極為一定內容之投票之行為。要求、期約或

---

❻　最高法院 95 臺上 5713（決）；95 臺上 6382（決）；96 臺上 410（決）；96 臺上 2873（決）；96 臺上 6279（決）。

收受賄賂或其他不正利益，與許以不行使其投票權或為一定之行使，兩者間須具有對價關係。易言之，許以不行使或為一定之行使投票權，乃係要求、期約或收受賄賂或其他不正利益之條件。倘已先為不行使或為一定之行使，事後始起意要求、期約或收受賄賂或其他不正利益者，則不得以本罪律之。

　　本罪一有許諾之行為，犯罪即行成立。至其許諾為明示或默示，事後果否不行使或為一定之行使，均於本罪之成立不生影響。

㈣故　意

　　行為人須對於本罪之行為客體具有認識，而故意實施本罪之行為，始能成罪。

五、行賄投票罪

第 144 條　對於有投票權之人，行求、期約或交付賄賂或其他不正利益，而約其不行使投票權或為一定之行使者，處五年以下有期徒刑，得併科二十一萬元以下罰金。

㈠行為主體

　　本罪之行為主體，無何限制，不以有被選舉權或其他投票對象之人為限，即第三人，如助選員等，亦得成立本罪。

㈡行為客體

　　本罪之行為客體與受賄投票罪同，茲不贅述。

㈢實行行為

　　本罪實行行為之態樣有二：1.行求、期約或交付，2.約其不行使或為一定之行使。約，乃要約之意。行為人一有要約之行為，罪即成立。至其

要約為明示或默示，事後有投票權之人果否不行使或為一定之行使，均非所問。例如，候選人於投票時，以車輛接送選舉人或為備餐，而約其為投票權一定之行使者，即成立本罪是。

1. 對價關係

司法實務認為，對於有投票權之人，行求期約或交付賄賂或其他不正利益，而約其不行使投票權或為一定之行使為構成要件。亦即須視行為人主觀上是否具有行賄之犯意，而約使有投票權人為投票權一定之行使或不行使；客觀上行為人所行求期約或交付之賄賂或不正利益是否可認係約使投票權人為投票權之一定行使或不行使之對價；以及所行求、期約、交付之對象是否為有投票權人而定。上開對價關係，在於行賄者之一方，係認知其所行求、期約或交付之意思表示，乃為約使有投票權人為投票權一定之行使或不行使；在受賄者之一方，亦應認知行賄者對其所行求、期約或交付之意思表示，乃為約使其為投票權一定之行使或不行使。且對有投票權人交付之財物或不正利益，並不以金錢之多寡為絕對標準，而應綜合社會價值觀念、授受雙方之認知及其他客觀情事而為判斷 ❻❽。

2. 政見與賄選

所謂競選之政見與行求期約之賄選，有所不同。一般競選之政見係指藉由公共事務之理性思辨，候選人提出具有見地之看法、主張或藍圖願景，以作為其當選後之施政方針。是競選政見多偏向選民較關切之公共政策、福利政策等之公共事務，而該政策訴求能否實現，須待民意機關審議通過預算或委由集體力量加以處理，並非候選人一人所能決定操縱，且該政策訴求之利益與有投票權之人無對價關係時，始得認非賄選行為。因此，政府對於具有政令宣導及文化傳承角色功能之原住民頭目予以適當之津貼，即屬政策理念之實踐，難與賄選等量齊觀。頭目津貼之發放，為公平理念之體現，且上開津貼必待候選人當選後，編列預算再經議會審議通過才能落實，此項經由議會通過預算所應發放之津貼，屬合法之利益，已非賄賂或其他不正利益可比，是政見承諾尚與賄選有所區隔 ❻❾。

---

❻❽　最高法院 92 臺上 893。

㈣罪數之認定標準

行為人先後向多數有投票權人，行求、期約或交付賄賂或其他不正利益，而約其不行使投票權或為一定之行使者，究成立一罪抑或數罪？實務見解頗不一致。有認為應論以一罪，成立接續犯者 ❼⓿；有認為應論以一罪，成立集合犯者 ❼❶；亦有認為應論以數罪，成立數罪併罰者 ❼❷。

惟揆諸實際，候選人參加公職選舉，不論係何種選舉，不可能僅買一票，為期能當選，必定反覆向多數有投票權人行賄，始能達其目的。因此，在投票行賄罪之犯罪性質上，得認為行賄行為具有反覆實施同種行為之性質，所侵害者復為同一國家法益，應認其成立集合犯，較為妥適。

六、利誘投票罪

第 145 條　以生計上之利害，誘惑投票人不行使其投票權或為一定之行使者，處三年以下有期徒刑。

㈠行為主體

本罪之行為主體，為受誘惑投票人以外之人。

㈡行為客體

本罪之行為客體，為投票人，即有法定之政治上選舉或其他投票權之人。

㈢實行行為

本罪之實行行為，為誘惑，即引誘蠱惑之行為。誘惑行為，須以生計

---

❻⓽　最高法院 95 臺上 1225（決）；96 臺上 163（決）。
❼⓿　最高法院 91 臺上 1167（決）。
❼❶　最高法院 96 臺上 3064（決）；2448（決）。
❼❷　最高法院 96 臺上 4036（決）；97 臺上 227（決）。

上之利害為手段，始足當之。

　　所謂生計上之利害，乃指經濟上或職業上之利害關係而言。例如，任免職務或升降職位等是。至其為直接或間接之利害，則非所問。其誘惑之目的，須為使投票人不行使其投票權或為一定之行使，否則仍不得以本罪相繩。

　　本罪為舉動犯，行為人一有誘惑行為，罪即成立。至其為明示或默示，投票人果否受其誘惑不行使其投票權或為一定之行使，則所不問。

七、妨害投票正確罪

第146條　以詐術或其他非法之方法，使投票發生不正確之結果或變造投票之結果者，處五年以下有期徒刑。

意圖使特定候選人當選，以虛偽遷徙戶籍取得投票權而為投票者，亦同。

前二項之未遂犯罰之。

　　本條妨害投票正確罪之規定，含有二個獨立之犯罪類型，即(1)詐術妨害投票正確罪及(2)虛偽遷徙投票罪。茲分述如次：

甲、詐術妨害投票正確罪

㈠行為主體

　　本罪之行為主體，無何限制，不以辦理投票事務之人員為限，即有投票權人、被選舉權人或其他第三人，亦得成立本罪。

㈡實行行為

　　本罪實行行為之態樣有二：

1.使投票發生不正確之結果

　　所謂使投票發生不正確之結果，係指於投票時或投票前，使投票發生不正確之結果者而言。例如，重複投票、冒名投票或變造選舉名冊，使有投票權之人不得參加投票等是。又所謂使投票發生不正確之結果，並不僅指使候選人當選與否發生不正確之結果而言，凡使投票之選舉人數、候選人得票數發生不正確之結果亦包括在內。

　2.變造投票之結果

　　所謂變造投票之結果，係指於投票後，將投票之結果加以變更者而言。例如，虛報票數、捏造廢票或潛易選票等是。

　　本罪之兩種行為態樣，均須以詐術或其他非法之方法為手段，始能成罪。詐術，乃非法方法之例示。其他非法之方法，所包至廣，凡為法所不許之方法，均屬之。行為人只須以詐術或其他非法之方法，使投票發生不正確之結果或變造投票之結果者，即足構成本罪。至對於法定之政治上選舉，於其當選或落選之結果是否發生影響，應非所問。惟本罪以舉行投票為前提，倘依法應用投票選舉而改用口頭推舉，實際並未投票者，縱以詐術或其他非法之方法使此項選舉發生不正確之結果，除其行為觸犯其他罪名，又當別論外，不構成本罪❼❸。

㈢故　意

　　本罪為故意犯，行為人須故意實施本罪之行為，始能成立。至其動機或目的何在，則非所問。倘其行為出於過失者，例如，誤計實得票數或錯造選舉名冊等，自不得以本罪律之。

㈣未遂、既遂

　　本罪之未遂犯，罰之（刑 146 III）。既遂、未遂之區別，以投票之結果是否發生不正確為準。

---

❼❸　最高法院 32 上 283。

㈤本罪與他罪之關係

辦理投票事務之人員，虛報票數，而登載於其職務上所掌之公文書者，因本罪與登載不實罪（刑 213）之保護法益不同，應依想像競合犯處斷。同理，行為人盜用他人印章，冒領選票投票者，除成立盜用印章罪（刑 217 II）外，亦應成立本罪。

乙、虛偽遷徙投票罪

㈠行為主體

本罪之行為主體，無何限制。

㈡實行行為

本罪之實行行為，虛偽遷徙戶籍取得投票權而為投票。詳言之，本罪之行為，乃候選人之親友以選舉某選舉區內特定候選人為目的，並無遷入及居住於該選舉區之事實，而於法定日期前虛報遷入戶籍，使戶籍機關將其列入該選舉區選舉人名冊內公告確定，並參加投票選舉，於選舉後又將戶籍辦理遷出者，即俗稱之「幽靈人口」。

所謂「遷徙」，係指居所移動而言。認定住所之標準，依民法第 20 條規定，係以一定事實，足認有久住意思，而住於一定地域者。惟因各種法律規範中常以戶籍登記作為住所之認定標準，且國民並不因戶籍遷入登記，而限制其必須居住於該地。而戶籍遷入，原因未必單純只為選舉，有兼為或單一為子女學籍、自用或營業用房屋稅核課、農漁民保險、營業稅或汽車燃料稅之價惠、離島交通補助、就業輔導等而遷徙者，不一而足。故應依具體個案，審酌實際情形，探究遷籍合理性。若僅單純遷移戶籍，而未以戶籍地為生活重心之行為，尚須結合欲影響選舉結果之主觀犯意，否則仍難評價為妨害投票之行為❼❹。

---

❼❹ 苗栗地方法院 96 選訴 2（決）；澎湖地方法院 91 訴 54（決）。

㈢故意與意圖

本罪行為人除須有虛偽遷徙戶籍取得投票權而為投票之故意外，尚須具有使特定候選人當選之意圖，始能成罪。

㈣未遂、既遂

本罪之未遂犯，罰之（刑146 III）。既遂、未遂之區別，以虛偽遷徙戶籍取得投票權後是否完成投票行為為準。

八、妨害投票秩序罪

> **第 147 條**　妨害或擾亂投票者，處二年以下有期徒刑、拘役或一萬五千元以下罰金。

㈠行為客體

本罪之行為客體，為投票。所謂投票，乃指法定之政治上投票而言。若該投票於法無據，縱有妨害或擾亂之行為，亦不得以本罪律之[75]。本罪之行為客體，僅曰「投票」，究指何種性質之投票？且係指投票行為抑或投票秩序？均無法明瞭，實有違罪刑明確性之原則。為與妨害投票自由罪（刑142）有所區隔，本罪之行為客體所謂投票，應指投票之秩序而言，而非指投票行為本身。故受妨害或擾亂者，必係不特定之人之投票；如係對於特定之投票權人妨害其投票者，應成立妨害投票自由罪（刑142），不成立本罪。

㈡實行行為

本罪實行行為之態樣有二：1.妨害，即妨礙阻害之意，其方法並無限制。例如，撕毀選票、損壞票匭或隱匿圈票之圓戳等是。 2.擾亂，即騷擾

---

[75]　最高法院18上872。

搗亂之意，其方法亦無限制。例如，鳴鑼打鼓，故造噪音或大呼火警，使人走避等是。

本罪之妨害或擾亂行為，既以投票秩序為對象，故不以行之於投票當時為限，凡於投票事務之進行，有所妨害，即足成立。其於開票時為妨害行為者，亦得解為包括在內。本罪之實行行為，僅規定妨害或擾亂，並無行為手段及程度之限制，亦有違罪刑明確性之原則，亟待加以修正。

㈢故　意

行為人須有妨害或擾亂投票之故意，而實施本罪之行為，始能成罪。若別因他故，打鬧喧嘩，致妨害或擾亂投票者，尚不得以本罪律之。

㈣本罪與他罪之關係

1.本罪與妨害執行職務罪

本罪與妨害執行職務罪之保護法益不同，如行為人對於辦理投票事務之人員依法執行職務時，施強暴脅迫，致妨害或擾亂投票者，應成立妨害執行職務罪（刑 135）與本罪之想像競合犯，從一重處斷。

2.本罪與侵害封印或查封標示罪

本罪與侵害封印或查封標示罪之保護法益不同，主管官署之封條，本係公文書之一種，倘貼於投票匭上，即成為公務員所施之封印。行為人若因妨害投票，毀損票匭，並損及封條者，應成立本罪與侵害封印或查封標示罪（刑 139）之想像競合犯。

九、妨害投票秘密罪

❖

第 148 條　於無記名之投票，刺探票載之內容者，處九千元以下罰金。

❖

㈠行為客體

本罪之行為客體，為票載之內容，即票上所記載之一定意思表示。其

內容，依投票之性質決定之。例如，在選舉投票，為被選舉人之姓名或被圈定者為誰；在其他投票，則為創制、複決或罷免之意見，或審議法案時之贊成或反對意見等是。此項票載內容，限於無記名之投票者，始能成立本罪。所謂無記名投票，乃僅於票內記載一定內容，而不記載投票人姓名之投票。如須記載投票人之姓名者，則為記名投票。妨害記名投票之秘密者，不能成立本罪。

㈡實行行為

本罪之實行行為，為刺探，即刺取窺探之意。行為人只須有刺取窺探之行為，罪即成立。至其動機或目的何在，已否探獲內容以及刺探後是否洩漏於人，均與本罪之成立無涉。

㈢故　意

行為人須認識其為無記名投票，而故意實施本罪之行為，始能成罪。

第四節　妨害秩序罪

一、犯罪類型

妨害秩序罪之犯罪類型，有第 149 條「聚眾不解散罪」；第 150 條「聚眾強脅罪」；第 151 條「恐嚇公眾罪」；第 152 條「妨害集會罪」；第 153 條「煽惑犯罪或違抗法令罪」；第 154 條「參與犯罪結社罪」；第 155 條「煽惑軍人背叛罪」；第 156 條「私招軍隊罪」；第 157 條「挑唆包攬訴訟罪」；第 158 條「僭行公務員職權罪」；第 159 條「冒用公務員服章官銜罪」及第 160 條「侮辱國徽國旗或國父遺像罪」。

二、罪質與保護法益

刑法之規範目的，除保護人民之生活利益外，亦在維持社會之和平秩序。所謂社會之和平秩序，其涵蓋範圍，甚為廣泛。任何一個犯罪行為，

均會破壞社會之和平秩序。惟本章以外之其他各種犯罪，均有其特殊之規範目的，刑法乃因應其目的，而釐定為種種之犯罪類型。某種行為，倘於妨害社會之和平秩序外，另侵害其他特定之規範目的，如聚眾妨害公務（刑136）、妨害投票秩序（刑147）等，而該當於其他犯罪構成要件者，原則上應優先適用其他犯罪規定；倘不合於其他犯罪構成要件者，始適用本章各罪處罰。因此，本章各罪，係以社會之一般和平秩序作為其保護法益，具有概括規定之性質。

三、聚眾不解散罪

第 149 條　在公共場所或公眾得出入之場所聚集三人以上，意圖為強暴脅迫，已受該管公務員解散命令三次以上而不解散者，在場助勢之人處六月以下有期徒刑、拘役或八萬元以下罰金；首謀者，處三年以下有期徒刑。

㈠行為主體

　　本罪之行為主體，為參與聚眾之人，須三人以上，屬於集團犯或聚眾犯之一種。刑法依其參與之行為態樣，分為首謀及在場助勢之人二種，分別課其刑責。

㈡實行行為

　　本罪之實行行為，為公然聚集三人以上，已受該管公務員解散命令三次以上，而不解散。公然聚眾之涵義，詳見聚眾妨害公務罪之說明。

1.該管公務員

　　所謂該管公務員，係指有權發布解散命令之公務員而言。何人有權發布解散命令，應依法令規定及公務員之職權認定之。例如，警察局長或分局長（集會遊行法 3）是。

2.解散命令

　　所謂解散命令，乃使參與聚眾之人離開及分散之命令。其形式為文書或口頭，雖非所問，惟須為合法之命令，始足當之。又此項命令，須對於所聚之多眾發布，且使構成多眾之各人處於得予認識之狀態始可。至該公務員係直接傳達，抑或透過他人代為告知，則非所問。

3.三次以上

　　所謂三次以上，連本數計算，雖為最低次數，即至少須有三次之義；惟在解釋上，若已受解散命令三次而不解散，即應成立本罪。縱令受四次或更多次以上之命令終告解散，對於已經成立之本罪，亦不生任何影響。又三次命令間，須有相當之時間間隔，若僅連呼三次解散者，仍屬一次之命令。

　　三次以上之涵義，通說均認為僅為最低次數之限制，最多達若干次，並無規定。故受三次解散命令而不解散，犯罪固已成立；惟該管公務員若更繼續發布四次以上之命令，而行為人受四次以上之命令終於解散者，仍不構成本罪。此種解釋，頗為怪異。蓋已受命令三次以上而不解散者，犯罪已經成立，而已受命令三次以上而解散者，犯罪又不成立。是「以上」之用語，不僅與罪刑法明確性之原則有違，且犯罪之成否，全操之於該管公務員之手，非依法律認定，亦與罪刑法定主義相悖謬。因此，本罪「以上」二字，不妨將其認係修辭語或將其刪除。

4.不解散

　　所謂不解散，乃不為離開及分散。例如，已受解散命令後，仍聚集原地不動，或雖已離開原地，而仍聚而不散是。又解散，須參與聚眾之人有解散之意思，若為公力驅散或為避免逮捕而逃走者，並非解散，自無解於本罪罪責。本罪之解散義務，由參與聚眾之人各自負擔，其中一部分解散者，殘餘之人仍成立本罪。惟如大部分均已解散，殘餘之人已不成為眾者，因此時已無聚眾之可言，自不成立本罪。

㈢行為情狀

　　本罪之行為情狀，為在公共場所或公眾得出入之場所，聚集三人以上，

其義同前所述，茲不再贅。

㈣故意與意圖

本罪為故意犯，行為人除對於已受解散命令三次之事實具有認識，而故意不解散外，尚須具有實施強暴脅迫之意圖，始能成罪。若只有公然聚眾之事實，而不具此意圖者，自不得遽以本罪律之。強暴脅迫之意圖，不必皆存在於多眾聚合之初，即在聚合之後或中途，始生此意圖者，亦得成立本罪，惟須於受解散命令以前存在為必要。又聚合之多眾，須僅具此意圖，而尚未實際實施強脅之行為。若進而實施強脅行為者，即構成聚眾強脅罪（刑150），而非本罪。

四、聚眾強脅罪

第150條　在公共場所或公眾得出入之場所聚集三人以上，施強暴脅迫者，在場助勢之人，處一年以下有期徒刑、拘役或十萬元以下罰金；首謀及下手實施者，處六月以上五年以下有期徒刑。

犯前項之罪，而有下列情形之一者，得加重其刑至二分之一：

一、意圖供行使之用而攜帶兇器或其他危險物品犯之。

二、因而致生公眾或交通往來之危險。

㈠行為主體

本罪之行為主體，為參與聚眾之人。聚眾人數，只需三人以上，最多並無限定。至其為有組織之群眾，抑僅係烏合之眾，則非所問❼⑥。刑法因其參與之態樣不同，亦分為首謀、下手實施強暴脅迫者及在場助勢之人三種，分別課其刑責。

---

❼⑥　本罪與暴動內亂罪不同，後者因須具有破壞國體等犯內亂之意圖，故以具有組織化為必要。本罪則僅為危害公安之集團行動，不必具有一定目的之組織，縱係臨時聚集，純屬散漫烏合之眾，亦屬無妨。

㈡實行行為

本罪之實行行為，為公然聚集三人以上，施強暴脅迫。強暴脅迫之對象，是否不問其為特定人或不特定人，均得成立本罪？我實例見解前後兩歧。有認為強脅行為之程度，須足以危害公安，至其是否對特定人為之，則於本罪之成立無妨❼。有認為行為人須具有妨害秩序之故意，如實施強暴脅迫，僅係對於特定之某人或其家族為之，縱令此種行為足以影響地方上之公共秩序，仍因缺乏主觀之犯意，不成立本罪❽。依司法實務之近例觀之，均認為本罪須具有妨害秩序之故意，始與罪質相符。故其強暴脅迫之對象，須為不特定之人，方足當之。

㈢行為情狀

本罪之行為情狀，為在公共場所或公眾得出入之場所，聚集三人以上，其義同前所述，茲不再贅。

㈣故　意

本罪為故意犯，行為人主觀上須具有妨害秩序之故意，亦即公然聚眾施強暴脅迫之故意，始能成罪。因此，參與聚眾之人，在主觀上倘具有共同意思與加功意思，而其實施強脅行為之結果，並已達足以影響一地方之公安秩序者，即得以本罪相繩。又本罪具有概括規定之性質，如公然聚眾施強暴脅迫，其目的係在另犯他罪，並非意圖妨害秩序，除應成立其他相當罪名外，不能論以妨害秩序罪❾。

---

❼　最高法院 20 上 440。

❽　最高法院 28 上 3428。

❾　最高法院 28 上 3428；31 上 1513；52 臺上 960（決）；56 臺上 909（決）；57 臺上 999（決）；77 臺上 2826（決）。

㈤本罪與他罪之關係

1.本罪與聚眾妨害公務罪

行為人倘具有妨害公務之目的，而實施本罪之行為者，固應逕依聚眾妨害公務罪（刑136）處斷。惟如別無特定目的，因聚眾強脅之結果，不僅妨害地方之公安，且妨害公務之執行者，則應成立本罪與聚眾妨害公務罪之想像競合犯。

2.本罪與殺人罪等

行為人實施本罪之強脅行為，而同時觸犯其他罪名時，例如，殺人罪、傷害罪、放火罪、侵入住宅罪或恐嚇罪等，應視其具體情形，成立想像競合犯或數罪併罰。

五、恐嚇公眾罪

第 *151* 條　以加害生命、身體、財產之事恐嚇公眾，致生危害於公安者，處二年以下有期徒刑。

㈠行為客體

本罪之行為客體，為公眾。所謂公眾，乃指不特定之人或多數人而言。與集團犯之多眾涵義有別，後者乃指不特定之多數人，且其人數有隨時可能增加之狀況者而言。行為之對象，若係特定之一人或數人，則構成恐嚇個人安全罪（刑305），不成立本罪。

㈡實行行為

本罪之實行行為，為恐嚇。所謂恐嚇，乃以加惡害之意告知他人，使心生畏懼之行為。

1.恐嚇與脅迫

恐嚇與脅迫之區別，學者及實務見解，前後不一。有從質上加以區別

者，認為恐嚇係以未來之惡害告知；脅迫則係以目前之惡害相加者。亦有自量上加以區分者，認為恐嚇須尚未使人喪失意思自由；脅迫則係已抑制他人之意思自由者。

　　為避免恐嚇與脅迫之概念相互混淆，宜從行為之質上加以區別，較為妥適。易言之，如係以未來之惡害告知他人，足使其生畏怖心者，為恐嚇；如係以目前之惡害相加，足使其生畏怖心者，為脅迫。

2.恐嚇內容

　　本罪須以加害生命、身體或財產之事為恐嚇，始能成罪。其恐嚇內容，較恐嚇個人罪之範圍為狹，自由與名譽不在其內。蓋自由乃以個人任意決定其意思及行為，不受非法干涉為內容；名譽則為個人在社會所受之人格評價。倘以公眾之自由與名譽為恐嚇內容，不僅標準難期劃一，且是否危害於公安，亦無法遽下定論，為避免滋生疑義，故將其排除在外。

3.實現或支配之可能性

　　告知之方法，別無限制，其為言語、文字、態度或動作；行為人自為告知，或託他人間接代為告知，均無不可。惡害之內容，並無明示之必要，其發生是否具有確實性或可能性，亦非所問。惟所擬加害之事，須為不法，且為行為人直接或間接得以實現或支配之可能性者，始足當之。例如，揚言於某處埋設定時炸彈或將於某時點放火焚屋之情形是。若假藉符咒，欲致眾人於死者，因符咒非行為人所得支配，自不得遽以本罪相繩。

㈢故　意

　　本罪為故意犯，行為人為使公眾心生畏懼，而以加害生命、身體或財產之事為告知之事實，須具有認識，且有意實施恐嚇行為，始能成罪。至其主觀上是否果有實現惡害內容之意思，則非所問。縱對於惡害發生之可能性毫無認識，亦屬無妨。

㈣行為結果

　　本罪行為之結果，須致生危害於公安，始能成立。倘其恐嚇，不足以

致生危害於公安，自不得遽以本罪律之。所謂致生危害於公安，係指行為人以加害生命、身體、財產之事恐嚇公眾，致使公眾之安全，在客觀上已經發生危險或實害而言。因此，本罪實兼具有危險犯與實害犯之性質。

所謂公安，乃為公共之安寧秩序。行為人實施恐嚇行為之結果，使公共之安寧秩序感受危險或蒙受實害者，即得構成本罪。危險與實害，兩者有其一，均足成立。因此，恐嚇之結果，已使公眾心生畏懼，而有不安之感覺即足成立，並不以果生實害為必要；倘已生實害，其構成本罪，更不待言。

㈤本罪與殺人、放火等罪

本罪與殺人、放火等罪之保護法益各異，應分別成罪。倘行為人實施恐嚇行為後，更進而實現恐嚇之內容者，例如，揚言放火焚屋，並進而放火者，除成立本罪外，並構成放火罪，兩者應併合論罪。

六、妨害集會罪

第 152 條　以強暴脅迫或詐術，阻止或擾亂合法之集會者，處二年以下有期徒刑。

㈠行為客體

本罪之行為客體，為合法之集會。所謂合法之集會，乃指依據法令或為法所不禁之集會。至其為定期集會或臨時集會，會場為室內或室外，均非所問。例如，紀念會、慶祝會、追悼會、同鄉會、運動會或講演會等是。集會合法與否，自應依據有關法令規定，以為認定。倘非合法之集會，即不受本罪保護。

㈡實行行為

本罪實行行為之態樣有二：1.阻止，乃阻礙遏止之意，係於會前使其

不能集會之行為。例如，於開會前破壞會場，使無法集會是。2.擾亂，乃騷擾紊亂之意，係於會中使集會不能順利進行之行為。例如，於開會之際，鬥毆尋釁，騷擾會場秩序是。

本罪阻止或擾亂之行為，須以強暴脅迫或詐術為手段，始足當之。詐術，乃以欺罔手段，使人陷於錯誤之行為。例如，詐稱開會延期，使其不能如期參加是。

㈢故　意

本罪為故意犯，行為人須認識其為合法之集會，而故意實施本罪之行為者，始能成罪。若明知其為非法之集會，縱有阻止或擾亂之行為，亦不得以本罪律之。

㈣本罪與他罪之關係

1.本罪與妨害投票秩序罪

本罪具有概括規定之性質，妨害投票之合法集會，自屬本罪之特別規定，而有法條競合之適用。妨害投票秩序罪（刑147）為本罪之特別規定，行為人倘以強脅或詐術，阻止或擾亂投票之合法集會者，應依法條競合之特別關係，適用妨害投票秩序罪處斷，排除本罪之適用。

2.本罪與傷害罪

行為人於合法集會時，尋釁鬥毆，致擾亂會議之進行及使人受傷者，因本罪與傷害罪之保護法益不同，應依想像競合犯從其一重處斷。

七、煽惑犯罪或違抗法令罪

第 153 條　以文字、圖畫、演說或他法，公然為下列行為之一者，處二年
　　　　　以下有期徒刑、拘役或三萬元以下罰金：
　　　　　一、煽惑他人犯罪者。
　　　　　二、煽惑他人違背命令，或抗拒合法之命令者。

㈠實行行為

本罪之實行行為，為公然煽惑。茲分述如次：

1. 煽惑之概念

煽惑，乃為煽動蠱惑之意，亦即為使被煽惑者產生實行犯罪之決意，或為助長其已生之犯罪決意，而予以刺激慫恿之行為。因此，被煽惑者於被煽惑前是否已生犯罪之決意，被煽惑後是否因此而生犯罪之決意或實行犯罪，均非所問。煽惑之概念，就其使被煽惑者產生實行犯罪之決意而言，固與教唆相似；就其對於被煽惑者已生之犯罪決意予以助長而言，則與幫助相同。故煽惑之概念，實涵蓋教唆與幫助二種情形在內。

2. 煽惑之對象

煽惑之對象，有認為被煽惑者須為不特定之人者；有認為被煽惑者為不特定之人或多數人均可者。對於煽惑之犯罪，有認為須為不特定之罪者；亦有認為不問係特定之罪或不特定之罪，均包括在內者。

我實務見解，歷來亦徘徊其間，前後看法迥異。原先認為煽惑，係指不特定之人或多數人而言❽；繼而認為煽惑，係指不特定之人而言❽；後又認為煽惑，須對不特定之人或多數人為之，始屬之❽。

3. 煽惑與教唆及幫助

煽惑與教唆及幫助之概念，雖頗為相近，惟其間仍有重大差異：(1)教唆或幫助之對象，須為特定之人；煽惑則為不特定之人。(2)教唆人與被教唆人或幫助人與被幫助人，成立共犯；煽惑者與被煽惑者則不成立共犯，被煽惑者甚至不成立犯罪。(3)教唆或幫助之手段如何，並無限制；煽惑則須以文字、圖畫、演說等形式，使他人得知煽惑之意思。

為明確區別煽惑與教唆或幫助之分際，爰就其行為之對象，即「人」與「罪」二者，分別列舉敘述如次：

---

❽ 最高法院 17.9.26 刑議。

❽ 最高法院 24.7 刑議。

❽ 最高法院 46 臺上 1532。

⑴特定之人與特定之罪

我刑法對於教唆犯之立法原則，係採限制共犯從屬性形式，教唆或幫助行為之對象，須為特定之人，且須為特定之罪。因此，倘其行為之對象為特定之人及特定之罪，應認其成立教唆犯或幫助犯，而非煽惑罪。此處所謂特定之人，自包括特定之一人，少數人及多數人在內。

⑵特定之人與不特定之罪

行為之對象，雖係特定之人，惟使其所犯則係不特定之罪者，因此際均無法成立教唆犯與幫助犯，為避免發生處罰上之漏洞，應認其成立煽惑罪。

⑶不特定之人與特定之罪

行為之對象，如係不特定之人，惟使其犯特定之罪者，亦無法成立教唆犯與幫助犯，此際自應認其成立煽惑罪。此處所謂不特定之人，包含不特定少數人及不特定多數人在內。

⑷不特定之人與不特定之罪

行為之對象，如係不特定之人，且使其犯不特定之罪者，當然成立煽惑罪，無成立教唆犯或幫助犯之餘地。

4. 煽惑之手段

本罪之公然煽惑行為，須以文字、圖畫、演說或他法為手段，始能構成。文字，例如，傳單、標語等是。圖畫，例如，幻燈片、影片等是。演說，例如，以語言歌唱、呼口號等是。他法，乃指文字、圖畫或演說以外一切意思表示之方法。例如，手語、信號等是。

5. 煽惑之內容

煽惑係以被煽惑者為媒介而實現其犯罪之企圖，故煽惑之內容，雖不必為被煽惑者所現實理解，惟至少須置於其可得理解之狀態始可。本罪煽惑之內容，除煽惑他人犯罪，具有可罰性外，煽惑他人違背法令或抗拒合法之命令，被煽惑者僅為違背法令或抗拒合法之命令，並未達犯罪之程度，亦即被煽惑者縱使為煽惑內容之行為，亦非屬犯罪行為，煽惑者即處以本罪之刑責，實有不當，應予刪除。茲就本條規定之煽惑內容，略為述之如次：

(1)煽惑他人犯罪

所謂犯罪，其涵蓋範圍甚廣，凡一切為刑罰法規所規定而應科處刑罰制裁之行為，均屬之。其是否為特定之罪，或為普通刑法所定之罪，均在所不問。

(2)煽惑他人違背法令

所謂法令，指一切法律或具有法規性質之命令，惟不包括刑罰法令在內。例如，煽惑他人隨地吐痰、檳榔汁、檳榔渣，拋棄紙屑、煙蒂、口香糖、瓜果或其皮、核、汁、渣或其他一般廢棄物是（廢棄物清理法 27）。違背之法令，倘係刑罰法令，即構成犯罪，應屬前款煽惑他人犯罪之範圍。

(3)煽惑他人抗拒合法之命令

所謂命令，與前述法令之「令」不同。前述之「令」，係指具有抽象性、法規性之命令而言。例如，規程、規則、細則或辦法等是（中央法規標準法 3）。此處所謂命令，則指行政官署就具體事件所發布而為一般人所應遵守之行政命令。例如，市區空地限期建築之命令是。此項命令，以合法者為限，若係煽惑他人抗拒違法之命令，尚難遽以本罪律之。

(二)故　意

行為人須有刺激慫恿他人犯罪、違背法令或抗拒命令之意思，而故意實施本罪之行為，始能成罪。

(三)本罪與他罪之關係

本罪具有概括規定之性質，倘其煽惑行為，另合於其他犯罪構成要件者，例如，加重助敵罪（刑 107 I），煽惑軍人背叛罪（刑 155），則應依法條競合之特別關係，適用特別規定之各該罪處斷，排除本罪之適用。

八、參與犯罪結社罪

第 154 條　參與以犯罪為宗旨之結社者，處三年以下有期徒刑、拘役或一

萬五千元以下罰金；首謀者，處一年以上七年以下有期徒刑。

犯前項之罪而自首者，減輕或免除其刑。

(一)行為主體

本罪之行為主體，法無明文限制，凡參與以犯罪為宗旨之結社者，均得構成。故以多數人為必要，屬於集團犯之一種。本法依其參與之態樣，分為首謀與非首謀二種，分別課其刑責。

(二)行為客體

1.結社之涵義

本罪之行為客體，為以犯罪為宗旨之結社。所謂結社，乃指由多數人所結合組成之社團。其以犯罪為宗旨之結社，性質上即為犯罪組織。惟此所稱之犯罪組織，與組織犯罪防制條例所稱之犯罪組織，意義上仍有不同。該條例所稱之犯罪組織，係指三人以上，以實施強暴、脅迫、詐術、恐嚇為手段或最重本刑逾五年有期徒刑之刑之罪，所組成具有持續性或牟利性之有結構性組織（組織犯罪條例 2 I）。此所稱之犯罪組織，則未必有內部管理結構，且非必為牟利性之組織。

本罪之結社，其名稱與性質如何，方式為公開或秘密，並非所問。其存續期間之久暫，雖無限制，惟須具有相當時間之繼續性。若因對於某人挾嫌，希圖加害，而與多數共犯結合商議，相約為特定之一個犯罪之實行，即不能構成本罪[83]。

2.以犯罪為宗旨

所謂以犯罪為宗旨，乃指以妨害公共安寧秩序及實施其他某種類之犯罪為目的而言[84]。所謂某種類之犯罪，兼指特定及不特定種類之犯罪在內。特定種類之犯罪，例如，竊盜或強盜集團是。不特定種類之犯罪，則無限

---

[83]　最高法院 27 上 2118。

[84]　最高法院 27 上 2118。

制，無論殺人、放火或強制性交等犯罪，均屬之。

㈢實行行為

本罪之實行行為，為參與。

1.參與之涵義

所謂參與，乃指設立或加入結社之行為。通常參與結社之行為形態有二，即設立行為與加入行為。前者乃發起成立結社之行為，後者則為參加已成立結社之行為。有設立行為，始有結社之存在；有結社之存在，始有加入行為可言。故其參與行為，實兼括設立行為與加入行為兩種情形在內。

參與之概念，一般學者均釋為加入之意，亦即加入結社而參與活動之行為。惟本罪之處罰，因首謀與非首謀而有不同。首謀，乃首創謀議之人，就本罪而言，乃指創立犯罪結社之主謀者，亦即發起設立犯罪結社之人，至其有無統率或指揮結社構成分子之行為，應非所問。倘將參與之涵義，侷限於加入結社之行為，則其加入行為，必以犯罪結社已經存在為前提。犯罪結社既已存在，其所有加入行為，均已非首謀行為，則本罪課首謀者以較重之刑，豈非無的放矢？再者，倘以加入行為為限，其設立犯罪結社之行為，即無從依本罪處罰，亦顯與立法精神有悖。因此，在解釋上，參與之概念，應兼括設立與加入兩種態樣在內。至有學者謂本罪所謂首謀，係指對所加入之結社居於領導統率之地位或雖不居其名而於幕後主持指揮者而言。至於其他之人，無論其係參與創立或事後參與，均同其地位，不復加以區別。此項解釋，與首謀之概念似有出入，未可贊同。

2.抽象危險犯

結社係一抽象組合，不可能有任何行為或動作，犯罪宗旨之實施或從事犯罪活動皆係由於成員之參與。參與之成員，一有參與行為，犯罪即屬成立，不以果有實施犯罪行為為必要，故為抽象危險犯。至其行為是否仍在繼續中，則以其有無持續參加活動或保持聯絡為斷。如於參與行為未發覺前自首，或長期未與組織保持聯絡，亦未參加活動者，不能認其尚在繼續參與❽。

㈣故　意

　　行為人須認識其為以犯罪為宗旨之結社，而故意參與者，始能成罪。倘未認識其為犯罪結社，或雖有認識，但因受他人強暴、脅迫或詐欺等而參與者，則不得以本罪律之。

㈤本罪與他罪之關係

1.本罪與組織犯罪防制條例

　　本罪為參與犯罪結社之一般規定，組織犯罪防制條例則為特別規定，參與結社之行為，如同時該當本罪與組織犯罪防制條例時，應優先適用組織犯罪防制條例之規定。

2.本罪與陰謀犯、預備犯

　　本罪參與犯罪結社之行為，在性質上，往往為他罪之陰謀或預備行為。因此，倘以犯某特定種類之犯罪為目的而結社，而該罪又有處罰陰謀犯或預備犯之規定者，則本罪之參與行為，即為該罪之陰謀或預備行為，其參與者，自應依該罪之陰謀犯或預備犯及本罪，成立想像競合犯。惟該罪若無處罰陰謀犯或預備犯之規定，則參與者，僅成立本罪。至行為人係以犯不特定種類之犯罪為目的而結社者，若進而實施某罪，因本罪旨在處罰其參與結社之行為，自不應置本罪規定於不顧，仍應成立本罪，而與其所實施之某罪，併合論罪。

九、煽惑軍人背叛罪

第 155 條　煽惑軍人不執行職務，或不守紀律，或逃叛者，處六月以上五年以下有期徒刑。

---

❽　最高法院 92 臺上 473（決）；92 臺上 1705（決）；93 臺上 1255（決）；大法官會議釋字 556。

㈠行為客體

本罪之行為客體，為軍人，亦即指現役軍人或視同現役軍人而言。所謂現役軍人，乃指依兵役法或其他法律服現役之軍官、士官及士兵。所謂視同現役軍人，乃指依法成立之武裝團隊，戰時納入作戰序列者而言。

㈡實行行為

本罪之實行行為，為煽惑。法文上雖無公然之規定，惟煽惑之對象，既為不特定之人，其行為已具公然之性質，此與第 153 條公然煽惑之情形，並無不同。本罪之煽惑行為，以刺激慫恿軍人不執行職務或不守紀律或逃叛為其內容。行為人一有煽惑行為，罪即成立。至被煽惑之軍人果否不執行職務或不守紀律或逃叛，則非所問。

㈢故　意

行為人須有刺激慫恿軍人不執行職務或不守紀律或逃叛之意思，而故意實施煽惑行為，始能成罪。

㈣本罪與他罪之關係

加重助敵罪（刑 107 I）為本罪之特別規定，倘行為該當於該罪之犯罪構成要件者，則應依法條競合之特別關係，適用特別規定之加重助敵罪處斷，排除本罪之適用。

十、私招軍隊罪

第 156 條　未受允准，招集軍隊，發給軍需或率帶軍隊者，處五年以下有期徒刑。

㈠實行行為

本罪之實行行為態樣有三：1.召集軍隊，即招募聚集人員組成有組織之武裝團體。其名稱與編制如何，在所不問。2.發給軍需，即分發給與軍需用品。例如，彈藥、被服或武器等。3.率帶軍隊，即統率帶領有組織之武裝團體。

本罪為抽象危險犯，行為人一有召集、發給或率帶之行為，罪即成立。惟本罪之行為，須未受允准，始得成罪。若已受允准，則為依法令之行為，自阻卻其行為之違法性。

㈡故　意

行為人須有實施本罪行為之故意，始能成罪。至其動機何在，則非所問。縱其目的係在抵禦外侮或保衛家園，除有阻卻違法或責任之事由存在外，仍無解於本罪之罪責。

十一、挑唆包攬訴訟罪

❖❖

第 157 條　意圖漁利，挑唆或包攬他人訴訟者，處一年以下有期徒刑、拘役或五萬元以下罰金。

❖❖

㈠行為主體

本罪之行為主體，無何限制，即律師或辯護人亦得構成本罪。

㈡行為客體

本罪之行為客體，為他人訴訟。他人，即行為人以外之人。訴訟，則指民事訴訟、刑事訴訟及行政訴訟而言。

㈢實行行為

本罪實行行為之態樣有二：1.所謂挑唆，即挑撥唆使之行為。例如，他人本無興訟之意，巧言引動，使其成訟之情形是。 2.所謂包攬，即承包招攬之行為。例如，不法為他人包辦訴訟之情形是。

本罪為抽象危險犯，行為人一有挑唆或包攬之行為，罪即成立。至他人是否因其挑唆而興訟，或是否因其包攬而使其代為訴訟，或是否因此得有財物，均與本罪之成立無涉。

㈣意　圖

行為人除須具有挑唆或包攬之故意外，尚須具有漁利之意圖，始能成罪。所謂漁利，乃從中取利之意。倘僅代人撰擬訴狀或為人書寫買賣契約等事務，因而得到相當之代價者，尚不足謂為漁利。行為人只須具有漁利之意圖為已足，至其是否因此得有財物，則非所問。

十二、僭行公務員職權罪

第 158 條　冒充公務員而行使其職權者，處三年以下有期徒刑、拘役或一萬五千元以下罰金。

冒充外國公務員而行使其職權者，亦同。

㈠行為主體

本罪之行為主體，無何限制。一般人固得為本罪主體，即公務員冒充他種公務員者，亦得成立本罪。

㈡實行行為

本罪之實行行為，為冒充公務員而行使其職權。冒充公務員與行使其

　司法院院解 3104。

職權，兩種行為須同時兼備。倘雖冒充公務員，而未行使其職權；或雖行使其職權，但未冒充公務員者，尚難成立本罪。例如，書記官冒充為檢察官，而偵訊犯人，或冒充警察，而取締交通違規等情形是。

(三)故　意

行為人須故意冒充公務員而行使其職權，始能構成本罪。若其職權之行使，係屬代人而行，其代行職權之行為，原出諸有權者之授與，固不成立本罪；即使授權人在行政上無此職權，而代行職權人，誤認其有權授與者，亦難認有僭行職權之故意，自不得以本罪律之❽[87]。

(四)本罪與他罪之關係

本罪往往為犯他罪之方法行為，故行為人若冒充公務員而行使其職權，其結果觸犯其他罪名者，應予數罪併罰。例如，冒充刑警前往被害人住處，實施檢查，從皮箱內取去手錶、衣服等件，應負本罪及詐欺取財罪（刑339）之罪責。又如，冒充警察，以取締攤販為恐嚇之手段，使人交付財物。取締攤販如可認為協助維護交通之勤務，則其行為自合於冒稱公務員而行使其職權之要件，除觸犯恐嚇取財罪（刑346）外，同時並犯本罪是❽[88]。

十三、冒用公務員服章官銜罪

✦━━◆◆◆━━✦

第 159 條　公然冒用公務員服飾、徽章或官銜者，處一萬五千元以下罰金。

✦━━◆◆◆━━✦

(一)行為客體

本罪之行為客體，為公務員服飾、徽章或官銜。 1.服飾，乃依法令規定為公務員所專用之制服與飾物。例如，陸海空軍官制服、警察制服或法官及檢察官之制服等是。至如住院傷患官兵所著紅十字服裝，或一般公務

---

❽[87]　最高法院 23 上 21。

❽[88]　最高法院 47 臺上 795（決）。

員所著中山裝或青年裝，因非公務員所專用之特定制服，自不屬本罪客體。 2.徽章，乃表示公務員身分之標誌。例如，軍官所佩帶之臂章是。 3.官銜，乃公務員所專用之官階與職銜。例如，警察官職分為警監、警正及警佐是（警察法 11）。

本罪之行為客體，不以實有其物或現尚有效者為限，凡足以使人誤信為實有其物或現尚有效者，即足當之。例如，冒用軍事機關業已作廢之證章，如該證章係屬陸海空軍軍官之徽章，雖已作廢，猶足使人信為有效，軍人冒用，應依陸海空軍刑法第 74 條處罰。非軍人冒用，則依本罪論科。

㈡實行行為

本罪之實行行為，為公然冒用。冒用，乃冒充使用之意。行為人須在不特定人或多數人得以共見共聞之狀態下冒充使用，始足成立本罪。本罪為抽象危險犯，行為人一有公然冒用之行為，且在客觀上足以使他人發生誤信者，罪即成立。至他人果否發生誤信，則非所問。

㈢故　意

本罪為故意犯，行為人在主觀上須有使人發生誤信而公然冒用之故意，始能成罪。否則，例如，演戲時飾演公務員而著用其服章官銜者，因欠缺前述故意，即難以本罪論科。

㈣本罪與他罪之關係

1.本罪與僭行公務員職權罪

本罪與僭行公務員職權罪具有保護法益之同一性，得成立法條競合。本罪為一般規定，僭行公務員職權罪（刑 158）為特別規定，若行為人冒用服章官銜後，更進而僭行其職權者，應依法條競合之特別關係，適用僭行公務員職權罪處斷，排除本罪之適用。

2.本罪與詐欺取財罪

本罪與詐欺取財罪之保護法益不同，行為人若以犯本罪為詐欺取財罪

之方法者，例如，冒穿警察制服，詐購某活動半價入場券是，應成立想像競合犯或予併合論罪。

十四、侮辱國徽國旗或國父遺像罪

---◆---

第 160 條　意圖侮辱中華民國，而公然損壞、除去或污辱中華民國之國徽、國旗者，處一年以下有期徒刑、拘役或九千元以下罰金。

意圖侮辱創立中華民國之孫先生，而公然損壞、除去或污辱其遺像者，亦同。

---◆---

本條侮辱國徽國旗或國父遺像罪之規定，含有二個獨立之犯罪類型，即(1)侮辱國徽國旗罪及(2)侮辱國父遺像罪。茲分述如次：

甲、侮辱國徽國旗罪

㈠行為客體

本罪之行為客體，為中華民國之國徽國旗。國徽，乃一國用以表示國權之徽章。中華民國之國徽，即指青天白日之徽章而言（中華民國國徽國旗法 2）。國旗，則為一國用以表示國家尊嚴之旗幟。中華民國之國旗，即指紅地左上角青天白日之旗幟而言（憲 6、中華民國國徽國旗法 4）。

㈡實行行為

本罪之實行行為，為公然損壞、除去或污辱。

㈢意　圖

行為人除須認識其為國徽國旗，而故意實施本罪之行為外，尚須具有侮辱中華民國之意圖，始能成罪。行為人只須具有此項意圖為已足，至其是否達其侮辱之目的，則非所問。

乙、侮辱國父遺像罪

㈠行為客體

本罪之行為客體，為國父孫中山先生之遺像。至其為塑像、畫像或照像，均非所問。

㈡實行行為

本罪之實行行為，亦為公然損壞、除去或污辱。

㈢意　圖

行為人除須認識其為國父遺像，而故意實施本罪之行為外，尚須具有侮辱之意圖，始能成罪。至其意圖內容是否實現，則非所問。

㈣應予除罪化

孫中山先生創建中華民國，豐功偉業，永垂不朽，在政治上自應予以高度崇敬，以彰其功勳。惟就刑法保護法益安全之任務言，侮辱國父遺像之行為，究侵害何種法益之安全，則無法具體指明。我刑法將其規定於侵害國家法益之範圍，且入於妨害秩序罪中，其究侵害何種國家法益？且如何妨害社會之公安秩序？頗為費解。因此，本罪實應予除罪化。

第五節　脫逃罪

一、犯罪類型

脫逃罪之犯罪類型，有第 161 條「脫逃罪」；第 162 條「縱放便利脫逃罪」；及第 163 條「公務員縱放便利脫逃罪」。

二、罪　質

㈠具有妨害公務或瀆職之性質

國權逮捕或拘禁之作用，屬於國家權力作用之一種。侵害國權逮捕或拘禁作用之犯罪，性質上亦為侵害國家法益之犯罪。本法因其主體不同，而區分為自行脫逃罪與縱放便利脫逃罪兩種犯罪類型。前者係被逮捕或拘禁者自行排除公力拘束之犯罪；後者則係第三者代被逮捕或拘禁者排除公力拘束之犯罪。其中有由一般人代為排除者，亦有由公務員代為排除者，因其身分不同，其所課刑責，自亦有異。此等行為，究其實質，在被逮捕或拘禁者以及一般第三者之排除公力拘束，原具有妨害公務之性質。因此，脫逃罪可謂係妨害公務之特別犯罪形態，倘構成脫逃罪者，即不得再以妨害公務罪論科。至公務員之排除公力拘束，更具有瀆職之性質，屬於不真正瀆職罪之一種。因本法已就其身分特別規定其刑罰，自不得再依第 134 條加重處罰。

㈡宜從嚴解釋

自行脫逃之行為，乃被逮捕或拘禁者渴望自由而脫逃，純出於人情之自然，其期待可能性甚為薄弱，故多數國家立法例，每不處罰單純自行脫逃之行為，僅就加重態樣之情形，始設處罰規定，如德、瑞、法刑法是。本法仿日本刑法，對於單純自行脫逃之行為，亦設處罰規定，其理由不外乎行為人自力排除公力拘束，亦屬侵犯國家之權力作用，自應有罰。此種規定，國家主義之思想頗為濃厚，為維護司法威信，保障國家之逮捕拘禁作用，雖有其需要；惟在現行法之解釋上，對單純自行脫逃罪之成立範圍，宜儘可能從嚴解釋，俾能兼顧被逮捕或拘禁者之個人利益。

三、保護法益

國家本其統治權力之作用，依法定之程序，對於犯罪者或其他有拘束

自由之必要者，得予以逮捕或拘禁，藉以保障國家社會之安全與增進全體
國民之福祉。被逮捕或拘禁者在被逮捕或拘禁期間，雖其自由遭受剝奪，
惟此係其實施違法行為之後果，被逮捕或拘禁者應有服從及忍受之義務。
倘以不法方法，排除公力拘束，而回復其自由，不問其係被逮捕或拘禁者
本人或其他第三者，均屬侵害國家之權力作用，自應嚴予懲處，以維治安。
因此，脫逃罪之保護法益，乃係國家有關司法之權力作用。具體言之，即
為國權之逮捕或拘禁作用。

四、脫逃罪

第 161 條　依法逮捕、拘禁之人脫逃者，處一年以下有期徒刑。
　　　　損壞拘禁所械具或以強暴脅迫犯前項之罪者，處五年以下有期
　　　　徒刑。
　　　　聚眾以強暴脅迫犯第一項之罪者，在場助勢之人，處三年以上
　　　　十年以下有期徒刑。首謀及下手實施強暴脅迫者，處五年以上
　　　　有期徒刑。
　　　　前三項之未遂犯，罰之。

　　本條脫逃罪之規定，含有三個獨立之犯罪類型，即(1)單純脫逃罪；(2)
暴行脫逃罪及(3)聚眾脫逃罪。茲分述如次：

甲、單純脫逃罪

㈠行為主體

　　本罪之行為主體，為依法逮捕、拘禁之人。
　1.依　法
　　所謂依法，乃指依據法律規定而言，命令不包括在內。依法，在解釋
上，本可包含法律及具有法規性質之命令在內，如刑法第 135 條之妨害執

行職務罪是。本罪為兼顧國家之逮捕拘禁作用及被逮捕或拘禁者之個人利益，應從嚴解釋，故僅限於依據法律規定，至具有法規性質之命令，則不包含在內。

逮捕或拘禁，不僅其原因，須有明文可據；且其方法與程序，亦須符合法律規定者，始為依法。若無逮捕或拘禁之原因，或其方法與程序，不符法律規定者，則係違法逮捕拘禁之人，縱有脫逃行為，亦不得遽以本罪論科。例如，法警於實施拘攝之際，未依法出示拘票；警察官逾二十四小時未將逮捕之犯罪嫌疑人移送該管檢察官等情形是。

凡其逮捕或拘禁係依法為之者，則不問其為民事、刑事或行政，均屬之。例如，民事之拘提債務人（強制執行法 21）、刑事之羈押被告（刑訴 101）、或行政之違警拘留（社會秩序維護法 53）或強制管束（行政執行法 36、37）等是。

2. 逮捕拘禁

所謂逮捕，乃指拘束他人身體自由，而尚未拘禁於一定處所之行為。例如，逮捕通緝犯或現行犯（刑訴 87、88）是。所謂拘禁，則指拘束他人身體自由，而已收禁於一定處所之行為。例如，處徒刑或拘役之受刑人監禁於監獄（監獄行刑法 3）、刑事被告羈押於看守所（羈押法 3 I）、民事被告管收於管收所（管收條例 6）、違警行為人拘留於拘留所或留置室（社會秩序維護法 53）等是。

3. 公力拘束

依法逮捕拘禁之人，須已置於公力拘束之下，始得為本罪之主體。此項要件法文上雖無明文規定，惟本罪之保護客體為國權之逮捕或拘禁作用，自須已置於公力拘束之下，且此種公力拘束仍屬有效存在，始有加以處罰之必要。否則，行為人若尚未置於公力拘束之下，因未侵害國權之逮捕或拘禁作用，不能律以本罪。因此，⑴尚未逮捕，僅於搜索中逃遁；⑵雖已置於公力拘束之下，而公力拘束已不存在，例如，政府機關因戰事撤退，已無該管公務員管理該看守所❽；⑶已因合法允許而脫離公力拘束，例如，

---

❽　最高法院 32 上 2271；33 非 17；44 臺上 400。

諭令取保在外候訊❾；⑷視為撤銷羈押之被告（刑訴 108 VII），未經釋放或交保而逃走❿；⑸在緩刑中、假釋中、保釋中、具保責付或限制住居中、或在保護管束中，尚無公力拘束存在；⑹現行犯為一般人所逮捕者，雖屬依法逮捕之人，惟尚未送交檢察官、司法警察官或司法警察之前（刑訴 92 I），尚未置於公力拘束之下而逃走等等，均不成立本罪。

㈡實行行為

本罪之實行行為，為脫逃。所謂脫逃，乃脫離公力拘束而逃逸之行為。除暴行或聚眾脫逃罪所規定者外，其以何種方法脫離公力拘束，並無限制。其脫離，縱僅具一時性者，亦屬無妨。例如，受刑人踰牆逃回家中探視妻女後，雖仍返監，亦無礙其成立本罪是。脫逃行為，通常均屬積極行為。惟有時消極行為亦非無可能。例如，天災事變在監內無法防避時，得將受刑人暫行釋放。被釋放者應於離監時起，限四十八小時內，至該監或警察機關報到。倘逾期不報到者，即以脫逃論罪（監獄行刑法 27）。

㈢故　意

本罪為故意犯，行為人須具有脫逃之故意，始能成罪。若行為人並無脫逃之意思，僅為他人所劫回或公力拘束已不存在者，均不得遽依本罪論科。

㈣未遂、既遂

本罪之未遂犯，罰之（刑 161 IV）。既遂、未遂之區別，以行為人是否完全脫離公力拘束為準。公力拘束，本有人之拘束與物之拘束兩種，不論僅有一種拘束存在抑或兩者同時併存，行為人均須完全脫離此等拘束，始為本罪之既遂，否則僅得以未遂犯論科。例如，行為人雖逸出於監禁處所以外，而尚在官吏追跡中❿，或雖已脫離監督者之耳目，惟尚未逸出監禁

---

❾　司法院院字 1517；最高法院 27 非 22。

❿　司法院院解 3325。

處所以外者，即屬本罪之未遂。因此，行為人已逸出於監禁處所，而又非尚在官吏追躡之中者，則其犯罪即已完成，縱令事後捕獲，仍應以脫逃既遂論罪。至共犯，則依各人之行為，視其是否完全脫離公力拘束，而分別予以認定。

乙、暴行脫逃罪

㈠行為主體

本罪之行為主體，與前罪同，亦為依法逮捕拘禁而自行脫逃之人。

㈡實行行為

本罪之實行行為，亦為脫逃，惟須以損壞拘禁處所械具或以強暴脅迫為其行為之手段者，始足當之。

1. 損壞拘禁處所械具

所謂拘禁處所，乃拘束依法拘禁人之處所。不以監獄或看守所為限，即其他供拘禁用之場所，亦均屬之。例如，違警拘留所、民事管收所、易服勞役場所或執行保安處分處所等是。至囚車或戒護病房等，在解釋上可否包含於拘禁處所內？不無疑義。惟免發生處罰上之漏洞，似可於拘禁處所外，增訂「或其他防逃設施」，以求周全。所謂械具，實為戒具，乃拘束身體自由之器具。例如，腳鐐、手銬、聯鎖及捕繩是（監獄行刑法 23）。所謂損壞，乃對物質加以物理之破壞，致妨礙其效用之行為，不以使其喪失效用為必要。因此，犯人於火車解送途中，卸下手銬及捕繩，且將手銬丟棄於車外而逃走之行為，不能認為損壞。

2. 強暴脅迫

強暴，須對人為有形力之不法行使。惟不以直接對人之身體施之為必要，即對物施以有形力，致對人之身體在物理上產生強烈影響者，亦屬之。脅迫，則指以將加惡害之意相告，而足以使人生恐怖心之行為。至強暴脅

---

❷ 最高法院 10 上 1503；18 上 559。

迫之對象，不以該管公務員為限，即對其他第三人或同受拘禁之人為之者，亦包括在內。又強脅行為，不以由行為人親自實施為必要，倘由有共同意思聯絡之第三人實施者，仍可成立本罪。惟若無意思聯絡，僅於他人實施強脅行為時，趁機脫逃者，則成立單純脫逃罪，而非本罪。

㈢故　意

行為人須具有脫逃之故意，而實施本罪之方法行為者，始能成罪。若係損壞拘禁處所械具或施強暴脅迫後，始起意脫逃者，則應分別情形，成立毀損罪或妨害公務罪與單純脫逃罪，而非本罪。

㈣未遂、既遂

本罪之未遂犯，罰之（刑 161 IV）。既遂、未遂之區別，以行為人已否完全脫離公力拘束為準，而非以損壞或強脅行為已否完成為準。

㈤罪數及與他罪之關係

1.罪數之認定標準

損壞拘禁處所械具與強暴脅迫，乃係本罪脫逃行為之手段，且為具有選擇性之加重條件。因此，行為人若兩種方法行為，均同時俱備者，亦僅成立一罪。

2.本罪與妨害公務罪

對依法執行職務之公務員施強暴脅迫而脫逃者，其行為本已含有妨害公務之性質在內。因此，本罪實為妨害公務罪之特別規定，自應逕依本罪處斷，無再適用妨害公務罪之餘地❽。

3.本罪與毀損罪

本罪損壞拘禁處所或械具之行為，因與毀損罪之保護法益不同，應依想像競合之例處斷。

4.本罪與殺人罪等

---

❽　最高法院 49 臺上 517；51 臺上 1070（決）。

　　行為人以實施殺人、傷害或放火等為強暴脅迫脫逃之方法者，因此等行為已超出強脅行為之應有內涵，除成立本罪外，應另成立殺人等罪，兩者成立想像競合或予併合論罪❾❹。

丙、聚眾脫逃罪

㈠行為主體

　　本罪之行為主體，亦為依法逮捕拘禁而自行脫逃之人。本罪因其參與態樣不同，亦分首謀、下手實施強暴脅迫者及在場助勢之人三種，分別定其刑責。惟在場助勢之人，仍須有自行脫逃之行為，始得依此論科其罪刑。倘僅在場助勢，初無犯意聯絡，又未自行脫逃者，則僅屬本罪之幫助犯，尚難遽依在場助勢之人論擬。

㈡實行行為

　　本罪之實行行為，亦為脫逃，惟須以聚眾施強暴脅迫為其行為之手段者，始足當之。聚眾，乃聚集多眾，且有隨時增加之狀況者而言。若僅結夥脫逃，其所結合之人，並無隨時增加之狀況者，尚不得謂為聚眾脫逃。此之多眾，自係指依法逮捕拘禁之人，可不待言。又其聚眾之方法，不限以事前密議，更不以全體實施為必要。

㈢故　意

　　行為人須具有脫逃之故意，並具有共同意思與加功意思，而實施本罪之方法行為，始能成罪。若無此項意思及行為存在，而僅趁機脫逃者，亦僅成立單純脫逃罪，不成立本罪。

㈣未遂、既遂

　　本罪之未遂犯，罰之（刑 161 IV）。既遂、未遂之區別，亦以行為人已

❾❹　最高法院 59 臺上 2471（決）。

否完全脫離公力拘束為準。

㈤本罪與他罪之關係

　　本罪與暴行脫逃罪之關係，實務見解，微有差異。1.觀念吸收關係：認為第3項為第2項之加重規定，苟有聚眾以強暴脅迫脫逃之行為，即應成立該條第3項之罪。縱使損壞拘禁處所或械具，乃聚眾以強暴脅迫脫逃當然發生之結果，不能於該條第3項之罪外，併論以第2項之罪❾❺。2.階段吸收關係：認為第2項及第3項之脫逃罪，均為同條第1項之加重條文，而第3項之犯罪情節較第2項為尤重，已予以更重之制裁。故脫逃行為苟已觸犯第3項罪名，縱令具有第2項所載情形，按照低度行為吸收於高度行為之原則，並無再依第2項論罪之餘地❾❻。如前所述，損壞拘禁處所或械具，原屬強暴行為之態樣，本罪既未就損壞行為予以獨立規定，似可認其已包含於聚眾強脅行為之概念中，故以觀念吸收關係說為妥適。

五、縱放便利脫逃罪

第 162 條　縱放依法逮捕拘禁之人或便利其脫逃者，處三年以下有期徒刑。

　　　　　損壞拘禁處所械具或以強暴脅迫犯前項之罪者，處六月以上五年以下有期徒刑。

　　　　　聚眾以強暴脅迫犯第一項之罪者，在場助勢之人，處五年以上十二年以下有期徒刑；首謀及下手實施強暴脅迫者，處無期徒刑或七年以上有期徒刑。

　　　　　前三項之未遂犯罰之。

　　　　　配偶、五親等內之血親或三親等內之姻親，犯第一項之便利脫逃罪者，得減輕其刑。

---

❾❺　最高法院17上452。

❾❻　最高法院22上2108。

本條縱放便利脫逃罪之規定，含有三個獨立之犯罪類型，即⑴單純縱放便利脫逃罪；⑵暴行縱放便利脫逃罪及⑶聚眾縱放便利脫逃罪。茲分述如次：

甲、單純縱放便利脫逃罪

㈠行為主體

本罪之行為主體，無何限制，不論係公務員或一般人，均得構成本罪。惟公務員如係縱放其職務上依法逮捕拘禁之人或便利其脫逃者，應依第163條處斷，不能構成本罪。至依法逮捕拘禁之人，亦非不能為本罪主體。例如，依法逮捕拘禁之人於脫逃後，復縱放或便利其他依法逮捕拘禁之人脫逃者，即得成立本罪是。

㈡行為客體

本罪之行為客體，為依法逮捕拘禁之人。本罪所侵害之法益，為國權之逮捕或拘禁作用，倘非依法逮捕拘禁之人，例如，無羈押犯罪嫌疑人權限之公務員為拘禁者；或尚未置於公力拘束之下者，例如，私人逮捕現行犯，尚未移送司法警察機關之前；或其公力拘束業已解除者[97]，例如，視為撤銷羈押之情形等，縱有縱放或便利脫逃之行為，亦無由構成本罪。

㈢實行行為

本罪實行行為之態樣有二：

1. 縱　放

所謂縱放，乃縱使依法逮捕拘禁之人脫離公力拘束，而使之回復自由之行為。縱放行為，除暴行或聚眾縱放或便利脫逃罪所規定者外，其方法如何，並無限制。例如，開啟監所門禁或解開犯人手銬等是。至被縱放之依法逮捕拘禁之人有無承諾，則與本罪之成立無涉。故無論竊取或施用詐

術，均得成立本罪。

2.便利脫逃

所謂便利脫逃，乃對於依法逮捕拘禁之人，給予方便或助力，而使其易於脫逃之行為。便利脫逃之方法，亦無限制，其為言語或動作，均非所問。例如，供給器具、指示方法或給予機會等是。

便利脫逃罪原係刑法對於脫逃罪之教唆或幫助行為所設之獨立犯罪規定，故便利脫逃之概念，包含教唆或幫助行為在內。蓋依法逮捕拘禁之人自行脫逃之行為，與第三者便利其脫逃之行為，雖均係侵害國權之逮捕或拘禁作用，惟其性質迥異。前者自行脫逃之行為，乃出於人情之自然，其期待可能性極為薄弱，故刑法乃予較輕之處罰。後者便利脫逃之行為，並無前述情事存在，其破壞公之拘禁力，情節較重，倘其教唆或幫助行為，僅依自行脫逃罪之教唆犯或幫助犯處斷，刑罰輕重即有失平衡。因此，本法乃特設本罪，予以從重處罰。學者有謂教唆脫逃行為，不屬本罪範圍。故如教唆本無脫逃故意之依法逮捕拘禁者脫逃，自應構成脫逃罪之教唆犯，而無由成立本罪。惟教唆行為之犯罪情節本較幫助行為為重，幫助脫逃既可依本罪較重規定處罰，其教唆脫逃行為，反依較輕之脫逃罪處斷，刑罰輕重顯失均衡，實有未當。故上述見解，尚難令人首肯。

㈣故　意

行為人須認識其為依法逮捕拘禁之人，而故意實施本罪之行為者，始能成罪。

㈤未遂、既遂

本罪之未遂犯，罰之（刑 162 IV）。既遂、未遂之區別，以被縱放或便利脫逃之依法逮捕拘禁之人已否完全脫離公力拘束為準。故縱放或便利脫逃之行為縱已完成，倘依法逮捕拘禁之人仍未完全脫離公力拘束者，尚屬本罪之未遂。

㈥減輕其刑

配偶、五親等內之血親或三親等內之姻親，犯第 1 項之便利脫逃罪者，得減輕其刑。

本罪之縱放行為，係由行為人直接排除公力之拘束，而使依法逮捕拘禁之人回復其自由；便利脫逃行為，則行為人僅給予機會或助力，而依法逮捕拘禁之人仍須自為排除公力之拘束，始得回復自由，兩者之犯罪情節，顯有輕重之分。因此，本罪得減輕其刑者，僅以便利脫逃罪為限，至縱放脫逃罪，則不包括在內。

㈦罪數之認定標準

本罪所侵害之法益係國權之逮捕或拘禁作用，故所縱放或便利脫逃者，無論為一人或數人，其被害法益只有一個，不能以其所縱放或便利脫逃人數之多寡，為計算犯罪個數之標準❾❽。

乙、暴行縱放便利脫逃罪

㈠實行行為

本罪之實行行為，亦為縱放或便利脫逃，惟須以損壞拘禁處所械具或以強暴脅迫為其行為之手段者，始足當之。

㈡未遂、既遂

本罪之未遂犯，罰之（刑 162 IV）。既遂、未遂區別之標準，與前罪同。

㈢本罪與他罪之關係

行為人以強暴脅迫縱放或便利依法逮捕拘禁之人脫逃，雖亦同時妨害公務，惟其妨害公務之行為，已包括於縱放或便利脫逃罪中，應依法條競

---

❾❽　最高法院 28 上 1093。

合之吸收關係適用本罪處斷，排除妨害公務罪之適用 ❾❾ 。

丙、聚眾縱放便利脫逃罪

㈠行為主體

本罪之行為主體，亦與單純縱放或便利脫逃罪同。惟本法因其參與態樣之不同，分為首謀、下手實施強暴脅迫者及在場助勢之人，分別定其刑責。

㈡實行行為

本罪之實行行為，亦為縱放或便利脫逃，惟須以聚眾施強暴脅迫為其行為之手段者，始能構成本罪。惟本罪所聚合之多眾，或為依法逮捕拘禁之人，或為其以外之人，通常多係依法逮捕拘禁者以外之人。

㈢未遂、既遂

本罪之未遂犯，罰之（刑 162 IV）。既遂、未遂之區別，亦與單純縱放或便利脫逃罪同。

㈣本罪與他罪之關係

聚眾以強暴脅迫損壞拘禁處所械具縱放或便利依法逮捕拘禁之人脫逃者，仍依本罪處斷，不另成立暴行縱放便利脫逃罪 ❿ 。

六、公務員縱放便利脫逃罪

第 163 條　公務員縱放職務上依法逮捕、拘禁之人或便利其脫逃者，處一年以上七年以下有期徒刑。

---

❾❾　最高法院 24 上 631；42 臺上 124；69 臺上 3394。

❿　最高法院 17.9.26 刑議。

因過失致前項之人脫逃者，處六月以下有期徒刑、拘役或九千
元以下罰金。

第一項之未遂犯罰之。

㈠行為主體

本罪之行為主體，為對於依法逮捕拘禁之人有逮捕、拘禁、押解或看
守職務之公務員。不以專司此等職務者為限，即本無此職務，而臨時奉命
從事此等職務者，亦屬之。又行為人須於其依法執行職務時，亦即於逮捕、
拘禁、押解或看守中，實施本罪之行為者，始得為本罪之主體。倘非公
務員，或無此職務之公務員，或雖有此職務，而非於執行職務時，實施本
罪之行為者，均無由構成本罪。

㈡行為客體

本罪之行為客體，為公務員職務上依法逮捕拘禁之人。倘非對於公務
員職務上依法定程序逮捕拘禁之人，而為縱放或便利脫逃之行為，或其縱
放或便利脫逃已在公之拘禁力解除之後者，仍與本罪構成要件不合。又奉
命看管行政上被監視行動之人脫逃，是否成立本罪，應以其是否依法令而
為逮捕拘禁為斷。倘被監視人並非依法逮捕拘禁之人，則奉命看管者縱放
脫逃，除有其他犯罪行為，應論以相當罪名外，仍不構成本罪[102]。

㈢實行行為

本罪之實行行為，亦為縱放或便利脫逃。惟本罪便利脫逃之行為，不
以積極行為為限；即明知其將脫逃，而故不防止之消極行為，亦包括在內。

---

[101]　最高法院 29 上 1807；31 上 2550。

[102]　司法院院字 2257。

㈣故　意

行為人須認識其為職務上依法逮捕拘禁之人，而故意實施本罪之行為者，始能成罪。

㈤過　失

公務員因過失致其職務上依法逮捕拘禁之人脫逃者，構成本罪之過失犯（刑 163 II）。依法逮捕拘禁之人，自須已在公力拘束中者，始足當之。如其人僅經通緝，尚未逮捕使在拘禁力支配中，自無脫逃之可言。從而公務員縱有過失，致未能將通緝人犯緝獲，亦不能構成本罪 ❿。

㈥未遂、既遂

本罪之未遂犯，罰之（刑 163 III）。既遂、未遂之區別，亦與單純縱放便利脫逃罪同。

第六節　藏匿人犯湮滅證據罪

一、犯罪類型

藏匿人犯湮滅證據罪之犯罪類型，有第 164 條「藏匿人犯及頂替罪」及第 165 條「湮滅證據罪」。

二、罪　質

藏匿人犯湮滅證據罪，係以妨害國家之刑事司法作用，亦即以妨害刑事案件之偵查、審判及執行為內容之犯罪。妨害國家之刑事司法作用與妨害國家之逮捕或拘禁作用，兩者之範疇有別。國家逮捕或拘禁作用之實現，輒有多端，並非僅以有關於刑事者為限，他如為實現民事強制執行而拘提管收債務人，或為實現行政上之命令或處分而拘留違警行為人等等，均屬

---

❿　最高法院 44 臺非 76。

之。因此，對於依法逮捕拘禁之脫逃人為藏匿或使之隱避者，並非均以妨害國家之刑事司法作用為內容。惟本章藏匿人犯湮滅證據罪，則為國家之刑事司法作用。對於管收債務人或拘留違警行為人等，予以藏匿或使之隱避者，並不成立本罪。

藏匿人犯湮滅證據罪與贓物罪間，因同具有庇護犯罪之特徵，故其性質亦有相近之一面。立法例曾有將其分為人之庇護罪與物之庇護罪，而規定於同一章內者（德國刑法第二十一章）。惟在本質上，物之庇護罪，即贓物罪所侵害者，為個人之財產法益；人之庇護罪，即藏匿人犯湮滅證據罪所侵害者，則為國家之刑事司法作用，兩者性質有異。

三、保護法益

藏匿人犯罪，係將犯人或脫逃人藏匿或使之隱避，致妨害刑事之偵查、審判與執行；湮滅證據罪，則妨害關係他人刑事案件證據之完全利用，兩罪固多出之於庇護犯人之動機，惟就我刑法之規定言之，庇護犯人僅為妨害刑事司法作用之反射效果，並非犯罪之成立要件。因此，兩者之保護法益，均係國家之刑事司法作用，亦即妨害刑事案件之偵查、審判及執行。並不以對於犯人有利而實施為必要，縱係於犯人不利者，亦得構成犯罪。

四、藏匿人犯及頂替罪

> 第 164 條　藏匿犯人或依法逮捕拘禁之脫逃人或使之隱避者，處二年以下有期徒刑、拘役或一萬五千元以下罰金。
>
> 　　　　　意圖犯前項之罪而頂替者，亦同。

本條藏匿人犯及頂替罪之規定，包含有二個獨立之犯罪類型，即(1)藏匿人犯罪及(2)頂替罪。

甲、藏匿人犯罪

㈠行為主體

本罪之行為主體，無何限制，除犯人或脫逃人本身外，任何人均得為本罪主體。犯人或脫逃人之配偶或其一定親屬，雖得獲減免其刑之寬典（刑167），但仍無妨其為本罪主體。

㈡行為客體

本罪之行為客體有二：

1. 犯　人

⑴含犯罪之嫌疑人

所謂犯人，即犯罪之人，亦即觸犯刑罰法令之人❿。至其為普通刑法抑或特別刑法，則非所問。倘非觸犯刑罰法令，而僅係違反社會秩序維護法者，自不得為本罪客體。又犯人，不以真正犯罪之人為限，即犯罪之嫌疑人，亦應包括在內。此外，所謂犯人，除正犯外，教唆犯或幫助犯，亦包含及之。倘係設有處罰預備犯或陰謀犯規定之犯罪，則預備犯或陰謀犯，自亦仍得為本罪客體。

⑵有處罰之可能性

犯人，不問其係在偵查開始前，偵查或審判中，或確定判決後，均得為本罪客體，並不以起訴後之人為限❶。惟已無處罰之可能性者，例如，受無罪或免訴之判決確定者；或已無追訴或處罰之可能性者，例如，告訴乃論之罪其告訴權已消滅，或追訴權或行刑權之時效已完成，或已受赦免者等，因已無妨害國家刑事司法作用之虞，則不得為本罪客體。至僅受不起訴處分者或告訴乃論之罪尚未告訴者，因其追訴或處罰之可能性尚屬存在（刑訴237、256–258），自仍得為本罪客體。

---

❿　最高法院 27 上 1517。

❶　最高法院 24.7 刑議。

2.依法逮捕拘禁之脫逃人

所謂依法逮捕拘禁之脫逃人，即曾被逮捕拘禁而現在處於脫逃狀態中之人。至其是否成立脫逃罪，則非所問。例如，縱放者以奪取之方式將依法逮捕拘禁之人劫走藏匿，而被劫走者本身並無脫逃之意思時，雖不成立脫逃罪，惟因其被藏匿，仍於國家之刑事司法作用有所妨礙，自仍得為本罪客體。至其嗣後是否受無罪或不起訴處分，則與本罪無涉。

(三)實行行為

本罪實行行為之態樣有二：

1.藏　匿

所謂藏匿，乃將犯人或依法逮捕拘禁之脫逃人隱藏，使他人不能或難於發現之行為。例如，將犯人藏匿於地下室或隱秘地道，使偵緝機關遍尋不獲是。惟刑法上之藏匿人犯罪，係指對於已經犯罪之人而為藏匿者而言。若於實施犯罪之前，將其藏匿，直接或間接予以犯罪之便利，則應就正犯所實施之犯罪，成立幫助犯，而非本罪❶⓪⑥。

2.使之隱避

所謂使之隱避，乃以藏匿以外之方法，而使犯人或脫逃人隱藏逃避之一切行為。例如，支給旅費使之遠遁、提供衣服使之變裝、告知緝捕動態使之隱避或指示逃亡路線使之遠颺等是。至阻止犯人自首或投案，或阻止他人告訴或告發，雖得認係使之隱避之行為；惟於偵緝機關發問時，默秘不言；或明知為犯人，故不告知；或僅怠於告訴或告發者，則尚難謂係使之隱避之行為。

(四)故　意

本罪為故意犯，行為人須認識其為犯人或脫逃人，而故意實施本罪之行為者，始能成罪。行為人只須認識其為犯人或脫逃人已足，至其犯罪之具體內容或罪嫌之性質等，則無認識之必要。若對其是否確為犯人尚在疑

---

❶⓪⑥　最高法院 22 上 4614；33 上 1679。

似之間，因不注意其行動，致被乘機隱避者，尚不能繩以使犯人隱避之罪❿。

㈤減免特例

配偶、五親等內之血親或三親等內之姻親圖利犯人或依法逮捕拘禁之脫逃人，而犯藏匿人犯罪者，減輕或免除其刑（刑167）。此項減免之特例，係基於親屬之間，互相容隱，事屬人情之常，無期待可能性或甚為薄弱，爰特減輕或免除其責任。茲分述如次：

1.圖利犯人

此項規定，須為圖利犯人或脫逃人者，始有其適用。倘係圖不利於犯人或脫逃人，或係圖利於其他共犯者，則無適用此項減免特例之餘地。蓋所謂配偶或其他一定親屬，係指其與犯人或脫逃人間，具有此項親屬關係存在，基於親屬相容隱之古訓，始認其無期待可能性。若圖不利者，則同氣相殘，為人情所不容；圖利其他共犯者，亦無親屬容隱之情形，自未可遽邀減免之寬典。至所謂圖利，乃圖謀犯人或脫逃人刑事責任上之利益。例如，避免刑事追訴、有罪判決或刑之執行等，或避免被逮捕、拘禁等是。財產上之利益，不包括在內。因此，利或不利，非依犯人或脫逃人之主觀而為決定，須依客觀予以評價。

2.人的刑罰阻卻事由

此項規定，係屬親屬一身之「人的刑罰阻卻事由」，其效力僅及於親屬本身之行為，不包含他人在內。故親屬教唆他人將犯人或脫逃人藏匿或隱避者，固得適用此項規定。反之，他人教唆親屬犯藏匿人犯罪者，因親屬之行為仍成立犯罪，教唆者成立本罪之教唆犯。此際，親屬雖得獲減免，惟其效力不及於教唆之他人，故教唆者仍無適用此項規定之餘地。

㈥罪數及與他罪之關係

1.罪數之認定標準

本罪之藏匿與使之隱避之行為，具有選擇性，行為人倘對於同一犯人

---

❿ 最高法院24上3518。

先為藏匿而後使之隱避者，仍僅成立一罪。又對於同一案件之數名共犯予以藏匿或使之隱避者，究為一罪或數罪？其說不一。有認為本罪係侵害國家刑事司法作用之犯罪，其被害法益及行為，均屬單一，自僅成立一罪；有認為國家之司法作用，得因犯人或脫逃人而各別發動，故縱屬同一案件，如以一行為而隱匿數名共犯者，應成立同種類之想像競合犯。因本罪為侵害國家法益之犯罪，其罪數應包括計算，故雖藏匿多人，仍以論為一罪較妥。我實務見解採之[108]。

2. 本罪與共犯

犯人或脫逃人自為藏匿或隱避，事屬人情之常，其不成立犯罪，實為理所當然。惟倘其教唆他人將自己藏匿或隱避者，是否成立本罪之教唆犯？論者不一。持積極說者，認為教唆他人將自己隱避或藏匿之行為，與犯人或脫逃人本身自為藏匿或隱避，其情狀迥然有異。因其陷人於罪，自難謂無期待可能性，故應成立本罪之教唆犯。持消極說者，認為不應成立教唆犯，惟其論據復有不同。有自共犯從屬性說之立場，認為犯人或脫逃人自為隱避，既不能成立正犯，自亦無從成立教唆犯，其自為實行或利用他人實行，僅係手段不同而已；有自共犯獨立性說之立場，認為教唆行為即係實行行為，因此，與自己隱避同，均無處罰理由存在；亦有自責任論之立場，認為犯人或脫逃人既不能與他人成立自為隱避之共同正犯，而予處罰，則其間接之教唆行為，自亦無從予以處罰。故應認其無期待可能性，而阻卻責任。諸說均各有其理由，惟犯人或脫逃人自為藏匿或隱避，企圖逃脫犯罪之制裁，既屬人情之常；其教唆他人將自己藏匿或隱避者，亦屬人情之自然，實無期待可能性存在，故以認其不成立教唆犯，較為妥適[109]。

---

[108]　大理院 5 上 405。

[109]　我實例亦採消極說，認為犯人自行隱避，在刑法既非處罰之行為，則教唆他人頂替自己以便隱避，當然亦在不罰之列（最高法院 24 上 4974）；犯罪人教唆他人隱避自己或使人頂替，不成立刑法第 164 條之教唆罪（最高法院 25.4.21 刑議）。

乙、頂替罪

(一)實行行為

　　本罪之實行行為，為頂替。所謂頂替，乃假冒為犯人或脫逃人，替他人頂罪之行為。頂替行為，其可能情形有二：

1.頂名替罪

　　行為人不但冒用犯人或脫逃人之姓名，並且頂替其犯罪事實。例如，甲犯竊盜罪，乙冒甲之名且出面頂替其犯竊盜罪之事實是。

2.未頂名而替罪

　　行為人雖未冒用犯人或脫逃人之姓名，但卻頂替其犯罪事實。例如，甲駕車將人撞斃，乙向治安機關自首，自稱人係其所撞斃者是。無論係頂名替罪，抑或未頂名而替罪，均足以使真正之犯人或脫逃人逍遙法外，而妨害國家刑事司法權之正當行使，故應有罰。行為人一有頂替行為，罪即成立。至被頂替者確否有罪，果否未被發覺，均與本罪之成立無涉。又行為人於為頂替行為之前，須已有具體之犯人或脫逃人存在，否則，即無頂替可言。

(二)故意與意圖

　　行為人除須認識有具體之犯人或脫逃人存在，而故意實施頂替之行為外，尚須具有藏匿犯人、脫逃人或使之隱避之意圖，始能成罪。若雖有頂替之行為，而其目的非在使犯人或脫逃人藏匿或隱避者，即難遽依本罪處斷。例如，甲乙同被逮捕，甲自知罪較乙重，遂商得乙之同意，互相冒名頂替。甲雖有冒名頂替情事，但係為自己避重就輕起見，並非出於使乙藏匿或隱避之意思，自不能構成本罪是❿。行為人只須具有上述意圖為已足，至其動機何在？意圖內容有否實現？均在所不問。

---

❿　最高法院22上3525。

㈢本罪與他罪之關係

1. 本罪與藏匿人犯罪

　　本罪雖與藏匿人犯罪分別規定，惟性質上仍屬於藏匿人犯罪之一種形態。因此，行為人倘基於同一犯意而同時有藏匿與頂替之行為者，仍僅成立一個頂替罪。

2. 本罪與共犯

　　犯人或脫逃人教唆他人使之頂替自己者，亦無期待可能性，故不成立本罪之教唆犯 ⓫，詳見藏匿人犯罪之說明。

五、湮滅證據罪

第 165 條　偽造、變造、湮滅或隱匿關係他人刑事被告案件之證據，或使用偽造、變造之證據者，處二年以下有期徒刑、拘役或一萬五千元以下罰金。

㈠行為客體

　　本罪之行為客體，為關係他人刑事被告案件之證據。

1. 關係他人案件

　　他人，乃行為人以外之人。湮滅關係行為人自己犯罪之證據，因無期待可能性，自不可罰。惟關係自己刑事被告案件之證據，同時亦為關係他人刑事被告案件之證據，尤以共犯之刑事被告案件，是否得視為他人之刑事被告案件？學說紛紜，莫衷一是。有認為共犯之案件，亦視為他人之刑事被告案件，倘有湮滅，自得成立本罪。有認為共犯之案件，亦為自己之案件，其有關之證據不得為本罪之客體。亦有認為倘專為其他共犯之利益而為者，應認係他人之刑事被告案件，自得成立本罪；倘專為自己或為其他共犯與自己之利益而為者，即不構成本罪。

⓫　最高法院 24 上 4974；47 臺非 50（決）；25.4.21 刑議。

惟共犯案件之證據，通常均屬於各共犯間之共通利益，倘將其視為他人之案件，則單獨犯時不成立本罪，共犯時反而成立，實有欠當。若將其視為自己之案件，則只要為共犯案件，即無從構成本罪，亦與本罪之立法旨趣不符。故在理論上，似以最後之見解較為平實可採。我實例採第二種見解，認為湮滅關係他人刑事被告案件之證據，必以所湮滅者非其本人犯罪之證據為要件；否則，縱為與其他共犯有關，亦難繩以本罪❷。

2.刑事被告案件

本罪之行為客體，以關係刑事被告案件之證據為限。倘為關係民事、懲戒、非訟或行政案件之證據，則不包括在內。所謂刑事被告案件，其涵義若何？學者及實務見解，甚為分歧。有依文理而為解釋者，認為刑事被告案件，係指因告訴、告發、自首等情形開始偵查以後之案件。如尚未開始偵查，即無刑事被告案件可言❸。依此見解，倘行為當時，尚未因告訴、告發、自首等情形開始偵查，則在偵查前所為之湮滅證據行為，除構成其他罪名外，即不屬於本罪刑事被告案件之範圍。亦有依立法意旨而為解釋者，認為刑事被告案件，係指凡將來可得為刑事被告之案件者均屬之，不以業經開始司法程序者為限。依此見解，則行為當時，縱案件尚未繫屬於法院，只須將來可得為刑事被告案件之證據，倘有湮滅行為，即得以本罪律之。

如前所述，本罪之保護法益，為國家之刑事司法作用。案件開始偵查以後，倘為湮滅證據之行為，固有害於事實之真實發現；惟於開始偵查前為湮滅者，因該項證據，將來亦可作為他人刑事被告案件之證據，倘予湮滅，其有礙於真實之發現，亦與偵查後者無分軒輊。為保護國家之刑事司法作用，實有依本罪之立法意旨而加以擴張解釋之必要。因此，所謂刑事被告案件，在解釋上，不必因告訴、告發、自首等情形開始偵查以後之案件；被告於著手犯罪後之證據，如有為湮滅等行為者，即應以本罪律之。

至他人之刑事被告案件，其為重大犯罪之案件，抑為輕微犯罪之案件，

---

❷　最高法院 25 上 4435。

❸　最高法院 51 臺上 1622（決）；55 臺上 3147（決）；24.7 刑議。

以及結果是否有罪，均非所問。蓋行為人為湮滅證據之行為，結果獲不起訴處分或無罪判決者，未始不可能；且意圖陷人於罪，而將有利之證據湮滅者，亦有處罰之必要。

　3.證　據

　　所謂證據，乃刑事案件發生後，偵查或審判機關據以判斷刑罰權有無之一切資料。不以有關於犯罪之成否者為限，即有助於認定刑罰輕重之一切證據，亦包括在內。其係人證或物證，有利或不利於他人之證據，均非所問。又此項證據，不以有證據能力者為限，其證明力如何，亦所不拘。

㈡實行行為

　　本罪實行行為之態樣有五：1.偽造，乃製作虛偽證據之行為。其係利用已有之證據，抑或重新製作，均非所問。例如，將與犯罪成否有關係之文書，倒填時日是。2.變造，乃加工於真正之證據而變更其效力之行為。其有無製作權限以及內容之真否，亦所不問。例如，將刀上之人血改塗獸血是。3.湮滅，乃湮沒毀滅，亦即使證據之效力滅失之行為。例如，將證據燒燬或將證人殺害是。4.隱匿，乃隱避藏匿證據，使人難於發現之行為。例如，將證人藏匿或將兇刀埋藏是。5.使用，乃將偽造變造之證據，充作真正證據，而提出行使之行為。其於審判時行使，抑或於偵查時行使；自動提出行使，抑或被動提出行使，均非所問。使用者為辯護人時，亦得成立本罪。

㈢故　意

　　行為人須認識其為關係他人刑事被告案件之證據，而故意實施本罪之行為者，始能成罪。倘係無關於他人刑事被告案件之證據，行為人誤認為有關，而實施本罪之行為者，則阻卻其故意。

㈣減免特例

　　犯本罪而於他人刑事被告案件裁判確定前自白者，減輕或免除其刑(刑

166)。又配偶、五親等內之血親或三親等內之姻親圖利犯人或依法逮捕拘禁之脫逃人，而犯本罪者，減輕或免除其刑（刑 167）。

㈤本罪與他罪之關係

1.本罪與偽證罪、誣告罪

本罪在性質上，屬於偽證罪或誣告罪之補充規定，故行為人之行為倘該當於偽證罪或誣告罪之犯罪構成要件時，即應逕依偽證罪或誣告罪處斷，不另成立本罪。例如，行為人以證人身分，供前或供後具結，而為虛偽陳述者，應成立偽證罪（刑 168）；行為人意圖他人受刑事處分，而偽變造證據或使用偽變造之證據者，應成立準誣告罪（刑 169 II），均非本罪是。

2.本罪與贓物罪

本罪與贓物罪之保護法益各異，應分別成罪。行為人將他人犯罪證據之贓物藏匿者，應成立本罪與寄藏贓物罪（刑 349 I）之想像競合犯。

3.本罪與竊盜罪

本罪與竊盜罪之保護法益各異，應分別成罪。行為人將關係他人刑事被告案件所扣押之證據物件，竊取隱匿者，亦成立本罪與竊盜罪之想像競合犯。

4.本罪與殺人罪、剝奪行動自由罪

本罪與殺人罪、剝奪行動自由罪之保護法益各異，應分別成罪。行為人將證人殺害滅口，或將其逮捕拘禁者，則分別成立本罪與殺人罪或剝奪行動自由罪之想像競合犯。

5.本罪與共犯

犯人湮滅關係自己刑事被告案件之證據，雖不成立犯罪；惟如教唆他人為湮滅行為者，是否成立本罪之教唆犯？說者亦不一。關於此問題，與藏匿人犯罪之情形相同，亦以認其不成立教唆犯較妥。

第七節　偽證及誣告罪

一、犯罪類型

偽證及誣告罪之犯罪類型，有第 168 條「偽證罪」；第 169 條「誣告及準誣告罪」；及第 171 條「未指定犯人誣告及準誣告罪」。

二、偽證罪之罪質與保護法益

偽證罪，乃依法律具結之證人、鑑定人或通譯於審判或偵查時，為虛偽陳述之犯罪。偽證罪之本質，在沿革上，歷經種種變遷。在教會法上，將偽誓認係褻瀆神明之重罪；在普通法時代，則認其為侵犯神明尊嚴之犯罪，且將其視為偽造罪之一種形態。十八世紀後半，雖以之為詐欺罪之一種；惟十九世紀初期，則認其屬於侵害誠實與信用之偽造罪的範疇。日本刑法，將偽證罪與各種偽造罪並列規定，即受此種思想之影響。惟時至今日，本罪之保護客體，乃係國家之審判作用，已為學界一致承認。其將偽證罪視為對神之罪、偽造罪或詐欺罪等，業已為學界所揚棄，無復有人持此觀念。現代多數立法例規定證人等為陳述時，須經宣誓；本法規定須經具結，其作用純在藉此以嚴肅其作證之態度，俾能發現真實，避免冤抑，此與古昔保護宗教之意識，已迥然有異。因此，偽證罪之本質，乃因證人等之虛偽陳述，有足使國家之公正審判陷於錯誤之虞。是其保護法益，乃國家之審判作用，亦即國家司法審判之正確性。

三、誣告罪之罪質與保護法益

誣告罪，乃意圖他人受刑事或懲戒處分，而為虛偽申告之犯罪。誣告罪之本質，見解頗為分歧。昔時曾認其為侵害個人法益之犯罪；惟現今則一般均認其為侵害國家審判作用之犯罪。仍有爭論者，乃個人法益是否同時亦在保護之列？迄今尚無定論。就誣告罪之構成要件觀之，行為人在主觀上須具有使他人受刑事或懲戒處分之意圖，始能成罪，是其侵害個人法

益之性質，已彰明可見；且其行為之結果，復有使他人受刑事或懲戒處分之危險，至少被誣告者因須接受偵查或調查，其私生活之平穩已大受影響，不能謂於被誣告者個人之利益無所損害。此與偽證罪，不問虛偽證言對當事人是否有利，純係侵害國家審判作用之犯罪者，大異其趣。因此，誣告罪之法益，除旨在保護國家之審判作用外，個人免受不當刑事或懲戒處分之法律安定性，亦同在保護之列。

我實例對於誣告罪之本質，見解亦前後不一。初以為誣告罪之被害客體，除國權外，並有被誣告之個人❶❶❹；繼則認為誣告罪係直接侵害國家審判權之法益，被誣告人雖不免因誣告而受訟累，究為審判不良之後果。退一步言，亦不過誣告行為間接所生之影響❶❶❺。再次則認為誣告罪於侵害國家法益中，同時有侵害個人法益之故意，被誣告人自可提起自訴❶❶❻。

自上述說明及實務見解，可知誣告罪之本質，除係侵害國家法益之犯罪外，同時亦為侵害個人法益之犯罪。惟就誣告罪在法典上之排列次序言，其立法精神，基本上則仍重在國家法益之維護。因此，罪數之計算，仍應以國家法益為準；且縱獲有被誣告者之承諾，原則上亦不得阻卻誣告罪之成立。

四、偽證罪

第 168 條　於執行審判職務之公署審判時，或於檢察官偵查時，證人、鑑定人、通譯於案情有重要關係之事項，供前或供後具結，而為虛偽陳述者，處七年以下有期徒刑。

---

❶❶❹　最高法院 9 上 1007。

❶❶❺　最高法院 17 上 297；18 上 33；20 上 55。

❶❶❻　司法院院字 1540；院字 2616；院字 1545；院字 1641；最高法院 26 渝上 893；54 臺上 1139。

㈠行為主體

本罪之行為主體，為證人、鑑定人或通譯。得為本罪之主體者，須為依法作證、鑑定或擔任通譯之人，故屬於身分犯，且為親手犯。

1.身分犯及親手犯

⑴證　人

所謂證人，乃於訴訟程序中，就他人之訴訟案件，到庭陳述其所見所聞或經過事實之人。凡受我國刑法權支配之人，不問其國籍如何，均有應傳作證之義務。共犯或其他相牽連關係之共同被告，在同一訴訟程序中，不得兼為其他共同被告之證人；若不在同一訴訟程序中共處於被告之地位，則仍得為證人。非共犯或無其他相牽連關係之共同被告，雖在同一訴訟程序中，彼此既無利害相關之情形，自可對於其他共同被告就其所見聞居於證人之地位。告訴人、被害人並無禁止其為證人之規定，自得為證人。

⑵鑑定人

所謂鑑定人，乃受法院之委任或選任，就特定事項，依其特別之知識或經驗，提供判斷意見之人。鑑定人經委任或選任後，即有到場具結及報告之義務。鑑定人雖係依特別之知識或經驗就事務而為判斷，與陳述曾經見聞事實之證人有殊，惟其同居於第三人之地位而參與訴訟，則與證人無異。

⑶通　譯

所謂通譯，乃於訴訟程序中，譯述言語文字互通雙方意思之人。通譯與翻譯不同，後者係指將外國文字譯成中文字者，屬鑑定之性質；前者則係於行訊問時傳達雙方意思者。

2.具　結

⑴供前或供後具結

證人、鑑定人或通譯，須於供前或供後具結，始得為本罪之主體。若於供前或供後未經具結，即與本罪之構成要件不符。所謂供前或供後，乃指證人陳述事實，鑑定人報告意見或通譯傳達意思之前或後而言。具結之

目的，旨在強制其為據實陳述，俾能發現真實。因此，證人之具結應於訊問前為之，但應否具結有疑義者，得命於訊問後為之（民訴 312、刑訴 188）。鑑定人則應於鑑定前具結（民訴 334、刑訴 202）。惟鑑定人於鑑定後始行具結，或當時未具結，事後始行補具者，仍為有效。通譯，則準用鑑定人之規定（刑訴 211）。

(2)有效具結

所謂具結，乃依法具有具結義務之人，以文書保證其證言、鑑定及通譯為真實之意思表示。具結，須係有效，故以依法定程序為之為必要❶，否則，仍不得以本罪論科❶。為保證陳述、鑑定或通譯內容之真實性，通常證人等固均有具結之義務，惟倘無具結能力者或具結不適格者，則無具結之義務。前者，乃指依法不得令其具結之人而言（民訴 314、刑訴 186）。例如，未滿十六歲或因精神障礙不解具結之意義及效果者等是。對於不得令其具結之人，縱令具結，仍不發生具結之效力，故不得為本罪之主體❶。後者，則指依法得不令其具結或得拒絕證言之人而言（民訴 314 II、刑訴 180-182）。例如，就訴訟結果有直接利害關係或現為被告之配偶或家長家屬者等是。具結不適格者，因不負具結之義務，本不得為本罪主體。惟若令其具結，或有拒絕證言權者放棄其拒絕權而具結者，仍屬有效之具結，自仍應負偽證罪責。

(3)多次訊問之具結

同一案件就同一證人為多次訊問，是否須逐次命其具結，應視其是否

---

❶ 具結應依如何之法定程序，始為有效？依現行民、刑事訴訟法規定，應履行以下四項程序：(1)具結前，應告以具結之義務及偽證之處罰。(2)結文內應記載一定事項。(3)結文應命證人朗讀，證人不能朗讀者，應命書記官朗讀，於必要時並說明其意義。(4)結文應命證人簽名、蓋章或按指印（民訴 312 II、313、刑訴 187 I、189）。若未履行此等程序而命其具結，縱其陳述虛偽，亦不負偽證罪責（司法院院字 1749）。

❶ 司法院院字 1749。

❶ 最高法院 28 上 312；30 非 24。

屬於同一組織體之程序以為斷。如調查程序與審理程序係屬同一組織體之
程序，在調查程序中已具結之證人，審理中無須再命具結。從而受命法官、
受託法官行訊問時已命具結者，審理時即無須再命具結。

偵查程序與審理程序，則非同一組織體之程序，偵查中已命具結之證
人，審理時再傳作證，仍應命其具結。就犯罪事實之一部分行訊問時已具
結之證人，更就其餘部分行訊問時，無庸再命具結。

第一審與第二審之程序不同，在第一審作證時雖已具結，第二審行訊
問時，仍應命其具結。至同一案件有多數證人時，應命分別具結，不得同
具一結。惟對同一證人訊問多次，僅後一日期之陳述已經具結，而其後之
具結，並非對以前之證言表示其為據實陳述者，不能謂其具結之效力溯及
既往，令負具結前另一日期之偽證罪責❶❷❰ 。

㈡實行行為

本罪之實行行為，為虛偽陳述。茲分述如次：

1.虛偽陳述之涵義

虛偽陳述之涵義，向有主觀說與客觀說之對立。主觀說，以證人等之
主觀記憶為標準，認為證人等違反其主觀記憶而為陳述時，即屬虛偽陳述。
倘證人等依其記憶而為陳述者，縱其內容與客觀真實不符，亦不能成立偽
證罪。反之，倘違反其記憶而為陳述者，縱其內容適與客觀真實相符，亦
屬虛偽陳述，即應負偽證罪責。客觀說，則以客觀之事實為標準，認為證
人等陳述之內容違反客觀之真實者，即屬虛偽陳述。因此，證人等縱違反
其記憶，而就與本身所經驗不同之事實而為陳述，倘適與客觀之真實相符
者，仍不成立偽證罪。

如前所述，偽證罪之保護法益為國家之審判作用，亦即國家司法審判
之正確性。證人等苟為虛偽陳述，即有使國家之公正審判陷於錯誤之虞。
因此，法律所要求於證人等者，乃係本其親身所經歷之事實，無所增飾或
隱瞞，而為誠實陳述，藉以發現真實。依客觀說之立場，陳述之內容與客

---

❷❰　最高法院 28 上 2228。

觀之真實不符時，即可能成立偽證罪，實與法律要求證人等之義務有悖。因此，應以主觀說之主張較為合理。如證人等違反其主觀記憶而為陳述時，即屬虛偽陳述。倘證人等依其記憶而為陳述者，縱其內容與客觀真實不符，亦不能成立偽證罪。

我司法實務亦認為，所謂虛偽陳述，係指行為人以明知不實之事項，故為虛偽之陳述而言。意即行為人主觀上明知反於其所見所聞之事項，故意為不實之陳述而言 ⓫ 。

2.虛偽陳述之範圍

證人、鑑定人或通譯，須於案情有重要關係之事項為虛偽陳述，始負偽證罪之責。所謂於案情有重要關係之事項，係指該事項之有無，足以影響於偵查或裁判之結果者而言 ⓬ 。蓋證人就此種事項為虛偽之陳述，則有使裁判陷於錯誤之危險。苟其事項之有無，於案情無關，雖所陳述虛偽，亦無影響於偵查或裁判之結果者，即無令負偽證罪責之必要 ⓭ 。

證人等於案情有重要關係之事項，為虛偽陳述時，不必皆出於積極之作為，即消極之不作為，有時亦得構成。故對於自己所記憶之事實，全部或一部默認不言，致全部陳述內容歸於虛偽者，亦不失為虛偽陳述。惟自始即全不作答者，僅為無故拒絕證言（民訴 311、刑訴 193），而非虛偽陳述。反之，就所記憶之事實，諉稱不知者，則屬虛偽陳述，而非拒絕證言。至就自己所經驗之事實，部分省略，部分陳述，致全部臻於虛偽者，則應視為作為與不作為之偽證。

3.成立時期

本罪為舉動犯，行為人為虛偽陳述時，罪即成立，無論當事人是否因而受有利或不利之判決，均與其犯罪之成立無涉。惟何時為其既遂時期，

⓫　最高法院 92 臺上 4895（決）；92 臺上 5418（決）。惟亦有採客觀說者，認為所謂虛偽之陳述，係指與案件之真正事實相悖，而足以陷偵查或審判於錯誤之危險者而言（最高法院 69 臺上 2427）。

⓬　最高法院 29 上 2341；71 臺上 8127（決）；94 臺上 896（決）。

⓭　最高法院 29 上 2341；52 臺上 1329（決）；85 臺上 3201（決）。

則說法不一。有以個個陳述終了時，即為既遂者；有以一次訊問手續中，其陳述全部終了時為既遂者。因證人之陳述，在一次訊問手續中，均視為一個行為，故以後說為妥。因此，倘係具結後而為虛偽陳述者，應以其陳述全部終了時為既遂；如係具結前而為虛偽陳述者，則以具結手續終了時為既遂。證人等於陳述全部終了或具結手續終了時，犯罪既已成立，則嗣後縱有取消其陳述之行為，亦於犯罪之成立無何影響，僅得視為自白而減免其刑（刑172）。

㈢行為情狀

證人、鑑定人或通譯，須於執行審判職務之公署審判時或於檢察官偵查時，為虛偽陳述者，始能構成本罪。

1. 審判時

所謂審判，不以民事及刑事訴訟審判為限，即軍法與行政訴訟審判，亦包括在內。所謂執行審判職務之公署，乃指執行民、刑事訴訟等審判之機關而言，其為普通審判機關或為特別審判機關，在所不問。例如，普通法院、行政法院或軍事審判機關是。所謂審判時，乃指依法開始審判程序尚未終結前而言。不以審判期日為限，即在準備程序中，依法調查證據時，亦屬之。惟在強制執行程序中，則非審判時[124]。

2. 偵查時

所謂檢察官偵查時，乃指司法或軍事檢察官依法開始偵查程序尚未終結前而言，不包括司法警察或司法警察官或檢察事務官之協助偵查在內。至監察院對公務員是否違法失職進行調查，係監察權之行使，非屬司法權之範疇，且被告於監察委員調查時，並未以證人之身分供前或供後具結，縱所述與規定不符，亦不構成偽證罪[125]。

---

[124]　司法院院字 2216。

[125]　最高法院 94 臺上 557（決）。

㈣故 意

行為人須明知其為不實之事項，亦即違反其主觀之記憶，而故意為虛偽陳述者，始能成立本罪。倘對於案情有重要關係之事項所述不實，而非出於故意，或因誤會或因記憶不清而有所錯誤，均欠缺犯罪故意，不能遽以本罪相繩❶。

㈤減免特例

犯本罪而於所虛偽陳述之案件裁判確定前自白者，減輕或免除其刑（刑172）。此項自白，乃指於案情有重要關係之事項，為虛偽陳述後，而自白其陳述係屬虛偽者而言。若僅於案情無關重要之事項自白虛偽，而於案情有重要關係之事項，仍前後一致並無變更者，自不得減免其刑。至其自白之動機如何，則無何限制。又自白，須向執行審判職務之公署或檢察官為之；向私人自白者，不包括在內。於裁判確定前為自白者，縱嗣後撤回，仍於刑之減免不生影響。本條規定，除正犯外，教唆犯亦得適用。惟刑之減免，僅止一身，正犯自白者，對於未自白之教唆犯，則無適用之餘地。

㈥罪數及與他罪之關係

1.罪數之認定標準

本罪為侵害國家法益之犯罪，故其罪數，應以其訴是否同一為準❷，與事實、審級及具結之次數無關。故在同一訴訟上，不問證人所為虛偽陳述之事實為單複，其審級為一審或二審及其具結為一次或數次，均僅成立一罪。縱其偽證對象有數人，因其侵害國家審判權之法益仍屬一個，亦僅成立一個偽證罪，不能因其同時偽證數人，即認為係一行為而觸犯數罪名❸。

---

❶ 最高法院 21 上 1368；30 上 2032；57 臺上 2821（決）。

❷ 最高法院 72 臺上 3311。

❸ 最高法院 31 上 1807。

2.本罪與共犯

教唆偽證罪之成立，須被教唆者係適法之證人，倘對於未具結或無具結能力之證人為教唆者，被教唆者既不成立偽證罪，教唆者自不負教唆偽證罪責 ❷。又本罪並無處罰未遂犯之規定，故教唆偽證而被教唆者未犯偽證罪者，亦不負教唆未遂責任。至教唆行為當時，被教唆者是否已處於證人得為證言之地位，則於教唆犯之成立不生影響。

刑事被告，關於自己之刑事被告案件，雖無證人之適格，而不得為偽證罪之主體；惟倘教唆他人偽證者，是否成立教唆偽證罪？向有消極說與積極說之對立。其主張消極說者，認為刑事被告湮滅關係自己刑事被告案件之證據，既不成立犯罪，則關於自己被告案件教唆他人偽證，自亦不成立教唆偽證罪。蓋其教唆偽證，與自為虛偽陳述同，均無期待可能性之故。其主張積極說者，則認為偽證罪與湮滅證據罪之構成要件，在本質上原有不同。犯人自己湮滅刑事被告案件之證據，其無期待可能性之性質，業已構成要件化；惟犯人對於自己刑事被告案件為虛偽陳述，其不成立偽證罪，難謂其已構成要件化，僅在現行刑事訴訟法上，未有被告自為證人之制度而已。且教唆犯，另創造新犯人，具有特別之反社會性，其自為虛偽陳述者，雖不可罰，惟為自己利益，而陷他人於罪，亦非所許。故教唆他人偽證，難謂其無期待可能性，自應令其負教唆偽證罪責。兩說均各言之成理，且與藏匿人犯罪與湮滅證據罪是否成立教唆之情形，密切關連。為求法意與用法一貫，仍以認其不成立教唆偽證罪，較為允當。

惟我實例似採積極說，認為被告在訴訟上固有緘默權，且受無罪推定之保障，不須舉證證明自己無罪，惟此均屬消極之不作為，如被告積極教唆他人偽證，為自己有利之供述，已逾越上揭法律對被告保障範圍，應成立教唆偽證罪 ❸。

---

❷　最高法院 28 上 312。

❸　最高法院 97 臺上 2162（決）。

五、誣告及準誣告罪

> **第 169 條** 意圖他人受刑事或懲戒處分，向該管公務員誣告者，處七年以下有期徒刑。
>
> 意圖他人受刑事或懲戒處分，而偽造、變造證據，或使用偽造變造之證據者，亦同。

本條誣告及準誣告罪之規定，含有二個獨立之犯罪類型，即(1)誣告罪及(2)準誣告罪。茲分述如次：

甲、誣告罪

㈠行為主體

本罪之行為主體，無何限制，即公務員亦得成立本罪，惟倘有假藉職務上之權力、機會或方法者，得加重其刑至二分之一。又利用無行為能力人實施誣告罪者，應成立本罪之間接正犯。至無告訴權人對於告訴乃論之罪逕為虛偽之告訴者，則不成立本罪。但無親告權人教唆、幫助或與有親告權人共同具狀誣告者，則應成立本罪之共犯**⑬**。

㈡實行行為

本罪之實行行為，為誣告。茲分述如次：

1.誣告之涵義

所謂誣告，即虛偽申告之行為，亦即以違反客觀真實之事實而為申告之行為。因此，倘係客觀真實之事實，縱誤認為虛偽而申告者，即非誣告。只須申告事實為虛偽，縱使被誣告者另外尚有其他犯罪或懲戒處分之原因，亦無妨於誣告罪之成立。例如，甲誣告乙收賄，調查結果，乙雖無收賄情

---

⑬ 最高法院 28 上 3744；31.2.3 刑議。

事，卻有公務侵占之事實，此際甲仍成立誣告罪是。惟事實倘非虛構，縱申告之罪名與實際所犯罪名不符，亦不成立誣告罪。例如，甲所犯為竊盜罪，而自訴人所訴之罪名則為侵占罪者是。申告之事實，不必皆屬虛偽；倘有一部分不實或因一部分之增減，致使全部成為虛偽者，亦屬之。例如，申告他人踰牆入室，雖係事實，惟於曾獲自己承諾之事實，則秘而不宣者是。至僅對申告之事實誇大其詞者，則非誣告 ❶❸❷。

2.誣告之內容

誣告之內容，須為能構成刑事或懲戒處分原因之事實，亦即有關於犯罪或違反職務義務之事實。倘係以不能構成犯罪或懲戒處分之事實誣告人者，雖意在使人受刑事或懲戒處分，亦不能成立犯罪 ❶❸❸。例如，以被誣告人借米不還指為侵占，提起自訴。因借米不還，純為民事上之借貸關係，根本不成立犯罪。是其事實縱出虛構，被誣告人仍無受刑事處分之危險，即難論以本罪是。他如，不得提起自訴而自訴者、以已逾越公訴時效期限之事實為申告者、無告訴權人為虛偽告訴者等，均無使人受刑事或懲戒處分之虞，尚不得依本罪論科。

3.誣告之程度

行為人所虛構之事實，其具體性雖不必使該管公務員立即得以提起公訴或開始懲戒程序之程度為必要，惟如僅為單純之抽象事實，亦有未足。例如，申告他人「違法亂紀」、「檢察官辦案偏頗」、「法官裁判不公」等抽象事實，自難認係具體事實。故行為人須指出具體事實，而足使被誣告人有受刑事或懲戒處分之危險者，始克當之 ❶❸❹。易言之，誣告之程度，須達於足使該管公務員對特定人之特定行為發動偵查權或調查權者始可。

4.誣告之相對人

誣告須向該管公務員為之，始能成立。所謂該管公務員，語甚抽象，惟因本罪之目的在使人受刑事或懲戒處分，自須對於刑事或懲戒處分之實

---

❶❸❷　最高法院 32 上 184；92 臺上 6120（決）；95 臺上 527（決）。

❶❸❸　最高法院 22 上 1976；30 上 2003；44 臺上 653。

❶❸❹　最高法院 20 上 1700；22 上 3368。

現具有相當權限者，始足當之。因而，在刑事案件，須為有偵查、追訴或處罰犯罪職權之公務員，始為該管公務員。在懲戒案件，則須為有提出彈劾、請付懲戒或有自為處分職權之公務員，方為該管公務員。例如，監察委員、各部會長官或地方最高行政長官或主管長官（公務員懲戒法 24）等是。

5.誣告之方式

誣告之方式，法無限制，其為告訴、告發、報告、陳情或自訴，為書面或言詞，為具名或匿名，以自己或他人名義，均所不拘。只須有虛偽之申告為已足，申告中亦不以明示要求予以刑事或懲戒處分為必要。至誣告行為，是否以具有自發性之積極行為為限？因自動申告與被動答問，兩者間之惡性，仍有程度上之差別。故因公務員之推問，而為不利他人之陳述，縱其陳述涉於虛偽，亦不成立本罪[135]。

6.成立之時期

本罪，以虛偽之申告達到於該管公務員時，即行成立。至誣告行為完成後撤回告訴或變更陳述之內容者，則於已成立之誣告罪，並無影響[136]。所謂達到，只須使該管公務員處於可得閱覽之狀態，即為已足；至已否接受或閱覽，已否著手調查或提起公訴，均非所問。惟本罪因無處罰未遂犯之規定，倘以文書附郵而尚未到達者，則不成立犯罪。

㈢故意與意圖

本罪除須有誣告之故意外，尚須具有使他人受刑事或懲戒處分之意圖，始能成立。

1.故 意

本罪須行為人對於所申告之事實，明知其為虛偽，而有故意構陷之情形，罪始成立。若輕信傳說懷疑誤告或誤認有此事實，或以為有此嫌疑，或事出有因，僅對其事實張大其詞，或所告尚非全然無因，只以缺乏積極

---

[135] 最高法院 25 上 2925；53 臺上 574。

[136] 最高法院 22 上 826；30 上 3608。

證明，致被誣告之人不受刑之訴追，或因誤解法律，認他人之行為構成犯罪，而據實申告者，均不得遽指為誣告❶❸❼。因而，所訴之事實，雖未能積極證明其為虛偽，而被誣告人未予判罪，亦只係其犯罪嫌疑不能證明之故，自不能推定行為人之所訴為誣告。惟倘行為人以自己所為之事實，反指為被告之犯罪行為，此際顯非出於誤會或懷疑，自不能謂其不應負誣告罪責❶❸❽。

2.意　圖

本罪之成立，以意圖使他人受刑事或懲戒處分為要件。若所指事實，出於訟爭上攻擊、防禦之方法，或為掩蓋自己罪跡起見，而誣指他人犯罪，縱有請求懲辦對方之表示，而其目的既在脫卸自己罪責，並無使他人受刑事或懲戒處分之意圖，即難遽以本罪相繩❶❸❾。其意圖離婚，而虛構事實告訴者，亦同。茲將本罪意圖之內容，分別闡述如次：

⑴他　人

所謂他人，乃行為人以外之人。雖以特定為必要，但不必指明姓名，如於客觀上可得特定之人，亦不失為他人。誣告自己者，因非他人，固不成立本罪；即誣告死者，因無使其受刑事或懲戒處分之虞，亦不得以本罪律之。惟誣告自己與他人為共犯時，關於他人之部分，仍成立本罪。倘其誣告自己之目的係在隱避他人之犯罪者，則得成立藏匿或隱避人犯罪。又他人，是否須實有其人？論者不一。有認須實有其人者；有認為縱屬虛無其人，亦得成立本罪者。惟如前所述，本罪之保護客體，除國家法益外，個人法益亦在保護之列。對虛無人為誣告者，並無使其受刑事或懲戒處分之危險，且與本罪意圖之要件亦有未合，自無認其成立本罪之餘地，惟有時可能成立未指定犯人誣告罪（刑 171 I）。至得被誣告者之同意而為誣告者，因本罪重在保護國家法益，且被誣告者亦有受刑事或懲戒處分之危險，

---

❶❸❼　最高法院 20 上 253；20 上 717；43 臺上 251；58 臺上 3613（決）；95 臺上 527（決）；98 臺上 3833（決）；98 臺上 6272（決）。

❶❸❽　最高法院 20 上 307；32 上 184；47 臺上 160。

❶❸❾　最高法院 30 上 1886。

自得成立本罪。此外，所謂他人，須為具有受刑事或懲戒處分之可能性者，始克當之。如對於在法律上不能受刑事或懲戒處分之人而為誣告，縱有使其受處分之意圖，仍不能構成本罪(140)。

⑵刑事或懲戒處分

所謂刑事處分，指依刑罰法令所為之處分，包括刑罰、保安處分在內。至行政處分、或管訓處分或違警處分，則不屬之。我實例認為，所謂刑事處分，係指刑法總則第五章所規定之刑罰而言(141)。如依此見解，則誣告未滿十四歲之人犯罪，自不成立誣告罪(142)，似有商榷餘地。所謂懲戒處分，依我實例見解，係指公務員懲戒法規所定之各項處分而言(143)。因此，對於從事一定業務者違反有關法令所科之懲戒處分，例如，律師法、會計師法或醫師法等所規定之懲戒處分，即不包含在內。

㈣加重其刑

意圖陷害直系血親尊親屬，而犯誣告罪者，加重其刑至二分之一（刑170）。

㈤減免特例

犯本罪而於所誣告之案件裁判或懲戒處分確定前自白者，減輕或免除其刑（刑 172）。此項規定，並不專在獎勵犯罪人之悛悔，而要在引起偵查或審判機關之易於發現真實，以免被誣告人終於受誣。故不論該被告之自白，在審判前或審判中，自動或被動，簡單或詳細，一次或二次以上，並其自白後有無翻異，苟其自白在所誣告之案件裁判確定以前，即應減免其刑(144)。此項自白，只以原為誣告之人，就其所告之事實，於該案件裁判或

(140) 最高法院 28 上 878。

(141) 最高法院 53 臺上 39。

(142) 最高法院 28.2.14 刑議。

(143) 最高法院 26 渝上 1910；91 臺上 14（決）。

(144) 最高法院 31 上 345。

懲戒處分確定前，已自白其為誣告為已足。至其他與誣告事實無關之事項，縱未完全供認，仍不失其自白之效力。又一次虛構事實而誣告數人，對於誣告數人中之一部分自白為係屬誣告，而對於其餘之人，仍有使受刑事處分之意圖，未經自白為誣告者，僅屬縮小其誣告行為之範圍，仍不能邀減免之寬典[145]。

㈥罪數及與他罪之關係

1.罪數之認定標準

本罪之保護法益，主要重在國家法益之維護，其罪數之計算，自應以國家法益為準。因此，以一狀誣告數人或誣人數罪者，均僅成立一罪[146]。至行為人對同一人，以記載同一虛偽事實之文書，分向不同之該管公務員提出誣告者，則僅為同一誣告行為之繼續，亦僅為一罪[147]。

2.本罪與教唆偽證罪

教唆他人偽證，雖有時為誣告他人犯罪之方法，然並非誣告罪之當然結果或構成誣告要件之行為。故意圖他人受刑事處分，而誣告犯罪，並教唆第三人偽證，以實其說者，應成立本罪與教唆偽證罪，依刑法第 55 條從一重處斷[148]。

3.本罪與妨害名譽信用罪

誣告行為，對於被誣告人之名譽信用，每有所妨害。故誣告罪之內容，已將妨害名譽及信用之犯罪吸收在內。行為人之誣告行為，即使具有妨害被誣告人名譽信用之情形，仍應論以誣告罪名，並無適用妨害名譽信用罪之餘地[149]。

4.本罪與偽造文書罪

---

[145]　最高法院 30 上 2606。

[146]　最高法院 25.12 刑議；司法院院字 2306；最高法院 49 臺上 883。

[147]　大理院 5 統 422；最高法院 45 臺上 869。

[148]　最高法院 26 渝上 558。

[149]　最高法院 26 渝上 2。

行為人使用偽造之私文書，誣告他人犯罪，該項文書如不具備刑法第210條之犯罪構成要件，則只屬第169條第2項所稱證據之一種，行為人使用偽造之證據誣告他人犯罪，其使用偽造證據之行為為誣告行為所吸收，只應成立本罪。如尚具備刑法第210條之犯罪構成要件，則行為人偽造文書並進而行使，除構成本罪外，尚不能置行使偽造文書行為於不論，兩者應依想像競合之例處斷❿。

乙、準誣告罪

㈠行為客體

本罪之行為客體，為證據，即使他人受刑事或懲戒處分之證據，以不利於他人之證據為限。

㈡實行行為

本罪實行行為之態樣有三：

1.偽造證據，例如，將途中無名屍體移置於他人門首，或將竊贓移置於他人室內者等是。2.變造證據，例如，將訊問時所錄原供變造增添者是。3.使用偽造變造之證據，例如，於偵查或審判時將偽變造之證據提示作為真正證據者是。

㈢故意與意圖

行為人除故意實施本罪之行為外，尚須具有使他人受刑事或懲戒處分之意圖，始能成罪。

㈣本罪與他罪之關係

本罪在實質上本屬誣告之預備行為，因行為人意圖他人受刑事或懲戒處分，而偽造、變造證據或使用偽造變造之證據，其犯罪之危險性已屬重

❿　最高法院28上4086；47臺上919。

大，故該行為人雖未實施誣告，仍應科以誣告罪刑。如行為人已實施誣告，縱令具有偽造變造及行使等情形，除觸犯其他罪名外，按照低度行為吸收於高度行為之原則，只應適用普通誣告罪處斷，無再適用本罪之餘地 ❺ 。

六、未指定犯人誣告及準誣告罪

第 171 條　未指定犯人，而向該管公務員誣告犯罪者，處一年以下有期徒刑、拘役或九千元以下罰金。

未指定犯人，而偽造、變造犯罪證據，或使用偽造、變造之犯罪證據，致開始刑事訴訟程序者，亦同。

本條未指定犯人誣告及準誣告罪之規定，含有二個獨立之犯罪類型。即⑴未指定犯人誣告罪及⑵未指定犯人準誣告罪。茲分述如次：

甲、未指定犯人誣告罪

㈠實行行為

本罪之實行行為，為未指定犯人向該管公務員誣告犯罪。所謂未指定犯人，即未具體指定何人為犯罪之人。倘係指定特定之人或依其誣告情形，可得推知其為何人者，則應成立普通誣告罪，而非本罪。至雖曾指定特定之人，惟經調查結果，純屬虛構，實際並無其人者，亦與此之未指定犯人相當，自應依本罪處斷。既未指定犯人，故不以意圖他人受刑事處分為要件。所謂犯罪，乃指犯罪事實而言。其種類與性質，並無限制，凡為刑罰法令所科處之行為，均屬之。其為普通刑法抑為特別刑法之犯罪，亦非所問。本罪誣告之內容，以犯罪事實為限，懲戒事實，並不包括在內。例如，侵占公款，為掩飾罪責，而向警局謊報被不詳姓名之歹徒所劫者是。

---

❺　最高法院 27 滬上 38；30 上 194。

(二)故 意

本罪只須具有向該管公務員誣告犯罪之故意，即足成立，並不以具有一定之不法意圖為必要。故其動機或目的何在，並非所問。

(三)本罪與他罪之關係

本罪與公務侵占罪（刑 336）之保護法益不同，行為人意圖不法侵占公務上所持有之款項，而向警察謊報被搶以為掩飾者，其謊報被搶之行為所成立之本罪，應與公務侵占罪併合論罪 **152**。

乙、未指定犯人準誣告罪

(一)實行行為

本罪之實行行為，為未指定犯人，而偽造、變造犯罪證據或使用偽造、變造之證據。此項證據，以有關於犯罪者為限，懲戒事實之證據，亦不包括在內。例如，將刀及衣服染上獸血，置諸巷道，使人誤為血衣及兇刀者是。

(二)故 意

本罪行為人須具有誣告犯罪之意思，而故意實施本罪之行為，始能成罪。倘無誣告犯罪之意思，即屬欠缺故意，自不成立本罪。

(三)行為結果

本罪行為之結果，須致開始刑事訴訟程序，罪始成立，故為結果犯。

(四)本罪與他罪之關係

本罪性質上為普通誣告罪或未指定犯人誣告罪之預備行為，倘進而實施誣告者，則依其實際情節，吸收於各該誣告罪中，不另成立本罪。

---

152 最高法院 51 臺上 720；57 臺上 1667（決）。

第二章　侵害國家存在與安全之犯罪

　　現代個人之社會生活，每藉國家制度為前提而行運營。因此，國家之基本組織，倘處於無法預測之狀態，亦即不依一定程序而得隨意予以變革者，則個人勢必無法享受其有計畫之自由社會生活。且國家之基本組織，如容許其朝令暮改，不惟足以阻害國家機關為民服務之活動，即個人之利益，亦勢必無法獲得確切之保障。

　　國家之基本組織，得自內部因內亂之成就而予以破壞或變革；亦得自外部因外力之侵入而予破壞或變革；甚至亦得因內亂與外力兩者相互夾攻而傾覆。因此，國家為保護其本身之存在與安全，凡有危害其內部與外部存在與安全之行為，自得以之為犯罪，而臨以嚴峻之刑罰。前者為內亂罪，後者則為外患罪。至妨害國交罪，其為妨害國與國邦交之行為，每為國家帶來生存上之危險，故亦為侵害國家存在與安全之犯罪。

第一節　內亂罪

一、犯罪類型

　　內亂罪之犯罪類型，有第 100 條「普通內亂罪」及第 101 條「暴動內亂罪」。

二、罪質與保護法益

(一)形式犯與危險犯

　　內亂罪為以國家之基本組織為直接攻擊之對象，而自國家內部危害其存在與安全之犯罪。內亂罪，係以國家之存在與安全為其保護法益，惟倘內亂成功，則政權更迭，國家之基本組織已受破壞或變革，既存之刑法秩序已不復存在，自無從對其行為予以處罰。因此，內亂罪在本質上，乃屬

於形式犯與危險犯。再者，國家之存在與安全，乃係國家最重大之法益，凡有危害其存在與安全之行為，須早為預防與鎮壓，始能遏止亂萌，而防患於未然。因此，內亂罪，每罰及於其陰謀犯與預備犯。

㈡政治犯或確信犯

內亂行為，足以動搖國本，妨害國家之存在。惟其行為，亦有摒棄私利私慾，而基於某種政治信念以為實施者，故有謂內亂罪為政治犯或確信犯之典型，其故在此。惟其信念之是非，雖有待於歷史之評價；就刑法之基本體制言，內亂行為，係屬否定現行法律秩序之行為，自得以刑罰嚴予制裁。

三、普通內亂罪

> **第 100 條**　意圖破壞國體，竊據國土，或以非法之方法變更國憲，顛覆政府，而以強暴或脅迫著手實行者，處七年以上有期徒刑；首謀者處無期徒刑。
>
> 　　　　　　預備犯前項之罪者，處六月以上五年以下有期徒刑。

㈠行為主體

本罪之行為主體，並無限制，不問其為本國人、外國人或無國籍之人；其犯罪地，亦不以國內為限（刑 5）。惟本罪因屬集團犯之典型，性質上為必要共犯，故本罪之主體，以多數人為必要。

內亂罪為多眾犯，通常均由多數人協同實施，其參與者中，有居於指導統率地位者，亦有因群眾心理而衝動附和者，其刑事責任自有輕重不同。故我刑法就其所扮演之任務，而分首謀與非首謀，分別予以處罰。所謂首謀，乃內亂之主謀，亦即計畫內亂及指揮統率之人。不以一人為限，亦不以親臨現場指揮為必要。又首謀，不限於內亂之起意者，計畫中途始主謀統率者，亦屬之。至非首謀，則係在首謀統率指揮下，而以強暴或脅迫著

手實行內亂之人，其刑事責任較輕。

㈡實行行為

本罪之實行行為，除暴動外，須以強暴或脅迫實現其意圖內容，始屬之。強暴，指一切物理力之行使，不問對人或對物施之；脅迫，則指使人心生畏怖為目的，而將加惡害之意通知對方之行為，其惡害之種類如何，並非所問。因本罪性質上屬於危險犯，須防患未然，遏阻亂萌，始能鞏固邦本，故本罪行為，僅須以強脅手段著手實行，犯罪即行成立。既無未遂規定，亦不以生一定結果為必要。

㈢故意與意圖

本罪行為人，除須具有內亂之故意外，尚須具有一定之意圖，始能成罪，故本罪為目的犯。其意圖之內容有四，茲分述如次：

1.破壞國體

國體，為國家根本之體制，亦即國家最高權力之歸屬形態。此種形態，得大別為二，一為君主國體，一為民主國體。我國之主權，屬於國民全體，而為民有、民治、民享之民主共和國（憲1、2）。倘將民主國體竄改為君主國體者，即係破壞國體。

2.竊據國土

國土，為國家所轄之疆域，係國家成立之要素。我國之國土，屬於全體國民所共有，非經國民大會之決議，不得變更之（憲4）。倘僭竊割據其全部或一部，而排除國家主權之行使者，即係竊據國土。

3.變更國憲

國憲，為國家根本之大法，凡規定國家行使統治權之基本原則、組織與制度者，均屬之，不以憲法為限。國憲之變更，須依法定程序為之（憲174），並非一成不變。故須以非法之方法為之，始能成罪。

4.顛覆政府

政府，為國家統治之機關，係國家行使治權之中樞組織。國家為行使

治權，有時基於國情及時勢需要，亦得循合法途徑改組政府。倘以非法方法破壞政府之行政中樞組織者，即係顛覆政府。

以上四種意圖之內容，苟具其一，而以強暴或脅迫著手實行，即足成立本罪。惟因其具有選擇性，故縱具有二種以上或四種意圖全部具備，亦僅成立一個內亂罪。

㈣預　備

本罪之預備犯，亦予處罰（刑 100 II）。預備，乃實行內亂之準備行為，而尚未達於著手實行之程度者。例如，招募軍隊、購入武器、籌買軍餉等是。預備犯，倘進而著手實行內亂者，依基本規定優先於補充規定適用之法理，應逕依內亂罪處罰；其預備行為，即不另論罪。

㈤減免特例

預備犯本罪而自首者，減輕或免除其刑（刑 102）。

四、暴動內亂罪

第 101 條　以暴動犯前條第一項之罪者，處無期徒刑或七年以上有期徒刑。首謀者，處死刑或無期徒刑。

前備或陰謀犯前項之罪者，處一年以上七年以下有期徒刑。

㈠實行行為

本罪之實行行為，與前罪同，惟其行為手段，則須出於暴動，始足當之。所謂暴動，乃結合多數人，實施強暴脅迫，致有害於一地方和平之行為。其要件有三：1.須結合多數人，內亂罪屬集團犯罪，以有某種程度之組織化為必要。故倘係烏合之眾，只能成立妨害秩序罪或其他罪名，尚難構成本罪。 2.須實施暴動。 3.須達有害於一地方和平之程度。強暴脅迫行為，以達此程度為已足，實際上和平是否已受妨害，則非所問。

㈡故意與意圖

　　行為人除須具有暴動內亂之故意外，尚須具有一定之意圖，始能成罪，故本罪亦為目的犯。倘欠缺此項意圖，可能成立妨害秩序罪，不能律以本罪。至其意圖之內容，與前罪同，茲不贅述。

㈢預備或陰謀

　　本罪之預備犯或陰謀犯，亦予處罰（刑 101 II）。

㈣減免特例

　　預備或陰謀犯本罪而自首者，減輕或免除其刑（刑 102）。

㈤本罪與他罪之關係

　　暴動為多眾協同實施強暴脅迫，係意圖內亂之手段，其範圍與程度，包含甚廣。故殺人、傷害、放火等，亦包括在內。此際，殺人等行為與暴動內亂之行為，因其所侵害之法益各異，應依想像競合，從一重處斷。

第二節　外患罪

一、犯罪類型

　　外患罪之犯罪類型，有第 103 條「通謀開戰罪」；第 104 條「通謀喪失領域罪」；第 105 條「敵抗本國罪」；第 106 條「單純助敵罪」；第 107 條「加重助敵罪」；第 108 條「戰時不履行軍需契約罪」；第 109 條「洩漏交付國防秘密罪」；第 110 條「公務員過失洩漏交付國防秘密罪」；第 111 條「刺探收集國防秘密罪」；第 112 條「擅入軍用處所罪」；第 113 條「私與外國訂約罪」；第 114 條「處理對外事務違背委任罪」、第 115 條「偽變造毀匿國權證據罪」及第 115 條之 1「境外外患罪」。

二、罪質與保護法益

㈠違反忠誠義務

外患罪，係自國家之外部，而侵害國家之存在與安全之犯罪。本罪之保護法益，亦為國家之存在與安全。在沿革上，外患罪，以違反國民對國家忠誠義務為本質。惟在現行刑法上，除敵抗本國罪（刑 105）外，其行為主體，並無限制，不問本國人或外國人，均得犯之。因此，僅以違反忠誠義務，顯無法闡明全部外患罪之本質。外國人之觸犯外患罪，可謂係受保護主義之思想滲透所致，與本國人觸犯之情形，其意義實有不同。

㈡國外犯

外患罪之規定，固得適用於外國人之國外犯，惟該外國人如係依其本國之命令而為者，得否成立犯罪？不無疑問。有認其無期待可能性，不予處罰者；有認須考慮國際間之慣例，而受國際法之制約者；有認其縱係為本國而為，亦屬國際法上之「戰爭犯罪」，不礙其成立刑法上之犯罪者。惟外國人依我國之命令，而從事外患罪所規定之行為，顯無期待可能性，自不應構成犯罪，故以第一說為當。

㈢境外外患罪

2019 年 5 月 10 日刑法修正時增訂第 115 條之 1：「本章之罪，亦適用於地域或對象為大陸地區、香港、澳門、境外敵對勢力或其派遣之人，行為人違反各條規定者，依各該條規定處斷之。」

三、通謀開戰罪

第 *103* 條　通謀外國或其派遣之人，意圖使該國或他國對於中華民國開戰端者，處死刑或無期徒刑。

前項之未遂犯罰之。

預備或陰謀犯第一項之罪者，處三年以上十年以下有期徒刑。

(一)實行行為

本罪之實行行為，係通謀外國或其派遣之人。所謂通謀，乃雙方互通謀議之行為。通謀之方法，並無限制，其方式為直接或間接，以及出於何方主動，亦所不問。至通謀前，該外國有無對中華民國開戰端之意思，亦非所計。所謂外國，乃中華民國以外之國家，具體上係指代表該國之政府而言。外國人個人或外國之民間團體，不包含在內。外國，僅須具有一定之領土、人民、主權之事實國家為已足，不以經中華民國或各國所承認者為限。所謂外國派遣之人，乃指外國政府所派遣之人，不以外國人為必要。

(二)故意與意圖

本罪行為人除須具有通謀之故意外，尚須具有使該國或他國對於中華民國開戰端之意圖，始能成罪，故本罪為目的犯。所謂開戰端，須為國際法上開戰之一種態樣，以具有相當於敵對行為之規模為必要。其具體內容，為陸海空軍事力之進攻，例如，陸軍之登陸、艦砲之射擊或空軍之轟炸等是。惟因開戰端乃係本罪意圖之內容，行為人僅須具有此種意圖，即足成罪。至其內容已否實現，亦即實際已否開戰端，則非所問。

(三)預備、陰謀、未遂與既遂

本罪之預備犯或陰謀犯以及未遂犯，亦予處罰（刑 103 II、III）。既遂、未遂之區別，以已否通謀為準。若雖發議，而對方未予理會或尚未開始謀議，或雖已開始謀議而意思尚未合致者，均屬本罪之未遂。

(四)本罪與他罪之關係

行為人實施本罪之行為，如係企圖引起內亂者，則本罪與內亂預備罪，

應依想像競合之例處斷。

四、通謀喪失領域罪

> 第104條　通謀外國或其派遣之人，意圖使中華民國領域屬於該國或他國
> 　　　　　者，處死刑或無期徒刑。
> 　　　　　前項之未遂犯罰之。
> 　　　　　預備或陰謀犯第一項之罪者，處三年以上十年以下有期徒刑。

㈠實行行為

本罪之實行行為，亦為通謀外國或其派遣之人。

㈡故意與意圖

本罪行為人除須具有通謀之故意外，尚須具有使中華民國領域屬於該國或他國之意圖，始能成罪，故本罪亦為目的犯。所謂領域，不論領土、領海及領空，均包括在內。行為人僅須意圖使中華民國領域之全部或一部屬於通謀之外國或他國，即足成罪。至其意圖之內容是否實現，則非所問。

㈢預備、陰謀、未遂與既遂

本罪之預備犯或陰謀犯以及未遂犯，亦予處罰（刑104 II、III）。既遂、未遂之區別，亦以已否通謀為準。

㈣本罪與他罪之關係

通謀外國或其派遣之人，圖藉開戰端，而使中華民國之領域屬於外國者，除成立本罪外，亦成立通謀開戰罪，屬法條競合之擇一關係，得依本罪處斷。

五、敵抗本國罪

第 105 條　中華民國人民在敵軍執役或與敵國械抗中華民國或其同盟國者，處死刑或無期徒刑。
　　　　　前項之未遂犯罰之。
　　　　　預備或陰謀犯第一項之罪者，處三年以上十年以下有期徒刑。

(一)行為主體

　　本罪之行為主體，以中華民國人民為限。外國人或無國籍之人，均不得為本罪主體。至具有中華民國及外國之雙重國籍者，仍屬中華民國人民，自得成立本罪。惟中華民國人民倘在外國或被占領區內，受強制而為本罪之行為者，應認其無期待可能性，不構成犯罪。

(二)實行行為

　　本罪之實行行為，係在敵軍執役或與敵國械抗中華民國或其同盟國。敵國，指與中華民國交戰或武力對峙之國家或團體。敵軍，則為敵國之軍隊。執役，指在敵軍中服役，不以參加戰鬥為限。即在前方參與謀略，或在後方擔任勤務，或從事其他一切雜務者，亦均屬之。械抗，指持械抗拒之行為，不必在敵軍執役，只須事實上與敵國械抗中華民國，即足成罪。

(三)預備、陰謀、未遂與既遂

　　本罪之預備犯或陰謀犯以及未遂犯罪，亦予處罰（刑 105 II、III）。既遂、未遂之區別，以已否執役或械抗為準，亦即已著手於執役或械抗行為而不遂者，即為本罪之未遂。

六、單純助敵罪

第 106 條　在與外國開戰或將開戰期內，以軍事上之利益供敵國，或以軍事上之不利益害中華民國或其同盟國者，處無期徒刑或七年以上有期徒刑。
前項之未遂犯罰之。
預備或陰謀犯第一項之罪者，處五年以下有期徒刑。

(一)實行行為

本罪之實行行為，係以軍事上之利益供敵國或以軍事上之不利益害中華民國或其同盟國。前者為直接助敵之行為，例如，提供軍事情報、補修軍用物品或搬運武器彈藥等。凡對敵國之軍事行動有利之一切行為，不問有形或無形之行為，均屬之。後者為間接助敵之行為，例如，破壞隱匿防衛設備、散布不利流言或謊報敵軍不實戰略等，凡對中華民國或其同盟國之軍事行動不利之一切行為，亦不問其為有形或無形之行為，均屬之。是否為軍事上之利益或不利益，應就客觀事實認定之❶。惟在敵軍占領下，因受強制而為本罪行為者，亦得以欠缺期待可能性為理由，而阻卻責任。

(二)行為情狀

在與外國開戰或將開戰期內，為本罪之行為情狀，亦即時間之要素。開戰，乃兩國已進入實際戰爭之狀態，其是否正式宣戰，抑或不宣而戰，均非所問。將開戰，則指兩國即將進入戰爭之狀態，至事後果否開戰，亦所不問。行為人須在此種狀況下，實施本罪行為，始能以本罪相繩。

(三)故　意

行為人須有助敵之故意而實施本罪之行為，始能律以本罪。

---

❶　最高法院 24.7 刑議。

㈣預備、陰謀、未遂與既遂

本罪之預備犯或陰謀犯以及未遂犯，亦予處罰（刑 106 II、III）。既遂、未遂之區別，以助敵行為已否完成為準。倘著手於助敵行為而不遂者，即為本罪未遂。至實際上敵國是否受益，或中華民國或其同盟國是否受害，則非所問。

七、加重助敵罪

第 107 條　犯前條第一項之罪而有左列情形之一者，處死刑或無期徒刑：

一、將軍隊交付敵國，或將要塞、軍港、軍營、軍用船艦、航空機及其他軍用處所建築物，與供中華民國軍用之軍械、彈藥、錢糧及其他軍需品，或橋樑、鐵路、車輛、電線、電機、電局及其他供轉運之器物，交付敵國或毀壞或致令不堪用者。

二、代敵國招募軍隊，或煽惑軍人使其降敵者。

三、煽惑軍人不執行職務，或不守紀律，或逃叛者。

四、以關於要塞、軍港、軍營、軍用船艦、航空機及其他軍用處所建築物，或軍略之秘密文書、圖畫、消息或物品，洩漏或交付於敵國者。

五、為敵國之間諜，或幫助敵國之間諜者。

前項之未遂犯罰之。

預備或陰謀犯第一項之罪者，處三年以上十年以下有期徒刑。

㈠加重構成要件

1. 將軍隊、軍用處所建築物、軍需品及供轉運之器物交付敵國或毀壞或致令不堪用者

將軍隊交付敵國，或將要塞、軍港、軍營、軍用船艦、航空機及其他

軍用處所建築物，與供中華民國軍用之軍械、彈藥、錢糧及其他軍需品，或橋樑、鐵路、車輛、電線、電機、電局及其他供轉運之器物，交付敵國或毀壞或致令不堪用者，成立本條第 1 款之加重助敵罪。

(1)行為客體

本款之行為客體有四：①軍隊，指軍事部隊而言。不限於正規軍隊，即後備部隊或民間武力，亦屬之。②軍用處所建築物，指供軍事上使用之場所及其建築物而言。要塞、軍港、軍營、軍用船艦、航空機為其例示規定，他如軍用倉庫、軍用工廠等，亦屬之。③軍需品，指軍事上所需之物品而言，其範圍甚廣，軍械、彈藥、錢糧等為其例示規定，他如藥品、被服等，亦屬之。④供轉運之器物，指供軍事上傳達運輸之物品而言，橋樑、鐵路、車輛、電線、電機、電局等亦為其例示規定，他如騾、馬等，亦屬之。

(2)實行行為

本款實行行為之態樣有三：①交付，指交由敵國管領或持有而言，其為有償或無償，方式為直接或間接，均所不問。②毀壞，指毀棄損壞，使其有形喪失效用而言。③致令不堪用，則指使用毀壞以外之方法，使其無形喪失效用而言。

2.代敵國招募軍隊，或煽惑軍人使其降敵者

代敵國招募軍隊，或煽惑軍人使其降敵者，成立本條第 2 款之加重助敵罪。

本款實行行為之態樣有二：(1)代敵國招募軍隊，所謂招募，即招致募集之意，其方式如何，並非所問。(2)煽惑軍人使其降敵，所謂煽惑，乃煽動蠱惑之意，其方法無何限制，不問係公然或秘密、文字或言詞、詐術或利誘，皆足當之。行為人一有煽惑之行為，犯罪即行成立。至被煽惑之軍人，果否降敵，則非所問。

3.煽惑軍人不執行職務，或不守紀律，或逃叛者

煽惑軍人不執行職務，或不守紀律，或逃叛者，成立本條第 3 款之加重助敵罪。

本款實行行為之態樣有三：(1)煽惑軍人不執行職務，即煽惑軍人不執

行其應盡之職務，例如不為攻擊或防衛之類是。(2)煽惑軍人不守紀律，即煽惑軍人不遵守其應守之軍紀，例如劫掠民財或擾亂民宅之類是。(3)煽惑軍人逃叛，即煽惑軍人逃亡背叛，例如脫逃、倒戈或解散之類是。

4. 將軍用處所建築物或軍略秘密洩漏或交付於敵國者

以關於要塞、軍港、軍營、軍用船艦、航空機及其他軍用處所建築物，或軍略之秘密文書、圖畫、消息或物品，洩漏或交付於敵國者，成立本條第 4 款之加重助敵罪。

(1)行為客體

本款之行為客體有二：①軍用處所建築物，要塞、軍港等，為其例示。②軍略秘密，指有關軍事戰略之秘密，例如軍事計畫書、軍用地圖、軍事攻防消息等是。

(2)實行行為

本款實行行為之態樣有二：①洩漏，指使他人知悉其秘密之行為，其方法如何，在所不問。②交付，指脫離自己持有，而移入他人持有之行為。交付之方法，為直接或間接、有償或無償，亦非所問。

5. 為敵國之間諜或幫助敵國之間諜者

為敵國之間諜或幫助敵國之間諜者，成立本條第 5 款之加重助敵罪。

本款實行行為之態樣有二：(1)為敵國之間諜，所謂間諜，乃以隱密方法，刺探蒐集軍事秘密者而言。行為人一有為敵國間諜之行為，即足成罪，不以已將軍事秘密交付於敵國為必要。(2)幫助敵國之間諜，乃給予敵國之間諜刺探蒐集軍事秘密之各種助力，其方法，亦無限制。

(二)實行行為

本罪之實行行為，係以軍事上之利益供敵國或以軍事上之不利益害中華民國或其同盟國。

(三)故　意

行為人實施本罪各款行為，須有助敵之故意，始能成罪。

㈣預備、陰謀、未遂與既遂

　　預備或陰謀犯以及未遂犯，亦予處罰（刑 107 II、III）。既遂、未遂之區別，以各款之行為已否完成為準，至其行為是否發生預期之結果，則非所問。

㈤罪數及與他罪之關係

1. 罪數之認定標準

　　本罪各款行為，均係助敵罪之加重條件，故僅具其中一種條件者，固僅成立一個加重助敵罪；縱具二種以上之加重條件，亦僅成立一個加重助敵罪。

2. 本罪與單純助敵罪

　　本罪為單純助敵罪之加重規定，上述各款行為，性質上均係以軍事上之利益供敵國，或以軍事上之不利益害中華民國或其同盟國，故行為人之行為，苟該當於本罪之各款行為，除成立本罪外，亦成立單純助敵罪，二者屬法條競合之特別關係，依本罪之特別規定處斷。

八、戰時不履行軍需契約罪

> **第 108 條**　在與外國開戰或將開戰期內，不履行供給軍需之契約或不照契約履行者，處一年以上七年以下有期徒刑，得併科十五萬元以下罰金。
> 因過失犯前項之罪者，處二年以下有期徒刑、拘役或三萬元以下罰金。

㈠行為主體

　　本罪之行為主體，須係有履行供給軍需契約義務之人。故須與國家機關訂有契約，惟不以直接所訂者為限，倘依其契約內容，足認其有供給軍

需之義務者，均足當之❷。

(二)實行行為

本罪實行行為之態樣有二：

1.不履行供給軍需之契約

所謂軍需契約，乃以供給軍事需用品或勞務為內容之契約。故不以供給軍械、彈藥、被服等為限，構築防禦工事之勞務，亦包括在內。所謂不履行，乃完全不依契約內容而履行。

2.不照契約履行

所謂不照契約履行，乃不完全依契約內容而為履行，如給付遲延或不依約定之品質或數量給付者，均屬之。

(三)行為情狀

在與外國開戰或將開戰期內，為本罪之行為情狀，亦即本罪之時間要素。

(四)故　意

行為人須有不履行或不照約履行之故意，始能成罪。若因天災或其他不可抗力之事變，致無法履行者，自不負責。

(五)過　失

因過失犯本罪者，亦予處罰（刑 108 II）。故行為人雖非故意，惟因可歸責於自己之事由致不履行或不照約履行者，應負過失犯之責任。

九、洩漏交付國防秘密罪

第 109 條　洩漏或交付關於中華民國國防應秘密之文書、圖畫、消息或物

---

❷　最高法院 29 上 3731。

品者，處一年以上七年以下有期徒刑。

洩漏或交付前項之文書、圖畫、消息或物品於外國或其派遣之人者，處三年以上十年以下有期徒刑。

前二項之未遂犯罰之。

預備或陰謀犯第一項或第二項之罪者，處二年以下有期徒刑。

㈠行為主體

本罪之行為主體，無何限制，不問其為一般人或公務員，均得成立本罪。惟公務員如係假借其權力、機會或方法而犯之者，則應加重處刑（刑134）。

㈡行為客體

本罪之行為客體，為中華民國國防應秘密之文書、圖畫、消息或物品。所謂國防秘密，乃在國家防衛安全上所應保守之秘密。與內政或外交上之秘密有別，亦與軍略秘密或軍事機密有異。行為人所洩漏或交付者，如係內政或外交上之秘密，應成立洩漏公務秘密罪（刑132）；如係軍略秘密或軍事機密，因其範圍均較國防秘密為狹，倘具有構成要件該當性，自應依其情形優先適用狹義規定之加重助敵罪（刑107 I）處斷。

㈢實行行為

本罪實行行為之態樣有二，即洩漏與交付是。

㈣故　意

行為人須有洩漏或交付國防秘密之故意，始能成罪。如係因過失而洩漏或交付者，除公務員得成立公務員過失洩漏交付國防秘密罪（刑110）外，自不得以本罪律之。

㈤預備、陰謀、未遂與既遂

預備或陰謀犯以及未遂犯，亦予處罰（刑 109 III、IV）。既遂、未遂之區別，以洩漏或交付行為已否完成為準。若著手於洩漏或交付行為而不遂者，即為本罪之未遂。

十、公務員過失洩漏交付國防秘密罪

第 110 條　公務員對於職務上知悉或持有前條第一項之文書、圖畫、消息或物品，因過失而洩漏或交付者，處二年以下有期徒刑、拘役或三萬元以下罰金。

㈠行為主體

本罪之行為主體，須為公務員，且須行為時具有公務員之身分，始足當之。

㈡行為客體

本罪之行為客體，為公務員職務上知悉或持有之國防應秘密之文書、圖畫、消息或物品。所謂職務，乃公務員在職權範圍內所應為或得為之事務。倘非因職務所知悉或持有者，縱因過失而洩漏或交付，亦不得律以本罪。

㈢實行行為

本罪實行行為之態樣有二，即過失洩漏或交付是。

十一、刺探收集國防秘密罪

第 111 條　刺探或收集第一百零九條第一項之文書、圖畫、消息或物品者，處五年以下有期徒刑。

前項之未遂犯罰之。

預備或陰謀犯第一項罪者，處一年以下有期徒刑。

㈠行為客體

本罪之行為客體，為國防應秘密之文書、圖畫、消息或物品。

㈡實行行為

本罪實行行為之態樣有二：1.刺探，乃以隱秘方法探察秘密之行為。2.收集，乃以不正方法蒐羅持有秘密之行為。本罪只須有刺探或蒐集之行為為已足，且不論其所刺探或蒐集者，為全部或一部國防秘密，均可成立本罪。

㈢故　意

本罪行為人須認識其為國防應秘密之文書等，而具有刺探或收集之故意，始能成罪。至其刺探或收集之目的，是否意圖洩漏或交付於人，則非所問。

㈣預備、陰謀、未遂與既遂

本罪之預備犯或陰謀犯以及未遂犯，亦予處罰（刑 111 II、III）。既遂、未遂之區別，以刺探或收集有無所得為準。倘實行刺探尚無所知或已著手收集並無所得者，則為本罪之未遂。

㈤本罪與他罪之關係

本罪刺探或收集國防秘密之行為，在性質上往往為洩漏交付國防秘密罪之預備行為。因此，行為人刺探或收集後，進而將其洩漏或交付於人者，應依洩漏交付國防秘密罪之基本規定處斷，排除本罪補充規定之適用。

十二、擅入軍用處所罪

第 112 條　意圖刺探或收集第一百零九條第一項之文書、圖畫、消息或物品，未受允准而入要塞、軍港、軍艦及其他軍用處所建築物，或留滯其內者，處一年以下有期徒刑。

(一)行為客體

本罪之行為客體，為軍用處所建築物，即供給軍事使用之處所或建築物。要塞、軍港、軍艦為其例示規定，他如，堡壘、砲臺、營房、藥庫、兵工廠等，亦均屬之。

(二)實行行為

本罪實行行為之態樣有二：1.未受允准而入，即不應進入而進入，屬積極之侵入行為。 2.未受允准而留滯其內，即應退出而不退出，屬消極之侵入行為。

(三)故意與意圖

本罪行為人除須具有侵入之故意外，尚須具有刺探或收集國防秘密之意圖，始能成罪。至其意圖之內容是否實現，亦即是否已有刺探或收集之行為，則非所問。

(四)本罪與他罪之關係

本罪之侵入行為，在性質上為刺探收集國防秘密罪之預備行為，若進而實施刺探或收集之行為，應依刺探收集國防秘密罪之基本規定處斷，排除本罪補充規定之適用。

十三、私與外國訂約罪

第 113 條 應經政府授權之事項，未獲授權，私與外國政府或其派遣之人為約定，處五年以下有期徒刑、拘役或科或併科五十萬元以下罰金；足以生損害於中華民國者，處無期徒刑或七年以上有期徒刑。

(一)行為主體

本罪之行為主體，無何限制，公務員或一般私人，均得犯之。惟以未受政府授權者，始足當之。若非應經政府授權之事項，或雖應經政府授權之事項，而已得政府授權者，即不得以本罪相繩。

(二)行為客體

本罪之行為客體，為應經政府授權之事項。何種事項應經政府之授權，應依法令認定。例如，開戰、媾和、通商、貸款等，均屬之。

(三)實行行為

本罪之實行行為，係私與外國政府或其派遣之人為約定。約定，指雙方意思合致之行為。至其方式為書面或口頭，其內容是否有利於中華民國，其動機是否出於圖利等，均非所問。其約定之對象，既為外國政府或其派遣之人，則若與外國私人為約定，自不得律以本罪。

(四)故 意

行為人對於應經政府授權之事項，須具有認識，而故意為本罪之行為，始能成罪。

㈤本罪與他罪之關係

開戰或割讓領土，均係應經政府授權之事項。故本罪在性質上，屬於私與外國通謀約定之一般規定，而通謀開戰罪與通謀喪失領域罪則為本罪之特別規定。行為人通謀約定之行為，倘具有各該罪之構成要件該當性時，自應依各該罪之特別規定處斷，排除本罪一般規定之適用。

十四、處理對外事務違背委任罪

第 114 條　受政府之委任，處理對於外國政府之事務，而違背其委任，致生損害於中華民國者，處無期徒刑或七年以上有期徒刑。

㈠行為主體

本罪之行為主體，須為受政府委任處理對於外國政府事務之人。所謂受政府委任，即受政府囑託之意，其為公務員抑或私人，本國人抑或外國人，均所不問。所謂處理對於外國政府之事務，凡締結修好、通商、媾和、貸款等條約，或監督僑民、劃定國界等事務，均屬之。

㈡實行行為

本罪之實行行為，為違背委任，即對其受委任之事務，故為不當之處理。無論其為積極之作為或消極之不作為，均包括在內。

㈢故　意

本罪行為人須故意違背其委任，始足成罪。倘係出於過失者，則不得以本罪律之。

㈣行為結果

本罪行為之結果，須致生損害於中華民國。若僅有生損害之虞，則尚

不成罪，故本罪為結果犯。所謂損害，不以國家主權受損害為限，即國家信用或榮譽受損害者，亦屬之。

十五、偽變造毀匿國權證據罪

第 115 條　偽造、變造、毀棄或隱匿可以證明中華民國對於外國所享權利之文書、圖畫或其他證據者，處五年以上十二年以下有期徒刑。

㈠行為客體

本罪之行為客體，為有關國權之證據，亦即可以證明中華民國對於外國所享權利之文書、圖畫或其他證據。例如，條約、地圖或界碑等是。倘係證明中華民國對於外國私人所享權利之證據，則不在其內。

㈡實行行為

本罪實行行為之態樣有四：1.偽造，即不法摹造之意。不問其係模仿真物而製造，抑係憑空捏造，均屬之。 2.變造，即就真物擅自加以改造之意。不問其係形式變造，抑係內容變造，均屬之。 3.毀棄，即毀損拋棄，使其喪失效用之意。 4.隱匿，即隱避藏匿，使其不能或難於發見之意。

㈢故　意

本罪行為人須認識其為國權證據，而故意為偽造等行為，始能成罪。

第三節　妨害國交罪

一、犯罪類型

妨害國交罪之犯罪類型，有第 116 條「侵害友邦元首或外國代表罪」；第 117 條「違背局外中立命令罪」及第 118 條「侮辱外國旗章罪」。

二、罪質與保護法益

現代國際社會日益複雜，國與國間之交往亦愈趨頻繁，為使本國之外交政策得以圓滑遂行，避免發生國際紛爭，凡有妨害外國政府或國民感情之行為，以及破壞國際信義之行為，均有嚴加取締之必要。

妨害國交罪之本質，向有二種學說對立。一為基於國家主義之見解，認侵害外國利益，危及國交，招致外患，進而損害國家對外之安全，故為侵害本國法益之犯罪。一為基於國際主義之見解，認本罪係就外國之名譽或地位而設計，而以國內法保護外國之一定利益，則屬於國際法上之義務，故為侵害外國法益之犯罪。二說各有其理，惟揆諸實際，一國在國際法上，對於侵害外國利益之行為，固有防止之義務；然有害於國交上和平之行為，不僅損及他國之利益，且亦危及本國國交上之和平，使其存在與安全陷於危險之狀態。故比較二說，仍以第一說為妥適。因此，本罪之保護法益，亦為國家之存在與安全。

三、侵害友邦元首或外國代表罪

第 116 條　對於友邦元首或派至中華民國之外國代表，犯故意傷害罪、妨害自由罪或妨害名譽罪者，得加重其刑至三分之一。

㈠行為主體

本罪之行為主體，無何限制，不問其為本國人、外國人或無國籍之人，凡在我國之領域內者，均得以本罪律之。

㈡行為客體

本罪之行為客體有二：

1.友邦元首

所謂友邦元首，指與我國有邦交國家之元首。其名稱如何，並非所問。

例如，總統、主席、大統領、國王或天皇等是。何人為友邦元首，應依友邦之政體組織以為認定。所謂友邦元首，自以現任者為限，惟不以滯留於中華民國境內為必要❸。

2.外國代表

所謂外國代表，指代表外國或其政府或其元首之使節。其名稱以及派遣之動機何在，均非所問。故為執行外交職務所派之使節，如大使、公使、代辦等，固屬之；即因特別任務所派之使節，如參加加冕、婚禮、葬禮或慰問答謝等專使，亦均屬之。外國代表，不以友邦為限，即敵國代表亦包括在內。惟須派至中華民國者，始得為本罪客體。其僅過境者，尚不屬之。

(三)實行行為

本罪實行行為之態樣有三，即犯故意傷害罪、妨害自由罪及妨害名譽罪，三者有其一，即可成立本罪。倘有殺害或其他犯罪行為，則依刑法所定各罪之規定，以為適用，無特別加重之必要。至法文僅泛稱犯故意傷害罪、妨害自由罪或妨害名譽罪，則除行為客體外，行為人之行為是否成立犯罪，自仍須以各該罪之規定為準，視其有否構成要件該當性，以資認定。

(四)故　意

行為人對於友邦元首或外國代表，須具有認識，且故意實施本罪之行為，始能成罪。其因過失而犯之者，則不成立本罪。

(五)請求乃論

犯妨害名譽罪者，須外國政府之請求乃論（刑119）。此項請求，須外國政府或足以代表外國政府者為之。倘係領事自動請求，尚不能認為代表外國政府❹。至其請求方式，得經外交部長函請司法行政最高長官令知該管檢察官（刑訴243 I）。

---

❸　司法院院字753。

❹　司法院院字753。

四、違背局外中立命令罪

> **第 117 條**　於外國交戰之際，違背政府局外中立之命令者，處一年以下有期徒刑、拘役或九萬元以下罰金。

㈠行為主體

本罪之行為主體，不以本國人為限，即外國人或無國籍之人，亦得犯之，惟以行為時在中華民國領域內為必要。

㈡行為客體

本罪之行為客體，為政府局外中立之命令。在外國交戰之際，在國際法上採取中立立場之國家，為避免捲入戰爭之漩渦，每作不偏不倚之局外宣言，此即局外中立之宣言。為固守中立之原則，通常均發布有禁止提供武器彈藥給交戰國等必要事項之命令。違反此項命令，即得構成本罪。惟此係以我國政府曾發布有此項命令為前提，倘未發布此項命令，行為人僅係違反關於中立之國際條約或慣例者，則不得以本罪律之。

局外中立之命令，係於外國交戰之際，始行發布，平時並無此項命令存在。因此，未發布命令前，中立之命令，即欠缺一定之內容，此即所謂空白刑法或空白刑罰法規。

㈢實行行為

本罪之實行行為，係違背政府局外中立之命令。至行為是否違背命令，自須依命令之內容予以具體認定。

㈣行為情狀

於外國交戰之際，為本罪之行為情狀，亦即本罪之時間要素。所謂於外國交戰之際，乃二以上之外國間，現正處於戰爭狀態之謂。其是否正式

宣戰，則非所問。

五、侮辱外國旗章罪

第 118 條　意圖侮辱外國，而公然損壞、除去或污辱外國之國旗、國章者，
處一年以下有期徒刑、拘役或九千元以下罰金。

㈠行為主體

本罪之行為主體，亦無限制，不問其為本國人、外國人或無國籍之人，均得犯之。惟因本罪以侮辱外國為其目的，故外國人在中華民國領域內對其本國旗章實施本罪之行為者，自不得以本罪律之。

㈡行為客體

本罪之行為客體，為外國之國旗、國章。外國，乃中華民國以外之國家，不以經我國承認或有正式外交關係之外國為限。國旗，乃代表國家之旗幟。國章，則為表彰國家權威或榮譽之徽章，如元首旗、陸海空軍軍旗、大使館徽章等是。惟聯合國所用之旗章，則不得為本罪客體。

外國之國旗、國章是否僅限於公用者，始得為本罪之客體？學者不一其說。有認以公用為限者；有認私用亦包括在內者；亦有認不以公用為限，縱係私用，倘用以顯示該國之權威或名譽，自亦包含在內者。惟本罪因以侮辱外國為目的，為發生侮辱效果，無形中已對客體產生制約之作用。因此，倘用以顯示該國之權威或名譽者，自不問其為公用或私用，均得包含及之。縱係民間所懸用者，例如，國際競技表彰旗之類，亦得為本罪客體。惟單純用為裝飾品之萬國旗或私人所藏置之旗章等，則不在其列。

㈢實行行為

本罪實行行為之態樣有三：1.損壞，即毀損破壞，使其喪失效用之行為。例如，撕毀、剪破等是。2.除去，即變更其位置之行為。例如，降旗、

遮蔽等是。 3.污辱，即污穢羞辱之行為。例如，塗墨、踐踏等是。三者有其一，即足成立本罪。惟行為人實施本罪之行為時，須公然為之，始克相當。所謂公然，乃不特定人或多數人得以共見共聞之狀態。

㈣故意與意圖

本罪行為人除須認識其為外國之國旗、國章外，尚須具有侮辱外國之意圖，始足成罪。侮辱，乃對於外國表示輕蔑之意思。倘無此意圖，即不得以本罪律之。行為人只須具有侮辱外國之意圖為已足，至其意圖之內容是否實現，亦即外國之國格或名譽有否受損，則非所問。

㈤本罪與他罪之關係

損壞外國旗章之行為，是否另成立毀損罪（刑 354），見解不一。有認成立法條競合者；有認成立想像競合者。兩者因保護法益有殊，似應認其為想像競合，較為的當❺。

㈥請求乃論

本罪，須外國政府之請求乃論（刑 119）。

---

❺　最高法院 25 上 825。

▋刑法各論（上）　甘添貴／著

　　我國刑法典分則編共有36章之犯罪規定，大體上得將其分為侵害國家法益之犯罪、侵害社會法益之犯罪以及侵害個人法益之犯罪。因體系甚為龐雜，犯罪類型眾多，本書爰將其分為上、下二卷分別加以論述。「上卷」係以侵害個人法益之犯罪作為論述之範圍，除侵害有關人格專屬法益之犯罪外，並兼及有關財產非專屬法益之犯罪。書中有諸多論點雖係摘取自拙著《體系刑法各論》第1、2卷之精華，但仍加以大幅度改寫，並增加不少司法實務及個人之最新見解。「下卷」則以侵害社會法益及國家法益之犯罪作為論述之對象，除參酌舊著《刑法各論（上）》之部分見解外，無論深度及廣度，均與舊著有相當大之差異，希能有助於讀者之參酌與理解。

▋基本六法　三民書局編輯委員會／著

　　本書蒐錄常用之基礎法規共計七十餘種，在分類上依法規之主要關聯區分為八大類，除傳統熟悉之憲法、民法、商事法、民事訴訟法、刑法、刑事訴訟法、行政法規外，特別蒐錄對於法學研習日益重要之智慧財產權法規，以因應多元社會下繁瑣肇生之新類型紛爭，並於書末臚列司法院大法官會議解釋及憲法法庭裁判彙編，便利讀者對應參照。

　　全書在法條篩選上僅取實用性較高之基礎法規，在分類上囊括基礎法學及新興法學之領域，除供有志研習法律者於比較分析之查詢對照外，冀望對於掌管基礎法令之實務工作者亦有助益。

　　本書開本上設計為易攜帶的五十開，讓讀者能輕鬆一手掌握重要法規，是本不可或缺的小六法！

▋圖解學習六法：刑事法

劉宗榮／主編；謝國欣／審訂

　　本書蒐集刑法與刑事訴訟法相關法規，包括刑法、刑事訴訟法、刑事妥速審判法、少年事件處理法，並收錄法官法、律師法等法律倫理法規，重要法規如刑法、刑事訴訟法等並佐以豐富的法律名詞解釋、實務見解與概念圖解，期能輔助讀者於法學領域的探索與學習，更有助於國家考試的準備。

四大特色：
· 豐富的圖解表格
· 易懂的名詞解釋
· 學者把關，品質保證
· 收錄大量判解，內容充實

▋圖解學習六法：民法　劉宗榮　主編／審訂

　　本書蒐集民法相關法規與勞工社會相關法規，包括民法、司法院釋字第七四八號解釋施行法、涉外民事法律適用法、勞動基準法、勞動事件法等，重要法規如民法等並佐以豐富的法律名詞解釋、實務見解與概念圖解，期能輔助讀者於法學領域的探索與學習，更有助於國家考試的準備。

四大特色：
· 豐富的圖解表格
· 易懂的名詞解釋
· 學者把關，品質保證
· 收錄大量判解，內容充實

■ 刑事訴訟法論　朱石炎／著

　　刑事訴訟法是追訴、處罰犯罪的程序法，其立法目的在於確保程序公正適法，並求發現真實，進而確定國家具體刑罰權。實施刑事訴訟程序的公務員，務須恪遵嚴守。近年來，刑事訴訟法曾經多次修正，陸續增刪條文及增訂編章。本書依截至民國一一一年八月最新修正內容撰寫，循法典編章順序，以條文號次為邊碼，是章節論述與條文釋義的結合，盼能提供初學者參考之用。本書提供刑事妥速審判法及國民法官法相關說明，並於附錄特別探討「公民與政治權利國際公約」與刑事訴訟法之關係，尤盼各界體認懲治犯罪與保障人權兩者兼顧之意旨。

■ 少年事件處理法　劉作揖／著

　　少年事件處理法是刑法及刑事訴訟法的特別法，也是實體法與程序法熔於一爐的特別法典，它是少年保護事件及少年刑事案件的處理程序及處遇政策，整部法典均以保護少年為依歸。目前國內有關少年事件處理法的專門著作甚少，本書可說是最具代表性與權威性的一本學術論著。全書共分二編，第一編細分五章，分別闡述少年事件處理法的意義、性質、制定與修改、特徵、效力等內容，尤以敘述少年事件處理法的迭次修正，條分縷析、說明詳盡。第二編細分五章，分別闡述總則、少年法院、少年保護事件、少年刑事案件、附則等有關少年保護事件之調查、審理、處分與執行之方策，以及少年刑事案件之偵查、起訴、審判與科刑之處遇等，體系完整、架構嚴謹，可供大學院校作為法律課程之教材，更是有志從事司法公職人員應考必備的第一手資料。

法學緒論　劉作揖／著

　　法律，從人與人的相互關係而言，它是社會生活的規範；從國家與人民的相互關係而言，它是國家屬行法治行為的規範；而「法學緒論」則是研究或學習法律的入門課程。本書係作者依據多年的教學經驗及研究心得，以深入淺出的筆法，介紹法學的基本架構與整體理念，使初學者在認識法律規範的同時，也能培養知法、守法的美德，奠定研習法律的基礎。本書是一本符合時代潮流的法律入門書，不但可提供教師作為授課之輔助教材，亦可提供有志於參加公職考試者，作為進修、研習之參考。

國家圖書館出版品預行編目資料

刑法各論（下）／甘添貴著.——修訂五版一刷.——
臺北市：三民，2022
　　冊；　公分——(新世紀法學叢書)

　　ISBN 978-957-14-7449-6 （下冊:平裝）
　　1. 刑法

585   111006242

新世紀
法學叢書

刑法各論（下）

作　者	甘添貴
發 行 人	劉振強
出 版 者	三民書局股份有限公司
地　址	臺北市復興北路 386 號 (復北門市) 臺北市重慶南路一段 61 號 (重南門市)
電　話	(02)25006600
網　址	三民網路書店 https://www.sanmin.com.tw
出版日期	初版一刷 2010 年 2 月 修訂四版三刷 2018 年 5 月 修訂五版一刷 2022 年 8 月
書籍編號	S585880
I S B N	978-957-14-7449-6

三民書局